중국 흑룡강성 조선어방언의 언어지리

중국 흑룡강성 조선어방언의 언어지리

김청룡 金青龍

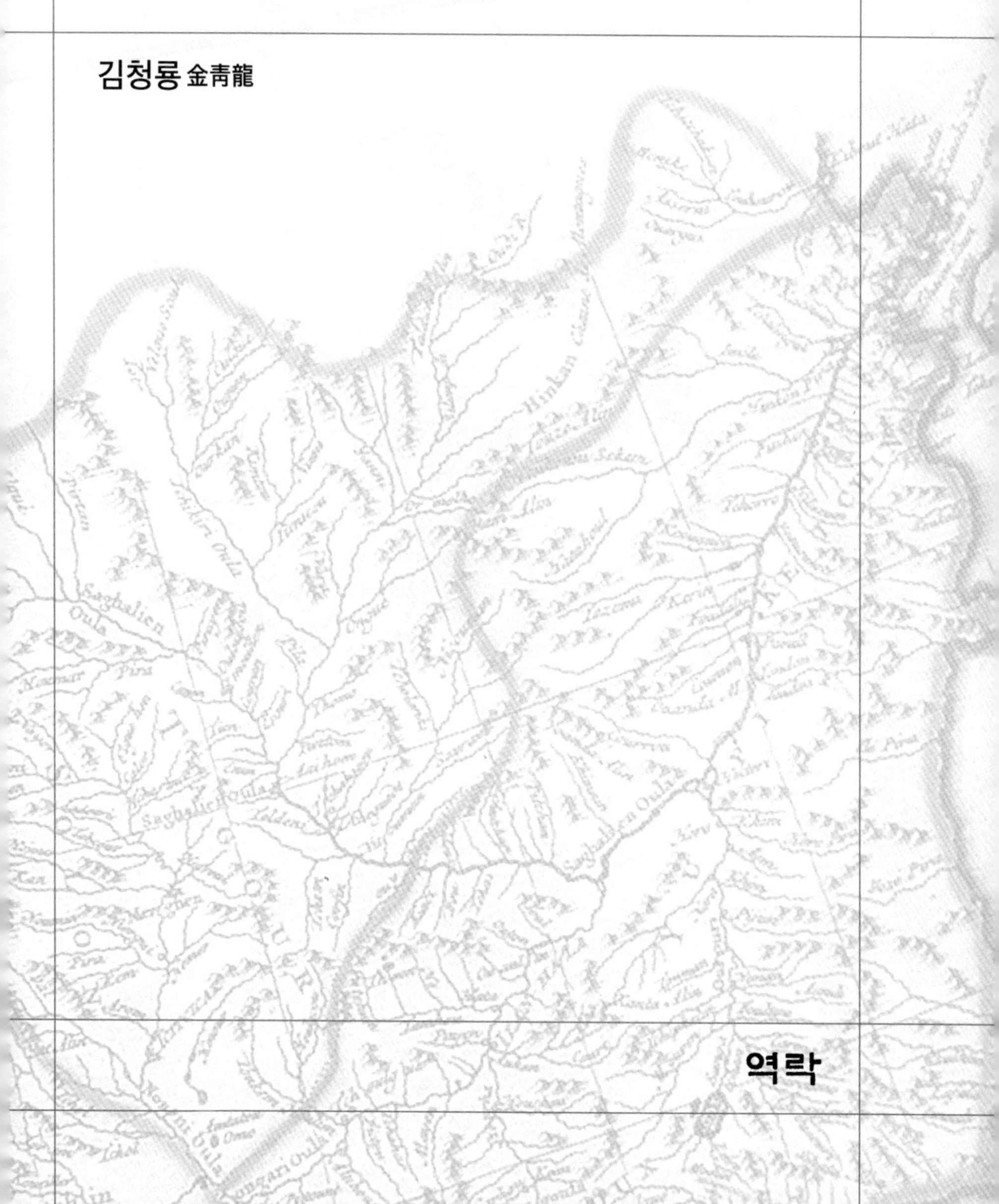

역락

| 머리말 |

방언은 한 나라, 한 민족의 문화유산이다. 중국의 조선어방언은 19세기 중엽 이후 대량의 조선인들이 중국에 이주하면서 오늘날까지 그 맥을 유지해 왔다. 중국 조선족 중에는 제주도 방언 출신이 극히 드문 외에 한반도 기타 지역 방언권 출신자들이 모두 존재한다.

중국에서의 조선어방언 조사는 1960년대 일부 연구자들에 의해 시도되었다가 결과를 보지 못했고, 1980년대 초에 이르러 두 번의 비교적 큰 규모의 방언조사가 이루어졌다. 한 번은 중국사회과학원에서 13개 조선족 마을에 대한 조사인데 그 결과물이 『조선어방언 조사보고(朝鮮語方言調査報告)』(1989)이고, 한 번은 연변대학교에서 역시 13개 조사지를 대상으로 진행한 것인데 그 결과물이 『중국조선어실태 조사보고(中國朝鮮語實態調査報告)』(1985)이다.

2015년부터 중국 교육부와 국가언어문자사업위원회가 주관한 『중국언어자원 보호공정』 프로젝트가 실시되면서 소수민족어 부문의 조선어방언 조사도 진행되었다. 중앙민족대학교 조선어방언 연구팀은 3개 조사지 즉 연길 지역, 할빈 지역, 심양 지역의 함경도 방언, 경상도 방언, 평안도 방언에 대한 조사를 맡았는데 필자가 할빈 지역의 경상도 방언 조사를 담당했다.

2016년에 중앙민족대학교 강용택 교수님의 인솔하에 연구팀은 또 국가

사회과학기금 중점프로젝트인 『중국조선어 방언지도집』을 따냈다. 길림성, 흑룡강성, 요녕성 및 내몽골자치구에 분포된 77개 조사지를 대상으로 하는 대규모 방언조사 및 연구 프로젝트이다. 필자는 흑룡강성 22개 조사지의 조선어방언 조사를 담당하게 되었는데 이 책은 흑룡강성 조선어방언의 지리언어 실태를 정리한 것이다.

방언조사 과정은 결코 순탄치 않았다. 조사지가 편벽한 시골이고 흑룡강성의 넓은 지역 곳곳에 널려있어 찾아다니기가 무척 힘들었을 뿐 아니라 거기에 2019년 말부터 코로나 사태까지 맞으면서 더욱이 엎친 데 덮친 격이 되었다. 그러나 가장 힘들었던 것은 적절한 제보자 구하기가 쉽지 않은 일이었다. 도시화 진척과 조선족들의 한국 진출로 인해 민족공동체를 이룬던 조선족 마을들이 하나둘 해체되면서 마을 내 실제 거주자 수도 대폭 줄어들어 적절한 제보자 만나기가 참으로 쉽지 않았다. 그래도 다행히 많은 고마운 분들의 도움이 있었기에 조사 작업이 이 결과물에까지 이르렀다.

이 책은 모두 5장으로 구성되었는데 1장은 '서론' 부분으로, 본 연구의 목적과 선행 연구를 살펴보았고, 2장은 조사방법과 제보자에 관하여 상세히 서술하였는데 조사지 선정기준, 제보자 선정조건, 질문지의 구성과 내용에 관하여 기술하였다. 3장은 흑룡강성 조선어방언의 양상을 서술하였는데 특히 조사지의 지리적·역사적 개관을 상세히 서술했고 흑룡강성 조선어방언의 분포 특징을 상세히 분석하였으며, 4장은 방언지도의 해석 부분으로서 방언지도의 작성에 관해 서술하고 방언조사 자료 중에서 엄밀히 선별하여 작성한 85폭의 방언지도를 통해 방언형의 구체적 분포를 보여주었다. 5장은 '결론' 부분으로서 앞에서 논의한 부분들을 요약·정리한 것이다.

이 책을 펴내면서 프로젝트 시작 초기부터 많은 가르침을 주신 서울대학교 은사님 최명옥 교수님께 감사의 인사를 드리고, 방언조사 연구팀을 이끌어주신 중앙민족대학교 은사님 강용택 교수님께 감사의 인사를 드린다.

흑룡강성 방언조사팀의 중앙민족대학교 엄성호 선생님과 대학원생들의 노고에도 진심으로 감사를 드린다. 그리고 이 책을 흔쾌히 발간해주신 도서출판 역락의 이대현 사장님을 비롯한 임직원 여러분들에게 감사의 말씀을 드린다.

2022년 8월

김청룡(金靑龍)

| 차례 |

1장 — 서론

1.1. 연구의 목적

중국조선어는 중국의 조선족들이 사용하는 언어로서 그 뿌리는 한반도의 언어에 있다. 170여 년의 이주 역사를 가지고 있는 중국의 조선족은 지금까지 한반도 언어의 맥을 이어오고 있다. 중국의 길림성[吉林省]·요녕성[遼寧省][1]·흑룡강성[黑龍江省] 등 중국 동북 지방에 위치한 3성에는 19세기 중기부터 20세기 전기까지 한반도에서 이주한 조선족이 다수 거주하고 있다. 이들은 자의 또는 일본의 만주 이주 정책에 의하여 옮겨와 사는 사람들이다. 조선족은 동향인들이 집단으로 마을을 이루어 살고 있었기 때문에 대체로 이주 이전의 조선어방언을 견고하게 유지해 오고 있다.

조선어방언은 19세기 중엽 이후 대량의 조선 이주민이 중국에 몰려들면서 중국에 자리 잡고 차츰 방언 구역이 형성되었다.

19세기 중엽부터 1910년 사이 청나라의 봉금령이 해지되면서 20만 명에

1 중국 지명의 한자 표기는 독자들의 이해에 도움이 되고자 번체자로 표기하되 특별히 [ ]로 지명임을 강조하였다.

달하는 조선 이주민이 중국 동북 지역에 정착하였다. 주로 평안도의 자성, 만포, 초산, 벽동, 창성, 의주 등 지역 출신들이 압록강 이북의 집안[集安], 통화[通化], 흥경[兴京], 환인[桓仁], 관전[寬甸], 안동[安東] 등 지역에 정착하고, 함경도의 혜산 지역출신들이 장백[长白] 지역에 정착하며, 함경도의 무산, 회녕, 종성, 온성, 경원, 경흥 등 지역 출신들이 두만강 이북에 정착하고, 함경도의 일부 출신들이 흑룡강성의 무원[茂源], 료하[遼河], 호림[虎林], 보청[宝清], 밀산[密山], 동녕[東寧], 영안[寧安], 해림[海林], 목릉[穆棱] 등 지역에 정착한다.[2]

일본외무성 『재만 조선인 개황』(1933년)을 살펴보면 1910년 이전 압록강, 두만강 이북 지역에 정착한 조선 이주민은 대부분이 함경도, 평안도 출신이지만 제주도 방언을 포함한 조선어 6대 방언 지역 출신들이 모두 존재하였다.[3]

1910년 "한일합병" 이후 한반도가 식민지로 전락되면서 많은 애국지사와 땅 잃은 조선 농민들이 또 중국 동북으로 대거 유입하였다. 이 시기도 함경도, 평안도, 경상도 이주자가 위주였지만 그 중 함경북도, 평안북도, 경상북도 이주민이 함경남도, 평안남도, 경상남도 이주민보다 많았고, 강원도, 황해도 이주민이 경기도, 충청도, 전라도 이주민보다 약간 많았다. 그리고 이주민 중 80%가 북간도[4]와 서간도[5] 지역에 정착하고 기타 20% 정도가 다른 지역에 정착하였는데 함경도 출신들이 주로 북간도에 정착하고 평안

---

2 金光洙(2015:11-12) 참조.

3 고영일(1986:155) 참조.

4 북간도 지역은 오늘의 연길[延吉], 화룡[和龙], 왕청[汪清], 훈춘[珲春], 안도[安图] 등 지역이다.

5 서간도 지역은 오늘의 장백[长白], 집안[集安], 림강[临江], 환인[桓仁], 관전[寬甸] 등 지역이다.

도와 경상도 출신들이 주로 서간도에 정착하였다.[6]

그 후 1937년 일제의 "집단이민" 정책에 의해 조선 이주민이 또 한번 중국에 대량 정착하면서 중국에서의 조선어방언 구역 분포가 기본적으로 형성된다. 함경도, 평안도, 경상도 출신들에 비해 전라도, 경기도 등 기타 지역 출신들은 인원수가 훨씬 적기에 그 구역 분포가 선명하지 않다. 이 시기에 형성된 조선어 방언구역 분포는 오늘에까지 유지되고 있으며 대체로 다음 (1)과 같은 3대 방언구역을 이룬다.[7]

(1) ① 함경도 방언 구역: 연변[延邊] 지역, 목단강[牡丹江] 지역, 합강[合江] 지역의 일부(목단강지역에 린접한 곳들), 통화[通化] 지역의 장백[长白].

② 평안도 방언 구역: 단동[丹東] 지역, 무순[撫順] 지역, 심양[沈陽] 지역, 영구[營口] 지역, 철령[鐵嶺] 지역, 통화[通化] 지역(장백[长白]을 제외한 곳들).

③ 경상도 방언 구역: 장춘[长春] 지역, 길림[吉林] 지역, 사평[四平] 지역, 송화강[松花江] 지역(할빈시[哈爾濱市] 포함), 수화[綏化] 지역, 합강[合江] 지역(목단강 지역을 인접한 곳들 제외).

이 연구는 지리언어학 시각에서 중국 흑룡강성의 조선어방언 현황을 조사하고 방언지도 작성을 통해 그 방언의 분포특징, 변화양상 특히 장기적인 이주를 거친 후 중국 내 여러 민족 간의 언어 접촉에 의한 변화 양상 등을 살펴보고자 한다. 중국에서는 1980년대 초에 비교적 큰 규모의 두 번의

---

6 金光洙(2015:13) 참조.

7 북경대학 조선문화연구소(1995:678) 참조.

조선어방언 조사가 이루어졌는데 주로 기존에 알려진 방언 특징이 분명한 조사지에 한정하여 진행되었기에 중국 조선어 전반에 대한 고찰이 부족하다. 이번 연구의 최종 목적은 중국 조선어 전반에 대한 『중국 조선어방언 지도집』[8] 편찬을 위한데 있으며, 본고는 그 선행 작업으로서 필자가 조사를 담당한 흑룡강성 조선어방언의 지리언어 실태를 정리한 것이다.

지리언어학을 일명 방언학, 지역언어학, 언어지리학, 방언지리학이라고도 한다. 상술한 여러 용어에 대하여 학자의 학술 주장에 따라 약간의 차이를 보이고 있지만 많은 경우에는 같이 쓰이기도 한다.

언어지도란 어떤 언어 현상의, 각 지점에서의 방언형을 보여주는 지도다. 다시 말하면 어떤 언어 현상의 여러 방언형의 지리적 분포를 나타내주는 지도가 언어지도인 것이다.[9]

1.2. 선행 연구

19세기 말엽부터 프랑스, 독일, 스위스, 이탈리아, 일본 등 나라에서 본국의 방언에 대하여 조사를 진행하여 방언지도를 만들기 시작하였는데 1902년부터 시작해 1910년까지 조사를 거쳐 만들어낸 『프랑스 언어지도』가 가장 대표성을 띤다. 1912년 질리에롱(J.Gillieron)과 로끄(Roques)는 프랑스 언어지도를 해석한 『언어지리학 연구』를 내놓았는데 이 연구는 언어지리학이라는 새로운 학문을 낳게 되었다.

중국의 지리언어학도 괄목할 만한 연구 성과를 거두었는데 1934년 상해

---

8 중앙민족대학교 강용택 교수의 주도 하에 2016년부터 중국 사회과학기금 중점프로젝트인 『중국 조선어방언 지도집』 편찬을 진행하고 있다.

9 이익섭(1984:109) 참조.

신보관(上海申報館)에서 출판한 『중화민국 신지도(中華民國新地圖)』 중의 "언어구역도"는 중국 최초의 한어 방언지도라고 할 수 있다. 그 후 조원임(趙元任)[10] 선생의 주도 하에 대규모 방언조사가 여러 번 이루어졌는데 『호북방언 조사보고(湖北方言調查報告)』[11]에 처음으로 66폭의 방언지도가 수록되었다. 이는 중국 최초의 한어 방언특징도이다. 20세기 40년대에 들어서서 벨기에 출신의 신부였던 W. 그로타스(w. Grootaers)가 서방의 지리언어학을 중국에 도입하여 산서성[山西省] 대동[大同], 선화[宣化] 등 지역의 방언조사를 진행하였고 1945년부터 1958년 사이 방언지도를 부착한 다수의 연구 논문을 발표하였다.

1949년 신중국 창립 이후, 중국의 많은 방언 조사보고, 방언지 및 방언연구 논저에 다수의 방언지도들이 부착되어 방언구획 또는 방언특징의 지리적 분포를 설명하고 있다. 예하면 『관중방음 조사보고(關中方音調查報告)』(1954년), 『창여 방언지(昌黎方言誌)』(1960년), 『강소성과 상해시 방언개황(江蘇省和上海市方言概況)』(1960년), 『하북방언 개황(河北方言概況)』(1961년) 등이 있다. 그러나 20세기 80년대에 들어 와서야 중국 사회과학원과 오스트레일리아 인문과학원에서 공동으로 『중국언어지도집(中國語言地圖集)』(1987년)을 편찬하게 되는데 이 중에는 언어 총도 5폭, 한어 방언지도 16폭, 소수민족 언어지도 14폭, 총 35폭의 지도가 포함되었다. 이는 중국에서 처음으로 되는 한어 방언과 소수민족 언어의 분포 및 구획 지도집으로서 의의가 크다. 이를 토대로 그 후 20여 년의 최신 연구 성과를 추가로 반영한 『중국언어지도집(中國語言地圖集)』(제2판)(2012년)이 편찬되었는데 이에는 총 79폭의 대형 칼라 언어지도가 포함되었다. 그 중 A형도는 5폭의 중국 언어 총도,

---

10 조원임(1892-1982), 중국 현대 언어학의 선구자임.

11 1938년에 완성되어, 1948년에 출판됨.

B형도는 36폭의 한어 방언 구획도와 지역 성(省) 별 한어 방언 분포도이고 C형도는 38폭의 소수민족 언어 분류도와 지역 성(省) 별 소수민족 언어 분포도이다. 20세기 90년대 이래, 이와타 레이(岩田礼) 선생 등 일본 학자들이 한어 방언 지도 편찬 작업에 진력하여 1992년부터 2007년 사이 연구 보고서의 형식으로 『한어방언지도(고)』 등 6종의 지도집을 간행했으며 매 지도집마다 기존 발표된 방언 자료들을 기반으로 작성한 수십 폭의 한어 방언 특징 분포도를 포함시켰다. 21세기에 들어서서 조지운(曹志耘) 선생의 『한어방언지도집(漢語方言地圖集)』(2008년) 등 다수의 언어지도집이 육속 출판되었다.

중국에서 한어 방언지도집의 연구 및 편찬 작업은 비교적 순조롭게 진행된 편이고 차츰차츰 많은 주목을 받아왔다. 그러나 소수민족 언어의 언어지도집 또는 방언지도집 편찬은 비교적 드물다. 중국 소수민족 언어의 첫 번째 언어지도집으로 꼽히는 것은 김유경(金有景) 선생의 『중국라후어 방언지도집(中國拉祜語方言地圖集)』(1992년)이고 그 후 2018년에 이르러서야 『내몽골몽골어방언지도 자료집(內蒙古蒙古語方言地圖資料集)』(몽골어판)이 출간된다. 중국사회과학원의 『중국언어지도집(中國語言地圖集)』(소수민족 언어권)은 거시적 측면에서 중국 소수민족 언어 분포 특징 및 여러 민족언어의 기본 특징을 보여주었는데 조선어에 대한 서술도 그냥 이에 그친다. 최근에 들어 중국 정부는 '중국언어자원 보호공정(中國語言資源保護工程)'[12] 대형프로젝트를 기획하고 한어 방언과 중국 소수민족 언어에 대한 자료 구축을 진행하고

---

12 2015년부터 2020년까지 진행된 '중국 언어자원 보호 프로젝트(中國語言資源保護工程)'(1기)는 중국의 한어 방언 조사지점(2000개)와 중국 소수민족 언어 조사지점(400개)를 선정하고 조사지 기본 상황·음운·어휘(기본어휘 1200개, 상용어휘 1800개)·문법·발화·구두 문화·지방 한어말 등 항목으로 나누어 조사를 진행하였다. 중국조선어의 경우 연길(함경도), 할빈(경상도), 심양(평안도) 등 3개 조사지에 대한 조사를 진행하였다. 2021년부터 2기 프로젝트를 진행 중이다.

있다.

중국에서의 조선어방언 연구는 연구자의 결핍 등 원인으로 누적된 학술 성과가 제한적이라 할 수 있다. 1980년대 초, 중국 조선어에 대한 두 번의 대규모 방언조사가 이루어졌다. 한 번은 중국사회과학원에서 진행한 것인데 그 결과물이 『조선어 방언 조사보고(朝鮮語方言調査報告)』(1989)이고, 한 번은 연변대학교에서 진행한 것인데 그 결과물이 『중국조선어실태 조사보고(中國朝鮮語實態調査報告)』(1985)이다. 『조선어방언 조사보고(朝鮮語方言調査報告)』(1989)는 1982년에 진행된 중국 조선족 마을 13개 지점의 20명 제보자의 발음 자료를 기본 근거로 하였음을 밝혔다. 그리고 1984년부터 1985년간 중국사회과학원 언어연구소의 선덕오, 조습, 김순배 등 조사 팀원이 석 달 간의 시간을 들여 상술한 조사지에 가서 기존의 조사 자료를 확인하고 보충한 자료를 가지고 조사보고를 작성하였다. 조사 내용은 음운·문법·어휘를 포함하여 각 지역의 음운체계를 밝히고 방언 간의 음운·문법·어휘의 차이점을 밝히는 동시에 방언 간의 언어적 규칙을 밝히려고 시도하였다. 『중국조선어실태 조사보고(中國朝鮮語實態調査報告)』(1985)는 1982년 7월부터 11월까지 5개월 동안 길림성, 흑룡강성, 요녕성 내의 13개 조사지점[13]을 선정하여 조선어 어음·문법·어휘 조사 질문지를 작성하였다. 음운 조사 항에는 2,410개의 단어, 문법 조사 항에는 183개 토, 어휘 조사 항에는 2,327

---

13 조사지점은 다음과 같다.
연변조선족자치주 화룡현 용문향 아동촌(함경북도), 연길시 신흥가 (함경북도), 훈춘시 경신향 회룡봉촌(함북 육진), 돈화시 현유향 입신촌(충청남도), 길림성 유하현 강가점향 오성촌(경기도), 교하현 천북향 영진촌(전라북도), 흑룡강성 계동현 계동향 계림촌(함경북도), 할빈시 도리구 군력향 우의촌(경상북도), 오상현 장산향 일승촌(경상북도), 태래현 사리오향 서광촌(경상북도), 요녕성 영구시 개현 서해농장3대대(평북 철산), 무순 이석채향 이석채촌(평안북도), 심양시 동릉구 혼하향 만융촌(평안북도) 등 13개 조사지점. 제보자 는 60세 이상 노인 남, 여 각 1명, 45세 좌우 중년 1명, 청년 1명으로 선정하였다.

개 단어를 주요 내용으로 수록하고 문장 구조와 관련된 내용도 포함시켜 조사를 진행하였다. 중국사회과학원 민족연구소 언어연구실, 북경대학 동방어문학부 조선어강좌, 중앙민족학원 어문학부 조선어강좌, 동북3성 조선어문 사업협의소조 판공실, 연변대학 어문학부 조선어강좌, 연변언어연구소 언어연구실, 민족출판사 조선문편집실, 흑룡강성 민족사무위원회 어문처, 흑룡강성 조선민족신문사, 흑룡강성 조선민족출판사, 요녕일보사 조선문보편집실, 무순시 민족사무위원회 등 12개 단위의 팀원이 중국 조선어실태 조사대를 결성하였다. 이 두 번의 방언 조사는 최초로 중국 조선어에 대한 연구가 시도되었다는 점에서 그 의의가 크지만 조사지점이 한정되어 중국 조선족 지역에 대한 전반적인 연구가 시도되지 못해 아쉬움을 남긴다.

그 외 중국 조선어방언 관련 학자들의 연구로는 조습·선덕오(1986), 전학석(1998), 한진건(2003), 채옥자(2005), 오선화(2015) 등이 간간이 보이고 곽충구(1997), 최명옥(2000), 최명옥·곽충구(2002) 등 일부 한국 학자들의 연구가 있다.

한국의 경우, 한국어 방언에 대한 연구 성과는 이루다 헤아릴 수 없이 많다. 한국의 방언 연구는 일본인 학자 오구라 신페이(小倉進平)에 의해 시작되었다고 말할 수 있다. 그 후 김형규의 『한국방언연구』(1974년)와 최학근의 『한국방언사전』(1978년) 등이 육속 출현하였는데 이 연구 성과는 오구라 신페이(小倉進平)의 연구 방법을 계승한 것으로 보인다. 한국에서 전국적인 방언조사가 시도된 것은 한국정신문화연구원의 『한국방언자료집』이다. 이 조사 자료는 1986년부터 자료집형식으로 출간되었으나 그것은 어디까지나 방언 자료로서 방언 지도 연구의 단계에 이르지 못하였다.

한반도 전반에 대한 언어지도는 대한민국학술원(1993)의 『한국언어지도첩』이다. 이 지도에는 북한을 포함한 한반도 전반의 언어지도 4장이 그려져 있는데 곧 '말(言)의 운소 분포·여우[狐]의 어형·새우[蝦]의 어형·듣-[聞]의

활용' 등이 그것이다. 남한의 언어지도는 이익섭 외(2008)에 의하여 작성된 『한국언어지도』가 있다. 『한국언어지도』는 한국정신문화연구원(1980)이 조사한 내용이 담긴 『한국방언자료집』을 토대로 그린 153장의 언어지도이다. 지도마다 해설이 곁들여 있어 지도 이해에 도움을 준다.

한국 행정구역 단위로 도별 언어지도는 이익섭(1981)[14]·이기갑(1986)[15]·소강춘(1989)[16]·김충회(1992)[17]·황인권(1999)[18]·박정수(1999)[19]·김택구(2000)[20]·김덕호(2001)[21] 등에 의해 작성되었다.

1.3. 본 연구의 구성

이 연구를 통하여 그리게 되는 것은 흑룡강성 조선어방언 어휘의 진열지도이다. 각 지점에서 조사된 방언형을 지도에 표시하여 제시함으로써 조사지점에서의 방언형을 쉽게 확인할 수 있다.

이 책은 모두 5장으로 구성되었다.

1장은 '서론' 부분으로, 본 연구의 목적과 선행 연구를 살펴보았다.

2장은 조사방법과 제보자에 관하여 상세히 서술하였는데 조사지 선정기

---

14 이익섭(1981): 강원도 언어지도 52장.

15 이기갑(1986): 전라남도 언어지도 77장.

16 소강춘(1989): 전라북도 언어지도 76장.

17 김충회(1992): 충청북도 언어지도 83장.

18 황인권(1999): 충청남도 언어지도 154장.

19 박정수(1999): 경상남도 언어지도 49장.

20 김택구(2000): 경상남도 언어지도 90장.

21 김덕호(2001): 경상북도 언어지도 78장.

준, 제보자 선정조건, 질문지의 구성과 내용에 관하여 기술하였다.

3장은 흑룡강성 조선어방언의 양상을 서술하였는데 특히 조사지의 지리적·역사적 개관을 상세히 서술했고 흑룡강성 조선어방언의 분포 특징을 상세히 분석하였다.

4장은 방언지도의 해석 부분으로서 방언지도의 작성에 관해 상세히 서술하고 방언조사 자료 중에서 엄밀히 선별하여 작성한 부분적 방언지도를 통해 방언형의 구체적 분포를 보여주고 있다.

5장은 '결론' 부분으로서 앞에서 논의한 부분들을 요약·정리하였다.

2장 ── 조사방법과 제보자

2.1. 조사방법과 과정

이 연구의 목표가 중국 조선어방언 언어지도 작성에 있기 때문에 전통방언학의 방법을 원용하였다. 질문지를 작성한 후, 제보자를 선정하여 각 조사 지점별로 찾아가 직접 면담하는 방식을 취하였다.

이상규(2001:86-92)은 이상적인 방언 조사지는 그 지역을 대표하는 핵 방언권 지역이며 아울러 토속적인 전통마을로 외래 도시 문화의 영향이 적은 곳이어야 한다고 하였다.

김영황(2007:30-32)은 조사 지역의 설정은 우선 연구자가 특별히 관심을 가지는 곳으로 정해야 하고 다음은 방언 조사 지역의 범위 즉 넓은 지역으로 하느냐 아니면 좁은 지역으로 하느냐를 고려해야 하고 또 지리적 및 사회·역사적 조건을 고려해야 한다고 하였다.

'중국언어자원 보호공정' 프로젝트 진행 시 소수민족언어 방언 조사지 선정 기준을 다음과 같이 정하였다.

(1) ① 소수민족 지역은 언어 및 방언의 특징에 따라 조사지를 선정하되, 매 언어마다 최소 1개의 조사지를 선정한다.
② 방언 차이가 큰 언어는 방언 별로 1개의 조사지를 선정할 수 있다.
③ 실제 조사지는 해당 민족 언어에서 영향력이 큰 지역을 조사지로 선정한다.

'중국언어자원 보호공정'은 한어 방언과 소수민족언어 방언을 망라한 대형 프로젝트이기에 상대적으로 넓은 지역 즉 큰 단위로 조사지를 정한 것이다.

2.1.1. 흑룡강성 조선어방언 조사지 선정

중국의 조선족은 앞에서 언급하다시피 한반도의 이주민으로서 중국에 자리 잡은 역사가 불과 170년 밖에 안된다. 따라서 중국 조선어의 방언 분포는 중국의 기타 민족어와 달리 산, 하천 등에 의한 자연 지리적 분포가 아니라 사회·역사적 조건에 따른 분포이다.

중국 전역의 조선어방언 지도집을 기획할 때 연구팀은 행정 구역 단위를 기준으로 향·진[1] 행정 단위로 조사지를 설정하고 일부 특징이 분명한 방언 섬들을 따로 추가하기로 하였다. 중국의 소수민족 정책에 따라 소수민족들이 모여 사는 동네에는 자치기구가 설치되는데 중국 조선족은 길림성의 연변 조선족자치주와 장백 조선족자치현 외에 길림성·흑룡강성·요녕성 등 동북3성과 내몽골자치구에 다수의 조선족 민족향·진을 보유하고 있다.

흑룡강성의 조선어방언 조사는 흑룡강성의 각 지역에 분포된 22개의 조

1 한국의 행정 구역 단위로 '면'에 해당됨.

선족 민족향·진을 행정 단위로 각각 1개의 조사지를 설정하고 조사를 진행하였다.

구체적인 조사지 상황은 다음 [표 1]과 같다. 조사지의 구체적 지리·역사적 개관은 다음 장에서 상세히 설명하도록 한다.

[표 1] 흑룡강성 조선어방언 조사지 현황

	조사지 명	조사지 주소
01	영란[迎蘭]	흑룡강성 할빈시 의란현 영란조선족향 [黑龍江省哈爾濱市依蘭縣迎蘭朝鮮族鄉]
02	어지[漁池]	흑룡강성 할빈시 상지시 어지조선족향 [黑龍江省哈爾濱市尚志市魚池朝鮮族鄉]
03	하동[河東]	흑룡강성 할빈시 상지시 하동조선족향 [黑龍江省哈爾濱市尚志市河東朝鮮族鄉]
04	민락[民樂]	흑룡강성 할빈시 오상시 민락조선족향 [黑龍江省哈爾濱市五常市民樂朝鮮族鄉]
05	와룡[臥龍]	흑룡강성 목단강시 영안시 와룡조선족향 [黑龍江省牡丹江市寧安市臥龍朝鮮族鄉]
06	강남[江南]	흑룡강성 목단강시 영안시 강남조선족만족향 [黑龍江省牡丹江市寧安市江南朝鮮族滿族鄉]
07	해남[海南]	흑룡강성 목단강시 서안구 해남조선족향 [黑龍江省牡丹江市西安區海南朝鮮族鄉]
08	신안[新安]	흑룡강성 목단강시 해림시 신안조선족진 [黑龍江省牡丹江市海林市新安朝鮮族鎮]
09	삼차구[三岔口]	흑룡강성 목단강시 동녕현 삼차구조선족진 [黑龍江省牡丹江市東寧縣三岔口朝鮮族鎮]
10	영풍[永豐]	흑룡강성 계서시 성자하구 영풍조선족향 [黑龍江省雞西市城子河區永豐朝鮮族鄉]
11	화평[和平]	흑룡강성 계서시 밀산시 화평조선족향 [黑龍江省雞西市密山市和平朝鮮族鄉]
12	계림[雞林]	흑룡강성 계서시 계동현 계림조선족향 [黑龍江省雞西市雞東縣雞林朝鮮族鄉]
13	명덕[明德]	흑룡강성 계서시 계동현 명덕조선족향 [黑龍江省雞西市雞東縣明德朝鮮族鄉]

14	성화[星火]	흑룡강성 가목사시 화천현 성화조선족향 [黑龍江省佳木斯市樺川縣星火朝鮮族鄉]
15	탕왕[湯旺]	흑룡강성 가목사시 탕원현 탕왕조선족향 [黑龍江省佳木斯市湯原縣湯旺朝鮮族鄉]
16	동명[東明]	흑룡강성 학강시 라북현 동명조선족향 [黑龍江省鶴崗市蘿北縣東明朝鮮族鄉]
17	연풍[年豐]	흑룡강성 이춘시 철력시 연풍조선족향 [黑龍江省伊春市鐵力市年豐朝鮮族鄉]
18	행수[杏樹]	흑룡강성 칠대하시 벌리현 행수조선족향 [黑龍江省七臺河市勃利縣杏樹朝鮮族鄉]
19	길흥[吉興]	흑룡강성 칠대하시 벌리현 길흥조선족만족향 [黑龍江省七臺河市勃利縣吉興朝鮮族滿族鄉]
20	주성[主星]	흑룡강성 흑하시 북안시 주성조선족향 [黑龍江省黑河市北安市主星朝鮮族鄉]
21	성부[成富]	흑룡강성 쌍압산시 우의현 성부조선족향 [黑龍江省雙鴨山市友誼縣成富朝鮮族鄉]
22	흥화[興和]	흑룡강성 수화시 북림구 흥화조선족향 [黑龍江省綏化市北林區興和朝鮮族鄉]

2.1.2. 흑룡강성 조선어방언 제보자 선정

제보자 선정 시 토박이·나이·신체적 조건·성별·직업 등을 고려해야 한다.

제보자 선정은 연구자가 사전에 해당 지역의 촌 간부 또는 지인을 통해 그 지역 출신으로 방언을 잘 구사하는 사람을 미리 소개 받은 후에 조사를 해보면서 적합하다고 판단될 때 선정하였다.

제보자는 신체적 조건이 허용되는 남성으로서 치아가 고르고, 발음이 정확하며, 교육 경험이 많지 않은 사람을 우선으로 선택하였다. 그러나 중국의 조선족들 중에서 1950년대 이후 출생자들은 모두 교육을 받은 세대이며 농촌 출신 다수가 한국 노무 수출 경험이 있기에 이상적인 제보자를 찾기가 쉽지 않았다. 더욱이 도시화 과정에 조선족 농촌 공동체가 무너지면서 마을에 실제로 거주하는 인구가 대폭 줄어들어 제보자 찾기가 더 힘들어 진 것도 사실이다. 제보자는 조사 지점마다 1명의 제보자를 원칙으로 정했으나 2명 또는 그 이상의 경우도 있다. 흑룡강성 조선어방언 조사에 참여한 제보자는 총 31명이며 경상도 방언 출신 제보자가 9명이고, 함경도 방언 출신 제보자가 21명이고, 평안도 방언 출신 제보자가 1명이다. 주 제보자는 전부 남성으로 정하고 보조 제보자로 일부 여성 제보자가 참여하였다.

[표 2] 흑룡강성 조선어방언 제보자 현황

	조사지	제보자	실제 거주지	출신 방언	성별	출생 연
01	영란[迎蘭]	이○생(李○生)	흑룡강성 할빈시 의란현 영란조선족향 화평촌[和平村]	경상도	남	1946년
02	어지[漁池]	박○희(朴○熙)	흑룡강성 할빈시 상지시 어지조선족향 신흥촌[新兴村]	경상도	남	1943년
03	하동[河東]	김○환(金○焕)	흑룡강성 할빈시 상지시 하동조선족향 남흥촌[南兴村]	경상도	남	1946년
04	민락[民樂]	권○룡(权○龙)	흑룡강성 할빈시 오상시 민락향 민락촌[民樂村]	경상도	남	1944년
05	와룡[臥龍]	최○현(崔○铉)	흑룡강성 목단강시 영안시 와룡조선족향 명천촌[明泉村]	함경도	남	1946년
06	강남[江南]	권○체(权○体)	흑룡강성 목단강시 영안시 강남조선족만족향 녕동촌[宁东村]	경상도	남	1935년
07	해남[海南]	임○학(林○学)	흑룡강성 목단강시	함경도	남	1947년

			서안구 해남조선족향 산하촌[山河村]			
08	신안[新安]	최○남(崔○南)	흑룡강성 목단강시 해림시 신안조선족진 서안촌[西安村]	평안도	남	1950년
09	삼차구 [三岔口]	장○식(张○植)/ 박○길(朴○吉)	흑룡강성 목단강시 동녕현 삼차구조선족진 삼차구촌[三岔口村]	함경도	남/남	1949년/ 1950년
10	영풍[永豐]	박○범(朴○范)/ 신○선(申○善)	흑룡강성 계서시 성자하구 영풍향 영평촌[永平村]	함경도	남/여	1947년/ 1949년
11	화평[和平]	고○호(高○浩)/ 정○자(郑○子)	흑룡강성 계서시 밀산시 화평조선족향 흥광촌[兴光村]	함경도	남/여	1940년/ 1944년
12	계림[雞林]	현○칠(玄○七)	흑룡강성 계서시 계동현 계림조선족향 전진촌[前进村]	함경도	남	1952년
13	명덕[明德]	박○복(朴○福)/ 김○옥(金○玉)/ 최○성(崔○星)	흑룡강성 계서시 계동현 명덕조선족향 오성촌[五星村]	함경도	남/여 /남	1950년/ 1951년/ 1961년
14	성화[星火]	박○수(朴○洙)/ 김○자(金○子)	흑룡강성 가목사시 화천현 성화조선족향 중성촌[中星村]	함경도	남/여	1949년/ 1953년
15	탕왕[湯旺]	홍○표(洪○杓)	흑룡강성 가목사시 탕원현 탕왕조선족향 금성촌[金星村]	경상도	남	1946년
16	동명[東明]	선우○선 (鲜于○善)	흑룡강성 학강시 라북현 동명조선족향	함경도	남	1954년

			기관가족동 [机关家属区]			
17	연풍[年豐]	김○웅(金○雄)	흑룡강성 이춘시 철력시 연풍조선족향 길송촌[吉松村]	경상도	남	1948년
18	행수[杏樹]	김○열(金○烈)/ 장○애(张○爱)	흑룡강성 칠대하시 벌리현 행수조선족향 행선촌[杏鲜村]	함경도	남/여	1941년/ 1946년
19	길흥[吉興]	윤○준(尹○俊)/ 박○단(朴○丹)	흑룡강성 칠대하시 벌리현 길흥조선족만족향 후춘촌[厚春村]	함경도	남/여	1949년/ 1939년
20	주성[主星]	이○근(李○根)	흑룡강성 흑하시 북안시 주성조선족향 주성촌[主星村]	경상도	남	1945년
21	성부[成富]	류○일(柳○日)/ 정○금(郑○今)	흑룡강성 쌍압산시 우의현 성부조선족향 성부촌[成富村]	함경도	남/여	1940년/ 1945년
22	흥화[興和]	박○호(朴○浩)	흑룡강성 수화시 북림구 성화조선족향 강남촌[江南村]	경상도	남	1938년

2.1.3. 조사과정

방언 조사는 주로 2017년부터 2019년 사이 방학을 이용하여 진행했다. 교수와 대학원생으로 구성된 조사팀이 조사지점을 일일이 찾아다니며 조사했는데 추후 확인을 위해 녹음 설비로 조사 전 과정을 녹음하였다.

제보자의 긴장을 풀고 자연스러운 방언 발화를 유도하기 위해 조사 첫 시작은 제보자와 관련된 이런저런 이야기를 주고받으면서 자연스럽게 어휘 항목 조사에 들어갔다. 제보자와 관련된 자연 발화는 추후의 연구에 사용할 목적도 고려했던 것이다. 조사 현장에서 조사된 방언형은 우선 한글로 직접 발음대로 전사하였다. 조사 작업을 마친 후 재확인을 하면서 한글로 전사한 자료에 국제음성기호(IPA)로 보충 전사하였다.

그리고 조사지 마을, 제보자에 대한 조사 과정 등도 사진으로 자료를 남겼다.

2.2. 조사 질문지의 구성과 내용

방언 조사를 하려면 우선 무엇을 조사하여야 할 것인가를 결정하여야 하는데 이 '무엇'을 정리하여 놓은 조사도구가 곧 질문지이다.

이 연구의 조사 질문지는 다음과 같은 구성을 이루고 있다.

(2) ① 일러두기
② 조사지점 현황
③ 제보자 현황
④ 자연 발화
⑤ 어휘 항목

'일러두기'에는 조사를 순조롭게 진행하기 위해 제보자에 대한 요구, 조사 방식에 대한 요구, 최종 제출 자료에 대한 요구를 적어두었다. '조사지점 현황'에는 조사지점의 상세한 주소, 해당 향•진의 경위도 좌표, 해당 향•진의 민족 구성, 인구 등 정보를 상세히 기입하도록 하고, '제보자 현황'에는 성명, 성별, 출생일, 출생지, 문화 수준, 사용 언어, 직업, 부모 및 배우자의 출신 방언, 부모 또는 조부모의 중국 이주 시간, 외지 근무 경력 등을 기입하도록 했다. '자연 발화' 부분은 선후로 150분 정도를 요구했는데 현지 상황에 대한 소개, 제보자 본인 및 가족에 대한 소개, 현지 풍속에 대한 소개 등 내용을 망라했다. '어휘항목'은 총 553개 항목을 선정했다.

전통적으로 어휘 항목의 배열은 주로 유사한 의미영역을 함께 묶는 일종의 분류 사전식으로 배열한다. 조선어방언 조사의 이러한 분류 방식은 小倉進平(1944)에서 시작되어 후세 학자들에게 많은 영향을 끼쳤다. 이러한 방식은 사전 조사 질문지 구성상 질문의 효과적인 방식이기도 하지만 자료 배열도 유사 의미영역별로 배열되기 때문에 어휘체계를 체계적으로 관찰할 수 있다는 유리한 점도 있다.[2] 어휘항목의 의미영역별 분류는 다음과 같은 것들이 대표적이다.

(3) 小倉進平(1944)의 『朝鮮語方言方言の研究』: 천문, 시후, 지리·하천, 방위, 인륜, 신체, 가옥, 복식, 음식, 농경, 화과, 채소, 금석, 기구, 주차, 수족, 곤충·파충, 초목, 형용사, 동사, 조동사, 부사, 조사, 접두사·접미사, 구·단문, 잡.

(4) 한국정신문화연구원(1980)의 『한국 방언조사 질문지』: 농사, 음식, 가옥, 의복, 인체, 육아, 인륜, 경제, 동물, 식물, 부사, 형용사, 동사.

(5) 국립국어원 지역어조사추진위원회(2006)의 『지역어 조사 질문지』: 농경, 음식, 가옥, 의복, 민속, 인체, 육아, 친족, 동물, 식물, 자연.

그리고 '중국언어자원 보호공정'의 『민족언어 조사수첩(民族語言調查手冊)』

---

2 이상규(2001:295) 참조.

도 의미영역별로 어휘항목을 배열하였다.

(6) '중국언어보호 공정'의 『민족언어 조사수첩』: 천문·지리, 시간·방위, 식물, 동물, 방사(房舍)·기구, 복식·음식, 신체·의료, 혼상·신앙, 인품·칭위, 공·농·상·문, 동작행위, 성질상태, 수량, 대사·부사·개사·연사(代副介連詞).

상기 질문지들의 본받을 점을 참고하면서 이 연구의 질문지 어휘항목을 다음 (7)과 같이 배열하였다.

(7) 『흑룡강성 조선어방언 어휘 조사 질문지』: 인체(01-61), 인륜(62-97), 자연(98-128), 동물(129-181), 식물(182-203), 농사(204-260), 음식(261-312), 가옥(313-342), 의복(343-354), 육아(355-385), 경제(386-428), 대명사(429-434), 상태(435-456), 동작(457-502), 사화방언(503-553)

어휘항목의 구체적인 질문사항을 살펴보면 주로 다음 네 가지 형식으로 질문하면서 해당 방언형을 유도하고 있다.

첫째, 그림으로 질문한다. 어휘항목에 해당되는 그림을 보여주면서 "이것은 무엇입니까?"하고 묻는다.

○ 어휘항목002 가마: [그림 002]

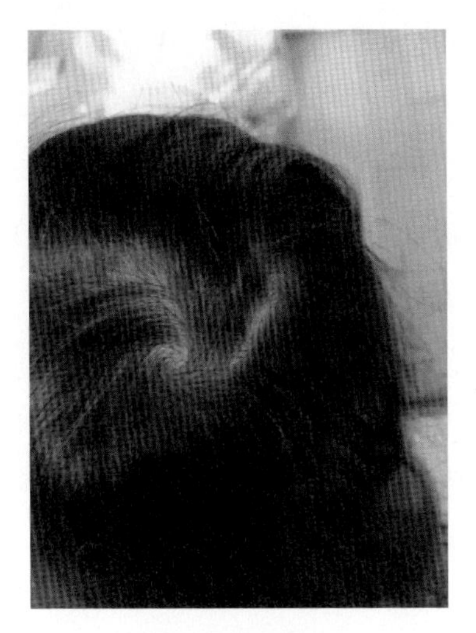

[그림 002] kama

둘째, 그림을 보여주는 동시에 부가 설명을 붙여서 질문한다.

○ 어휘항목009 뺨: [그림 009] 얼굴의 양쪽 관자놀이 아랫부분으로 살이 많은 곳을 무엇이라고 합니까?

[그림 009] ppyam

셋째, 설명을 통해 질문한다.

○ 어휘항목046 고름: 【설명】 종기가 나면 그 속에 희고 누런 물이 생기는데 이 콧물 같은 물을 무엇이라고 합니까?

○ 어휘항목362 죄암죄암: 【설명】 어린아이들 손바닥을 폈다 오무렸다 하면서 무엇이라고 합니까?

넷째, 중국어 대응어를 말해주고 조선어방언을 질문한다.

○ 어휘항목435 굵다: 한어 '粗'를 무엇이라고 합니까?

○ 어휘항목455 (값)싸다: 한어 '便宜'를 무엇이라고 합니까?

조사 시 그림 파일을 쉽게 찾을 수 있도록 매 그림마다 번호와 명명 표기를 달았는데 제보자들이 한글을 읽을 수 있는 점을 감안하여 명명 표기는 한글 대신 로마자로 적어두었다.

3장 — 중국 흑룡강성 조선어방언 양상

흑룡강성 조선족의 인구 분포 특징은 중국 기타 소수민족들과 마찬가지로 넓은 범위에선 분산되어 살고 작은 범위에서는 모여 살고 있다. 조선족은 흑룡강성 내에 널리 분포되어 있지만 각지의 인구 수량은 고르지 않다. 조선족은 주로 흑룡강성의 남부 지역에 많이 거주하고 있는데 “두 곳의 밀집지역과 세 곳의 밀집도시”에 많이 모여 사는 분포 특징을 보이고 있다. “두 곳의 밀집지역”이란 한 곳은 할빈[哈爾濱]-목단강[牡丹江] 지역으로서, 여기에는 할빈시[哈爾濱市], 아성[阿城], 오상[五常], 상지[尚志], 연수[延壽]와 목단강시[牡丹江市], 해림[海林], 영안[寧安], 목릉[穆棱], 동녕[東寧], 수분하[綏芬河], 계서[雞西], 계동[雞東], 벌리[勃利], 밀산[密山] 등 15개의 현시가 망라되고, 다른 한 곳은 가목사[佳木斯] 지역으로서, 가목사시[佳木斯市], 화남[樺南], 탕원[湯原], 화천[樺川], 나북[蘿北] 등 5개의 현시가 망라된다. “세 곳의 밀집도시”란 수화시[綏化市], 치치할시[齊齊哈爾市], 대경시[大慶市] 등 세 곳이다.

이 연구는 상기 조선족이 모여 살고 있는 지역의 각 조선족민족향에 하나의 조사지로 정하고 조사를 진행하였다. 다음 내용은 조사지의 촌 간부 또는 제보자들이 제공한 해당 지역의 지리적·역사적 개관을 정리한 것이다.

3.1. 조사지 지리적·역사적 개관

○ 조사지01 영란[迎蘭]

영란조선족향은 흑룡강성 할빈시 의란현의 관할하에 있고 의란현 서부에 위치하고 있으며 1984년에 정식으로 설립되었다.

제보자가 살고 있는 화평촌[和平村]은 영란향 북쪽에 위치해 있고 현성과 약 7㎞ 떨어져 있으며 전 촌의 관할 면적은 12㎢에 달한다. 전 촌은 3개의 자연 마을이 있는데 총 521호에 인구가 1,325명이다. 전 촌의 경작지 면적은 12,821무인데 그 중 밭 면적은 1,258무이고 논 면적이 11,563무이다.

○ 조사지02 어지[漁池]

어지조선족향은 흑룡강성 할빈시 상지시의 관할하에 있으며 상지시 서북부에 자리 잡고 있다. 어지향의 면적은 450㎢이고 2018년의 재적 인구는 11,557명이다.

신흥촌[新兴村]은 어지조선족향에서 서쪽으로 8km 정도 떨어진 곳에 위치해 있다. 1937년 석두하자집합개척단(石頭河子集合開拓團) 소속의 선(조선)농집단개척단이 신흥에 본부를 설치하였다. 본부에는 개척단 보도소가 있고 소장, 서기, 기술자, 자경단장, 의사 각 1명과 소대장 여러 명을 두었다. 1939년에 제2차 조선농민 이주를 진행하였고 또 위하현 공립 신흥 국민우급학교(葦河縣公立新興國民優級學校)를 설치하였는데 당시 학교 건물 면적이 1,060㎡에 달하고 9개의 학년, 6명의 교원, 452명의 학생을 두었다. 신중국 창립 후 야부리[亚布力]에 귀속되어 신흥 조선족자치촌으로 되었다. 1956년에 신흥 조선족향을 설립하였고 1958년 초에 개도향[开道乡]과 흥개향[兴开乡]을 합병하여 신흥촌으로 바뀌고 1958년 7월에는 신흥대대로 개명하고 1975년에 어지 인민공사에 귀속되어 1984년에 신흥대대가 다시 신흥촌으로 바뀌었다. 현재 신흥촌에는 신흥, 명신 두 자연마을이 있으며 관할 면적은 25㎢, 인구는 284가구, 910명에 달한다. 동네 경작지 면적은 4,102무인데 그 중 논이 3,733무, 밭이 369무가 있으며 주로 벼농사를 하고 옥수수, 콩, 야채도 재배한다.

○ 조사지03 하동[河東]

하동조선족향은 흑룡강성 할빈시 상지시 소속이며, 하동향은 마하(玛河)강 동쪽에 위치했기 때문에 붙여진 이름이다. 중화민국 시기엔 주하현[珠河县] 제1구의 관할하에 있었으며 당시 집거하고 있는 조선족 농민은 80여 호가 있었다한다. 동북이 일제에 함락된 후, 할빈에 체류하는 조선"난민"을 안치하는 소위 "개척계획"을 실시하여 하동에 조선족 집단거주지를 형성하였으며 1938년에 하동촌을 세웠다. 1945년 후 하동구를 설치했다가 1950년 12월에 제7구로 변경하였다. 1954년 2월에 하동 조선족자치구[1]를 설치하였고 1956년 5월에 하동 조선족자치구를 취소하고 하동 조선족향을 설치, 1958년 9월에 하동인민공사로 개칭하였다가 1984년 3월에 다시 하동 조선족향으로 회복하였다. 하동향 동부는 구릉지이고 서부는 마하 강 충적평원으로서 토양이 비옥해 상지시 조선족이 주로 모여 사는 지역이다.

남흥촌[南兴村]은 하동조선족향 정부에서 서남쪽으로 5㎞ 떨어진 곳에 있다. 남흥촌은 1921년에 창립되었으며 하동 조선족 제1촌으로 불리 운다. 거주민은 411호에 1,580명이 있다. 경작지는 5,634무이고 주로 벼농사를 하며 상지시 신농촌 건설의 본보기촌이기도 하다.

---

1 이 당시 소수민족 지역의 자치구는 오늘날의 행정단위가 아니라 자치지구(自治地區)의 뜻임.

○ 조사지04 민락[民樂]

민락향은 흑룡강성 할빈시 오상시에 관할하에 있으며 오상시 서북부에 위치하고있다. 1956년엔 기존의 오상현 제8구가 민락향으로 변경되어 산하에 7개의 관리구를 두었다. 1958년에 인민공사화가 실현되면서 현지 조선족들이 집거하게 되었고 조선족자치공사가 정식으로 설립되어 그 산하에 10개의 생산대대를 설립하였다. 1984년에 민락 조선족향으로 개칭되고 현재 전 향에는 6개 행정촌이 있으며 인구는 12,216명이고 그 중 조선족이 52%, 한족이 48%를 차지한다. 행정구역 면적은 55.3㎢이고 경작지 면적은 4.8만무이다. 땅이 평탄하고 대부분 저습지 흑토에 속한다. 민락향의 조선족들은 벼 재배 역사가 유구하고 재배 기술도 뛰어나다. 민락향에서 생산되는 쌀은 오상 쌀의 대표로서 미질이 우수하고 밥맛이 구수하기로 널리 알려져 있다.

산하 민락촌[民樂村]은 호적 인구가 2,585명이고 그 중 조선족이 1,228명이며 경작지 면적은 9,756무에 달한다.

○ 조사지05 와룡[臥龍]

와룡조선족향은 흑룡강성 목단강시 영안시에 소속되어 있고 영안시 동쪽에 위치해 있으며 구역 면적은 228.57㎢에 달한다.

와룡은 만주어의 차용으로, 한어로 '선마(线麻)' 또는 '마두대(马肚带)'라고도 번역이 된다.

명천촌[明泉村]은 와룡향에서 동남쪽으로 3㎞ 떨어진 곳에 위치해 있다. 조선족 마을로 지세는 동쪽이 높고 서쪽이 낮으며 현재 66호에 264명이 거주하고 있다.

○ 조사지06 강남[江南]

강남조선족만족향은 흑룡강성 목단강시 영안시에 소속되어 있고 영안시 동북쪽에 위치해 있으며 구역 면적은 425.13㎢에 달한다.

녕동촌[宁东村]은 강남향 정동방향에 위치해 있으며 강남향과 7㎞ 떨어져 있다. 마을 총면적은 9㎢이고 123가구에 516명이 살고 있다. 밭 면적이 671무이고 논 면적이 1,427무인데 녕동촌 역시 벼농사를 주요 산업으로 하고 있다.

○ 조사지07 해남[海南]

해남조선족향은 흑룡강성 목단강시 서안구에 소속되어 있고 목단강시 서안구 서쪽에 위치해 있다. 해남조선족향은 1956년 3월에 정식으로 설립되어 영안현에 소속되고, 1962년 10월엔 해림현에, 2010년 5월부터 목단강시 서안구에 귀속되었다.

산하촌[山河村]은 목단강-해림 고속도로 북쪽에 위치한 조선족 마을로, 2개의 자연마을로 구성되고 367호의 농호에 인구 1,320명이다. 그중 노동력 인구가 760명인데 해외 등 타지로 나간 노무자가 688명이다. 따라서 5,160무의 경작지를 집중 관리함으로써 규모화 농업 생산을 실현하였다.

산하촌은 도농통합의 기회를 잡아 8개 동에 달하는 산하촌 '행복가원' 아파트 단지를 건설해 365가구 주민들을 전부 이주시켰다.

○ 조사지08 신안[新安]

신안조선족진은 흑룡강성 목단강시 해림시에 소속되어 있고 해림시 남쪽에 위치해 있으며 산하에 1개의 지역사회와 17개의 행정촌을 관할한다. 1964년에 세워진 신안조선족향이 1988년에 신안조선족진으로 바뀌었다.

서안촌[西安村]은 진 소재지로부터 동쪽으로 1.4㎞ 떨어진 곳에 위치해 있다. 1928년에 마을을 세웠으며 초기 이름은 '서위자[西崴子]'였다. 일제 강점기 주변에 흩어져 살던 조선족과 한족 향민들을 모아 비교적 큰 마을을 형성했고 1개 반의 일본군이 주둔해서 관리했는데 이를 '칠반'이라고 불렀다. 마을이 세워져서 동북이 해방되기 전까지 영안현 자신향[自新乡]의 관할 구였다. 1946년 동북 지역이 해방되자 중국공산당이 정권을 세우고 신해현[新海县]을 설치했는데 이 마을 지역을 신안구의 서안촌으로 명명하였다. 본래 마을 이름 '서위자'의 첫 글자와 평안무사를 기원한다는 의미에서 '안'을 붙여 '서안촌'의 마을 이름이 정해졌다. 1948년 해림현이 세워지고 신안구 서안촌은 해림현 소속이 되었다. 1992년에 해림현은 해림시로 탈바꿈하고 오늘의 해림시 신안조선족진 서안촌으로 개칭되었다.

2015년 기준, 서안촌은 7개의 촌민 소조로 이루어지고 495가구에 1,987명의 촌민이 있으며, 그중 조선족 인구는 1,734명, 한족 인구는 253명이었다. 서안촌의 행정 구역 면적은 13.93㎢, 경작지 면적은 10,050무, 마을 촌민들은 주로 농업에 종사하는데 주요 농작물은 벼이다. 한국 노무 수출이 큰 소득 내원이기도 하다.

○ 조사지09 삼차구[三岔口]

삼차구조선족진은 흑룡강성 목단강시 동녕시에 소속되어 있고 동녕시 동부에 자리 잡고 있다. 청나라 광서 8년(1882년)에 이미 삼차구가[三岔口街]가 설치되어 있었고 청나라 선통 원년(1909년)에는 동녕청에 소속되어 있었다. 중화민국 시기를 거치고 나서 신중국 창립이후 1953년에 삼차구조선족자치구가 설립된다. 그리고 1958년 9월에 삼차구공사로 개명하고 1984년 3월에 삼차구조선족향으로, 1988년 5월에 삼차구조선족진으로 바뀌었다.

○ 조사지10 영풍[永豐]

영풍향은 흑룡강성 계서시 성자하구에 소속되어 있으며 성자하구 남쪽에 위치해 있다. 성자하 영풍조선족향 영평촌[永平村]은 금삼각 개발구 내에, 목릉하 북안에 위치해 있으며 4개의 촌민소조로 이루어지고 205호에 인구 792명이 있는데 그중 96% 이상이 조선족이다. 전 촌의 경작지는 1,928무이고 전부가 논이며 연간 우질 벼 생산량은 1,200톤에 달하여 계서시의 유명한 우질 벼 생산기지 중의 하나이다.

○ 조사지11 화평[和平]

화평조선족향은 흑룡강성 계서시 밀산시에 소속되어 있으며 밀산시 중부에 위치해 있다. 화평조선족향은 1984년 11월에 정식으로 설립되었다.

향정부 소재지는 밀산 시내로부터 동쪽으로 2.5㎞ 떨어져 있으며 총 면적은 169㎢이다. 현재 화평조선족향은 12개 행정촌을 관할하고 있는데 동선[东鲜], 흥광[兴光], 동명[東明], 동흥[东兴] 등 4개 조선족 마을과 행복[幸福], 신건[新建], 신전[新田], 신성[新城], 경여[庆余], 삼인반[三人班], 동풍[东丰], 경합[庆合] 등 8개 한족 마을이 포함된다. 전 향의 농업 총 호수는 4,471호, 농업 인구는 16,810명이다. 그중 조선족 농가는 1,199호이고 인구는 5,164명이며 전 향 총인구의 30.7%를 차지하며 밀산시의 유일한 조선족향이다.

흥광촌[兴光村]은 밀산 시내로부터 동남쪽으로 3.5㎞ 떨어져 있다. 5개의 촌민소조, 2개의 자연 마을로 구성되고 현재 호적 농가가 213호, 인구는 906명이며, 전 촌의 경작지는 5,001무인데 그중 논이 4,858무로 경작지의 97.1%를 차지한다. 목릉하 북안 평원 지역에 위치해 지세가 평탄하고 벼 재배에 알맞은 자연 환경조건을 갖추고 있다.

○ 조사지12 계림[鷄林]

계림조선족향은 흑룡강성 계서시 계동현에 소속되어 있으며 행정 구역 면적은 50.33㎢이다.

일찍 19세기말 20세기초 일본 제국주의의 통치에 불만을 품은 일부 조선 민중들은 자신의 생존을 보장하기 위하여 여러 가지 경로를 통해 중국에 도착했다. 일부 민중들은 목릉하 중류의 충적평원 즉 지금의 계동현 계림향 일대에 이르렀다. 벼농사를 잘 하는 이국의 서민들은 목릉하의 땅이 기름지고 물이 좋은 우월한 자연조건에 매료되었다. 그들은 집을 짓고 논밭을 개간하여 정착하기 시작했으며 고적하고 황량하던 벌판에는 생기가 넘치기 시작했다. 오연창(吳延昌) 선생이 쓴 계림향 사료의 기재에 의하면 처음에 선구(船口, 오늘의 계림향 진흥촌)에 온 사람은 네댓 집뿐이었는데 후에 점점 늘어나서 40여 호로 발전되었다. 그리고 1911년에 이르니 조선족 동포들이 모여 사는 선구촌[船口村]이 형성되었다. 선구는 목릉하 조선족 문화의 발상지일 뿐만 아니라 역사의 좌증으로 남기도 한다. 목릉하 개발사와 흥개호 문화를 연구하는데 중요한 역사적 근거와 수문 자료를 제공하고 있다.

○ 조사지13 명덕[明德]

명덕조선족향은 흑룡강성 계서시 계동현에 소속되어 있다. '명덕'이란 이름은 1938년부터 명덕툰[明德屯]으로 불리워 왔다. 명덕조선족향은 계동현 동부, 목릉하 남안에 자리 잡고 있으며 현성으로부터 40㎞ 떨어져 있다. 명덕조선족향의 면적은 60.58㎞이고 8개 행정촌을 관할하며 그중 조선족촌은 3개이다. 전 향의 총인구는 10,121명이고 그중 조선족 인구는 3,473명으로서 전체 인구의 35%를 차지한다. 경작지 면적은 63,000무이며 45,000무의 논과 18,000무의 밭으로, 계동현의 주요한 벼 생산기지이며 널리 이름난 '어미지향'이다.

명덕조선족향은 1984년 10월에 중국국무원의 비준을 거쳐 정식 설립되며 '계서시 민족단결 모범', '전국 조림녹화 모범'의 영예칭호를 수여받았다.

○ 조사지14 성화[星火]

중국 첫 집단농장인 화천현 성화 집단농장은 1951년 2월에 탄생되었다. 현재는 흑룡강성 가목사시 화천현에 소속되어 있다.

성화 집단농장의 전신은 화천현 수리농장이었다. 1945년 8월, 일본이 투항한 후 확고한 동북 근거지를 건립하기 위해 합강성[合江省] 정부는 일제에 의해 파괴된 화천현 수리관계소를 수리하여 벼 생산을 발전시키기로 결정했다. 1947년 가을, 농장은 트랙터 한 대와 쟁기 몇 개로 1,200여 무의 황무지를 개간했다. 그리고 연길, 밀산, 임구, 벌리 등 곳에 사람을 파견하여 벼농사에 경험이 있는 조선족 농민들을 모집했다.

1948년 봄, 공산당원 김백산(金白山)이 영솔하는 80호의 조선족 농민들이 길림성 돈화시에서 수리농장으로 왔다. 공산당원 리재근(李再根)이 영솔하는 농민들도 함께 도착했다. 농장에 도착한 농민들은 또 8,500여 무의 황무지를 개간하여 그해의 경작을 만족시켰다.

1951년 2월 21일, 중국의 첫 집단농장이 정식으로 탄생하였는데 1952년 봄, 흑룡강성 정부 유걸(于杰) 비서장이 농장 시찰 시 김백산의 요청으로 유 비서장이 '성화[星火]농장'이라 명명하여 『동북일보』에 '성화-신중국의 첫 농장'이라는 기사가 실리면서 전국에 널리 알려졌다.

생산의 발전에 따라 농장의 규모도 빠르게 확대되면서, 부근 마을의 농민들도 너나없이 가입했을 뿐만 아니라 다른 성의 농민들도 명성을 듣고 찾아왔다. 1951년에 국무원은 김백산에게 '전국 노동 모범' 칭호를 수여했고 『인민일보(人民日报)』도 그들의 사적을 전국에 널리 보도했다. 1954년부터 1962년 사이, 김백산은 연속 제2기, 제3기 전국인민대표대회 대표로 선거되었고 모택동 등 국가 영도자들의 접견도 받았다.

성화 집단농장은 후에 성화공사라고 개명되었다가 지금은 성화조선족향으로 바뀌었다.

○ 조사지15 탕왕[湯旺]

탕왕조선족향은 흑룡강성 가목사시 탕원현 관할하에 있고 탕원현에서 서남쪽으로 25㎞ 떨어진 곳에 자리 잡고 있으며 탕원현의 유일한 조선족향이다. 구역 면적은 54㎢이고 14개의 행정촌을 관할하고 있는데 그중 8개의 조선족촌은 4,148호에 인구 10,195명이며 경작지는 6.9만무에 달한다. 1952년 7월에 송강성[松江省] 탕원현 탕원조선민족자치구를 세웠고 1957년에 탕원조선족자치향으로 개칭하였으며 1958년의 인민공사를 거쳐 1984년에 탕원조선족향으로 되었다.

금성촌[金星村]은 조선족 마을로서 향정부 소재지이며 581호에 인구 1,347명, 그리고 논면적이 9,146무에 달한다. 1946년 11월에 마을을 세웠다. 대부분 촌민들이 외지에 나가 일하고 생활하기에 논농사는 촌민위원회에서 농장화 경영을 한다.

○ 조사지16 동명[東明]

동명조선족향은 흑룡강성 학강시 라북현에 소속되어 있다. 1984년 5월에 흑룡강성 인민정부의 비준을 받아 봉상진[凤翔镇]과 단결진[团结镇]에 소속된 조선족들이 모여 사는 마을을 통합하여 정식으로 동명조선족향을 세웠다. 동명은 본래 봉상진의 가장 이른 조선족 마을이였기에 향 이름으로 직접 쓰게 되었다. 동명향을 세울 때 려명[黎明], 동명[東明], 홍광[红光], 신풍[新丰], 홍풍[红丰], 영홍[永红], 영풍[永豐], 홍선[红鲜], 신성[新胜], 신흥[新兴] 등 10개의 자연촌이 있었고 총 호수는 786호이고 인구는 3,534명(모두 조선족)이었다. 경작지 면적은 26,645무인데 그중 논이 24,660무이고 밭이 1,985무였다.

○ 조사지17 연풍[年豐]

연풍조선족향은 흑룡강성 이춘시 철력시에 소속되어 있으며 1984년 10월에 정식으로 설립되었다. 행정구역 면적은 191.92㎢, 산하에 10개의 행정촌이 포함된다.

길송촌[吉松村]은 1947년에 세워졌는데 조선의 이주민들로 구성되었으며 항일 영웅 박길송(朴吉松)[2]의 이름을 따서 명명되었다. 길송촌은 연풍향 동쪽에 자리 잡고 있으며 향정부와 8㎞ 떨어져 있다. 농가는 200호이고 인구는 560명(실제 거주 인구는 70명)이며 마을의 경작지 면적은 3,300무인데 전부 논이고 수림 면적이 675무이다. 촌민들의 수입은 주로 벼 재배와 노무수출에 의거한다.

길송촌은 선후로 전국 선진마을(全國先進村鎮), 전국 민주법치 시범마을(全國民主法治示範村), 전국 녹색쇼캉마을(全國綠色小康村), 성급 문명마을 모범(省級文明村標兵) 등 다수의 영예칭호를 수여받았다.

○ 조사지18 행수[杏樹]

행수조선족향은 흑룡강성 칠대하시 벌리현에 소속되어 있으며 벌리현 북쪽에 자리 잡고 있다. 1917년에 이곳에 처음으로 마을이 들어서고 1941년에 행수촌이라 명명되고 행수조선족향은 1999년 8월에 정식으로 설립되었다. 산하에 11개 행정촌이 망라된다.

---

2 박길송(1918-1943), 남, 조선족, 길림성 왕청현 영창동 목단촌[吉林省汪清县永昌洞牡丹村] 출신, 동북항일연군 지대장, 항일 열사.

행선촌[杏鮮村]은 행수조선족향 관할하의 조선족 마을로서 1942년에 마을이 세워지고 당시 조선족 농민 40호가 있었다. 행선촌의 재적 인구는 219호에 576명인데 현재 실제 거주자는 23호에 47명이다.

○ 조사지19 길흥[吉興]

길흥조선족만족향은 흑룡강성 칠대하시 벌리현에 소속되어 있으며 벌리현 서북쪽에 자리 잡고 있다. 이곳에 마을이 처음 들어선 것은 청나라 광서 27년(1901년)이다. 2002년에 길흥조선족만족향이 정식으로 설립되고 산하에 14개 행정촌이 망라된다.

1949년에 세워진 후춘촌[厚春村]은 길흥향의 서남쪽에 자리 잡고 있으며 전 촌은 200호에 인구 496명이며 노동력 인구는 380명이다. 그중 360명의 노동력 인구가 외지에서 일한다. 60세 이상 독거노인 13명이다. 촌민들의 주요 수입 내원은 노무 수입과 토지임대 수입이다. 마을의 경작지 면적은 4,746무로서 일인당 경작지면적은 6무/인이다. 농민들은 주로 콩, 옥수수 등 밭작물을 재배하는데 소수 촌민들은 경제작물을 재배하고 있다.

○ 조사지20 주성[主星]

주성조선족향은 흑룡강성 흑하시 북안시에 소속되어 있고 북안시 남부에 자리 잡고 있으며 흑하시의 유일한 조선족향이다. 주성향은 홍광[紅光], 홍성[紅星], 주성[主星], 동성[東星] 등 4개 행정촌, 13개 자연 마을, 총 1,625호에 인구 4,306명이 있다. 그중 조선족 인구가 2,375명인데 총인구의 55.2%를 차지한다. 총 면적은 60㎢이고 경작지 면적은 4,145헥타르이다. 주성향은 물 자원이 충족하고 야생 어류가 풍부하며 벼농사가 잘 되기로 소문이 높다.

오늘의 홍광촌 전신인 십삼툰은 1928년에 마을이 세워지고 1934년 2월에 장정수(張程守), 장진수(張振洙) 등이 한국으로부터 집단 이주하여 정착했는데 그곳이 지금의 주성촌이다. 그 후도 이주자들이 연속 늘어나서 1945년에는 250호에 달하였고 당시 천덕농장(天德农场)이라고 불렀다.

1984년 4월에 주성조선족향으로 정식 개칭했다.

○ 조사지21 성부[成富]

성부조선족만족향은 흑룡강성 쌍압산시 우의현에 소속되어 있으며 우의현 동남부, 삼강평원 중심 지역에 자리 잡고 있다.

1950년 황무지를 개간하여 벼농사를 짓던 중국해방군 제4야전군 부대가 철수하면서 논을 남겨놓았는데 당시 집현현[集賢縣] 정부는 필가산[筆架山]의 20여 호 조선족 농민들을 동원하여 집현현에 집단적으로 이주하여 벼농사를 짓게 하면서 두 개의 마을이 세워졌는데 호수가 많은 마을은 대성부[大成富] 마을, 호수가 적은 마을은 소성부[小成富] 마을이라고 불렀다. 1958년에 우의농장[友誼農場]에 합병되었다가 1984년에 성부향으로 회복되고, 1988년 11월에 정식으로 성부조선족만족향으로 개칭된다.

현재 대성부 마을에는 조선족이 38호에 78명이 거주하고 있고 소성부 마을에는 48호에 90명이 거주하고 있다.

○ 조사지22 흥화[興和]

흥화조선족향은 흑룡강성 수화시 북림구에 소속되어 있으며 수화시 동북쪽으로 32㎞ 떨어져 있다. 수화시 유일한 조선족향이고 관할 면적은 21㎢, 경작지 면적은 22,415무이며 주로 벼농사를 짓는다. 흥화는 1931년 일본이 중국 동북 침략시 일본동아권업주식회사[3]에 의해 세워진 마을이다.

---

3 동아권업주식회사는 일본 외무성의 주도로 만주 지역의 토지를 국가적 관리 및 지원하에 매수하기 위해 설립되었다. 제1차 세계대전 종전 처리 협상을 통해 일본이 만주 및 내몽고 지역에 대한 '토지상조권(土地商租權)'을 획득하자, 재만(在滿) 일본인들은 적극적으로 만

전 향에는 2개의 행정촌, 3개의 자연 마을이 포함되는데 1,055호에 인구 3,763명이다. 조선족 인구가 98.7%를 차지함으로써 조선족 집거지 특유의 문화 경관을 엿볼 수 있다.

3.2. 흑룡강성 조선어방언 분포 특징

흑룡강성의 조선족 인구 분포와 방언 지역 형성은 그 이주 역사와 밀접한 관계를 가진다. 흑룡강성의 조선인은 19세기 중엽부터 주로 세 갈래 경로를 통해 이주를 완성했다.

한 갈래는 조선으로부터 러시아 원동 지역으로 이주했다가 다시 흑룡강, 우수리강을 건너 흑룡강 동남부의 나북[蘿北], 동강[同江], 무원[撫遠], 밀산[密山], 호림[虎林], 동녕[東寧] 등 지역으로 이주했다. 이들은 주로 함경도 방언 출신들이다.

다른 한 갈래는 조선으로부터 길림성 연변 지역으로 먼저 이주했다가 다시 점차적으로 흑룡강성 동남부의 영안[寧安], 계동[雞東], 계서[雞西], 임구[林口], 목릉[穆棱], 목단강[牡丹江], 해림[海林] 등 지역으로 자리를 옮겼다. 이들 역시 주로 함경도 방언 출신자들이다.

세 번째 갈래는 먼저 요녕성, 길림성 지역으로 이주하였거나 한반도 남부의 조선 이주민들이 직접 동북 철도선을 이용하여 흑룡강성의 중서부 지역인 오상[五常], 아성[阿城], 할빈[哈爾濱], 치치할[齊齊哈爾], 수화[綏化] 등 지역으로 이주하였다. 이들은 경상도 방언 출신자들이 많다.

주 토지 매수에 나서기 시작하였다. 일본 외무성은 민간인들의 무분별한 토지 매입이 중국인들의 민족 감정을 자극할 우려가 있다고 보아, 반관반민회사로서 동아권업주식회사를 설립하여 토지 매입에서부터 관리에 이르는 전 과정을 국가가 관할하고자 하였다.

이 같은 이주 경로는 흑룡강성에서의 조선어방언 분포를 결정했을 뿐 아니라 조선족 인구 수량 분포도 동남부에서 서북부로 가면서 차츰 감소하는 모습을 보였다.

일제시기 해림[海林] 지역에 여러 경상도 마을이 집단이주를 왔지만 함경도 방언권에서 장기간 생활하면서 오늘날 방언섬 흔적이 별로 남아있지 않다.

4장 — 방언지도의 해석

4.1. 방언지도 작성

언어 현상의 지리적 분포를 밝혀내고 그로써 크고 작은 방언 경계를 찾아내서 그 경계들이 왜 생겨났으며 또 그것이 역사적으로 어떤 의미를 갖는지를 밝히는 일들은 방언 연구자들의 본연의 과제이다. 이러한 지적에서도 알 수 있듯이 방언학이나 언어지리학에서는 수집된 방언 데이터를 이용해서 무엇보다도 먼저 언어지도 또는 방언지도를 만드는 작업을 수행하고 있다. 언어지도 또는 방언지도 작성은 언어 현상을 해석하기 위한 필요한 선행 작업이기 때문이다.

가장 최초의 언어지도는 1881년 벤커(G. Wenker)의 『독일제국의 언어지도』에서 시작되었다고 할 수 있지만 언어지리학 발전에 새로운 장을 연 사람은 스위스 태생의 언어학자 질리에롱이다. 질리에롱의 『프랑스 언어지도』는 여러 나라 방언학자들이 자국의 언어 분포를 연구하고 언어지도를 만들도록 본보기를 보였다.

방언지도는 어떤 언어 현상의 여러 방언형의 지리적 분포를 한눈에 알아볼 수 있도록 지도 형식으로 나타내는 것을 말한다. 이익섭(1984:109)은 어떤 나라가 방언 연구에 있어 다른 나라보다 앞서 있다는 것은 결국 남보다 먼저 훌륭한 언어지도 또는 방언지도를 만들었다는 것으로 귀결된다고 하면서 방언 연구에 있어 방언지도가 차지하는 중요성을 지적한 바 있다. 방언지도 작성의 목적은 여러 방언 분화형들의 지리적 분포를 시각적으로 나타내어 어떤 방언형이 가장 큰 세력을 지니고 있는가 그리고 어디를 분기점으로 하여 방언이 분화되는가, 그리고 그 방향이 어디로인가에 대한 정보를 시각적으로 나타내 보이는 데 있다. 이러한 방언 분화의 흐름은 궁극적으로 언어의 역사적 발전단계를 반영해 주기도 하기 때문에 방언지도는 언어 변천사를 지도화한 것이라고 볼 수도 있다.

방언지도는 방언 자료를 도면에 기입하는 방식에 따라 몇 가지로 나뉠 수 있는데[1] 그 중 한 분류법이 진열지도와 해석지도로 나누는 방식이다.

이 연구는 조사된 조선어 방언형을 상징기호를 이용하여 기입하는 도안형 진열지도로 작성했다. ArcGis Online 프로그램을 활용하여 방언지도를 작성했다.

4.2. 방언지도와 어휘해설

질문지에 포함된 553개 어휘항목 중 85개 어휘항목을 선택하여 방언지도를 그리고 어휘해설을 했다. 방언지도를 그린 어휘는 인체 관련 어휘 14개, 인륜 관련 어휘 10개, 자연 관련 어휘 5개, 동물 관련 어휘 7개, 식물 관련

1 이상규(2001:124)는 언어지도의 형식을 다음과 같이 나누었다. (1) 음성전사형을 그대로 기입하는 생생한 자료지도, (2) 음성형식을 도형이나 기호로 전환하여 기입하는 부호지도 형식, (3) 부호지도 형식을 선으로 그어 동일한 방언지역을 명시해 주는 선지도 형식, (4) 생생한 자료지도 형식과 부호지도 형식을 혼합한 평면지도 형식 등.

어휘 7개, 농사 관련 어휘 9개, 음식 관련 어휘 10개, 가옥 관련 어휘 4개, 의복 관련 어휘 3개, 육아 관련 어휘 2개, 경제 관련 어휘 2개, 대명사 관련 어휘 1개, 상태 관련 어휘 2개, 동작 관련 어휘 3개, 사화방언 관련 어휘 6개다.

어휘해설은 어휘항목의 방언형 및 각 방언형의 분포상을 보여주고 어원을 밝힐 수 있는 부분은 문헌을 통해 그 어원을 밝혀주었다.

4.2.1. 인체 관련 어휘

조사 질문지에 인체 관련 어휘항목은 머리·얼굴·눈·코/귀·세수·상체·하체·피부병·질병·생리 등 10개 의미영역별로 61개 어휘를 실었다. 그중 14개 어휘를 선별하여 여기에 방언지도로 보여준다.

조사 질문지에 수록한 인체 관련 61개 어휘항목은 다음과 같다.

(1) 인체 관련 어휘항목

① 머리 관련: 머리카락, 가마, 가르마, 비듬

② 얼굴 관련: 턱, 수염, 목, 얼굴, 뺨, 볼, 보조개, 주름살

③ 눈 관련: 눈, 흰자위, 눈두덩, 눈썹, 눈곱, 다래끼, 소경, 애꾸

④ 코/귀 관련: 입술, 혀, 벙어리, 귀, 귓불, 귀지, 귀머거리

⑤ 세수 관련: 세숫대야, 비누, 목욕, 거울, 빗, 다리[2]

⑥ 상체 관련: 왼손, 손가락, 마디, 겨드랑, 젖, 배꼽

⑦ 하체 관련: 다리, 엉덩이, 넓적다리, 무릎, 뼈

⑧ 피부병 관련: 부스럼, 고름, 사마귀, 두드러기, 버짐, 기미

---

2 여자들이 머리숱이 많아 보이게 하려고 덧넣어 땋은 머리.

⑨ 질병 관련: 언청이, 곰보, 감기

⑩ 생리 관련: 딸꾹질, 트림, 재채기, 하품, 기지개, 졸음, 방귀, 구린내

◎ 01 가마

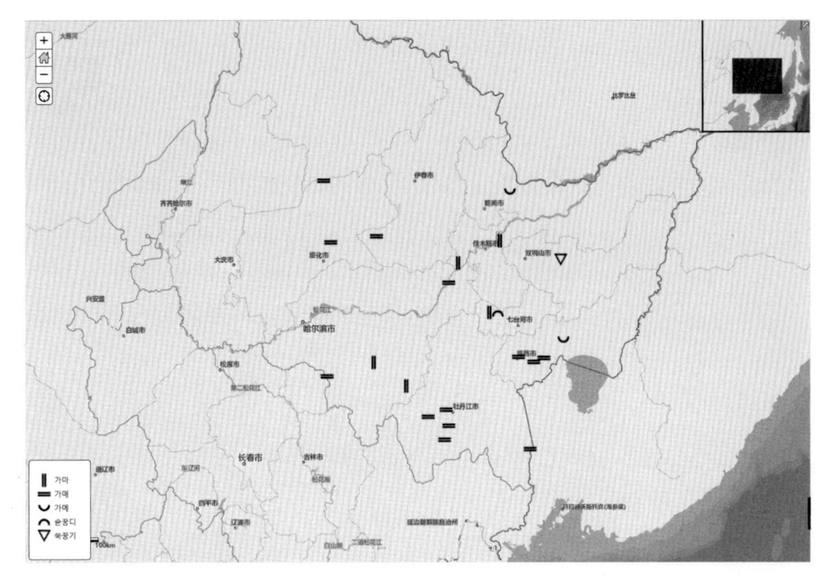

<방언지도 01 가마>

가마는 사람의 머리나 일부 짐승의 대가리에 털이 한곳을 중심으로 빙 돌아 나서 소용돌이 모양으로 된 부분을 말한다. 이 방언형은 '가마, 가매, 가메, 숟꿍디, 쑥꿍기' 등으로 나타나는데 주로 두 개 유형이다. 하나는 '가마, 가매, 가메'이고 다른 하나는 '숟꿍디, 쑥꿍기'이다.

방언형 '가마'는 어지, 하동, 성화, 탕왕, 길흥 등에 분포되고 '가매'는 영란, 민락, 와룡, 강남, 해남, 신안, 삼차구, 영풍, 계림, 명덕, 연풍, 주성, 흥화 등에 분포, '가메'는 화평, 동명에 분포되어 있으며, '숟꿍디'는 행수에 분포, '쑥꿍기'는 성부에 분포되었다.

◎ 02 비듬

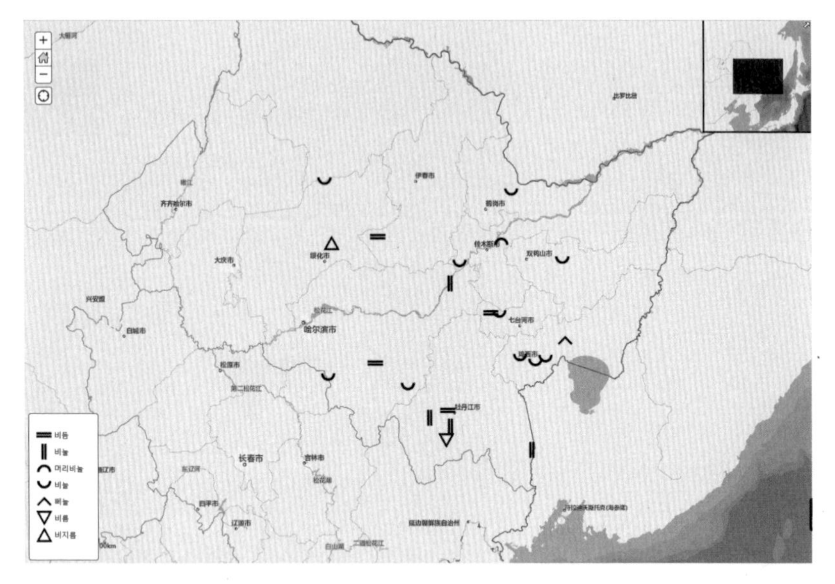

<방언지도 02 비듬>

비듬은 살가죽에 생기는 회백색의 잔비늘, 특히 머리에 있는 것을 말한다. 이 방언형은 '비듬, 비늘, 머리비눌, 비눌, 삐늘, 비름, 비지름' 등으로 나타난다.

방언형 '비듬'은 하동, 해남, 연풍, 길흥 등에 분포, '비늘'은 어지, 민락, 영풍, 계림, 명덕, 탕왕, 동명, 행수, 주성, 성부 등에 분포, '머리비눌'은 성화에 분포, '비눌'은 영란, 강남, 신안, 삼차구 등에 분포, '삐늘'은 화평에 분포, '비름'은 와룡에 분포, '비지름'은 흥화에 분포되었다.

◎ 03 수염

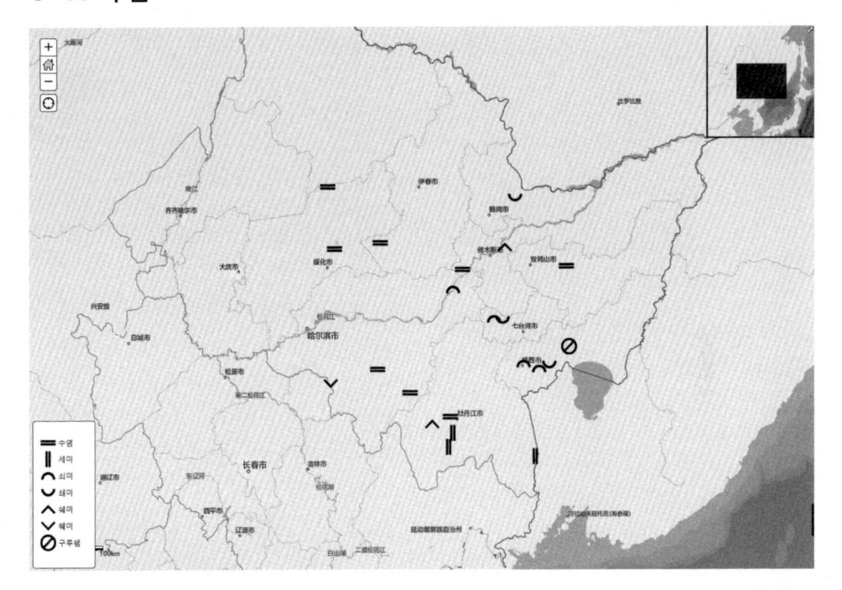

<방언지도 03 수염>

수염은 성숙한 남자의 입 주변이나 턱 또는 뺨에 나는 털을 말한다. 이 방언형은 '수염, 세미, 쇠미, 쇄미, 쉐미, 쒜미, 구루쇔' 등으로 나타난다.

방언형 '수염'은 어지, 하동, 해남, 탕왕, 연풍, 주성, 성부, 흥화 등에 분포, '세미'은 와룡, 강남, 삼차구에 분포, '쇠미'은 영란, 영풍, 계림, 길흥 등에 분포, '쇄미'은 명덕, 동명, 행수에 분포, '쉐미'은 신안, 성화에 분포, '쒜미'은 민락에 분포, '구루쇔'은 화평에 분포되었다.

수염의 옛말은 '입거웆, 거웆'이다.

► 머리며 **입거우지** 조히 ᄒᆡ오. 『석보상절(1447) 24:44』

► 또 黃蓮을 **거웆** 앗고. 『구급방언해(1466) 상:57』

◎ 04 빰

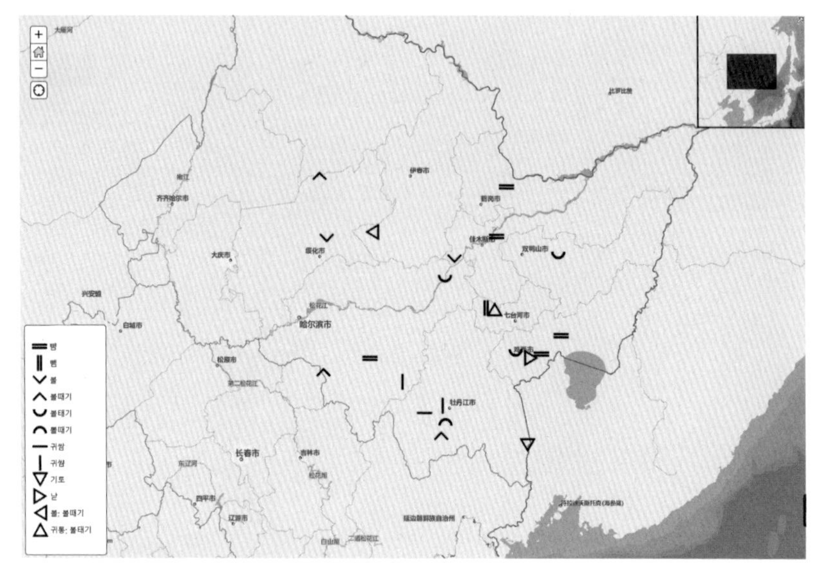

<방언지도 04 빰>

빰은 얼굴의 양쪽 관자놀이에서 턱 위까지의 살이 많은 부분을 말한다. 이 방언형은 '빰, 뺌, 볼, 볼때기, 볼태기, 뽈때기, 귀쌈, 귀썀, 기토, 낟, 귀통' 등으로 다양하게 나타난다.

방언형 '빰'은 하동, 화평, 명덕, 성화, 동명 등에 분포, '뺌'은 길흥에 분포되고, '볼'은 탕왕, 흥화 등에 분포, '볼때기'은 민락, 와룡, 주성 등에 분포, '볼태기'은 영란, 영풍, 성부 등에 분포, '뽈때기'는 강남에 분포되며, '귀쌈'은 신안에 분포, '귀썀'은 어지, 해남 등에 분포, '기토'는 삼차구에 분포하고, '낟'은 계림에 분포, '볼/볼때기' 2개 방언형이 나타난 것은 연풍에 분포, '귀통/볼태기' 2개 방언형이 나타난 것은 행수에 분포되었다.

빰의 옛말은 '뺨, 뺨'이다. '뺨, 뺨'은 15세기 문헌에서부터 나타나는데 15세기에 'ㅂ'의 된소리를 표기했던 'ㅄ'이 19세기에 와서 'ㅃ'으로 표기가 고정되면서 현대 조선어의 '뺨'이 되었다.

- 顋 **ᄲᅣᆷ** 싀. 『훈몽자회(1527) 상:13』
- 술로 ᄡᅧ 헌 것 우희 ᄇᆞᆯ라 **ᄲᅣᆷ**애 브티고 『구급간이방언해(1489) 1:22ㄱ』

◎ 05 흰자위

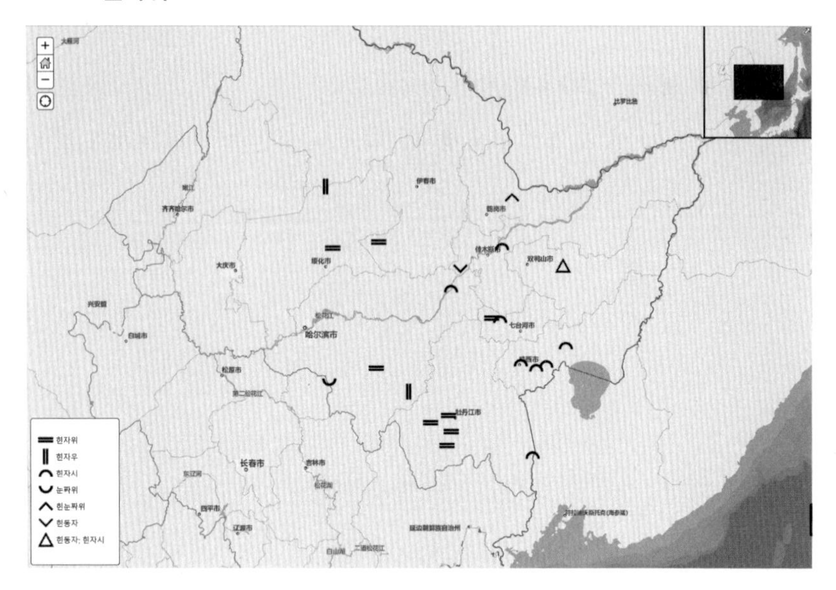

<방언지도 05 흰자위>

흰자위는 눈알의 흰 부분을 말한다. 이 방언형은 '힌자위, 힌자우, 힌자시, 눈짜위, 힌눈짜위, 힌동자' 등으로 나타난다.

방언형 '힌자위'는 하동, 와룡, 강남, 해남, 신안, 연풍, 길흥, 흥화 등에 분포, '힌자우'는 어지, 주성 등에 분포, '힌자시'는 영란, 삼차구, 영풍, 화평, 계림, 명덕, 성화, 행수 등에 분포, '눈짜위'는 민락에 분포, '힌눈짜위'는 동명에 분포, '힌동자'는 탕왕에 분포되고, '힌동자/힌자시' 2개 방언형이 나타난 것은 성부에 분포되었다.

◎ 06 다래끼

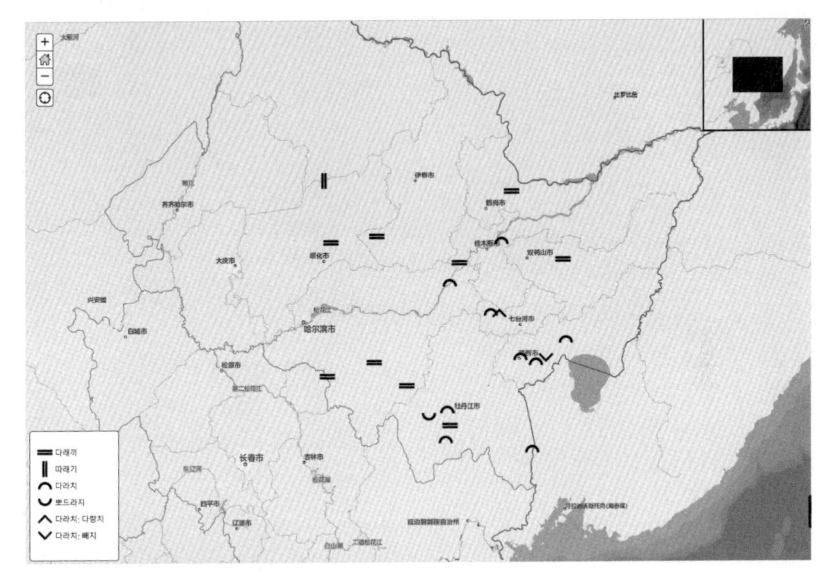

<방언지도 06 다래끼>

다래끼는 속눈썹의 뿌리에 균이 들어가 눈시울이 발갛게 붓고 곪아서 생기는 작은 부스럼을 말한다. 이 방언형은 '다래끼, 따래기, 다라치, 뽀드라지, 다랑치, 빼지' 등으로 나타난다. 방언형 '다래끼'는 어지, 하동, 민락, 강남, 탕왕, 동명, 연풍, 성부, 흥화 등에 분포, '따래기'는 주성에 분포, '다라치'는 영란, 와룡, 해남, 삼차구, 영풍, 화평, 계림, 성화, 길흥 등에 분포, '뽀드라지'는 신안에 분포, '다라치/다랑치'는 행수에 분포, '다라치/빼지'는 명덕에 분포되었다. 다래끼의 옛말은 'ᄃᆞ라치'이다.

- 生眼丹 **ᄃᆞ라치**. 『역어유해(1690) 상:61』
- 眼丹 **ᄃᆞ라치**. 『동문유해(1748) 하:7』
- 針眼 **ᄃᆞ라치**. 『한청문감(1779) 8:10』

◎ 07 혓바닥

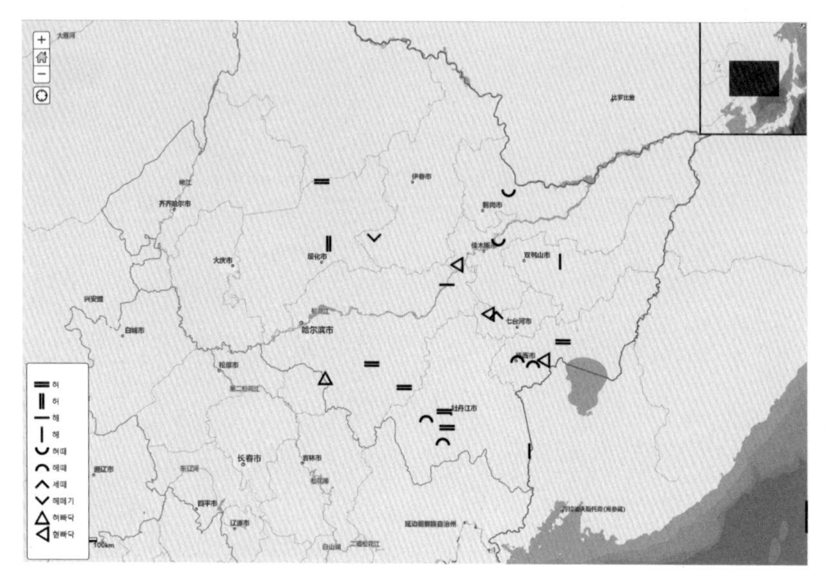

<방언지도 07 혓바닥>

혓바닥은 혀의 윗면을 말한다. 이 방언형은 '혀, 허, 해, 헤, 혀때, 헤때, 세때, 헤떼기, 혀빠닥, 혈빠닥' 등으로 나타난다. '혀, 허, 해, 헤, 혀때, 헤때, 세때, 헤떼기' 등은 혀 전반과 혀 윗면의 구분이 분명하지 않은 방언형이다.

방언형 '혀'는 어지, 하동, 강남, 해남, 화평, 주성 등에 분포, '허'는 홍화에 분포, '해'는 영란에 분포, '헤'는 삼차구, 성부 등에 분포, '혀때'는 성화, 동명 등에 분포, '헤때'는 와룡, 신안, 영풍, 계림 등에 분포, '세때'는 행수에 분포, '헤떼기'는 연풍에 분포, '혀빠닥'은 민락에 분포, '혈빠닥'은 명덕, 탕왕, 길흥 등에 분포되었다.

◎ 08 거울

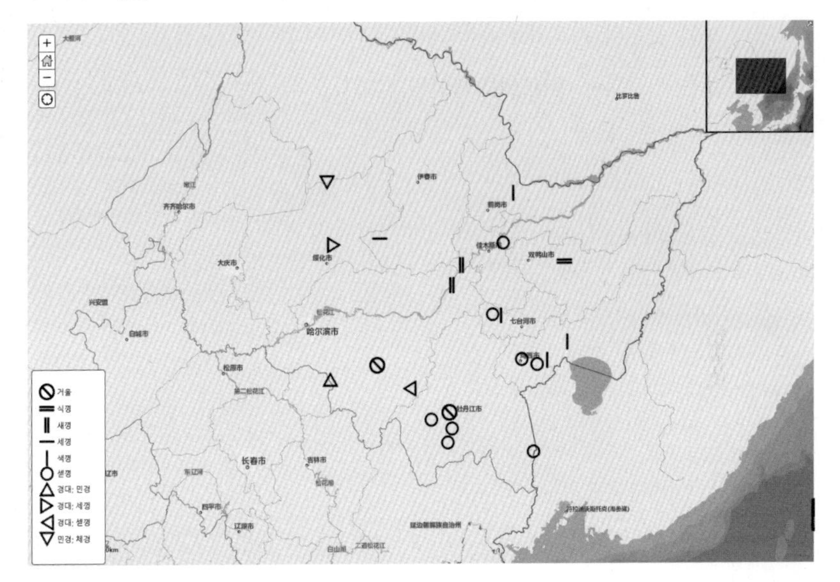

<방언지도 08 거울>

거울은 빛의 반사를 이용하여 물체의 모양을 비추어 보는 물건을 말한다. 이 방언형은 '거울, 식경, 새꼉, 세꼉, 색꼉, 셴경, 경대, 민경, 체경' 등으로 나타난다.

방언형 '거울'은 하동, 해남 등에 분포, '식꼉'은 성부에 분포, '새꼉'은 영란, 탕왕 등에 분포, '세꼉'은 연풍에 분포, '색꼉'은 화평, 명덕, 동명, 행수 등에 분포, '셴꼉'은 와룡, 강남, 신안, 삼차구, 영풍, 계림, 성화, 길흥 등에 분포되고, '경대/민경'은 민락에 분포, '경대/세꼉'은 흥화에 분포, '경대/셴꼉'은 어지에 분포, '민경/체경'은 주성에 분포되었다.

거울의 옛말은 '거으로, 거우루'이다.

► 鑑 거으로 감. 『신증유합(1576) 하:15』

- ᄒᆞᆫ 각시 아ᄎᆞᄆᆡ 粉 ᄇᆞᄅᆞ노라 ᄒᆞ야 거우룰 보거늘 그 새 거우루엣 제 그르멜 보고 우루리라 ᄒᆞ거늘 『석보상절(1447) 24:20ㄱ-ㄴ』
- 鏡은 거우뤼라. 『월인석보(1459) 4:13ㄴ』

◎ 09 겨드랑이

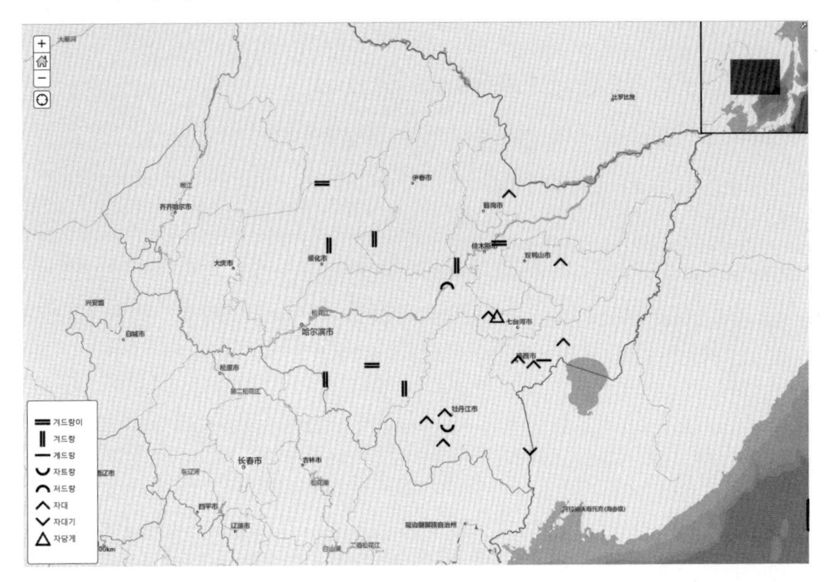

<방언지도 09 겨드랑이>

겨드랑이는 양편 팔 밑의 오목한 곳을 말한다. 이 방언형은 '겨드랑이, 겨드랑, 게드랑, 자트랑, 자드랑, 자대, 자대기, 자당게' 등으로 나타난다.

방언형 '겨드랑이'는 하동, 성화, 주성 등에 분포, '겨드랑'은 어지, 민락, 탕왕, 연풍, 흥화 등에 분포, '게드랑'은 명덕에 분포, '자트랑'은 강남에 분포, '자드랑'은 영란에 분포, '자대'는 와룡, 해남, 신안, 영풍, 화평, 계림, 동명, 길흥, 성부 등에 분포, '자대기'는 삼차구에 분포, '자당게'는 행수에 분포되었다. 겨드랑이는 '결 〉 겨ᄃᆞ랑/겨드랑 〉 겨ᄃᆞ랑이/겨드랑이'의 변화 과정을 거친다.

► 五衰相ᄋᆞᆫ 다ᄉᆞᆺ 가짓 衰ᄒᆞᆫ 相이니 머리옛 고지 이울며 **결** 아래 ᄯᆞᆷ 나며 뎡바기옛 光明이 업스며. 『월인석보(1459) 2:13』

- 초우셰 ᄀᆞᆯ오ᄃᆡ 힝역ᄒᆞᆯ 제 **겨ᄃᆞ랑**의 암내 나ᄂᆞ니며 『언해두창집요(1608) 하:43ㄱ』
- 肐子窩 **겨드랑** 『몽어유해(1790) 상:12ㄴ』
- 臂川脇 ᄉᆞ이 쇽칭 **겨ᄃᆞ랑이** 『증수무원론언해(1792) 1:63ㄱ』

◎ 10 엉덩이

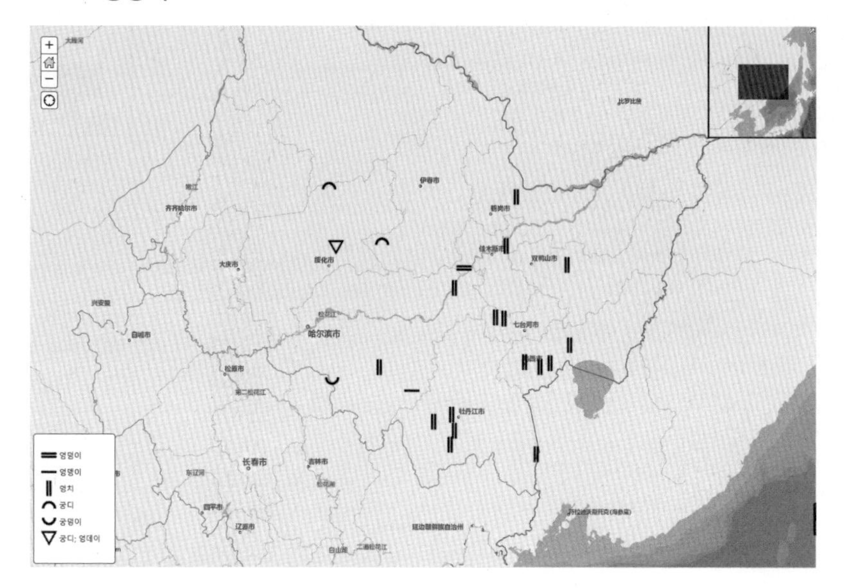

<방언지도 10 엉덩이>

엉덩이는 볼기의 윗부분을 말한다. 이 방언형은 '엉덩이, 엉뎅이, 엉치, 궁디, 궁덩이, 궁디, 엉데이' 등으로 나타난다.

방언형 '엉덩이'는 탕왕에 분포, '엉뎅이'는 어지에 분포, '엉치'는 영란, 하동, 와룡, 강남, 해남, 신안, 삼차구, 영풍, 화평, 계림, 명덕, 성화, 동명, 행수, 길흥, 성부 등에 분포, '궁디'는 연풍, 주성 등에 분포, '궁덩이'는 민락에 분포되고, '궁디/엉데이' 2개 방언형이 나타난 것은 흥화이다.

◎ 11 허벅지

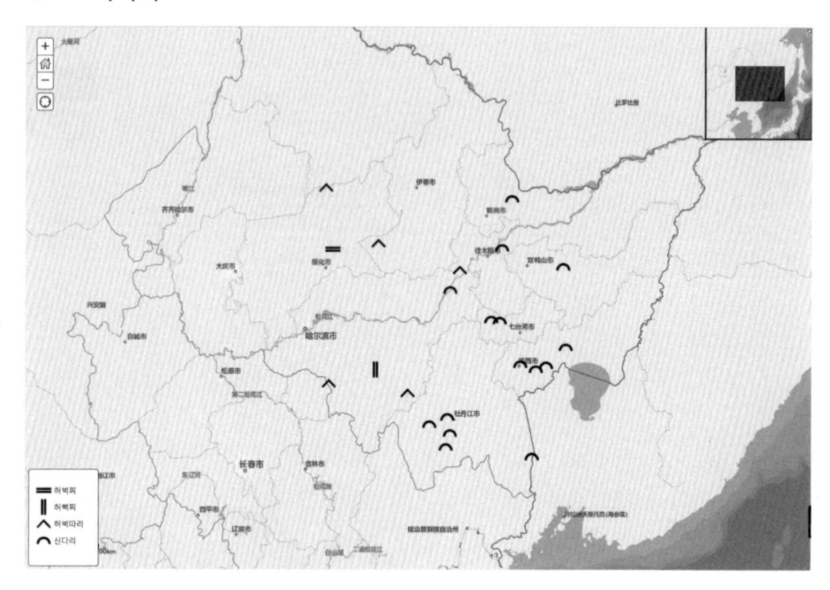

<방언지도 11 허벅지>

허벅지는 허벅다리 안쪽의 살이 깊은 곳을 말한다. 이 방언형은 '허벅찌, 허빽찌, 허벅따리, 신다리' 등으로 나타난다. 방언형 '허벅찌'는 흥화에 분포, '허빽찌'는 하동[河東]에 분포, '허벅따리'는 어지, 민락, 탕왕, 연풍, 주성 등에 분포, '신다리'는 영란, 와룡, 강남, 해남, 신안, 삼차구, 영풍, 화평, 계림, 명덕, 성화, 동명, 행수, 길흥, 성부 등에 분포되었다.

허벅지의 옛말은 '다리ᄇᆡ, ᄉᆡᆫ다리'이다. 방언형 '신다리'는 옛말 'ᄉᆡᆫ다리'의 흔적이 그대로 남아있다.

- ᄯᅩ 손ᄀᆞ락글 귿ᄎᆞ며 **다리ᄇᆡ**ᄅᆞᆯ 버혀 ᄡᅧ 나오니 드ᄃᆡ여 됴화 셜흔여ᄃᆞᆲ 힌만의 죽다. 『동국신속삼강행실도(1617) 효5:2』
- 다ᄆᆞᆫ **ᄉᆡᆫ다리**에 ᄀᆞ장 힘 업세라. 『번역박통사(1517) 상:39』

◎ 12 부스럼

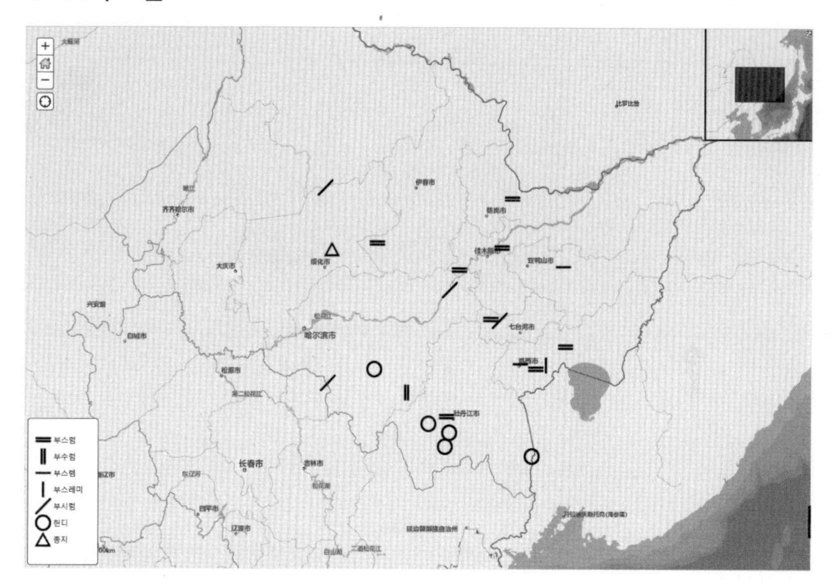

<방언지도 12 부스럼>

부스럼은 피부에 나는 종기를 통틀어 이르는 말이다. 이 방언형은 '부스럼, 부수럼, 부스렘, 부스레미, 부시럼, 헌디, 종지' 등으로 나타난다.

방언형 '부스럼'은 해남, 화평, 계림, 성화, 탕왕, 동명, 연풍, 길흥 등에 분포, '부수럼'은 어지에 분포, '부스렘'은 영풍, 성부 등에 분포, '부스레미'는 명덕에 분포, '부시럼'은 영란, 민락, 행수, 주성 등에 분포, '헌디'는 하동, 와룡, 강남, 신안, 삼차구 등에 분포, '종지'는 흥화에 분포되었다.

부스럼의 옛말은 '브스름'이다.

► 癤 **브스름** 졀, 癰 **브스름** 옹, 疽 **브스름** 져. 『훈몽자회(1527) 중:16』

◎ 13 딸꾹질

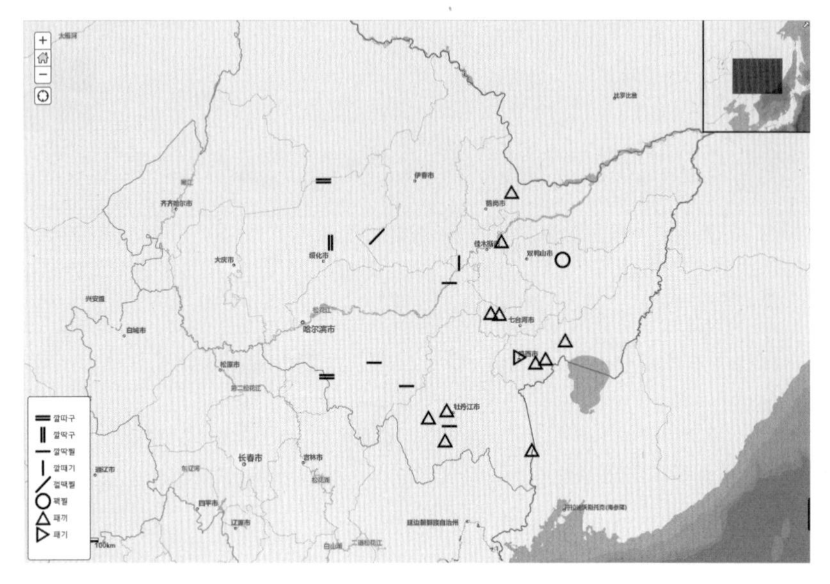

<방언지도 13 딸꾹질>

딸꾹질은 가로막의 경련으로 들이쉬는 숨이 방해를 받아 목구멍에서 이상한 소리가 나는 증세를 말한다. 이 방언형은 '깔따구, 깔딱구, 깔딱찔, 깔때기, 껄땍찔, 꽥찔, 패끼, 패기' 등으로 나타난다.

방언형 '깔따구'는 민락, 주성 등에 분포, '깔딱구'는 흥화에 분포, '깔딱찔'은 영란, 어지, 하동, 강남 등에 분포, '깔때기'는 탕왕에 분포, '껄땍찔'은 연풍에 분포, '꽥찔'은 성부에 분포, '패끼'는 와룡, 해남, 신안, 삼차구, 화평, 계림, 명덕, 성화, 동명, 행수, 길흥 등에 분포, '패기'는 영풍에 분포되었다.

딸꾹질의 옛말은 '피기'이다. 방언형 '패끼, 패기'가 바로 그 옛말의 흔적이 남아있는 것이다. 현대의 딸꾹질의 이전 모습은 19세기 문헌부터 확인할 수 있다.

► 噦 **피기** 얼. 『훈몽자회(1527) 상:15』

► **ᄯᅩᆯᄭᅩᆨ질**ᄒᆞ다 肺氣 『한불자전(1880) 467』

◎ 14 방귀

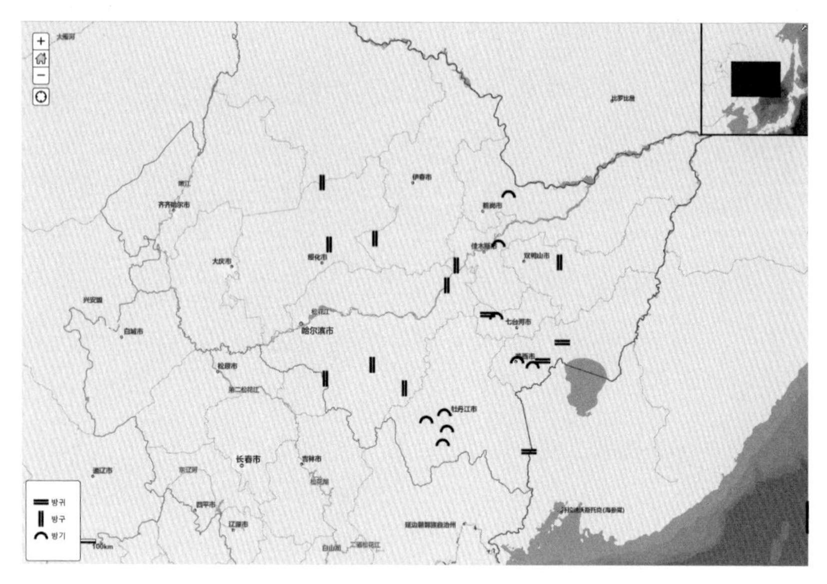

<방언지도 14 방귀>

방귀는 음식물이 배 속에서 발효되는 과정에서 생기어 항문으로 나오는 구린내 나는 무색의 기체를 말한다. 이 방언형은 '방귀, 방구, 방기' 등으로 나타난다.

방언형 '방귀'는 삼차구, 화평, 명덕, 길흥 등에 분포, '방구'는 영란, 어지, 하동, 민락, 탕왕, 연풍, 주성, 성부, 흥화 등에 분포, '방기'는 와룡, 강남, 해남, 신안, 영풍, 계림, 성화, 동명, 행수 등에 분포되었다.

방귀의 옛말은 '방긔'이다.

► 고 고ᄋᆞ고 니 골오 뷘 입 십고 **방긔** 니르리 ᄒᆞ며. 『석보상절(1447) 3:25』

4.2.2. 인륜 관련 어휘

조사 질문지에 인륜 관련 어휘항목은 가족·친척 2개 의미영역별로 36개 어휘를 실었다. 그중 10개 어휘를 선별하여 여기에 방언지도로 보여준다.

조사 질문지에 수록한 인륜 관련 36개 어휘항목은 다음과 같다.

(2) 인륜 관련 어휘항목

① 가족 관련: 어머니, 아버지, 할머니, 할아버지, 형, 언니, 누나, 오빠, 아우, 결혼, 며느리, 처녀, 새색시, 사위, 올캐, 시누이, 매형, 매제, 매부, 시숙, 시동생, 홀아비, 홀어미

② 친척 관련: 증조할아버지, 증조할머니, 큰아버지, 큰어머니, 중부,[3] 삼촌, 조카, 조카딸, 숙모, 이모, 이모부, 고모, 고모부

---

3 자기 아버지 남자 형제 중에서 둘째 형이 되는 분. (호칭)

◎ 15 할머니

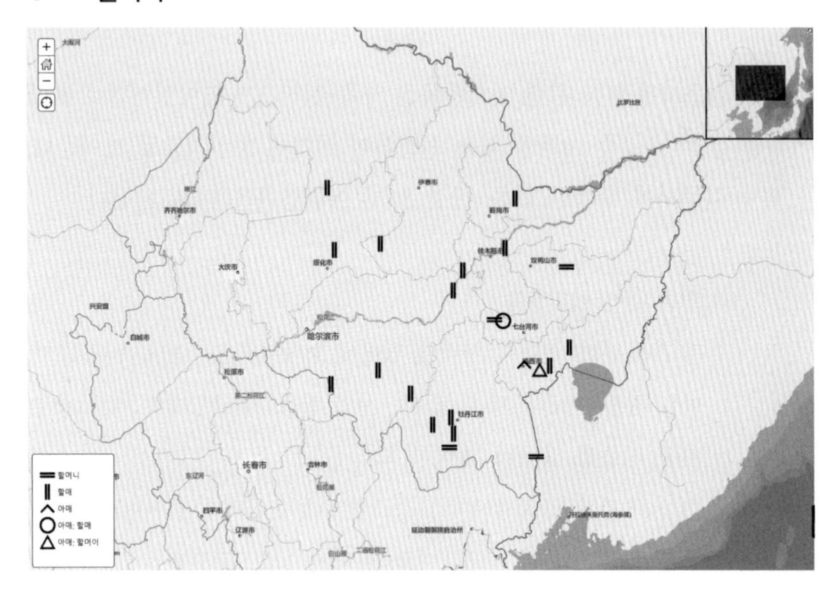

<방언지도 15 할머니>

할머니는 부모의 어머니를 이르거나 부르는 말이다. 이 방언형은 '할머니, 할매, 아매, 할머이' 등으로 나타난다.

방언형 '할머니'는 와룡, 삼차구, 길흥, 성부 등에 분포, '할매'는 영란, 어지, 하동, 민락, 강남, 해남, 신안, 화평, 명덕, 성화, 탕왕, 동명, 연풍, 주성, 흥화 등에 분포, '아매'는 영풍에 분포, '아매/할매'는 행수에 분포, '아매/할머이'는 계림에 분포되었다.

◎ 16 할아버지

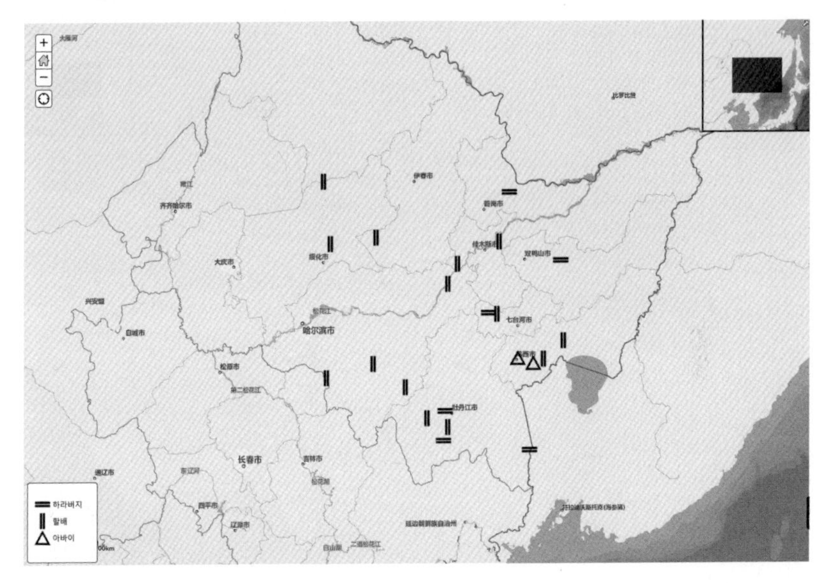

<방언지도 16 할아버지>

할아버지는 부모의 아버지를 이르거나 부르는 말이다. 이 방언형은 '하라버지, 할배, 아바이' 등으로 나타난다.

방언형 '하라버지'는 와룡, 해남, 삼차구, 동명, 길흥, 성부 등에 분포, '할배'는 영란, 어지, 하동, 민락, 강남, 신안, 화평, 명덕, 성화, 탕왕, 연풍, 행수, 주성, 흥화 등에 분포, '아바이'는 영풍, 계림 등에 분포되었다.

할아버지의 옛말은 '한아비, 하나비'이다.

- 祖ᄂᆞᆫ **한아비**니 부텻 法 뎐디ᄒᆞ야 니ᅀᅥ ᄂᆞ려오미 **한아비** 잜 일 뎐디ᄒᆞ야 子孫애 니ᅀᅥ ᄂᆞ려오미 ᄀᆞᆮᄒᆞᆯᄊᆡ 祖ㅣ라 ᄒᆞ니라. 『석보상절(1447) 24:4』
- 님금하 아ᄅᆞ쇼셔 洛水예 山行 가 이셔 **하나빌** 미드니잇가. 『용비어천가(1447) 125장』

◎ 17 사위

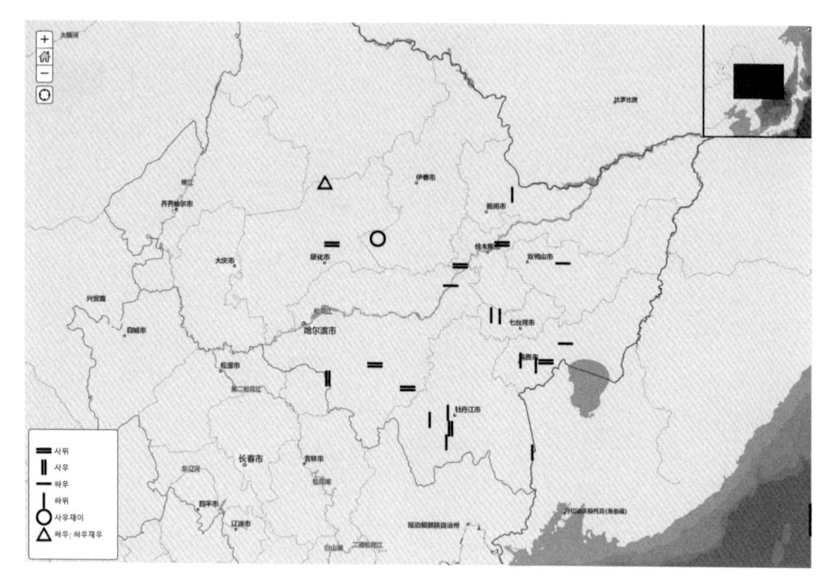

<방언지도 17 사위>

사위는 딸의 남편을 이르는 말이다. 이 방언형은 '사위, 사우, 싸우, 싸위, 사우재이, 싸우재우' 등으로 나타난다.

방언형 '사위'는 어지, 하동, 명덕, 성화, 탕왕, 흥화 등에 분포, '사우'는 민락, 강남 등에 분포, '싸우'는 영란, 화평, 성부 등에 분포, '싸위'는 와룡, 해남, 신안, 삼차구, 영풍, 계림, 동명, 행수, 길흥 등에 분포, '사우재이'는 연풍에 분포, '싸우/싸우재우'는 주성에 분포되었다.

사위의 옛말은 '사회'이다.

- **사회**ᄅᆞᆯ ᄀᆞᆯᄒᆡ야 ᄌᆡ조ᄅᆞᆯ 몯 미다 님금 말ᄋᆞᆯ 거스ᅀᆞᄫᆞ니. 『월인천강지곡(1447) 상:14』
- 壻 **사회** 셔. 『훈몽자회(1527) 상:16』

◎ 18 시동생

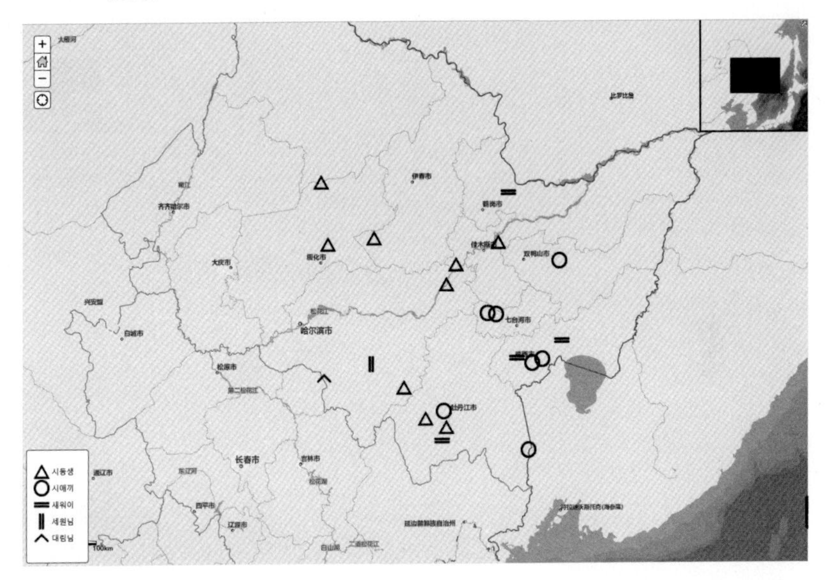

<방언지도 18 시동생>

시동생은 남편의 남동생을 이르는 말이다. 이 방언형은 '시동생, 시애끼, 새워이, 세원님, 대림님' 등으로 나타난다.

방언형 '시동생'은 영란, 어지, 강남, 신안, 성화, 탕왕, 연풍, 주성, 흥화 등에 분포, '시애끼'은 해남, 삼차구, 계림, 명덕, 행수, 길흥, 성부 등에 분포, '새워이'은 와룡, 영풍, 화평, 동명 등에 분포, '세원님'은 하동에 분포, '대림님'은 민락에 분포되었다.

◎ 19 큰아버지

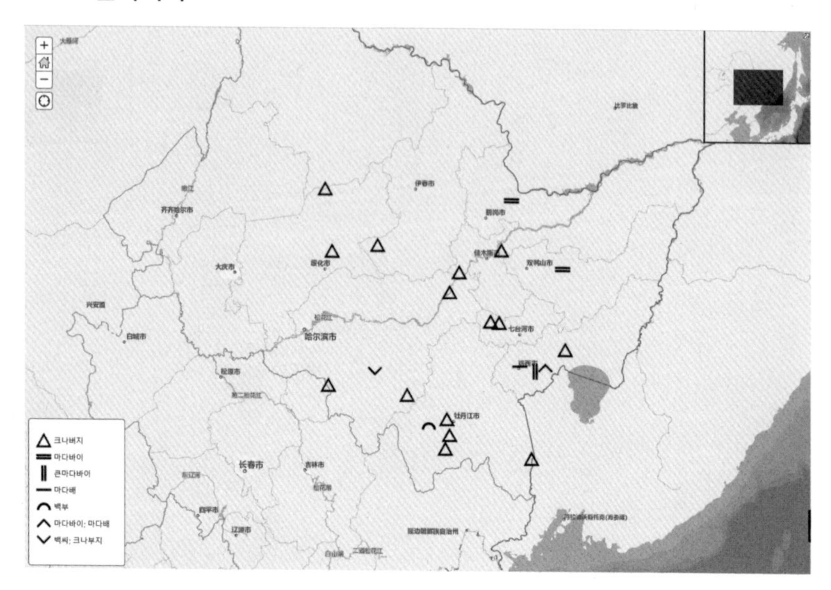

<방언지도 19 큰아버지>

큰아버지는 둘 이상의 아버지의 형 가운데 맏이가 되는 형을 이르거나 부르는 말이다. 이 방언형은 '크나버지, 마다바이, 큰마다바이, 마다배, 백부, 백씨, 크나부지' 등으로 나타난다.

방언형 '크나버지'는 영란, 어지, 민락, 와룡, 강남, 해남, 삼차구, 화평, 성화, 탕왕, 연풍, 행수, 길흥, 주성, 흥화 등에 분포, '마다바이'는 동명, 성부 등에 분포, '큰마다바이'은 계림에 분포, '마다배'는 영풍에 분포, '백부'는 신안에 분포, '마다바이/마다배'는 명덕에 분포, '백씨/크나부지'는 하동에 분포되었다. 큰아버지의 옛말은 'ᄆᆞᆮ아자비'이다.

► 鄭氏의 **ᄆᆞᆮ아자븨** 셔욼 글워리 오니. 『분류두공부시언해(초간본)(1481) 8:69』

► 伯 **ᄆᆞᆮ아자비** 빅. 『훈몽자회(1527) 상:16』

◎ 20 큰어머니

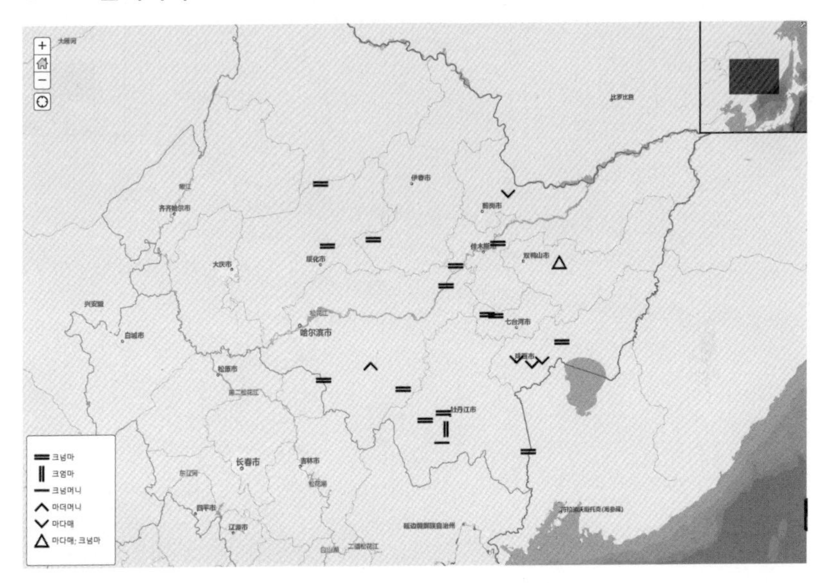

<방언지도 20 큰어머니>

큰어머니는 아버지 맏형의 아내를 이르거나 부르는 말이다. 이 방언형은 '크넘마, 크엄마, 크넘머니, 마더머니, 마다매' 등으로 나타난다.

방언형 '크넘마'는 영란, 어지, 민락, 해남, 삼차구, 화평, 성화, 탕왕, 연풍, 행수, 길흥, 주성, 흥화 등에 분포, '크엄마'는 강남에 분포, '크넘머니'는 와룡에 분포, '마더머니'는 하동에 분포, '마다매'는 영풍, 계림, 명덕 등에 분포, '마다매/크넘마'는 성부에 분포되었다.

◎ 21 이모

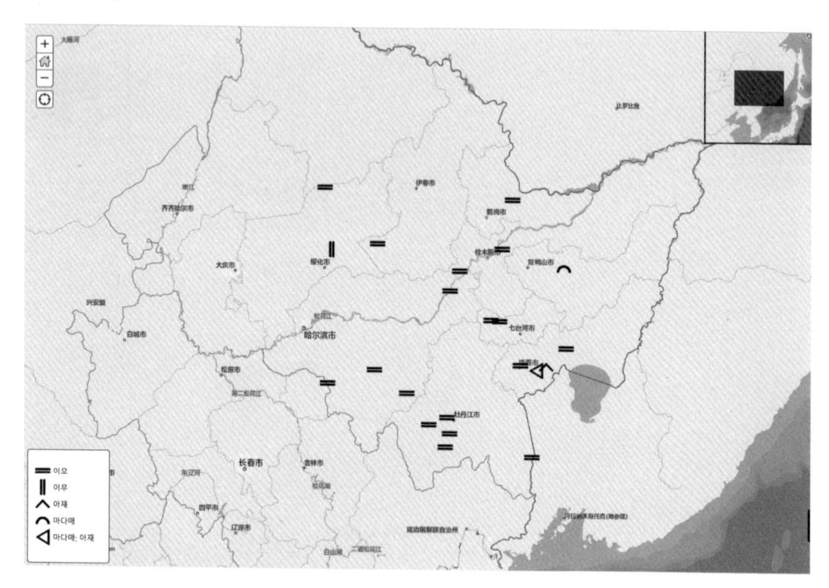

<방언지도 21 이모>

이모는 어머니의 여자 형제를 이르거나 부르는 말이다. 이 방언형은 '이모, 이무, 아재, 마다매' 등으로 나타난다.

방언형 '이모'는 영란, 어지, 하동, 민락, 와룡, 강남, 해남, 신안, 삼차구, 영풍, 화평, 성화, 탕왕, 동명, 연풍, 행수, 길흥, 주성등에 분포, '이무'는 흥화에 분포, '아재'는 명덕에 분포, '마다매'는 성부에 분포, '마다매/아재'는 계림에 분포되었다.

◎ 22 이모부

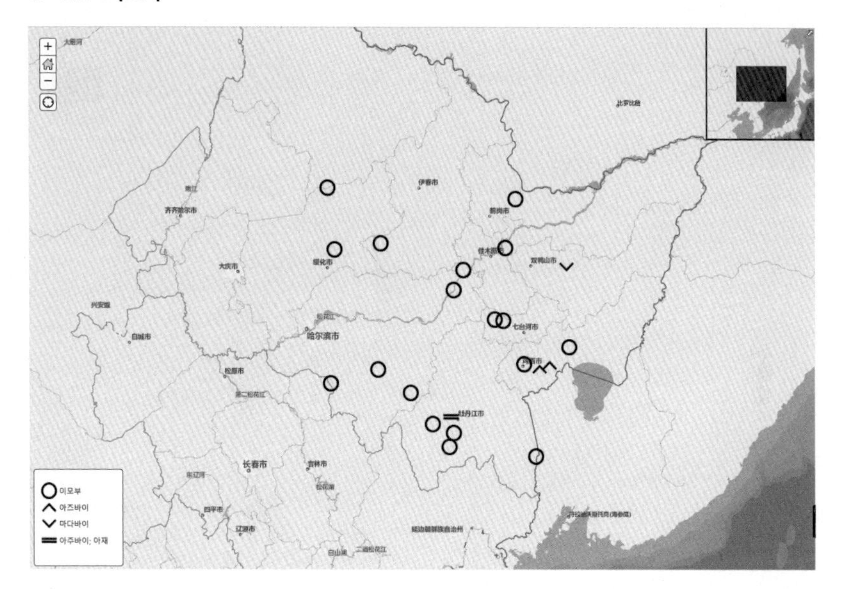

<방언지도 22 이모부>

이모부는 이모의 남편을 이르거나 부르는 말이다. 이 방언형은 '이모부, 아즈바이, 마다바이, 아주바이, 아재' 등으로 나타난다.

방언형 '이모부'는 영란, 어지, 하동, 민락, 와룡, 강남, 신안, 삼차구, 영풍, 화평, 성화, 탕왕, 동명, 연풍, 행수, 길흥, 주성, 흥화 등에 분포, '아즈바이'는 계림, 명덕에 분포, '마다바이'는 명덕에 분포, '아주바이/아재'는 해남에 분포되었다.

◎ 23 고모

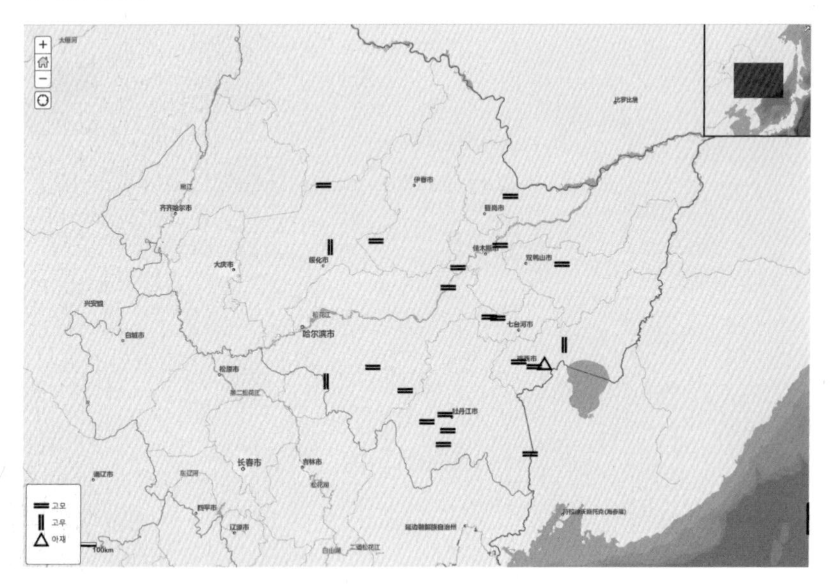

<방언지도 23 고모>

고모는 아버지의 누이를 이르거나 부르는 말이다. 이 방언형은 '고모, 고무, 아재' 등으로 나타난다.

방언형 '고모'는 영란, 어지, 하동, 와룡, 강남, 해남, 신안, 삼차구, 영풍, 계림, 성화, 탕왕, 동명, 연풍, 행수, 길흥, 주성, 성부 등에 분포, '고무'는 민락, 화평, 흥화에 분포, '아재'는 명덕에 분포되었다.

◎ 24 고모부

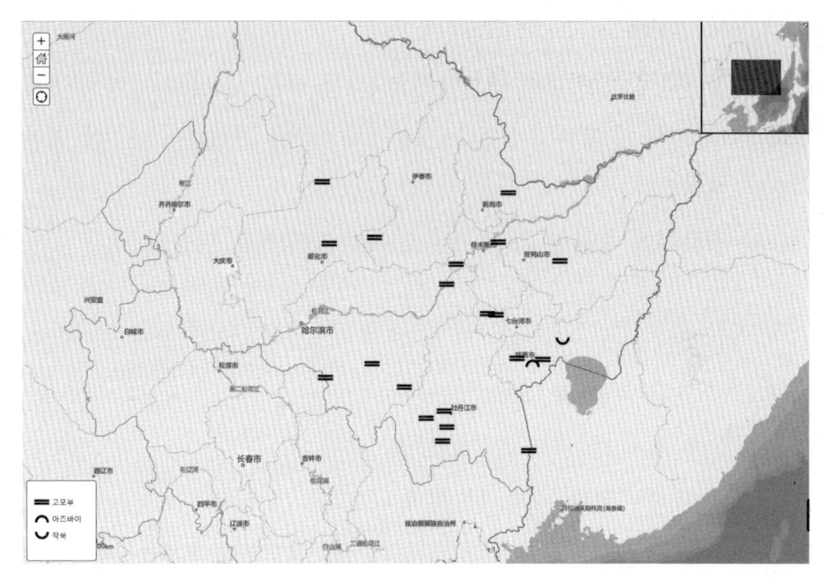

<방언지도 24 고모부>

고모부는 고모의 남편을 이르거나 부르는 말이다. 이 방언형은 '고모부, 아즈바이, 작쑥' 등으로 나타난다.

방언형 '고모부'는 영란, 어지, 하동, 민락, 와룡, 강남, 해남, 신안, 삼차구, 영풍, 명덕, 성화, 탕왕, 동명, 연풍, 행수, 길흥, 주성, 성부, 흥화 등에 분포, '아즈바이'는 계림에 분포, '작쑥'은 화평에 분포되었다.

4.2.3. 자연 관련 어휘

조사 질문지에 자연 관련 어휘항목은 산·돌·하루·때·날씨·방향 등 6개 의미영역별로 31개 어휘를 실었다. 그중 5개 어휘를 선별하여 여기에 방언 지도로 보여준다.

조사 질문지에 수록한 자연 관련 31개 어휘항목은 다음과 같다.

(3) 자연 관련 어휘항목

① 산 관련: 묘, 벼랑

② 돌 관련: 바위, 돌, 모래, 흙

③ 하루 관련: 새벽, 낮, 저녁, 노을

④ 때 관련: 내일, 글피, 어제, 그저께, 그끄저께, 요즈음

⑤ 날씨 관련: 이슬비, 소나기, 번개, 벼락, 우박, 가을, 겨울, 회오리바람, 먼지

⑥ 방향 관련: 구석, 위, 아래, 옆, 모퉁이, 어디

◎ 25 모래

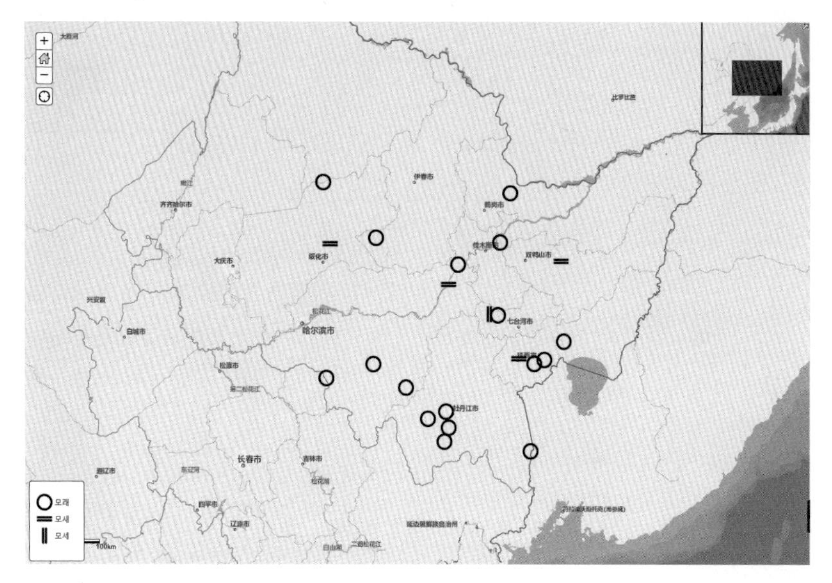

<방언지도 25 모래>

모래는 자연히 잘게 부스러진 돌 부스러기를 말한다. 이 방언형은 '모래, 모새, 모세' 등으로 나타난다.

방언형 '모래'는 어지, 하동, 민락, 와룡, 강남, 해남, 신안, 삼차구, 화평, 계림, 명덕, 성화, 탕왕, 동명, 연풍, 행수, 주성 등에 분포, '모새'는 영란, 영풍, 성부, 흥화에 분포, '모세'는 길흥에 분포되었다.

모래의 옛말은 '몰애'이다.

- ► 阿難아 이 바리옛 **몰애**회 내ᄃᆞ니ᄂᆞᆫ 싸해 ᄇᆞ라라. 『석보상절(1447) 24:9ㄴ』
- ► *沙* **몰애** 사. 『훈몽자회(1527) 상:2ㄴ』

◎ 26 글피

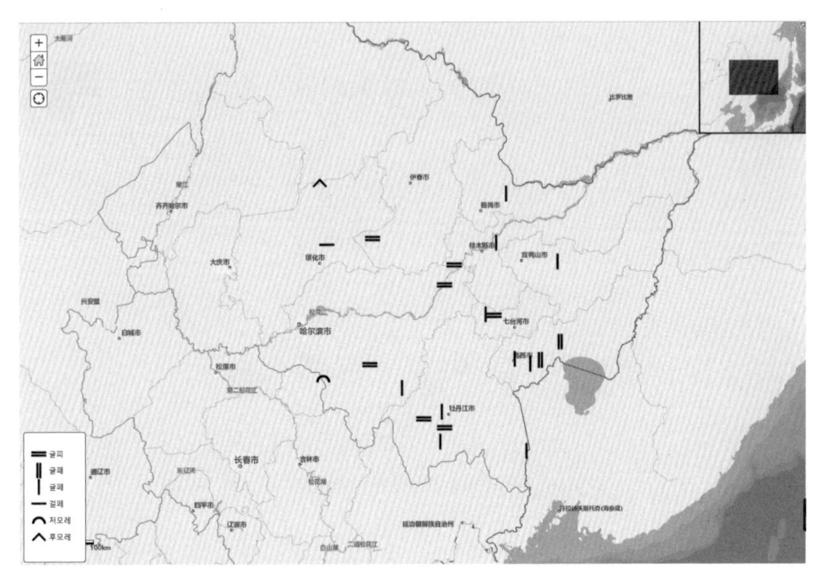

<방언지도 26 글피>

글피는 모레의 다음 날을 말한다. 이 방언형은 '글피, 글패, 글페, 걸페, 저모레, 후모레' 등으로 나타난다.

방언형 '글피'는 영란, 하동, 강남, 신안, 탕왕, 연풍, 행수 등에 분포, '글패'는 화평, 명덕에 분포, '글페'는 어지, 와룡, 해남, 삼차구, 영풍, 계림, 성화, 동명, 길흥, 성부 등에 분포, '걸페'는 흥화에 분포, '저모레'는 민락에 분포, '후모레'는 주성에 분포되었다.

글피의 옛말은 '글픠'이다. '글픠(17세기~18세기) 〉 글피(19세기)'의 변화 과정을 거쳤다.

► 언제 와 가져 가료 **글픠** 와 가져 가라 일뎡히 홀다. 『박통사언해(1677) 중:5ㄱ』

- 外後日 **글픠**『방언유석(1778) 신부:8ㄴ』
- **글피** 再明日『한불자전(1880) 172』

◎ 27 우레

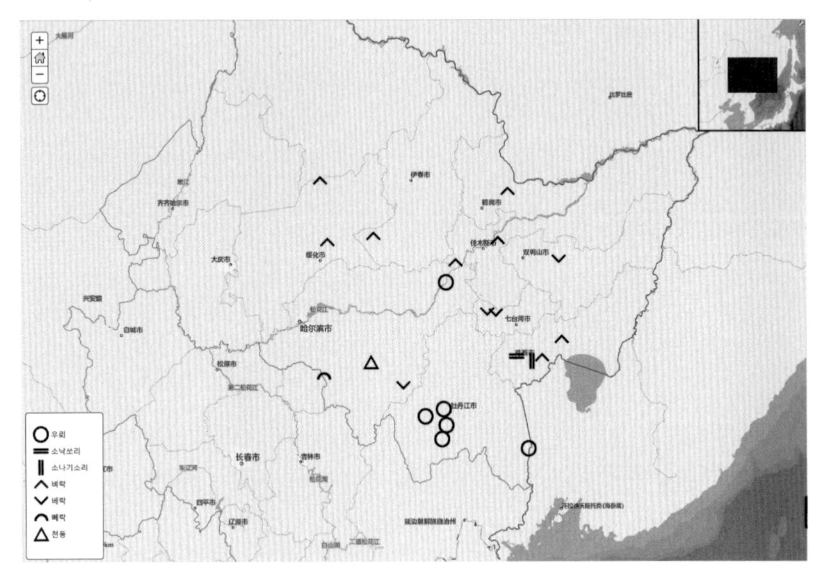

<방언지도 27 우뢰>

우레는 뇌성과 번개를 동반하는 대기 중의 방전 현상을 말한다. 이 방언형은 '우뢰, 소낙쏘리, 소나기소리, 벼락, 베락, 뻬락, 천둥' 등으로 나타난다.

방언형 '우뢰'는 영란, 와룡, 강남, 해남, 신안, 삼차구에 분포, '소낙쏘리'는 영풍에 분포, '소나기소리'는 계림에 분포, '벼락'은 화평, 명덕, 성화, 탕왕, 동명, 연풍, 주성, 흥화에 분포, '베락'은 어지, 행수, 길흥, 성부에 분포, '뻬락'은 민락에 분포, '천둥'은 하동에 분포되었다.

◎ 28 먼지

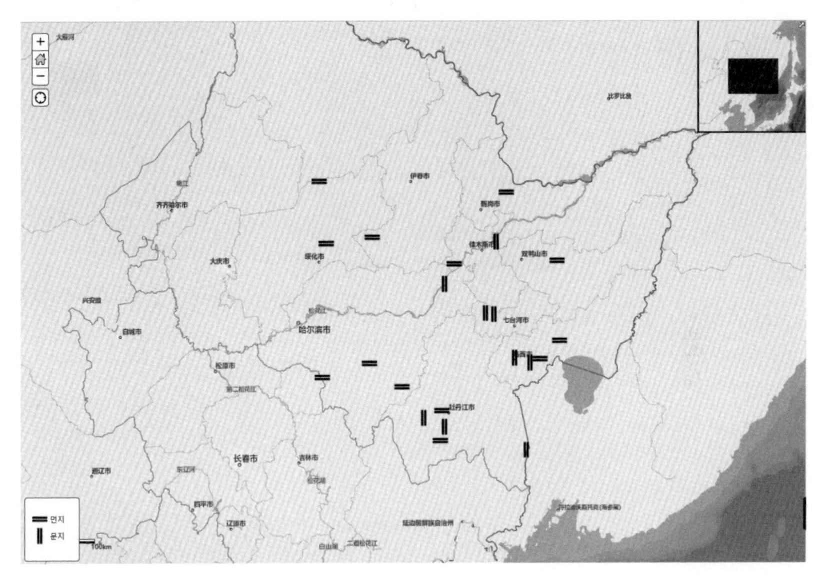

<방언지도 28 먼지>

먼지는 가늘고 보드라운 티끌을 말한다. 이 방언형은 '먼지, 문지' 등으로 나타난다. 방언형 '먼지'는 어지, 하동, 민락, 와룡, 해남, 화평, 명덕, 탕왕, 동명, 연풍, 주성, 성부, 흥화 등에 분포되고, '문지'는 영란, 강남, 신안, 삼차구, 영풍, 계림, 성화, 행수, 길흥 등에 분포되었다.

먼지의 옛말은 '몬ᄌᆡ'이다. '몬ᄌᆡ 〉 몬지/문지 〉 먼지'의 변화과정을 거쳤다.

- 王이 드르시고 ᄯᅡ해 디여 우르샤 모매 **몬ᄌᆡ** 무티시고. 『석보상절(1447) 11:21』
- 아ᄃᆞ리 모미 시드러 여위오 ᄯᅩᆼ **몬ᄌᆡ** 무더 더럽거늘. 『월인석보(1459) 13:21』
- **몬지** 埃 『한불자전(1880) 245』
- **문지** 塵埃 『한불자전(1880) 254』

◎ 29 구석

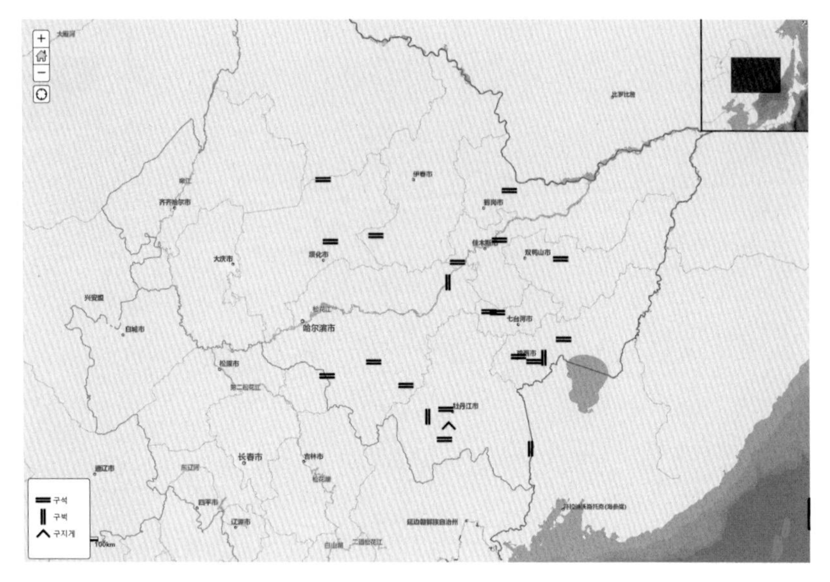

<방언지도 29 구석>

구석은 모퉁이의 안쪽을 말한다. 이 방언형은 '구석, 구벽, 구지게' 등으로 나타난다.

방언형 '구석'은 어지, 하동, 민락, 와룡, 해남, 영풍, 화평, 계림, 성화, 탕왕, 동명, 연풍, 행수, 길흥, 주성, 성부, 흥화 등에 분포되고, '구벽'은 영란, 신안, 삼차구, 명덕에 분포, '구지게'는 강남에 분포되었다.

4.2.4. 동물 관련 어휘

조사 질문지에 동물 관련 어휘항목은 물고기•벌레•가축•산짐승•날짐승 등 5개 의미영역별로 53개 어휘를 실었다. 그중 7개 어휘를 선별하여 여기에 방언지도로 보여준다.

조사 질문지에 수록한 동물 관련 53개 어휘항목은 다음과 같다.

(4) 동물 관련 어휘항목

① 물고기 관련: 고기,[4] 생선, 민물고기, 미끼, 지느러미, 창자, 미꾸라지, 올챙이, 개구리, 두꺼비, 젓, 갈치, 가오리, 게, 새우, 우렁이, 달팽이

② 벌레 관련: 서캐, 벼룩, 모기, 파리, 구더기, 지렁이, 거머리, 벌레, 진딧물, 거미, 여치, 소금쟁이, 반딧불, 벌

③ 가축 관련: 황소, 암소, 송아지, 멍애, 외양간, 고양이, 닭, 닭벼슬, 모이, 달걀, 거위, 돼지

④ 산짐승 관련: 여우, 노루

⑤ 날짐승 관련: 새, 매, 까치, 까마귀, 뻐꾸기, 꿩, 까투리, 장끼

4 어류의 척추동물을 통틀어 이르는 말.

◎ 30 미꾸라지

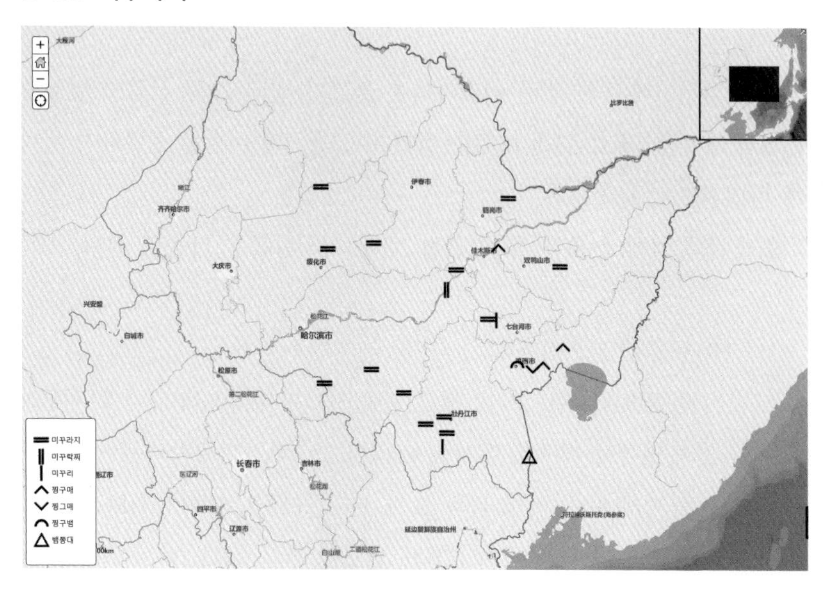

<방언지도 30 미꾸라지>

미꾸라지는 미꾸릿과의 민물고기를 말한다. 이 방언형은 '미꾸라지, 미꾸락찌, 미꾸리, 찡구매, 찡그매, 찡구뱀, 뱀쫑대' 등으로 나타난다.

방언형 '미꾸라지'는 어지, 하동, 민락, 강남, 해남, 신안, 탕왕, 동명, 연풍, 길흥, 주성, 성부, 흥화 등에 분포, '미꾸락찌'는 영란에 분포, '미꾸리'는 와룡, 행수에 분포, '찡구매'는 화평, 명덕, 성화에 분포, '찡그매'는 계림에 분포, '찡구뱀'은 영풍에 분포, '뱀쫑대'는 삼차구에 분포되었다.

미꾸라지의 옛말은 '밋구리, 밋그라지'이다. '밋구리'는 문헌에 '밋구리, 믜꾸리, 믯그리, 밋구리' 등 다양한 이형태로 나타난다. 기원적으로 '밋구리/밋그리'는 형용사 '밋그럽-'의 어근 '밋글'과 관련되는 것으로 추정된다. '밋구리'에 접미사 '-아지'가 결합하여 현대 조선어의 '미꾸라지'가 되었다.

- 鰍 **믯구리** 츄 『훈몽자회(1527) 상:11ㄱ』
- 泥鰍魚 **믯그리** 『역어유해(1690) 하:37ㄴ』
- 鰍魚 **믜ᄭᅮ리** 『동의보감 탕액편(1613) 2:4ㄴ』
- **믯구리** 鰍 『한불자전(1880) 편41』

◎ 31 개구리

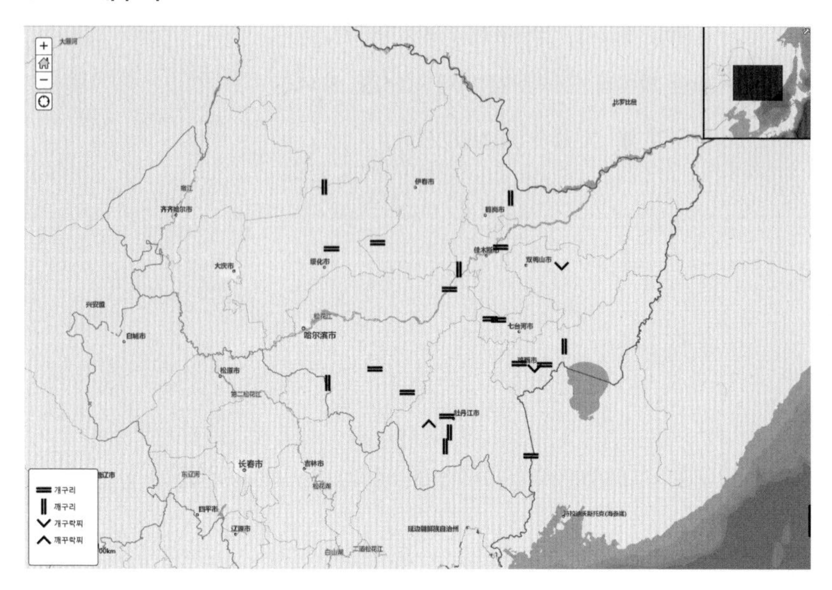

<방언지도 31 개구리>

개구리는 양서강 개구리목의 동물을 통틀어 이르는 말이다. 이 방언형은 '개구리, 깨구리, 개구락찌, 깨꾸락찌' 등으로 나타난다. 방언형은 2개 유형인데 하나는 '개구리, 깨구리'이고 다른 하나는 '개구락찌, 깨꾸락찌'이다.

방언형 '개구리'는 영란, 어지, 하동, 해남, 삼차구, 영풍, 명덕, 성화, 연풍, 행수, 길흥, 흥화 등에 분포, '깨구리'는 민락, 와룡, 강남, 화평, 탕왕, 동명, 주성에 분포, '개구락찌'는 계림, 성부에 분포, '깨꾸락찌'는 신안에 분포되었다.

개구리의 옛말은 '개고리'이다. '개고리'는 16세기 문헌에서부터 나타나는데 17세기에 제2음절의 모음 'ㅗ'가 'ㅜ'로 바뀐 '개구리'가 나타났다.

- 蛙 䵷 **개고리** 와. 『신증유합(1576) 상:15ㄴ』
- 青蛙 쳥**개구리**. 『역어유해(1690) 하:36ㄱ』

◎ 32 새우

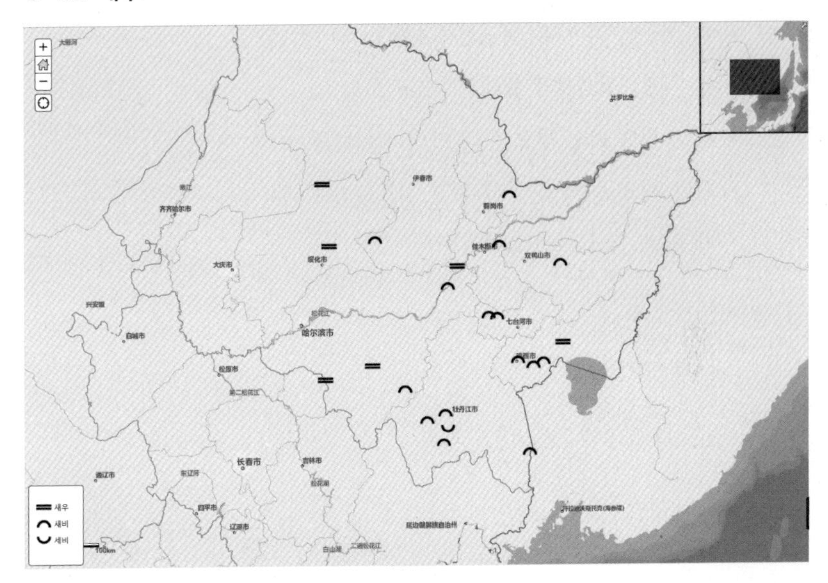

<방언지도 32 새우>

새우는 절지동물문 십각목 장미아목을 통틀어 이르는 말이다. 이 방언형은 '새우, 새비, 세비' 등으로 나타난다.

방언형 '새우'는 하동, 민락, 화평, 탕왕, 주성, 흥화에 분포, '새비'는 영란, 어지, 와룡, 해남, 신안, 삼차구, 영풍, 계림, 명덕, 성화, 동명, 연풍, 행수, 길흥, 성부에 분포, '세비'는 강남에 분포되었다.

새우의 옛말은 '사뱅'이다. 15세기부터 현재까지 '사뱅 〉 사이 〉 사유/사요/새요/새오 〉 새우'의 변화과정을 거쳤다.

► **사뱅** 爲蝦. 『훈민정음(해례본)(1446) 56』

► 水母之類ᄂᆞᆫ 믌더푸므로 體ᄅᆞᆯ 삼고 **사이**로 누늘 삼ᄂᆞ니 『능엄경언해(1461) 7:89ㄱ』

- ► 鰕 **새요** 하 『훈몽자회(1527) 상:10ㄴ』
- ► 蝦 머구리 하 **사유** 하 『신증유합(1576) 상:15ㄴ』
- ► 鰕 **사요** 『동의보감 탕액편(1613) 2:12ㄱ』
- ► 蝦兒 **새오** 蝦米 **새오** ᄉᆡᆫ 것 『역어유해(1690) 하:38ㄱ』
- ► 蝦兒 **새요** 『동문유해(1748) 하:42ㄱ』
- ► **새우** 蝦 『한불자전(1880) 367』

◎ 33 고양이

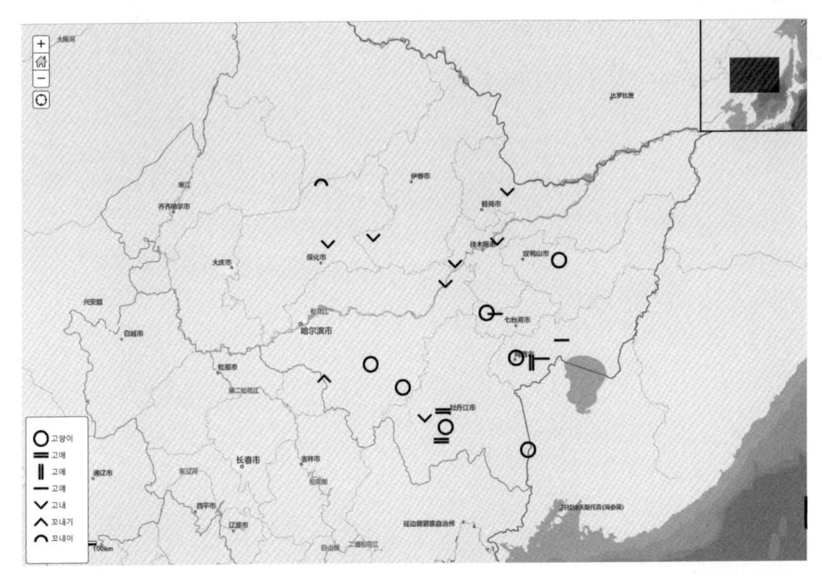

<방언지도 33 고양이>

고양이는 고양잇과에 속하는 하나의 동물이다. 이 방언형은 '고양이, 고애, 고에, 고얘, 고내, 꼬내기, 꼬내이' 등으로 나타난다.

방언형 '고양이'는 어지, 하동, 강남, 삼차구, 영풍, 길흥, 성부에 분포, '고애'는 와룡, 해남에 분포, '고에'는 계림에 분포, '고얘'는 화평, 명덕, 행수에 분포, '고내'는 영란, 신안, 성화, 탕왕, 동명, 연풍, 흥화에 분포, '꼬내기'는 민락에 분포, '꼬내이'는 주성에 분포되었다.

고양이의 옛말은 '괴'인데 15세기 문헌에서부터 나타난다. 17세기에는 현대와 같은 '고양이' 형태가 등장하였는데, 이는 '괴'에 접미사 '-앙이'가 결합한 것으로 보고 있다.

► 쏘 쥐 믄 딜 고튜디 **괴** 입 거웃 혼 낫 ᄉᆞ론 ᄌᆡ롤 브티라. 『구급방언해(1466)

하:64ㄴ』

► 貓 **괴** 묘 『훈몽자회(1527) 상:10ㄱ』

► **고양이** 『한불자전(1880) 183』

◎ 34 거위

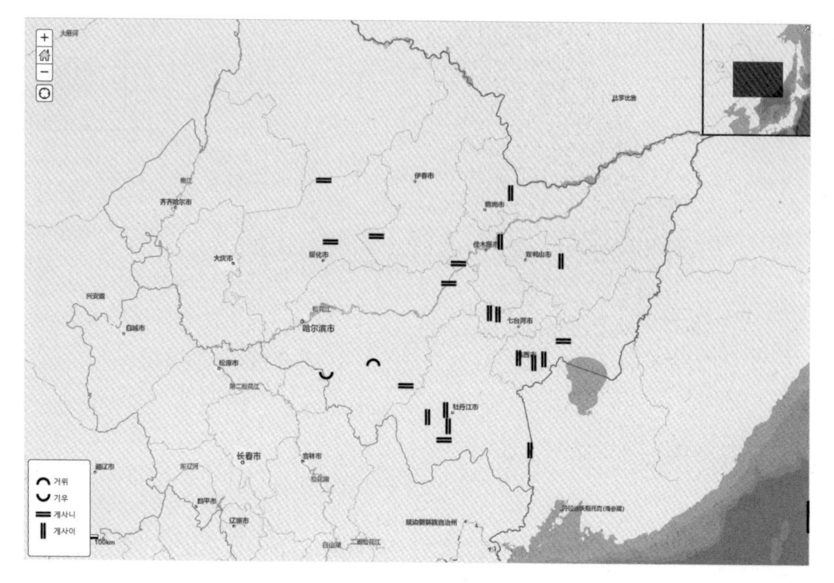

<방언지도 34 거위>

거위는 오릿과의 새를 말한다. 이 방언형은 '거위, 기우, 게사니, 게사이' 등으로 나타난다.

방언형 '거위'는 하동에 분포, '기우'는 민락에 분포, '게사니'는 영란, 어지, 와룡, 화평, 탕왕, 연풍, 주성, 흥화 등에 분포, '게사이'는 강남, 해남, 신안, 삼차구, 영풍, 계림, 명덕, 성화, 동명, 행수, 길흥, 성부 등에 분포되었다.

거위의 옛말은 '거유, 게유'이다.

- ► 鵝 **거유** 아. 『훈몽자회(1527) 상:9ㄱ』
- ► 밍근 사탕을 노코 숢면 ᄒᆞᆫ 주렌 **게유** 구으니와 므레 ᄉᆞᆯ믄 ᄃᆞᆰ과 『번역박통사(1517) 4ㄴ』

◎ 35 여우

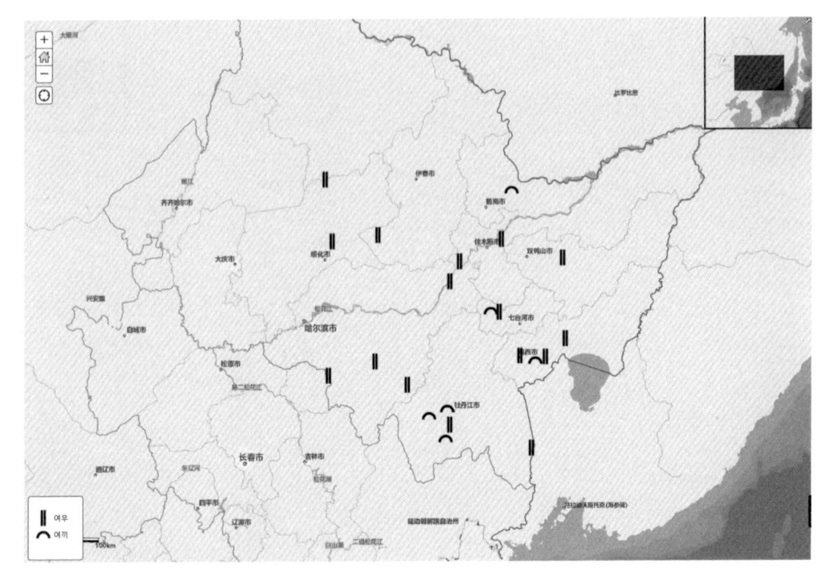

<방언지도 35 여우>

여우는 갯과의 포유류 동물이다. 이 방언형은 '여우, 여끼' 등으로 나타난다.

방언형 '여우'는 영란, 어지, 하동, 민락, 강남, 삼차구, 영풍, 화평, 명덕, 성화, 탕왕, 연풍, 행수, 주성, 성부, 흥화 등에 분포되고, '여끼'는 와룡, 해남, 신안, 계림, 동명, 길흥 등에 분포되었다.

여우의 옛말은 '여ᅀᆞ, 여ᇫ'이다. '여ᅀᆞ'는 15세기 문헌에서부터 나타났는데 '여ᅀᆞ/여ᅀᅳ 〉 여ᄋᆞ/여으 〉 여오/여우'의 변화과정을 거쳤다.

- 각시 ᄯᅩ 가온ᄃᆡ 가히 엇게옌 ᄇᆡ얌 **여ᅀᆞ** 앒뒤헨 아ᄒᆡ 할미러니 『월인천강지곡(1447) 25ㄱ-ㄴ』
- **여ᇫ**의 갗 爲狐皮 『훈민정음(해례본)(1446) 42』

◎ 36 노루

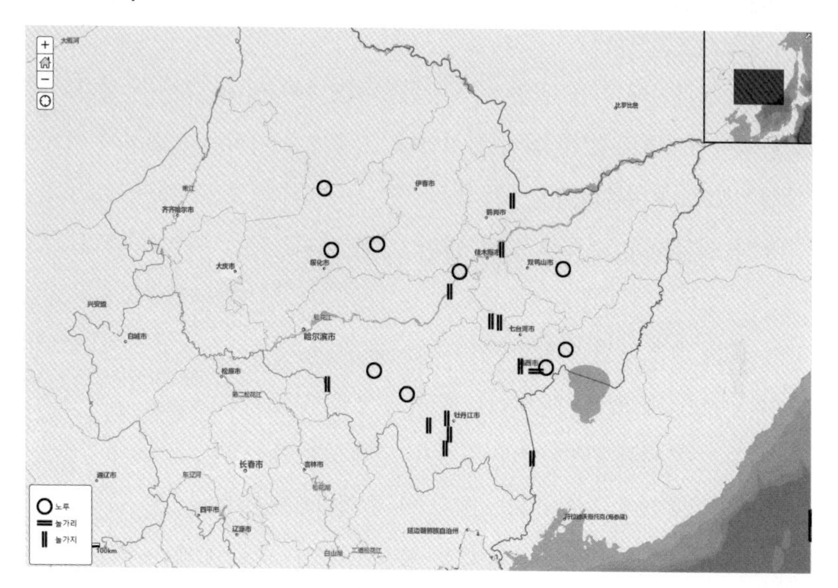

<방언지도 36 노루>

노루는 사슴과의 포유류 동물이다. 이 방언형은 '노루, 놀가리, 놀가지' 등으로 나타난다.

방언형 '노루'는 어지, 하동, 화평, 명덕, 탕왕, 연풍, 주성, 성부, 흥화 등에 분포되고, '놀가리'는 계림에 분포, '놀가지'는 영란, 민락, 와룡, 강남, 해남, 신안, 삼차구, 영풍, 성화, 동명, 행수, 길흥 등에 분포되었다.

노루의 옛말은 '놀, 노로'인데 '놀/노로 〉 노루'의 변화과정을 거쳤다.

► **노로** 爲獐『훈민정음(해례본)(1446) 55』

► **놀**의 고기『구급간이방언해(1489) 7:84ㄱ』

4.2.5. 식물 관련 어휘

조사 질문지에 식물 관련 어휘항목은 꽃·나물·열매·과실·야생나무 등 5개 의미영역별로 22개 어휘를 실었다. 그중 7개 어휘를 선별하여 여기에 방언지도로 보여준다.

조사 질문지에 수록한 식물 관련 22개 어휘항목은 다음과 같다.

(5) 식물 관련 어휘항목

① 꽃 관련: 해바라기, 꽈리, 진달래, 철쭉

② 나물 관련: 냉이, 질경이, 달래, 씀바귀, 고비

③ 열매 관련: 딸기, 개암, 머루, 청미래덩굴, 마름

④ 과실 관련: 사과, 껍질, 복숭아, 과일, 자두, 가래

⑤ 야생나무 관련: 뿌리, 도끼[5]

---

5 장작을 팰 때에 쓰는 도구.

◎ 37 해바라기

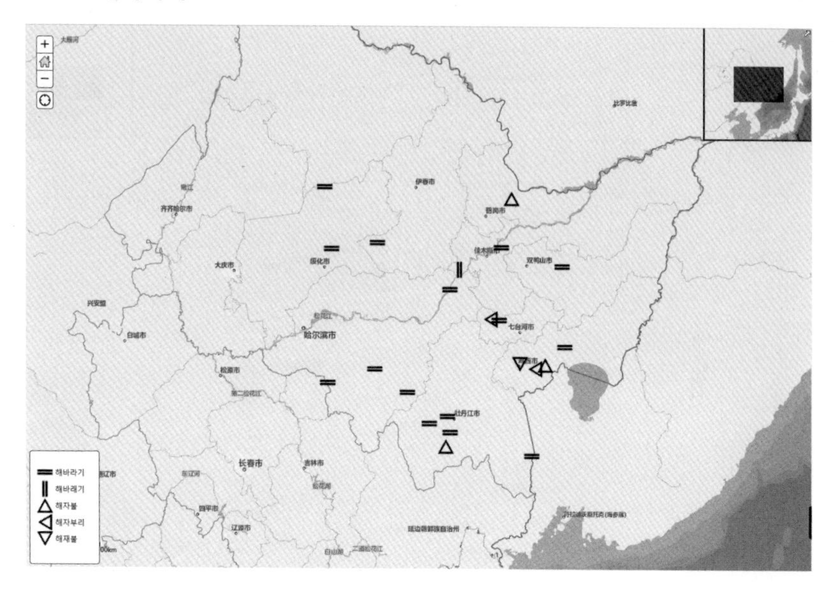

<방언지도 37 해바라기>

해바라기는 국화과의 한해살이풀이다. 이 방언형은 '해바라기, 해바래기, 해자불, 해자부리, 해재불' 등으로 나타난다.

방언형 '해바라기'는 영란, 어지, 하동, 민락, 강남, 해남, 신안, 삼차구, 화평, 성화, 연풍, 행수, 주성, 성부, 흥화 등에 분포, '해바래기'는 탕왕에 분포되고, '해자불'은 와룡, 명덕, 동명 등에 분포, '해자부리'는 계림, 길흥에 분포, '해재불'은 영풍에 분포되었다.

해바라기의 옛말은 'ᄒᆡᄇᆞ라기'이고 'ᄒᆡᄇᆞ라기 〉 ᄒᆡ바라기/해바라기'의 변화과정을 거쳤다.

- 촉규화 蜀葵花 **ᄒᆡᄇᆞ라기**. 『한불자전(1880) 608』
- **해바ᄅᆡ기** 向日花. 『국한회어(1895) 347』

◎ 38 냉이

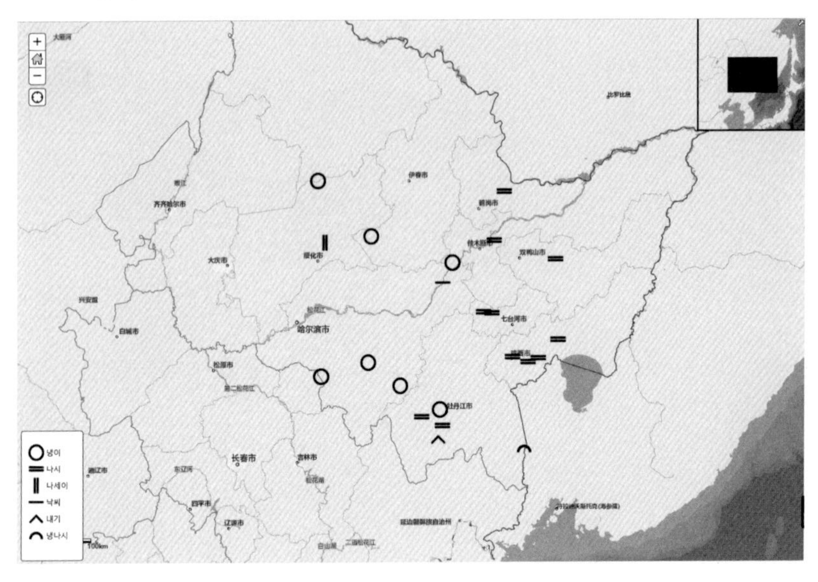

<방언지도 38 냉이>

냉이는 십자화과의 두해살이풀이다. 이 방언형은 '냉이, 나시, 나세이, 낙씨, 내기, 냉나시' 등으로 나타난다.

방언형 '냉이'는 어지, 하동, 민락, 해남, 탕왕, 연풍, 주성 등에 분포되고, '나시'는 강남, 신안, 영풍, 화평, 계림, 명덕, 성화, 동명, 행수, 길흥, 성부 등에 분포, '나세이'는 흥화에 분포, '낙씨'는 영란에 분포, '내기'는 와룡에 분포, '냉나시'는 삼차구에 분포되었다.

냉이의 옛말은 '나ᅀᅵ'이다. '나시'형 방언형은 옛말의 흔적을 그대로 남기고 있다.

► 薺 **나ᅀᅵ** 졔 『훈몽자회(1527) 상:7ㄴ』

◎ 39 질경이

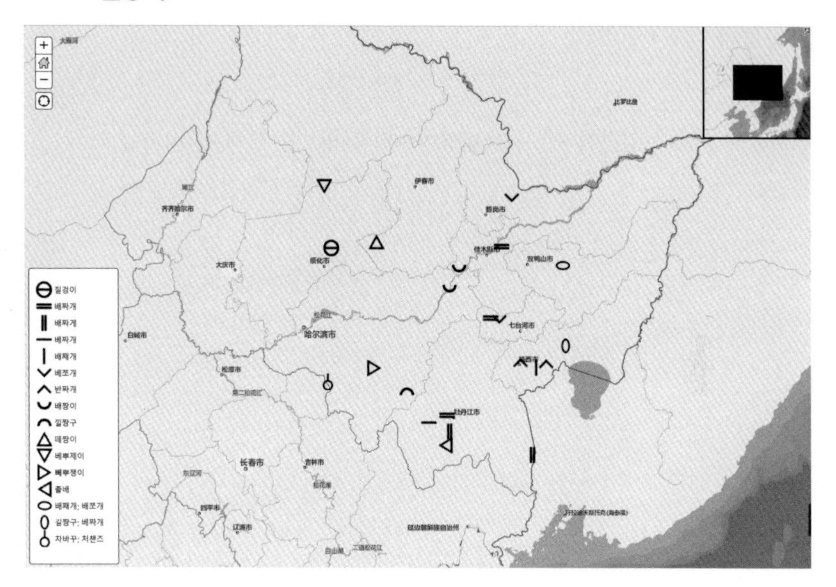

<방언지도 39 질경이>

질경이는 질경잇과의 여러해살이풀이다. 이 방언형은 '질경이, 배짜개, 배짜게, 베짜개, 배째개, 베쪼개, 반짜개, 배짱이, 낄짱구, 떼짱이, 베뿌제이, 빼뿌쟁이, 졸배, 차바꾸, 처챈즈' 등으로 나타난다.

방언형 '질경이'는 흥화에 분포, '배짜개'는 해남, 성화, 길흥에 분포, '배짜게'는 강남, 삼차구에 분포, '베짜개'는 신안에 분포, '배째개'는 계림에 분포, '베쪼개'는 동명, 행수에 분포, '반짜개'는 영풍, 명덕에 분포, '배짱이'는 영란, 탕왕에 분포, '낄짱구'는 어지에 분포, '떼짱이'는 연풍에 분포, '베뿌제이'는 주성에 분포, '빼뿌쟁이'는 하동에 분포, '졸배'는 와룡에 분포, '배째개/배쪼개'는 성부에 분포, '길짱구/베짜개'는 화평, '차바꾸/처챈즈'는 민락에 분포되었다.

질경이 옛말은 '길경이, 뵈빵이'이다. 흑룡강성 조선어방언에는 옛말 '길경이, 뵈짱이' 흔적이 그대로 남아 있을 뿐 아니라 한어 차용어 '처챈즈'형도 나타났다.

▸ 車前子 **길경이** 씨 一名 **뵈짱이** 씨 『동의보감 탕액편(1613) 2:41ㄱ』

◎ 40 개암

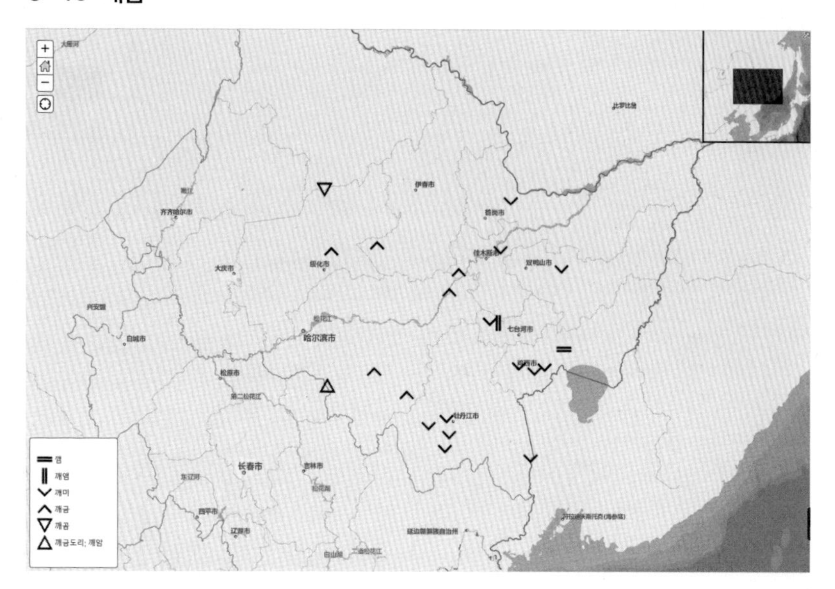

<방언지도 40 개암>

개암은 개암나무의 열매를 말한다. 이 방언형은 '깸, 깨앰, 깨미, 깨금, 깨곰, 깨금도리, 깨암' 등으로 나타난다.

방언형 '깸'은 화평에 분포, '깨앰'은 행수에 분포, '깨미'는 와룡, 강남, 해남, 신안, 삼차구, 영풍, 계림, 명덕, 성화, 동명, 길흥, 성부 등에 분포, '깨금'은 영란, 어지, 하동, 탕왕, 연풍, 흥화 등에 분포, '깨곰'은 주성에 분포, '깨금도리/깨암'은 민락에 분포되었다.

개암의 옛말은 '개욤'이다.

► **개욤**을 시버 머그라. 『구급간이방언해(1489) 2:83ㄴ』

◎ 41 머루

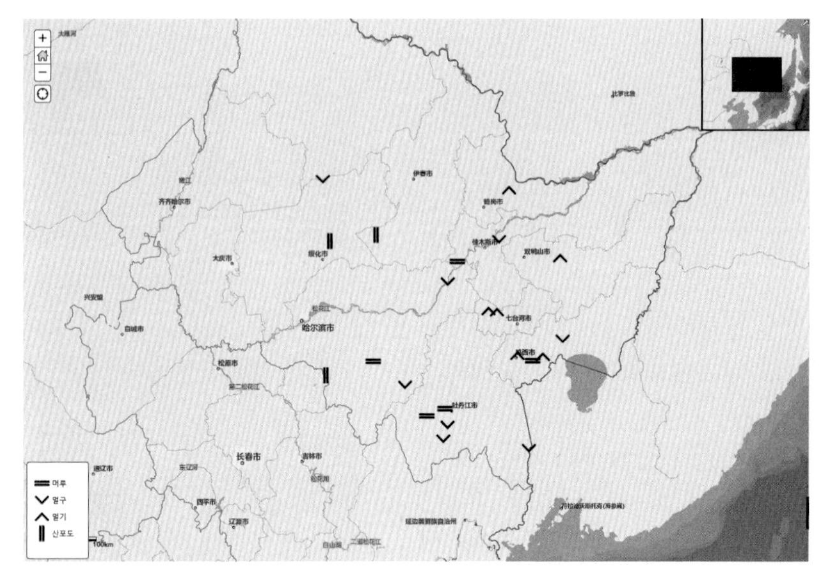

<방언지도 41 머루>

머루는 머루나무의 열매를 말한다. 이 방언형은 '머루, 멀구, 멀기, 산포도' 등으로 나타난다.

방언형 '머루'는 하동, 해남, 신안, 계림, 탕왕에 분포, '멀구'는 영란, 어지, 와룡, 강남, 삼차구, 화평, 성화, 주성 등에 분포, '멀기'는 영풍, 명덕, 동명, 행수, 길흥, 성부 등에 분포, '산포도'는 민락, 연풍, 흥화에 분포되었다.

머루는 '멀위〉머뤼〉머루'의 변화과정을 거쳤다.

- 葡 **멀위** 포 萄 **멀위** 도 『훈몽자회(1527) 상:6ㄴ』
- 臭李子 **머뤼** 『동문유해(1748) 하:5ㄴ』
- **머루** 山葡萄 『국한회어(1895) 111』

◎ 42 자두

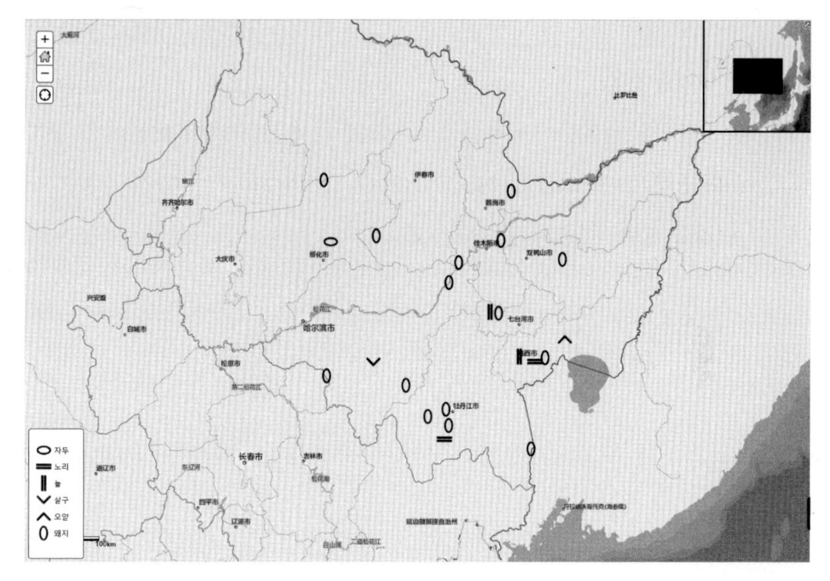

<방언지도 42 자두>

자두는 자두나무의 열매를 말한다. 이 방언형은 '자두, 노리, 놀, 살구, 오얃, 왜지' 등으로 나타난다.

방언형 '자두'는 흥화에 분포, '노리'는 와룡, 계림에 분포, '놀'은 영풍, 길흥에 분포, '살구'는 하동에 분포, '오얃'은 화평에 분포, '왜지'는 영란, 어지, 민락, 강남, 해남, 신안, 삼차구, 명덕, 성화, 탕왕, 동명, 연풍, 행수, 주성, 성부 등에 분포되었다.

자두의 옛말은 '오얏, 오얒, 외얒'이다. 현대 조선어 '자두'의 옛말인 '자도'는 19세기 문헌에서부터 나타나는데 '자도'는 한자어 '자도'(紫桃)를 소리 나는 대로 표기한 것으로 보인다.

► 블근 **오야지** 므레 ᄃᆞ마도 ᄎᆞ디 아니ᄒᆞ고. 『분류두공부시언해(초간본)

(1481) 10:23』

- ► **오얏** 닙과 대촛 닙 디혀 뽄므를 디그면 즉재 됴ᄒᆞ리라. 『구급간이방언해 (1489) 6:29』
- ► 복셩화와 **외야ᄌᆡ** 니구메 後호ᄃᆡ ᄆᆞᄎᆞ매 시러곰 金門에 進獻ᄒᆞ놋다. 『분류두공부시언해(초간본)(1481) 15:20』
- ► **자도** 紫桃 『한불자뎐(1880) 530』

◎ 43 호두

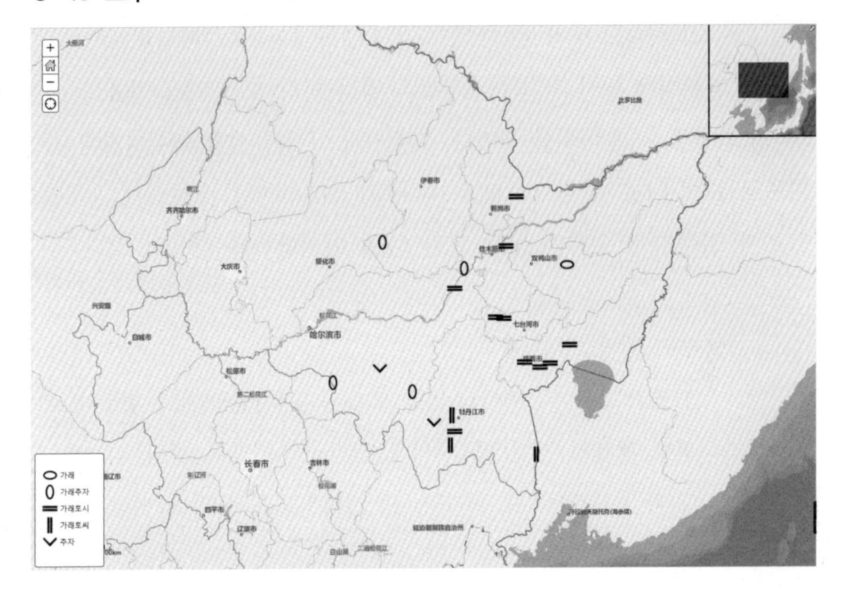

<방언지도 43 호두>

호두는 호두나무의 열매를 말한다. 이 방언형은 '가래, 가래추자, 가래토시, 가래토씨, 추자' 등으로 나타난다.

방언형 '가래'는 성부에 분포, '가래추자'는 어지, 민락, 탕왕, 연풍에 분포, '가래토시'는 영란, 강남, 영풍, 화평, 계림, 명덕, 성화, 동명, 행수, 길흥 등에 분포, '가래토씨'는 와룡, 해남, 삼차구에 분포, '추자'는 하동, 신안에 분포되었고, 주성, 흥화 두 곳의 제보자는 방언형을 제공하지 못했다.

4.2.6. 농사 관련 어휘

조사 질문지에 농사 관련 어휘항목은 경작·타작·도정·곡물·채소 등 5개 의미영역별로 57개 어휘를 실었다. 그중 9개 어휘를 선별하여 여기에 방언 지도로 보여준다.

조사 질문지에 수록한 농사 관련 57개 어휘항목은 다음과 같다.

(6) 농사 관련 어휘항목

① 경작 관련: 벼, 벼이삭, 볍씨, 모자리, 김매다, 애벌매다, 곁두리, 호미씻이, 쨍과리, 쟁기, 보습, 써레, 번지, 호미, 자루, 괭이, 쇠스랑, 삽

② 타작 관련: 벼단, 벼가리, 짚, 새끼,[6] 노끈, 도리깨, 멍석, 광주리, 바구니, 삼태기

③ 도정 관련: 절구, 디딜방아, 매돌, 왕겨, 등겨, 키

④ 곡물 관련: 보리, 밭, 밭고랑, 밭이랑, 팥, 조, 조이삭, 수수, 깨, 참깨/들깨, 옥수수

⑤ 채소 관련: 무, 시래기, 채소, 나물, 고갱이, 파, 고구마, 감자, 가지, 고추, 도마도, 홍당무

6 가마니를 묶을 때에 쓰는 짚으로 만든 끈 같이 생긴 것.

◎ 44 쟁기

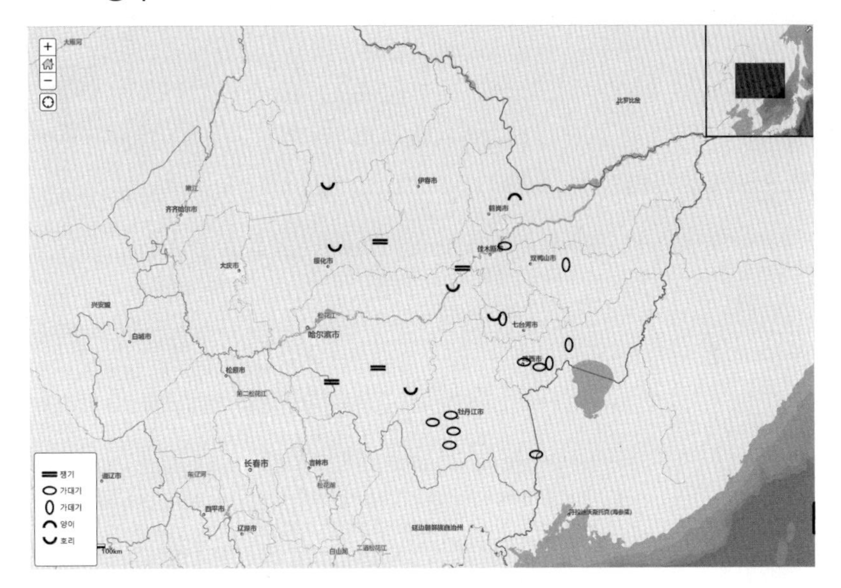

<방언지도 44 쟁기>

쟁기는 논밭을 가는 농기구를 말한다. 이 방언형은 '쟁기, 가대기, 가데기, 양이, 호리' 등으로 나타난다.

방언형 '쟁기'는 하동, 민락, 탕왕, 연풍에 분포, '가대기'는 와룡, 강남, 해남, 신안, 삼차구, 영풍, 계림, 성화 등에 분포, '가데기'는 화평, 명덕, 행수, 성부에 분포, '양이'는 동명에 분포, '호리'는 영란, 어지, 길흥, 주성, 흥화에 분포되었다.

쟁기의 옛말은 '보'이다.

► 犁兒 **보** 『역어유해(1690) 하:7』

◎ 45 써레

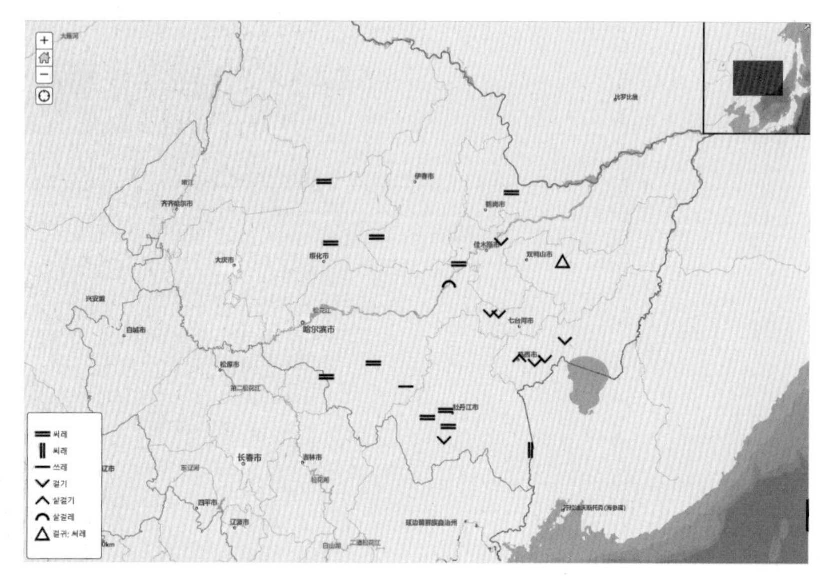

<방언지도 45 써레>

써레는 갈아 놓은 논의 바닥을 고르는 데 쓰는 농기구를 말한다. 이 방언형은 '써레, 써래, 쓰레, 걸기, 살걸기, 살걸레, 걸귀' 등으로 나타난다.

방언형 '써레'는 하동, 민락, 강남, 해남, 신안, 탕왕, 동명, 연풍, 주성, 흥화에 분포, '써래'는 삼차구에 분포, '쓰레'는 어지에 분포, '걸기'는 와룡, 화평, 계림, 명덕, 성화, 행수, 길흥에 분포, '살걸기'는 영풍에 분포, '살걸레'는 영란에 분포, '걸귀/써레'는 성부에 분포되었다.

써레의 옛말은 '서흐레'인데 '서흐레 〉 써흐레 〉 써레'의 변화과정을 거쳤다.

- 杷 **서흐레** 파 『훈몽자회(1527) 중:9』
- 耙 **써흐레** 『방언유석(1778) 戌部方言 24ㄴ』
- **써레** 耙 『한불자전(1880) 393』

◎ 46 삼태기

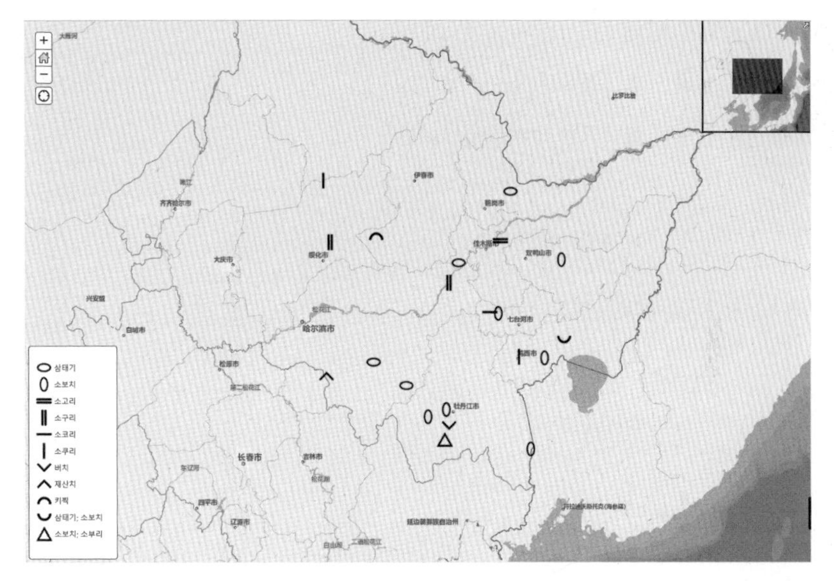

<방언지도 46 삼태기>

삼태기는 흙이나 쓰레기, 거름 따위를 담아 나르는 데 쓰는 기구를 말한다. 이 방언형은 '삼태기, 소보치, 소고리, 소구리, 소코리, 소쿠리, 버치, 재산치, 키짝, 소부리' 등으로 나타난다.

방언형 '삼태기'는 어지, 하동, 탕왕, 동명에 분포, '소보치'는 해남, 신안, 삼차구, 명덕, 행수, 성부에 분포, '소고리'는 성화에 분포, '소구리'는 영란, 흥화에 분포, '소코리'는 길흥에 분포, '소쿠리'는 영풍, 주성에 분포, '버치'는 강남에 분포, '재산치'는 민락에 분포, '키짝'은 연풍에 분포, '삼태기/소보치'는 화평에 분포, '소보치/소부리'는 와룡에 분포되었고 계림의 제보자는 방언형을 제공하지 못했다.

삼태기의 옛말은 '산태'인데 문헌에서는 '산태 〉 삼태 〉 삼태이 〉 삼태기'의 변화과정을 거쳤다.

► 蕢 **산태** 궤 俗呼糞斗 『훈몽자회(1527) 중:10ㄱ』

► 糞斗 **삼태** 『역어유해(1690) 하:19ㄴ』

► **삼ᄐᆡ** 土蕢 『몽유편(1810) 상:12ㄴ』

► **삼태이** 簣 『국한회어(1895) 16』

◎ 47 왕겨

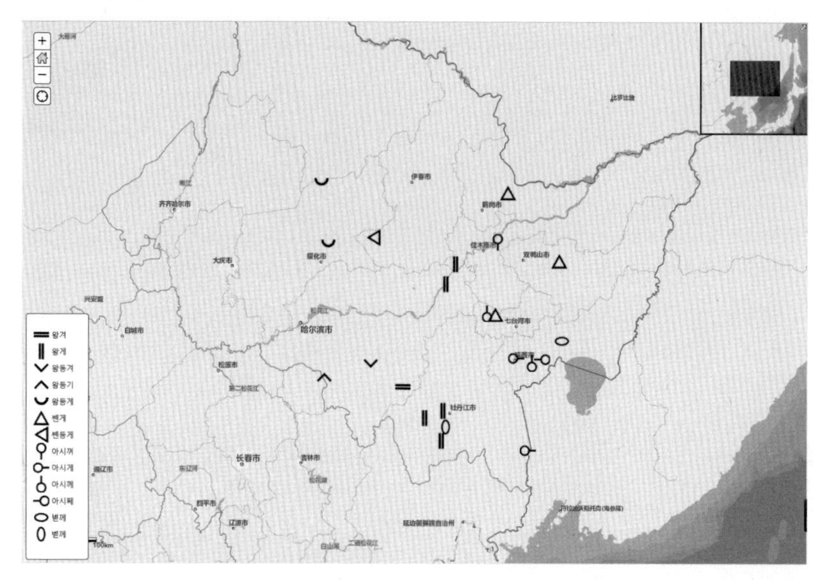

<방언지도 47 왕겨>

왕겨는 벼의 겉겨를 말한다. 이 방언형은 '왕겨, 왕게, 왕등겨, 왕등기, 왕등게, 쎈게, 쎈등게, 아시껴, 아시게, 아시께, 아시쩨, 볃께, 벧께' 등으로 나타난다.

방언형 '왕겨'는 어지에 분포, '왕게'는 영란, 와룡, 해남, 신안, 탕왕에 분포, '왕등겨'는 하동에 분포, '왕등기'는 민락에 분포, '왕등게'는 주성, 흥화에 분포, '쎈게'는 동명, 행수, 성부에 분포, '쎈등게'는 연풍에 분포, '아시껴'는 성화에 분포, '아시께'는 계림, 길흥에 분포, '아시쩨'는 명덕에 분포, '볃께'는 화평에 분포, '벧께'는 강남에 분포되었다.

◎ 48 팥

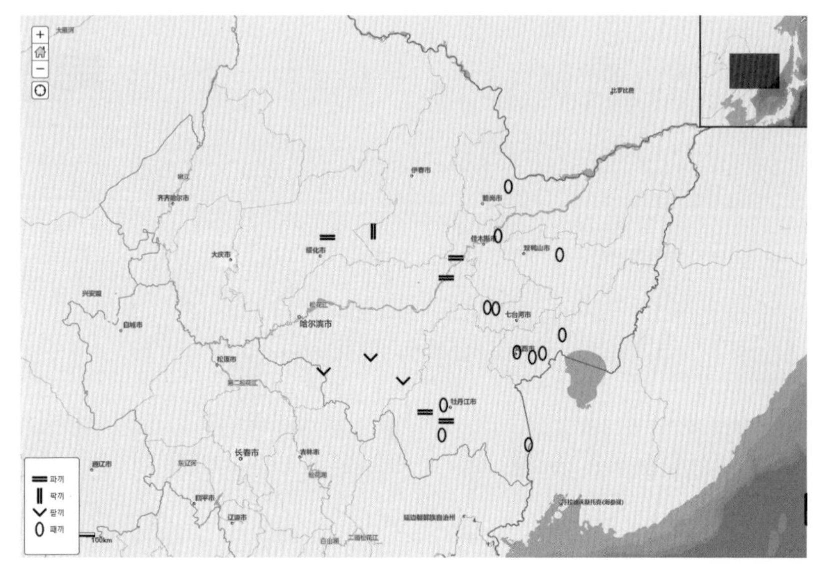

<방언지도 48 팥>

팥은 콩과의 한해살이풀이다. 이 방언형은 '파끼, 팍끼, 팥끼, 패끼' 등으로 나타난다.

방언형 '파끼'는 영란, 강남, 신안, 탕왕, 흥화에 분포, '팍끼'는 연풍에 분포, '팥끼'는 어지, 하동, 민락에 분포, '패끼'는 와룡, 해남, 삼차구, 영풍, 화평, 계림, 명덕, 성화, 동명, 행수, 길흥, 성부 등에 분포되었고 주성에는 방언형이 나타나지 않았다.

팥의 옛말은 'ᄑᆞᆾ, ᄑᆞᆽ'인데 15세기 문헌에서부터 나타나며 'ᄑᆞᆾ/ᄑᆞᆽ ＞ ᄑᆞᇀ ＞ 팥'의 변화과정을 거쳤다.

► 블근 **ᄑᆞᆽ기** 업거든 겨지븨 제 손밠토볼 ᄉᆞ라 수레 프러 먹고. 『구급방언해(1446) 하:88』

- ► **ᄑᆞᆺ** ᄒᆞᆫ 되ᄅᆞᆯ 봇가 믈 서 되ᄅᆞᆯ 달혀 두 되 ᄃᆞ외어든 **ᄑᆞᄎᆞ**란 앗고 汁을 ᄃᆞ시 ᄒᆞ야 머그면. 『구급방언해(1446) 하:88』
- ► ᄒᆞ나흔 닐오ᄃᆡ 조히라 ᄒᆞ고 ᄒᆞ나흔 닐오ᄃᆡ **ᄑᆞᆺ티**라 ᄒᆞ거ᄂᆞᆯ. 『종덕시편언해(1758) 하:58ㄴ』

◎ 49 옥수수

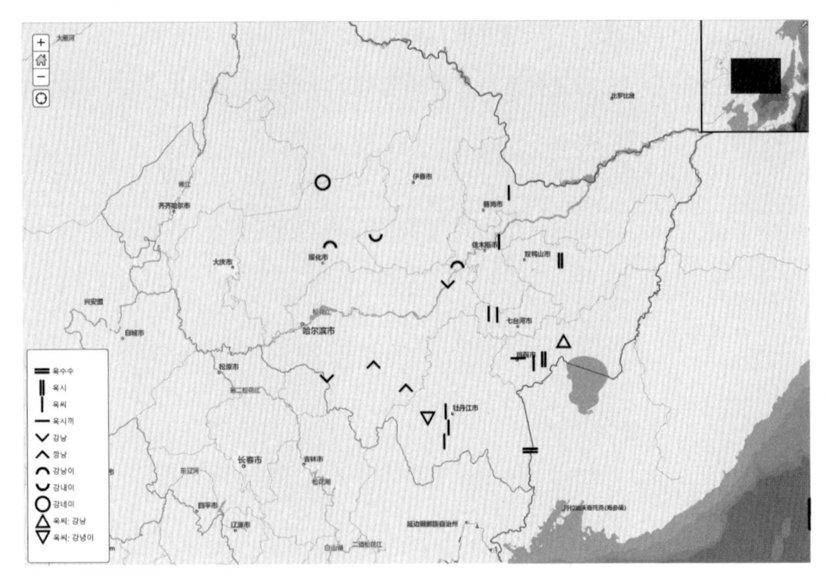

<방언지도 49 옥수수>

옥수수는 볏과의 한해살이풀이다. 이 방언형은 '옥수수, 옥시, 옥씨, 옥시끼, 강낭, 깡낭, 강낭이, 강내이, 강네이' 등으로 나타난다.

방언형 '옥수수'는 삼차구에 분포, '옥시'는 명덕, 성부에 분포, '옥씨'는 와룡, 강남, 해남, 계림, 성화, 동명, 행수, 길흥에 분포, '옥시끼'는 영풍에 분포, '강낭'은 영란, 민락에 분포, '깡낭'은 어지, 하동에 분포, '강낭이'는 탕왕, 흥화에 분포, '강내이'는 연풍에 분포, '강네이'는 주성에 분포, '옥씨/강낭'은 화평에 분포, '옥씨/강냉이'는 신안에 분포되었다.

옥수수의 옛말은 '옥슈슈'인데 17세기 문헌에서부터 나타난다.

► 玉薥薥 **옥슈슈** 『역어유해(1690) 하:9ㄴ』

◎ 50 무

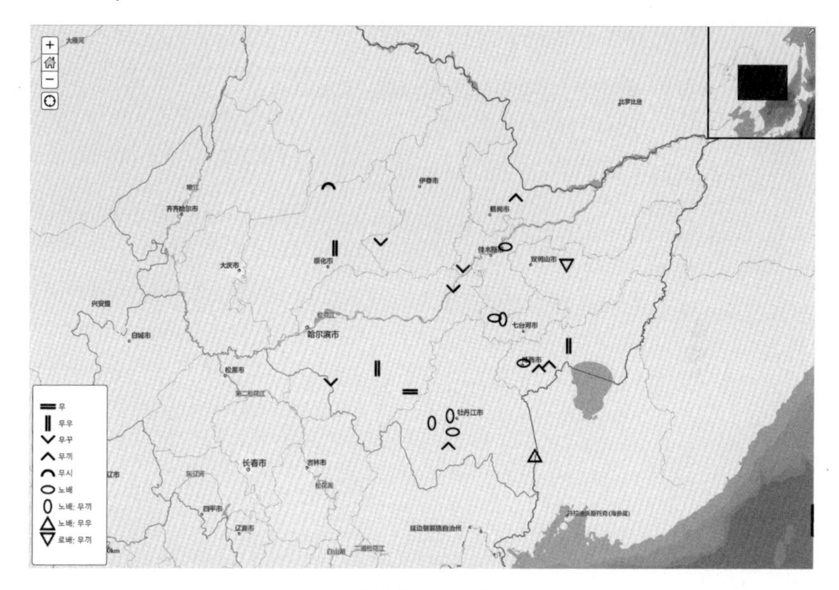

<방언지도 50 무>

무는 십자화과의 한해살이풀 또는 두해살이풀이다. 이 방언형은 '무, 무우, 무꾸, 무끼, 무시, 노배, 로배' 등으로 나타나는데 2가지 유형으로 볼 수 있다. 하나는 '무, 무우, 무꾸, 무끼, 무시'형이고 다른 하나는 '노배, 로배'형이다.

방언형 '무'는 어지에 분포, '무우'는 하동, 화평, 홍화에 분포, '무꾸'는 영란, 민락, 탕왕, 연풍에 분포, '무끼'는 와룡, 계림, 명덕, 동명에 분포, '무시'는 주성에 분포, '노배'는 강남, 영풍, 성화, 길흥에 분포, '노배/무끼'는 해남, 신안, 행수에 분포, '노배/무우'는 삼차구에 분포, '로배/무끼'는 성부에 분포되었다.

무의 옛말은 '무수, 뭇'인데 '무, 무우, 무꾸, 무끼, 무시'형이 바로 그 변화형이고 '노배, 로배'형은 '나복(蘿蔔), 노복(蘆菔)'의 변화형으로 추정된다.

- 겨ᅀᅳᆺ **무ᅀᅮ**는 밥과 半이니 ᄉᆡ 히미 나조ᄒᆡ 새롭도다 『분류두공부시언해(초간본)(1481) 16:70ㄱ』
- 蘿蔔ᄋᆞᆫ **무ᇫ**이라 『금강경삼가해(1482) 3:51ㄱ-ㄴ』

◎ 51 토마토

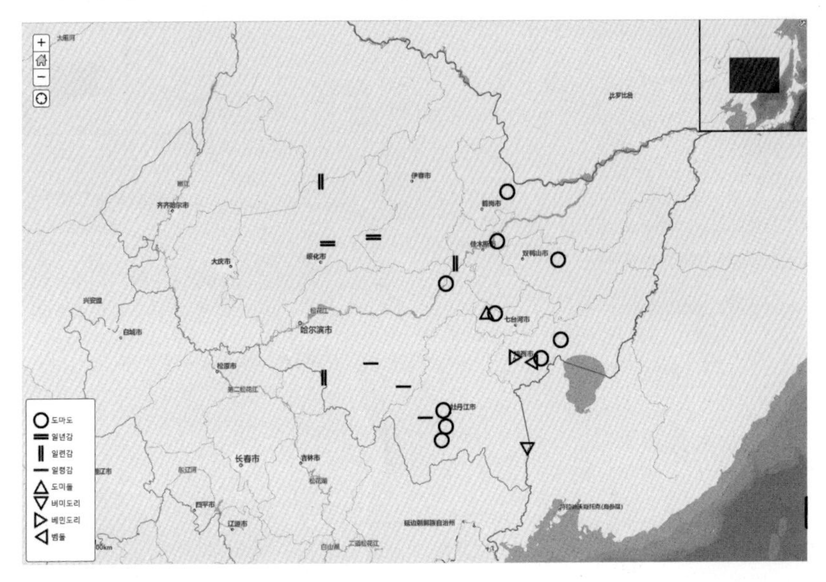

<방언지도 51 토마토>

토마토는 가짓과의 한해살이풀이다. 이 방언형은 '도마도, 일년감, 일련감, 일령감, 도미돌, 버미도리, 베민도리, 벰돌' 등으로 나타난다.

방언형 '도마도'는 영란, 와룡, 강남, 해남, 화평, 명덕, 성화, 동명, 행수, 성부 등에 분포되고, '일년감'은 연풍, 흥화에 분포, '일련감'은 민락, 탕왕, 주성에 분포, '일령감'은 어지, 하동, 신안에 분포, '도미돌'은 길흥에 분포, '버미도리'는 삼차구에 분포, '베민도리'는 영풍에 분포, '벰돌'은 계림에 분포되었다.

◎ 52 당근

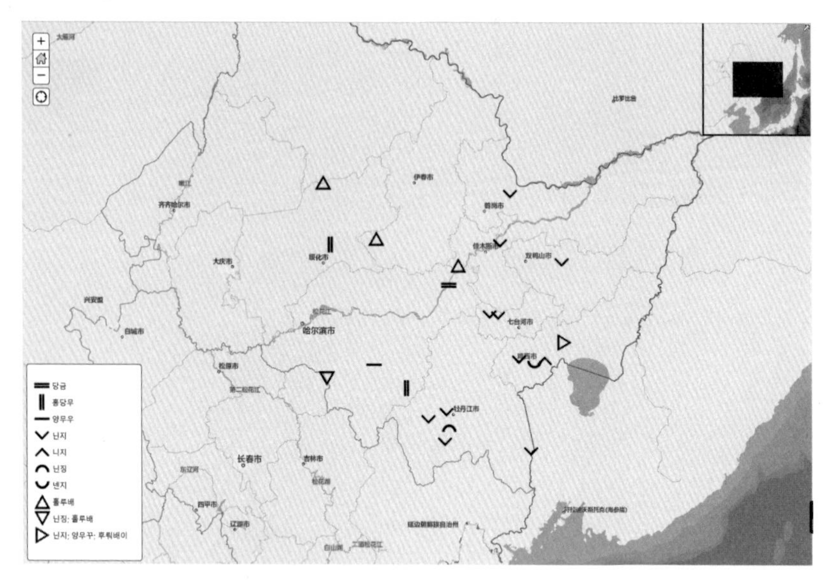

<방언지도 52 당근>

당근은 산형과의 두해살이풀이다. 이 방언형은 '당금, 홍당무, 양무우, 닌지, 니지, 닌징, 넨지, 훌루배, 양무꾸, 후뤄배이' 등으로 나타난다.

방언형 '당금'는 영란에 분포, '홍당무'는 어지, 흥화에 분포, '양무우'는 하동에 분포, '닌지'는 와룡, 해남, 신안, 삼차구, 영풍, 성화, 동명, 행수, 길흥, 성부 등에 분포, '니지'는 명덕에 분포, '닌징'은 강남에 분포, '넨지'는 계림에 분포, '훌루배'는 탕왕, 연풍, 주성에 분포, '닌징/훌루배'는 민락에 분포, '닌지/양무꾸/후뤄배이'는 화평에 분포되었다.

당근의 방언형은 '당금'형, '홍당무'형, '양무우, 양무꾸'형, '닌지, 니지, 닌징, 넨지'형, '훌루배, 후뤄배이'형 등 5개 유형으로 나타나는데 그중 '닌지, 니지, 닌징, 넨지'형은 일본어의 'ニンジン'에서 차용된 것이고 '훌루배, 후뤄배이'형은 한어 '胡萝卜'에서 차용된 것이다.

4.2.7. 음식 관련 어휘

조사 질문지에 음식 관련 어휘항목은 부식·주식·별식·그릇·부엌 등 5개 의미영역별로 52개 어휘를 실었다. 그중 10개 어휘를 선별하여 여기에 방언 지도로 보여준다.

조사 질문지에 수록한 음식 관련 52개 어휘항목은 다음과 같다.

(7) 음식 관련 어휘항목

① 부식 관련: 김치, 깍두기, 간장, 두부, 콩나물, 상추, 오이, 부추, 김, 반찬, 생선요리, 장국, 청국장, 오누이장, 보신탕

② 주식 관련: 솥, 가마,[7] 이남박, 조리, 주걱, 누룽지, 숭늉

③ 별식 관련: 가루, 가래떡, 송편, 절편, 쉰떡, 백설기, 밀기울, 국수, 수제비, 과줄, 쌀튀밥, 옥수수튀밥, 식혜,[8] 식해[9]

④ 그릇 관련: 시루밑, 시루번, 솥뚜껑(쇠)

⑤ 부엌 관련: 부엌, 아궁이, 부뚜막, 부지깽이, 고무래, 부삽, 숯, 화로, 호롯불, 성냥, 굴뚝, 그을음, 냅다

---

7 보통 밥을 짓는 솥보다 큰 것.

8 엿기름 가루를 우린 물을 이밥이나 찰밥에 부어서 끓여 삭힌 것인데, 밥알이 동동 뜨고 빛깔이 말간 것.

9 생선에다 밥알을 넣어 삭힌 젓갈 같은 음식.

◎ 53 두부

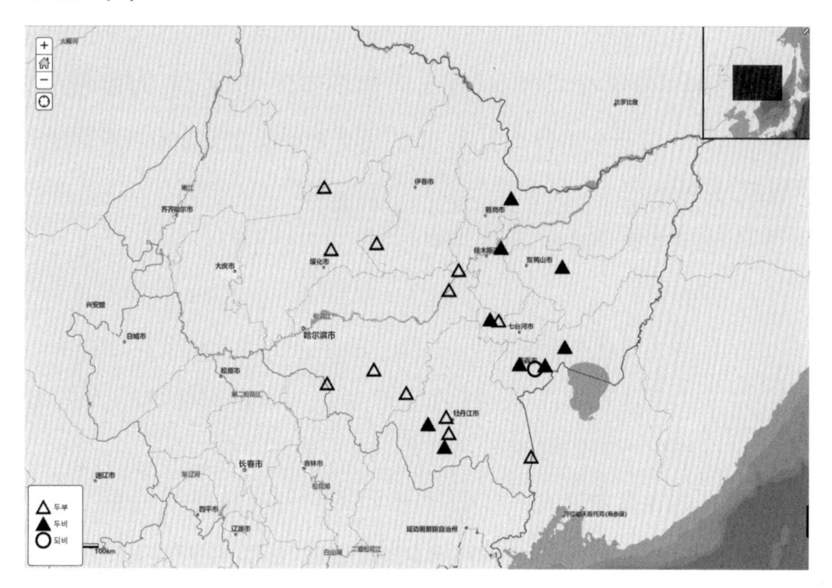

<방언지도 53 두부>

두부는 콩으로 만든 식품의 하나이다. 이 방언형은 '두부, 두비, 되비' 등으로 나타난다.

방언형 '두부'는 영란, 어지, 하동, 민락, 강남, 해남, 삼차구, 탕왕, 연풍, 행수, 주성, 흥화 등에 분포되고, '두비'는 와룡, 신안, 영풍, 화평, 명덕, 성화, 동명, 길흥, 성부 등에 분포, '되비'는 계림에 분포되었다.

◎ 54 상추

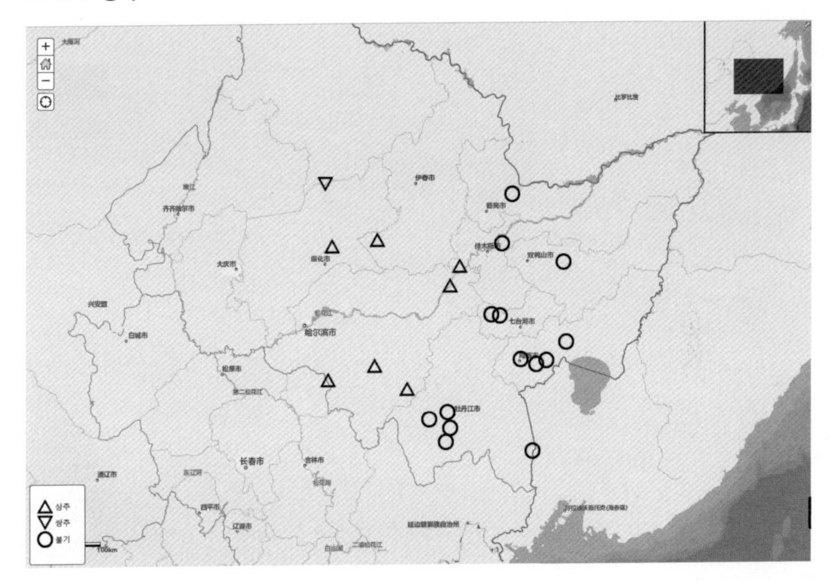

<방언지도 54 상추>

상추는 국화과의 한해살이풀 또는 두해살이풀이다. 이 방언형은 '상추, 쌍추, 불기' 등으로 나타난다. 방언형 '상추'는 영란, 어지, 하동, 민락, 탕왕, 연풍, 흥화 등에 분포되고, '쌍추'는 주성에 분포, '불기'는 와룡, 강남, 해남, 신안, 삼차구, 영풍, 화평, 계림, 명덕, 성화, 동명, 행수, 길흥, 성부 등에 분포되었다. 상추의 옛말은 '방귀아디, 숑치, 부루' 등이 있다. 문헌에는 다음과 같이 나타난다.

- 白苣 葉似萵苣而白 折之有汁 四月開黃花如苦菜 秋冬再種 **방귀아디** 石苣 生菜 仝. 『물명고(1824) 3:16』
- 生菜 **숑치**. 『동문유해(1748) 하:3』
- 萵 **부루** 와 苣 **부루** 거. 『훈몽자회(1527) 상:8』

◎ 55 부추

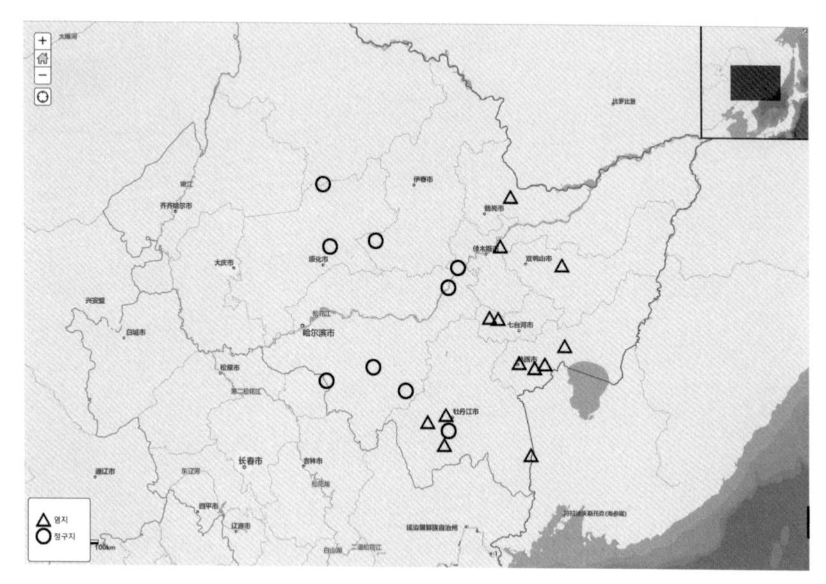

<방언지도 55 부추>

부추는 백합과의 여러해살이풀이다. 이 방언형은 '염지, 정구지' 등으로 나타난다.

방언형 '염지'는 와룡, 해남, 신안, 삼차구, 영풍, 화평, 계림, 명덕, 성화, 동명, 행수, 길흥, 성부 등에 분포되고, '정구지'는 영란, 어지, 하동, 민락, 강남, 탕왕, 연풍, 주성, 흥화 등에 분포되었다.

부추의 옛말은 '부치, 염교, 졸, 염규' 등이 있다. 문헌에는 다음과 같이 나타난다. 부추는 '부칙〉부초〉부추'의 변화과정을 거쳤다.

- 薤 **부치** 혜. 『훈몽자회(1527) 상:7』
- 미나리와 계ᄌᆞ와 비치와 파와 마놀과 **부초**와 허다ᄒᆞᆫ 치소 일홈이 잇고 『훈아진언(1894) 6ㄴ』

- 韮 **염교** 구. 『훈몽자회(1527) 상:7』
- 韭 **졸**. 『물보(1800) 상:3』
- 바고니예 ᄀᆞ독ᄒᆞᆫ 이슬 마즌 **염규**를 유무ᄒᆞ야. 『분류두공부시언해(초간본)(1481) 16:72』

◎ 56 누룽지

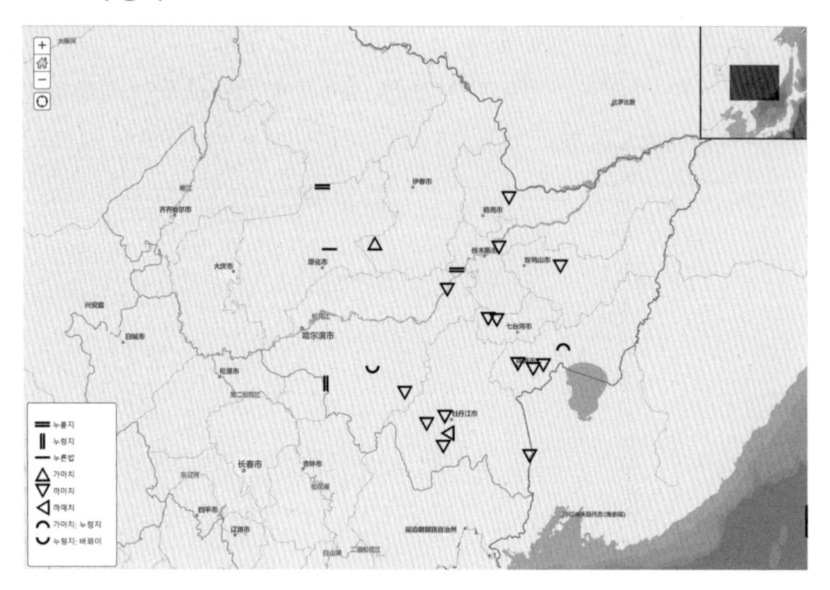

<방언지도 56 누룽지>

누룽지는 솥 바닥에 눌어붙은 밥을 말한다. 이 방언형은 '누룽지, 누렁지, 누른밥, 가마치, 까마치, 까매치, 바꽈이' 등으로 나타나는데 '누룽지, 누렁지'형, '누른밥'형, '가마치, 까마치, 까매치'형, '바꽈이'형 등 네 가지 유형이다.

방언형 '누룽지'는 탕왕, 주성에 분포, '누렁지'는 민락에 분포, '누른밥'은 흥화에 분포되고, '가마치'는 연풍에 분포, '까마치'는 영란, 어지, 와룡, 해남, 신안, 삼차구, 영풍, 계림, 명덕, 성화, 동명, 행수, 길흥, 성부 등에 분포, '까매치'는 강남에 분포, '가마치/누렁지'는 화평에 분포, '누렁지/바꽈이'는 하동에 분포되었다.

누룽지는 '눋다'와 접미사 '-웅'이 결합한 '누룽'에 다시 접미사 '-지'가 결합한 것으로 추정되고, 가마치는 '가마'와 접미사 '-치'가 결합한 것으로 추정된다.

◎ 57 송편

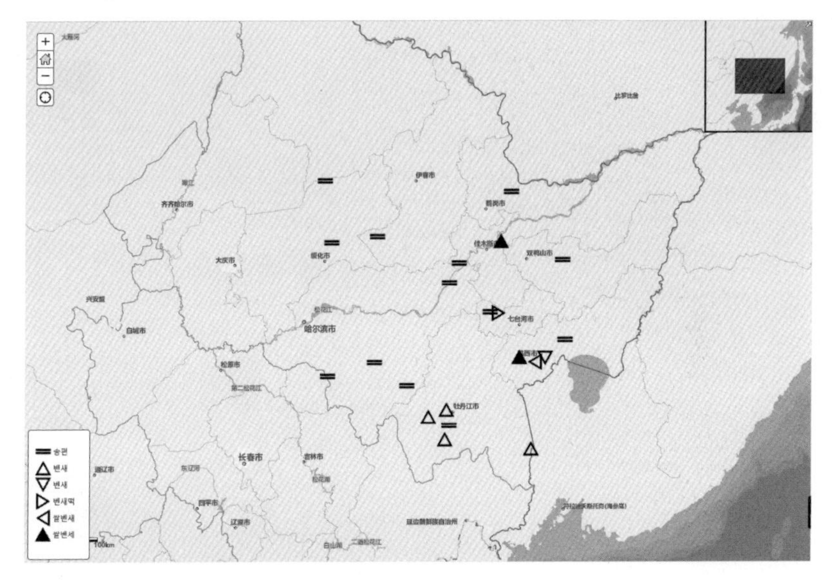

<방언지도 57 송편>

송편은 멥쌀가루를 반죽하여 팥, 콩, 밤, 대추, 깨 따위로 소를 넣고 반달이나 모시조개 모양으로 빚어서 솔잎을 깔고 찐 떡을 말한다. 이 방언형은 '송편, 밴새, 벤새, 벤새떡, 쌀벤새, 쌀벤세' 등으로 나타난다.

방언형 '송편'은 영란, 어지, 하동, 민락, 강남, 화평, 탕왕, 동명, 연풍, 길흥, 주성, 성부, 흥화 등에 분포되고, '밴새'는 와룡, 해남, 신안, 삼차구에 분포, '벤새'는 명덕에 분포, '벤새떡'은 행수에 분포, '쌀벤새'는 계림에 분포, '쌀벤세'는 영풍, 성화에 분포되었다.

송편의 옛말은 '숑편'인데 18세기 문헌에서부터 나타난다.

► 葉子餑餑 **숑편**. 『역어유해보(1775) 30』

◎ 58 백설기

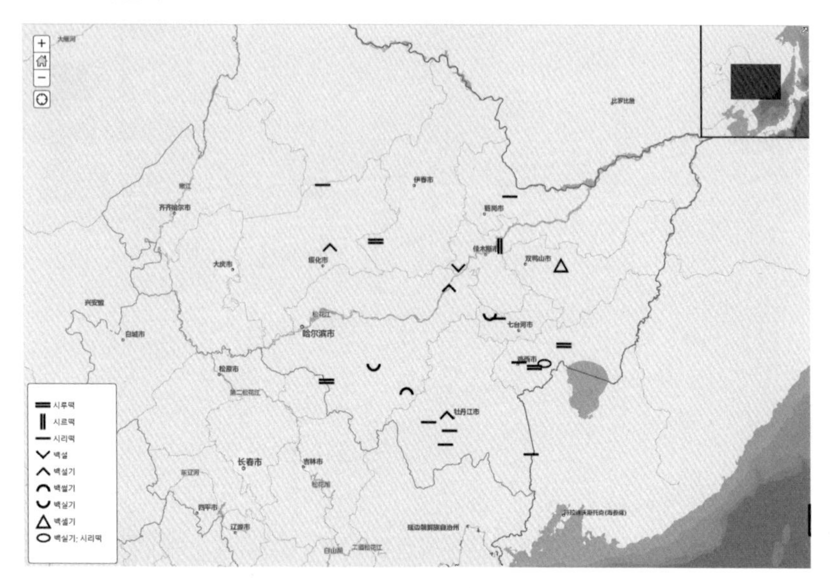

<방언지도 58 백설기>

백설기는 시루떡의 하나이다. 이 방언형은 '시루떡, 시르떡, 시리떡, 백설, 백설기, 백썰기, 백실기, 백셀기' 등으로 나타난다. 방언형 '시루떡'은 민락, 화평, 계림, 연풍에 분포, '시르떡'은 성화에 분포, '시리떡'은 와룡, 강남, 신안, 삼차구, 영풍, 동명, 행수, 주성 등에 분포되고, '백설'은 탕왕에 분포, '백설기'는 영란, 해남, 흥화에 분포, '백썰기'는 어지에 분포, '백실기'는 하동, 길흥에 분포, '백셀기'는 성부에 분포, '백실기/시리떡'은 명덕에 분포되었다. 백설기의 옛말인 'ᄇᆡᆨ셜기'는 19세기 문헌에서부터 나타나는데 이 단어는 한자어 'ᄇᆡᆨ'과 '셜기'가 결합하여 이루어진 단어로서 '셜기'는 한자어로 '설고(雪餻)' 또는 '설고(雪糕)'에서 변하였다는 설이 있으나 정확한 유래는 확인되지 않는다.

► 작말ᄒᆞ야 **ᄇᆡᆨ셜기** 찌고 물을 고붓지게 끌여 『규합총서(1869) 3ㄱ』

◎ 59 부엌

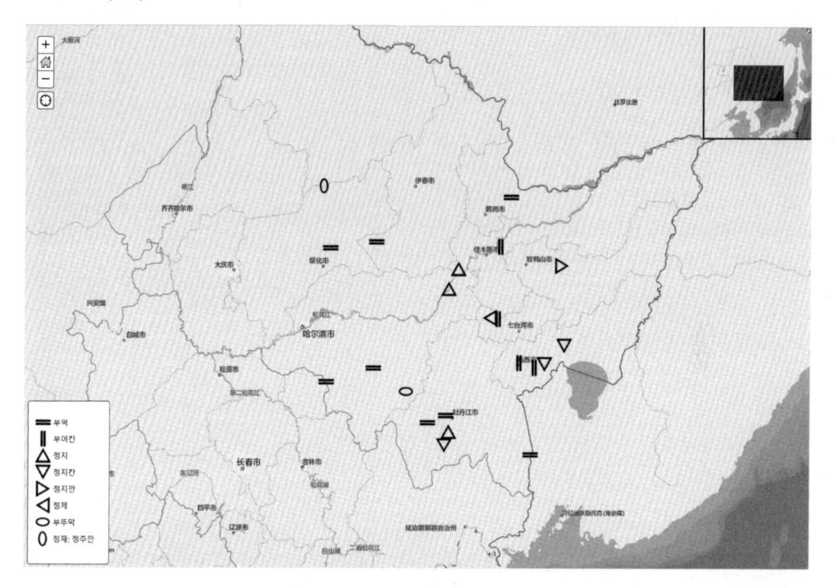

<방언지도 59 부엌>

부엌은 일정한 시설을 갖추어 놓고 음식을 만들고 설거지를 하는 등 식사에 관련된 일을 하는 곳을 말한다. 이 방언형은 '부억, 부어칸, 정지, 정지칸, 정지깐, 정제, 부뚜막, 정재, 정주깐' 등으로 나타난다.

방언형 '부억'은 하동, 민락, 해남, 신안, 삼차구, 동명, 연풍, 흥화에 분포, '부어칸'은 영풍, 계림, 성화, 행수에 분포되고, '정지'는 영란, 강남, 탕왕에 분포, '정지칸'은 와룡, 화평, 명덕에 분포, '정지깐'은 성부에 분포, '정제'는 길흥에 분포되며, '부뚜막'은 어지, 길흥에 분포, '정재/정주깐'은 어지, 주성에 분포되었다.

부엌의 옛말은 '브석'이며 '브석 〉 브억 〉 부억 〉 부엌'의 변화과정을 거쳤다.

► 안ᄒᆞ로 붓그료ᄃᆡ **브ᅀᅥᆨ** 굼기 검디 몯ᄒᆞᆫ 나ᄅᆞᆯ 『분류두공부시언해(초간본) (1481) 22:50ㄴ』

► 竈 **브억** 조 『신증유합(1576) 상:23ㄴ』

► 竈火門 **부억** 아귀 『역어유해(1690) 상:18ㄴ』

◎ 60 아궁이

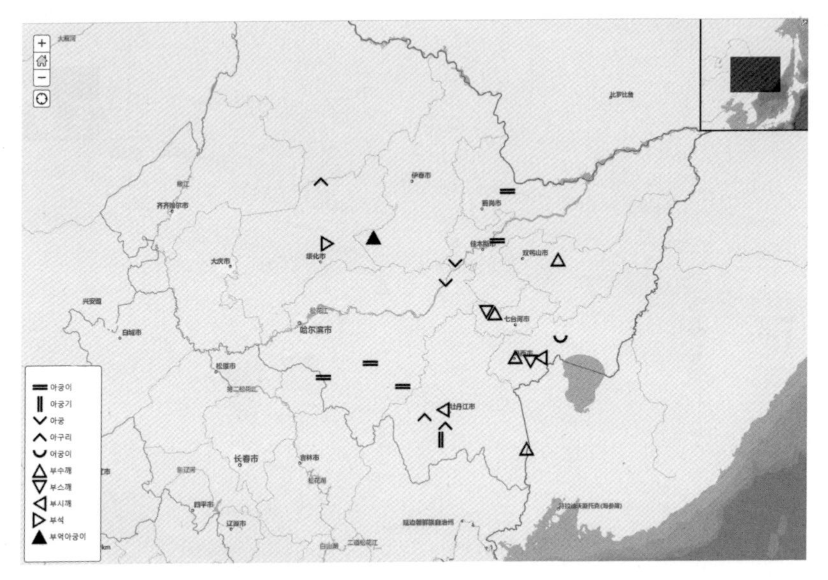

<방언지도 60 아궁이>

아궁이는 방이나 솥 따위에 불을 때기 위하여 만든 구멍을 말한다. 이 방언형은 '아궁이, 아궁기, 아궁, 아구리, 어궁이, 부수깨, 부스깨, 부시깨, 부석, 부엌아궁이' 등으로 나타난다.

방언형 '아궁이'는 어지, 하동, 민락, 성화, 동명에 분포, '아궁기'는 와룡에 분포, '아궁'은 영란, 탕왕에 분포, '아구리'는 강남, 신안, 주성에 분포, '어궁이'는 화평에 분포되고, '부수깨'는 삼차구, 영풍, 행수, 성부에 분포, '부스깨'는 계림, 길흥에 분포, '부시깨'는 해남, 명덕에 분포, '부석'은 흥화에 분포, '부엌아궁이'는 연풍에 분포되었다.

아궁이의 옛말은 '아귀'인데 17세기 문헌에서부터 나타난다.

► 竈火門 부억 **아귀** 『역어유해(1690) 상:18ㄴ』

◎ 61 부지깽이

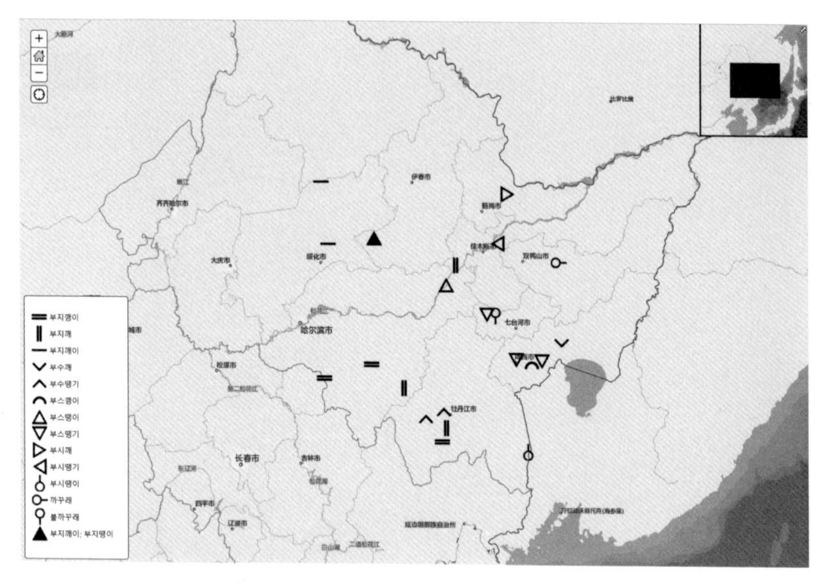

<방언지도 61 부지깽이>

부지깽이는 아궁이 따위에 불을 땔 때에, 불을 헤치거나 끌어내거나 거두어 넣거나 하는 데 쓰는 가느스름한 막대기를 말한다. 이 방언형은 '부지깽이, 부지깨, 부지깨이, 부수깨, 부수땡기, 부스깽이, 부스땡이, 부스땡기, 부시깨, 부시땡기, 부시땡이, 까꾸래, 불까꾸래, 부지땡이' 등으로 나타난다.

방언형 '부지깽이'는 하동, 민락, 와룡에 분포, '부지깨'는 어지, 강남, 탕왕에 분포, '부지깨이'는 주성, 흥화에 분포, '부수깨'는 화평에 분포, '부수땡기'는 해남, 신안에 분포, '부스깽이'는 계림에 분포, '부스땡이'는 영란에 분포, '부스땡기'는 영풍, 명덕, 길흥에 분포, '부시깨'는 동명에 분포, '부시땡기'는 성화에 분포, '부시땡이'는 삼차구에 분포되고, '까꾸래'는 성부에 분포, '불까꾸래'는 행수에 분포되며, '부지깨이/부지땡이'는 연풍에 분포되었다.

부지깽이의 옛말은 '부짓대/부지ㅅ대'인데 18세기 문헌에서부터 나타난다.

► 撥火棍 **부짓대** 『역어유해보(1775) 43ㄱ』

► 撥火棍 **부지ㅅ대** 『몽어유해(1790) 하:11ㄴ』

◎ 62 성냥

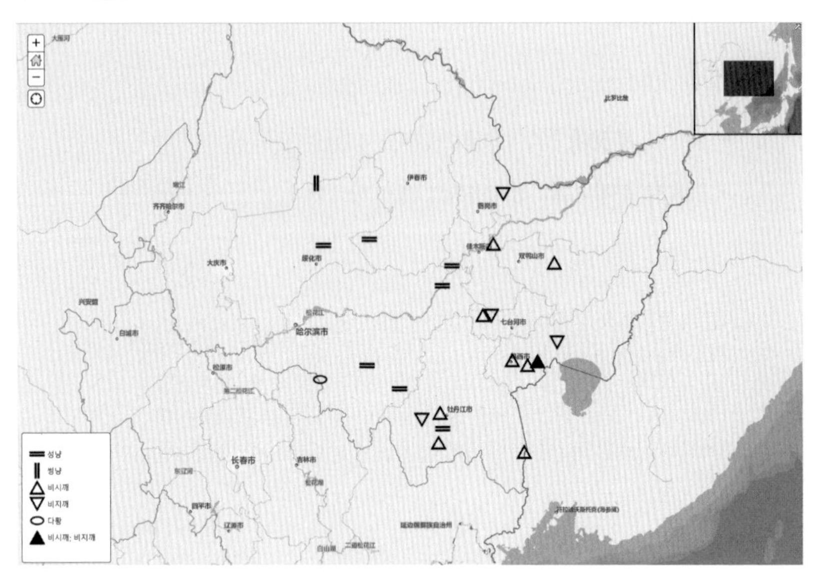

<방언지도 62 성냥>

성냥은 마찰에 의하여 불을 일으키는 물건을 말한다. 이 방언형은 '성냥, 썽냥, 비시깨, 비지깨, 다황' 등으로 나타난다.

방언형 '성냥'은 영란, 어지, 하동, 강남, 탕왕, 연풍, 흥화에 분포, '썽냥'은 주성에 분포되고, '비시깨'는 와룡, 해남, 삼차구, 영풍, 계림, 성화, 길흥, 성부에 분포, '비지깨'는 신안, 화평, 동명, 행수에 분포되며, '다황'은 민락에 분포, '비시깨/비지깨'는 명덕에 분포되었다.

성냥의 옛말은 '셔류황'인데 한자어 '석류황(石硫黃)'을 한글로 표기한 것이다.

- 石硫黃 **셔류황** 『동의보감 탕액편(1613) 3:46ㄴ』
- 取燈 뭇친 **셔류황** 『역어유해보(1775) 44ㄱ』

4.2.8. 가옥 관련 어휘

조사 질문지에 가옥 관련 어휘항목은 가구·방·건축·마당·우물 등 5개 의미영역별로 30개 어휘를 실었다. 그중 4개 어휘를 선별하여 여기에 방언지도로 보여준다.

조사 질문지에 수록한 가옥 관련 30개 어휘항목은 다음과 같다.

(8) 가옥 관련 어휘항목

① 가구 관련: 선반, 시렁, 서랍, 궤, 자물쇠, 열쇠

② 방 관련: 마루, 미닫이, 흙손

③ 건축 관련: 지붕, 사닥다리, 이엉, 용마름, 기둥, 주춧돌, 서까래, 처마, 낙숫물, 고드름

④ 마당 관련: 울타리, 뜰, 뒤꼍, 변소

⑤ 우물 관련: 우물, 두레박, 똬리, 도랑, 개울, 거품, 구멍

◎ 63 서랍

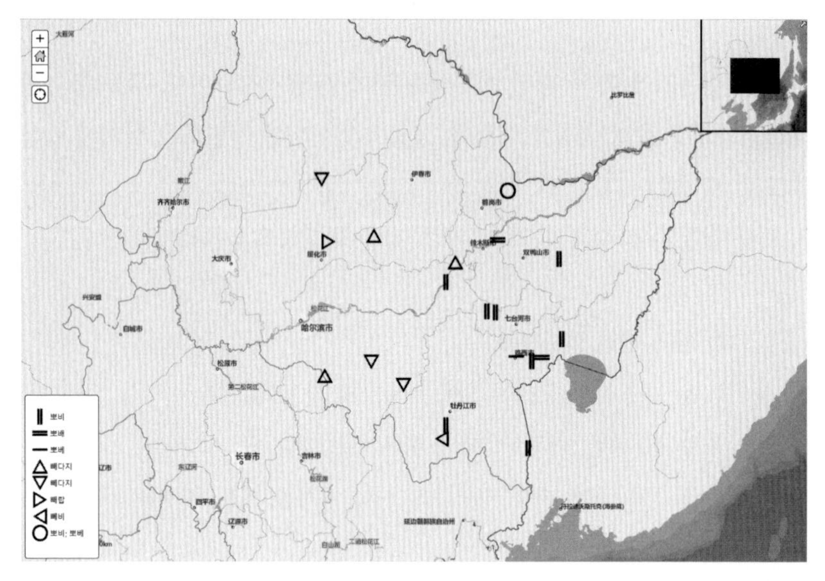

<방언지도 63 서랍>

서랍은 책상, 장롱, 화장대, 문갑 따위에 끼웠다 빼었다 하게 만든 뚜껑이 없는 상자를 말한다. 이 방언형은 '뽀비, 뽀배, 뽀베, 빼다지, 뻬다지, 빼랍, 뻬비' 등으로 나타난다. 방언형 '뽀비'는 영란, 강남, 삼차구, 화평, 계림, 행수, 길흥, 성부 등에 분포, '뽀배'는 명덕, 성화에 분포, '뽀베'는 영풍에 분포되고, '빼다지'는 민락, 탕왕, 연풍에 분포, '뻬다지'는 어지, 하동, 주성에 분포, '빼랍'은 흥화에 분포, '뻬비'는 와룡에 분포, '뽀비/뽀베'는 동명에 분포되었으며, 해남, 신안 두 곳의 제보자는 방언형을 제공하지 못했다. 서랍의 옛말은 '셜합/혈합'인데 한자어 '설(舌)'과 '합(盒)'의 결합으로 추정한다.

- ► 抽替 **셜합** 『역어유해보(1775) 44ㄱ』
- ► **혈합** 舌盒 『국한회어(1895) 355』

◎ 64 사다리

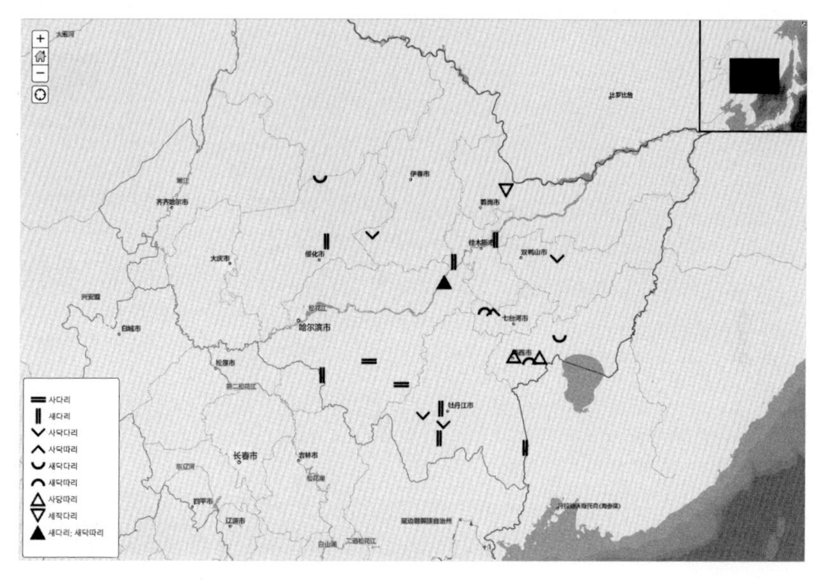

<방언지도 64 사다리>

사다리는 높은 곳이나 낮은 곳을 오르내릴 때 디딜 수 있도록 만든 기구를 말한다. 이 방언형은 '사다리, 새다리, 사닥다리, 사닥따리, 새닥다리, 새닥따리, 사당따리, 세작다리' 등으로 나타난다.

방언형 '사다리'는 어지, 하동에 분포, '새다리'는 민락, 와룡, 해남, 삼차구, 성화, 탕왕, 흥화에 분포, '사닥다리'는 강남, 신안, 연풍, 성부에 분포, '사닥따리'는 행수에 분포, '새닥다리'는 화평, 주성에 분포, '새닥따리'는 계림, 길흥에 분포, '사당따리'는 영풍, 명덕에 분포, '세작다리'는 동명에 분포, '새다리/새닥따리'는 영란에 분포되었다.

◎ 65 이엉

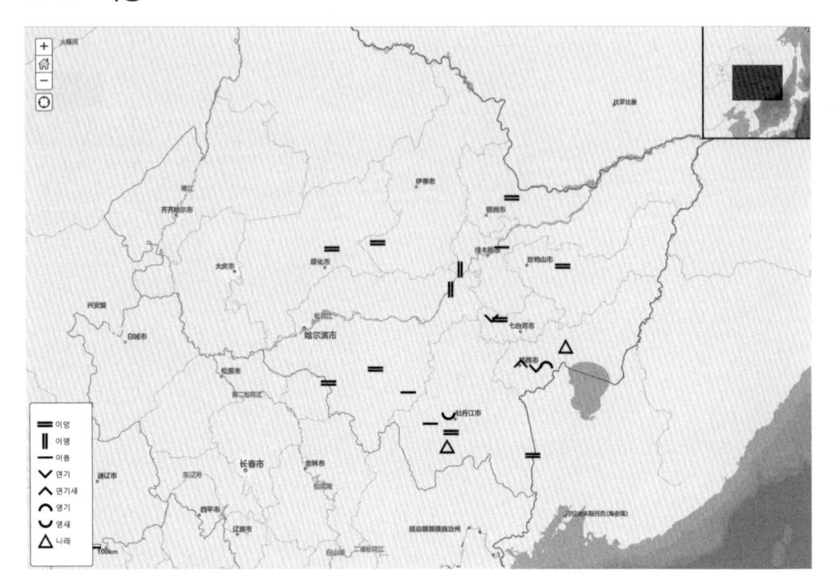

<방언지도 65 이엉>

이엉은 초가집의 지붕이나 담을 이기 위하여 짚이나 새 따위로 엮은 물건을 말한다. 이 방언형은 '이엉, 이영, 이응, 연기, 연기새, 영기, 영새, 나래' 등으로 나타난다.

방언형 '이엉'은 하동, 민락, 강남, 삼차구, 동명, 연풍, 행수, 성부, 흥화 등에 분포, '이영'은 영란, 탕왕에 분포, '이응'은 어지, 신안, 성화에 분포되고, '연기'는 계림, 길흥에 분포, '연기새'는 영풍에 분포, '영기'는 명덕에 분포, '영새'는 해남에 분포되며, '나래'는 와룡, 화평에 분포되었고 주성의 제보자는 방언형을 제공하지 못했다.

이엉의 옛말은 '초개, 니영, 놀애' 등이다.

► 앎픠 아니 머리 흔 **초개**로 지은 뎜이 잇ᄂᆞ니. 『번역노걸대(1517) 상:62』

► **니영**이 다 거두치니 울잣신들 셩ᄒᆞᆯ소냐 불 아니 다힌 房에 긴 밤 어이 새오려니 아ᄒᆡᄂᆞᆫ 世事ᄅᆞᆯ 모로고 이야지야 ᄒᆞᆫ다. 『교본 역대 시조 전서 2360-2』

► 두픈 **놀애**ᄂᆞᆫ 터러글 가ᄌᆞᆯ비시고 셔ᄂᆞᆫ ᄡᅢ를 가ᄌᆞᆯ비시니 **놀애**ᄂᆞᆫ 뒤 두플 씨오 阤ᄂᆞᆫ 헐씨라. 『법화경언해(1463) 2:105』

◎ 66 똬리

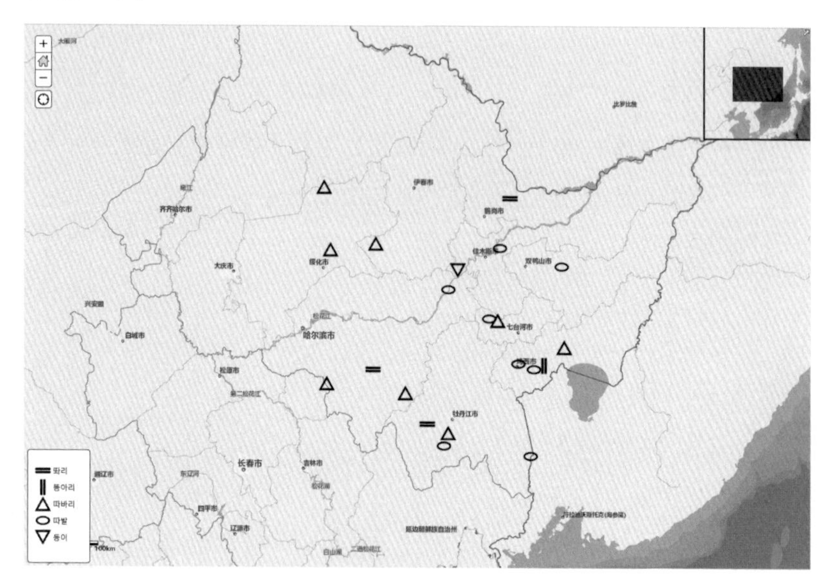

<방언지도 66 똬리>

똬리는 물동이나 짐을 머리에 일 때 머리에 받치는 고리 모양의 물건을 말한다. 이 방언형은 '똬리, 똥아리, 따바리, 따발, 동이' 등으로 나타난다.

방언형 '똬리'는 하동, 신안, 동명에 분포, '똥아리'는 명덕에 분포, '따바리'는 어지, 민락, 강남, 화평, 연풍, 행수, 주성, 흥화에 분포, '따발'은 영란, 와룡, 삼차구, 영풍, 계림, 성화, 길흥, 성부에 분포, '동이'는 탕왕에 분포되었고 해남의 제보자는 방언형을 제공하지 못했다.

4.2.9. 의복 관련 어휘

조사 질문지에 의복 관련 어휘항목은 세탁·복식 등 2개 의미영역별로 12개 어휘를 실었다. 그중 3개 어휘를 선별하여 여기에 방언지도로 보여준다.

조사 질문지에 수록한 의복 관련 12개 어휘항목은 다음과 같다.

(9) 의복 관련 어휘항목

① 세탁: 빨래, 애벌, 다리미, 인두

② 복식: 주머니, 버선, 대님, 헝겊, 깁다, 재봉틀, 가위, 솜

◎ 67 가위

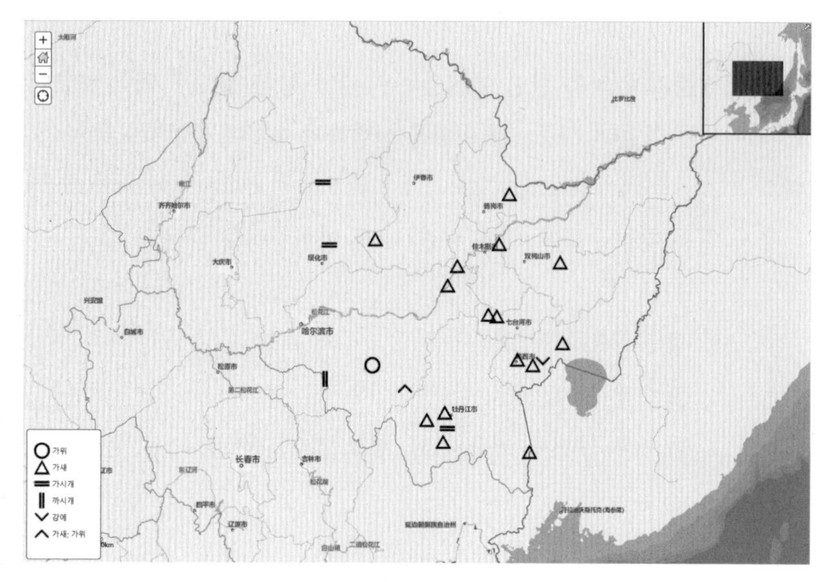

<방언지도 67 가위>

가위는 옷감, 종이, 머리털 따위를 자르는 기구를 말한다. 이 방언형은 '가위, 가새, 가시개, 까시개, 강에' 등으로 나타난다.

방언형 '가위'는 하동에 분포, '가새'는 영란, 와룡, 해남, 신안, 삼차구, 영풍, 화평, 계림, 성화, 탕왕, 동명, 연풍, 행수, 길흥, 성부 등에 분포, '가시개'는 강남, 주성, 흥화에 분포, '까시개'는 민락에 분포, '강에'는 명덕에 분포, '가새/가위'는 어지에 분포되었다.

가위의 옛말은 'ᄀᆞᇫ애'이다. 이 어휘는 문헌에서 'ᄀᆞᇫ애〉ᄀᆞᅀᅢ〉ᄀᆞ애〉가이〉가의〉가위'의 변화과정을 거쳤다.

► 치운 젯 오ᄉᆞᆯ 곧마다 **ᄀᆞᇫ애**와 자콰로 지ᄉᆞ믈 뵈아ᄂᆞ니 『분류두공부시언해(초간본)(1481) 10:33ㄴ』

- 剪 **ᄀᆞᅀᅢ** 젼『훈몽자회(1527) 중:7ㄴ』
- 치운 젯 오ᄉᆞᆯ 곳마다 **ᄀᆞ애**와 자콰로 지오ᄆᆞᆯ 뵈아ᄂᆞ니『분류두공부시언해(중간본)(1632) 10:33ㄴ』
- 剪子 **가ᄋᆡ** 裁刀 **가ᄋᆡ**『역어유해(1690) 하:15ㄴ』
- ᄶᅡᆨᄂᆞᆫ 칼 一百 **가의** 一百 송곳 一百『몽어노걸대(1790) 8:18ㄱ』

◎ 68 인두

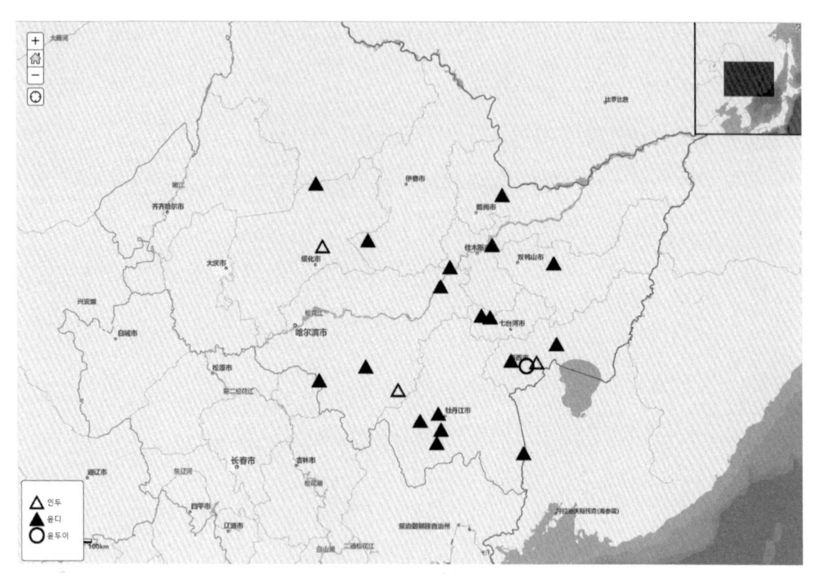

<방언지도 68 인두>

인두는 바느질할 때 불에 달구어 천의 구김살을 눌러 펴거나 솔기를 꺾어 누르는 데 쓰는 기구를 말한다. 이 방언형은 '인두, 윤디, 윤두이' 등으로 나타난다.

방언형 '인두'는 어지, 명덕, 흥화에 분포, '윤디'는 영란, 하동, 민락, 와룡, 강남, 해남, 신안, 삼차구, 영풍, 화평, 성화, 탕왕, 동명, 연풍, 행수, 길흥, 주성, 성부 등에 분포, '윤두이'는 계림에 분포되었다.

인두의 옛말은 '인도'인데 17세기 문헌에서부터 나타난다.

▸ 烙鐵 **인도** 『역어유해(1690) 하:15ㄴ』

◎ 69 주머니

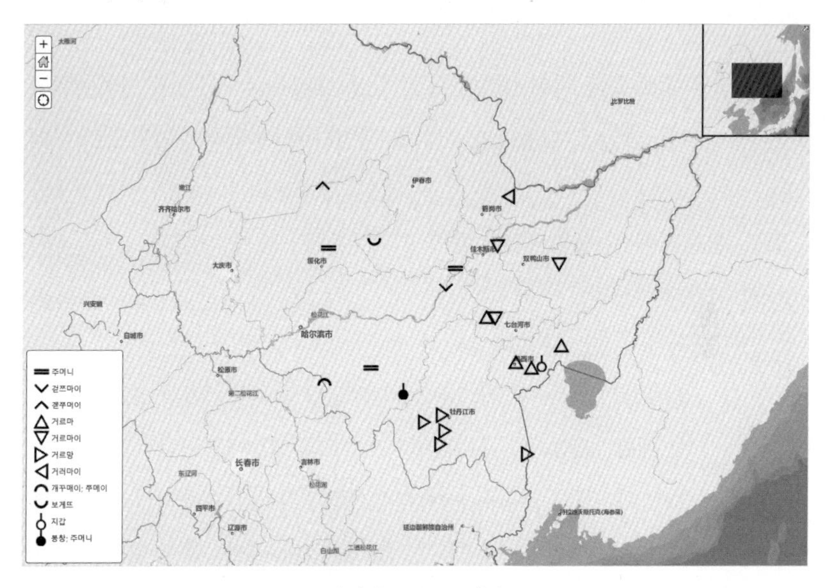

<방언지도 69 주머니>

주머니는 옷의 일정한 곳에 헝겊을 달거나 옷의 한 부분에 헝겊을 덧대어 돈, 소지품 따위를 넣도록 만든 부분을 말한다. 이 방언형은 '주머니, 걷쯔마이, 겐쭈머이, 거르마, 거르마이, 거르망, 거러마이, 개꾸매이, 쭈메이, 보게뜨, 지갑, 봉창' 등으로 나타난다. 방언형 '주머니'는 하동, 탕왕, 흥화에 분포, '걷쯔마이'는 영란에 분포, '겐쭈머이'는 주성에 분포, '거르마'는 영풍, 화평, 계림, 길흥에 분포, '거르마이'는 성화, 행수, 성부에 분포, '거르망'은 와룡, 강남, 해남, 신안, 삼차구에 분포, '거러마이'는 동명에 분포, '개꾸매이/쭈메이'는 민락에 분포, '보게뜨'는 연풍에 분포, '지갑'은 명덕에 분포, '봉창/주머니'는 어지에 분포되었다. 주머니의 옛말은 '줌치'이다.

► **줌치**란 게 잇는 ᄂᆡ인들 일흠 뵈여 칰오라. 『계축일기(1600) 하:47』

4.2.10. 육아 관련 어휘

조사 질문지에 육아 관련 어휘항목은 발달·재롱·놀이 등 3개 의미영역별로 31개 어휘를 실었다. 그중 2개 어휘를 선별하여 여기에 방언지도로 보여준다.

조사 질문지에 수록한 육아 관련 31개 어휘항목은 다음과 같다.

(10) 육아 관련 어휘항목

① 발달: 갓난아이, 어린애, 여자아이, 남자아이, 기저귀, 오줌, 포대기

② 재롱: 죄암죄암, 곤지곤지, 도리도리, 짝짜꿍, 안다

③ 놀이: 공기, 소꿉질, 숨바꼭질, 목말, 자치기, 구슬치기, 딱지치기, 제기차기, 윷놀이, 도, 개, 걸, 윷, 모, 그네, 썰매, 팽이, 얼레, 굴렁쇠

◎ 70 남자아이

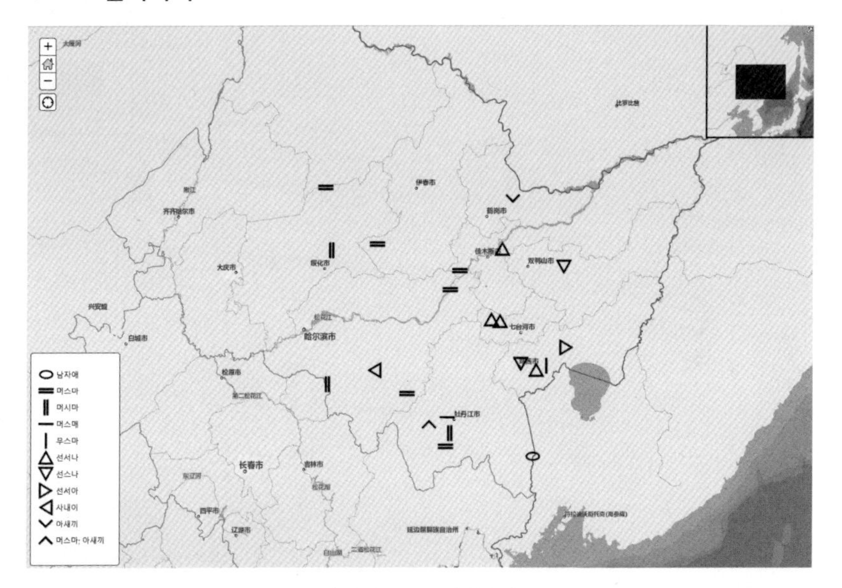

<방언지도 70 남자아이>

남자아이는 남자인 아이를 말한다. 이 방언형은 '남자애, 머스마, 머시마, 머스매, 무스마, 선서나, 선스나, 선서아, 사내이, 아새끼' 등으로 나타난다.

방언형 '남자애'는 삼차구에 분포, '머스마'는 영란, 어지, 와룡, 탕왕, 연풍, 주성에 분포, '머시마'는 민락, 강남, 흥화에 분포, '머스매'는 해남에 분포, '무스마'는 명덕에 분포, '선서나'는 계림, 성화, 행수, 길흥에 분포, '선스나'는 영풍, 성부에 분포, '선서아'는 화평에 분포, '사내이'는 하동에 분포, '아새끼'는 동명에 분포, '머스마/아새끼'는 신안에 분포되었다.

◎ 71 여자아이

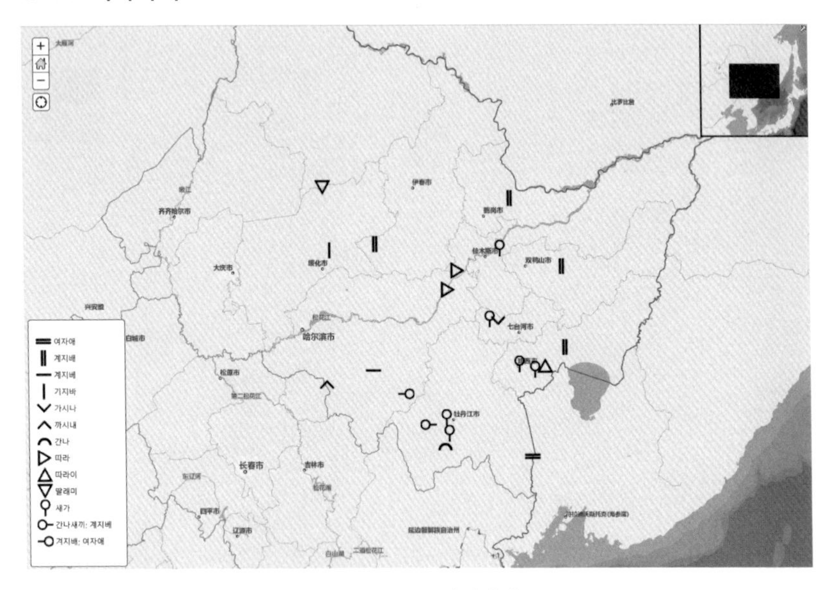

<방언지도 71 여자아이>

여자아이는 여자인 아이를 말한다. 이 방언형은 '여자애, 계지배, 계지베, 가지바, 가시나, 까시내, 간나, 따라, 따라이, 딸래미, 새가, 간나새끼, 겨지배' 등으로 나타난다.

방언형 '여자애'는 삼차구에 분포, '계지배'는 화평, 동명, 연풍, 성부에 분포, '계지베'는 하동에 분포, '기지바'는 흥화에 분포, '가시나'는 행수에 분포, '까시내'는 민락에 분포, '간나'는 와룡에 분포, '따라'는 영란, 탕왕에 분포, '따라이'는 명덕에 분포, '딸래미'는 주성에 분포, '새가'는 강남, 해남, 영풍, 계림, 성화, 길흥에 분포, '간나새끼/계지베'는 신안에 분포, '겨지배/여자애'는 어지에 분포되었다.

4.2.11. 경제 관련 어휘

조사 질문지에 경제 관련 어휘항목은 마을·대장간·단위·수 등 4개 의미 영역별로 43개 어휘를 실었다. 그중 2개 어휘를 선별하여 여기에 방언지도로 보여준다.

조사 질문지에 수록한 경제 관련 43개 어휘항목은 다음과 같다.

(11) 경제 관련 어휘항목

① 마을 관련: 이웃, 이야기, 마을간다, 얼마, 잔돈, 덤

② 대장간 관련: 대장간, 풀무, 바퀴

③ 단위 관련: 마지기, 뼘, 자루

④ 수 관련: 하나, 둘, 셋, 넷, 다섯, 여섯, 일곱, 여덟, 아홉, 열, 세다, 스물, 서른, 마흔, 쉰, 예순, 일흔, 여든, 아흔, 예순 셋, 일흔 아홉, 하루, 이틀, 사흘, 나흘, 닷새, 엿새, 이레, 여드레, 아흐레, 열흘

◎ 72 마을간다

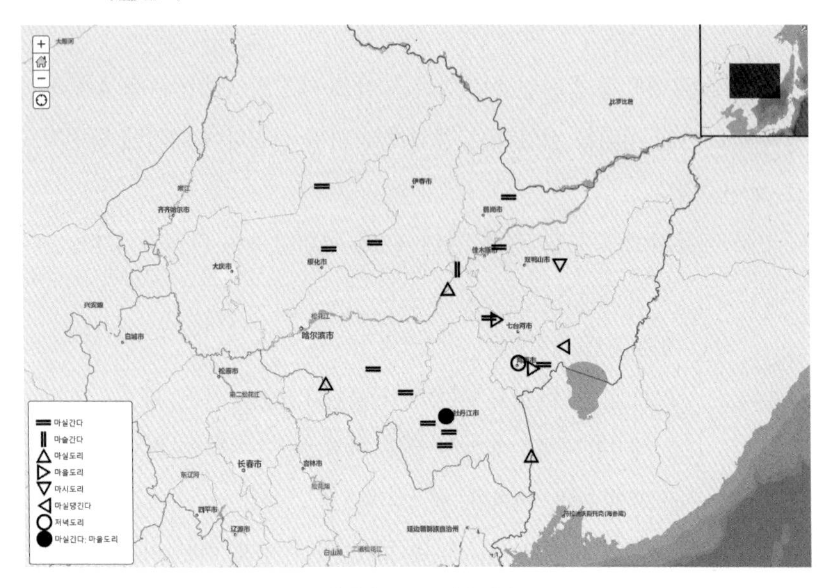

<방언지도 72 마을간다>

마을간다는 이웃에 놀러 다니는 일을 말한다. 이 방언형은 '마실간다, 마슬간다, 마실도리, 마을도리, 마시도리, 마실댕긴다, 저녁도리' 등으로 나타난다.

방언형 '마실간다'는 어지, 하동, 와룡, 강남, 신안, 명덕, 성화, 동명, 연풍, 길흥, 주성, 흥화 등에 분포, '마슬간다'는 탕왕에 분포, '마실도리'는 영란, 민락, 삼차구에 분포, '마을도리'는 계림, 행수에 분포, '마시도리'는 성부에 분포, '마실댕긴다'는 화평에 분포, '저녁도리'는 영풍에 분포, '마실간다/마을도리'는 해남에 분포되었다.

◎ 73 바퀴

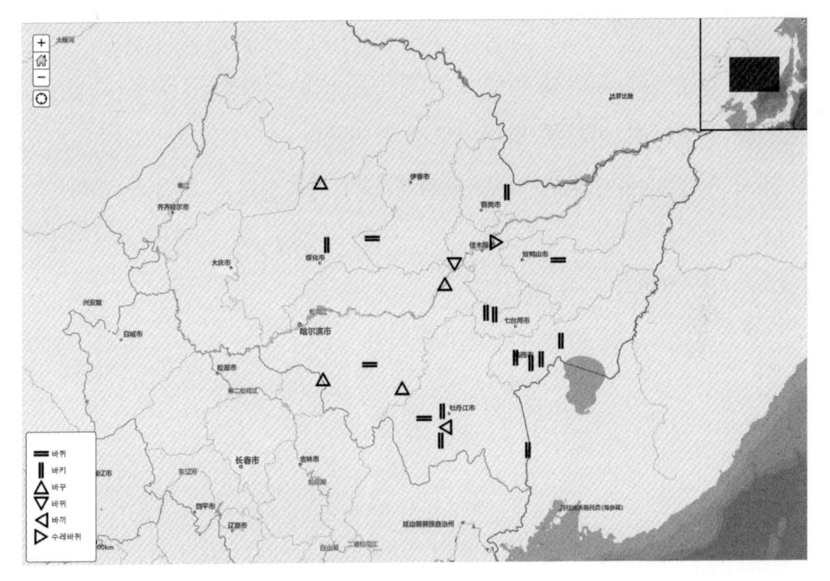

<방언지도 73 바퀴>

바퀴는 돌게 하려고 테 모양으로 둥글게 만든 물건을 말한다. 이 방언형은 '바퀴, 바키, 바꾸, 바뀌, 바끼, 수레바퀴' 등으로 나타난다.

방언형 '바퀴'는 하동, 신안, 연풍, 성부에 분포, '바키'는 와룡, 해남, 삼차구, 영풍, 화평, 계림, 명덕, 동명, 행수, 길흥, 흥화에 분포, '바꾸'는 영란, 어지, 민락, 주성에 분포, '바뀌'는 탕왕에 분포, '바끼'는 강남에 분포, '수레바퀴'는 성화에 분포되었다.

4.2.12. 대명사 관련 어휘

조사 질문지에 대명사 관련 어휘항목은 6개 어휘를 실었다. 그중 1개 어휘를 선별하여 여기에 방언지도로 보여준다.

조사 질문지에 수록한 대명사 관련 6개 어휘항목은 다음과 같다.

(12) 대명사 관련 어휘항목

① 누구, 자기, 나, 저, 너, 너희

◎ 74 누구

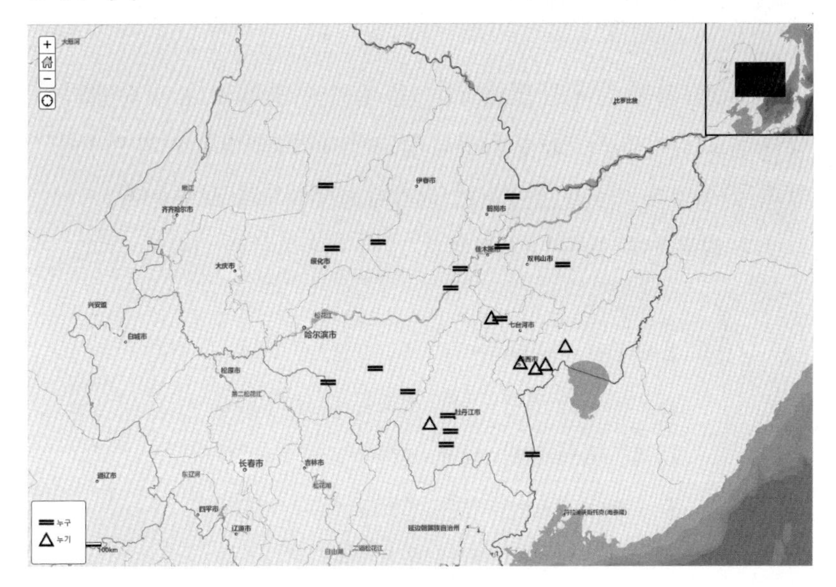

<방언지도 74 누구>

누구는 잘 모르는 사람을 가리키는 인칭 대명사이다. 이 방언형은 '누구, 누기' 등으로 나타난다.

방언형 '누구'는 영란, 어지, 하동, 민락, 와룡, 강남, 해남, 삼차구, 성화, 탕왕, 동명, 연풍, 행수, 주성, 성부, 흥화 등에 분포되고, '누기'는 신안, 영풍, 화평, 계림, 명덕, 길흥 등에 분포되었다.

누구의 옛말은 '누'인데 '누 > 누고 > 누구'의 변화과정을 거쳤다.

- 이 부텻 神通ᄒᆞ신 相ᄋᆞᆯ 이제 **눌** 더브러 무르려뇨. 『석보상절(1447) 13:15ㄴ』
- 모ᄃᆞᆫ 比丘ㅣ 닐오ᄃᆡ 네 스승이 **누고** 對答호ᄃᆡ 世尊이시니라. 『석보상절(1447) 23:41ㄴ』

4.2.13. 상태 관련 어휘

조사 질문지에 상태 관련 어휘항목은 길이/두께·넓이/높이·수량/무게·색채/농도/깊이·감각·맛·성품/인상 등 7개 의미영역별로 22개 어휘를 실었다. 그중 2개 어휘를 선별하여 여기에 방언지도로 보여준다.

조사 질문지에 수록한 상태 관련 22개 어휘항목은 다음과 같다.

(13) 상태 관련 어휘항목

① 길이/두께 관련: 굵다, 뾰족하다, 짧다, 작다

② 넓이/높이 관련: 넓다, 넓히다

③ 수량/무게 관련: 많다, 가볍다, 쉽다, 어렵다

④ 색채/농도/깊이 관련: 얕다, 맑다, 붉다

⑤ 감각 관련: 춥다, 차다, 시원하다, 가렵다

⑥ 맛 관련: 맵다, 짜다

⑦ 성품/인상 관련: 아니다, (값) 싸다, 가깝다

◎ 75 싸다

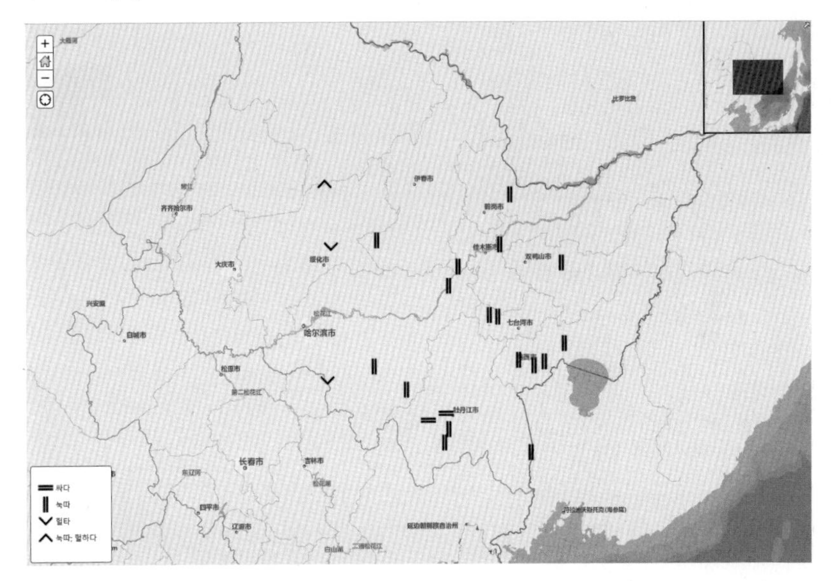

<방언지도 75 싸다>

싸다는 물건 값이나 사람 또는 물건을 쓰는 데 드는 비용이 보통보다 낮음을 말한다. 이 방언형은 '싸다, 눅따, 헐타, 헐하다' 등으로 나타난다.

방언형 '싸다'는 해남, 신안에 분포, '눅따'는 영란, 어지, 하동, 와룡, 강남, 삼차구, 영풍, 화평, 계림, 명덕, 성화, 탕왕, 동명, 연풍, 행수, 길흥, 성부 등에 분포, '헐타'는 민락, 흥화에 분포, '눅따/헐하다'는 주성에 분포되었다.

싸다의 옛말은 'ᄡᆞ다/ᄉᆞ다'인데 15세기 문헌에서부터 나타난다.

► 瓔珞이 갑시 千萬이 **ᄡᆞ니**를 바사 내야. 『1459 월인석보(1459) 25:95ㄴ』

► 빗난 이바디ᄂᆞᆫ ᄒᆞᆫ 金이 **ᄉᆞ도다**. 『분류두공부시언해(초간본)(1481) 15:54ㄱ』

◎ 76 가볍다

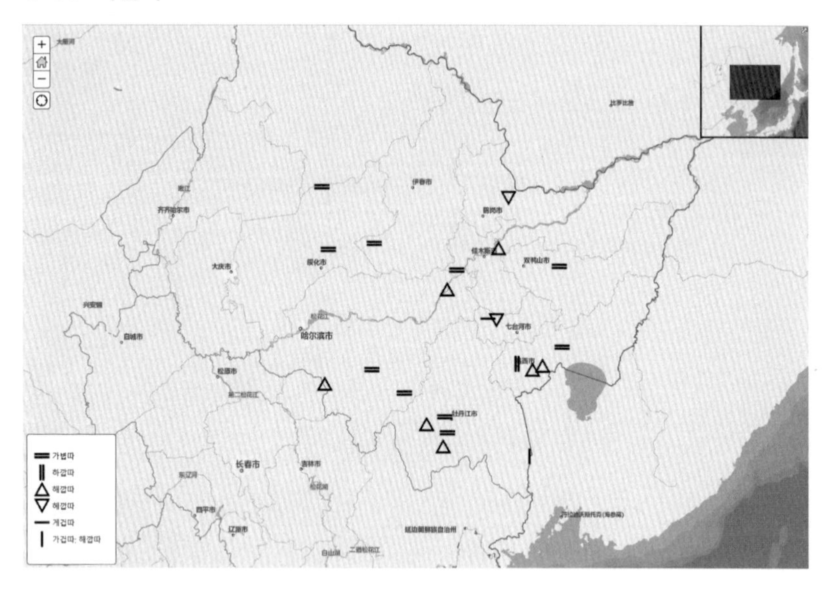

<방언지도 76 가볍다>

가볍다는 무게가 일반적이거나 기준이 되는 대상의 것보다 적음을 말한다. 이 방언형은 '가볍따, 하깝따, 해깝따, 헤깝따, 게겁따, 가겁따' 등으로 나타난다.

방언형 '가볍따'는 어지, 하동, 강남, 해남, 화평, 탕왕, 연풍, 주성, 성부, 흥화 등에 분포되고, '하깝따'는 영풍에 분포, '해깝따'는 영란, 민락, 와룡, 신안, 계림, 명덕, 성화 등에 분포, '헤깝따'는 동명, 행수에 분포, '게겁따'는 길흥에 분포, '가겁따/해깝따'는 삼차구에 분포되었다.

가볍다의 옛말은 '가ᄇᆡ얍다'인데 '가ᄇᆡ얍다 > 가븨얍다 > 가븨엽다 > 가볍다'의 변화과정을 거쳤다.

► 有情ᄃᆞᆯ히 病을 어더 비록 그 病이 **가ᄇᆡ얍고**도 『석보상절(1447) 9:35ㄴ』

- ► 사ᄅᆞᆷ이 셰샹의 나슈미 **가븨야온** 듣틀이 보ᄃᆞ라온 플에 븓터슘 ᄀᆞᄐᆞ니 『번역소학(1518) 9:63ㄱ』
- ► 車輕 술위 **가븨엽다** 『방언유석(1778) 亥部方言6ㄱ』

4.2.14. 동작 관련 어휘

조사 질문지에 동작 관련 어휘항목은 요리·수혜·갈무리·사육·이동·감각·교육·인체 등 8개 의미영역별로 46개 어휘를 실었다. 그중 3개 어휘를 선별하여 여기에 방언지도로 보여준다.

조사 질문지에 수록한 동작 관련 46개 어휘항목은 다음과 같다.

(14) 동작 관련 어휘항목

① 요리 관련: 먹다, 먹이다, 먹히다, 굽다, 끓다, 마시다, 붓다

② 수혜 관련: 꾸다, 훔치다, 씻다, 숨기다, 줍다, 잃어버리다, 잊어버리다, 뒤지다, 뒤집다, 맡기다

③ 갈무리 관련: 찧다, 매달다, 얼리다, 마르다,[10] 마르다,[11] 마르다,[12] 버리다

④ 사육 관련: 묶다, 묶이다, 만들다, 부수다, 자르다, 메우다

⑤ 이동 관련: 가져오다, 메다, 뜨다, 띄우다

⑥ 감각 관련: 켜다, 올려다보다, 들여다보다, 놀라다, 놀래다

⑦ 교육 관련: 가르치다, 가리키다, 못하다

⑧ 인체 관련: 벗다, 벗기다, 신다, 신기다

---

10 물기가 다 날아가서 없어지다.

11 살이 빠져 야위다.

12 옷감이나 재목 따위의 재료를 치수에 맞게 자르다.

◎ 77 메우다

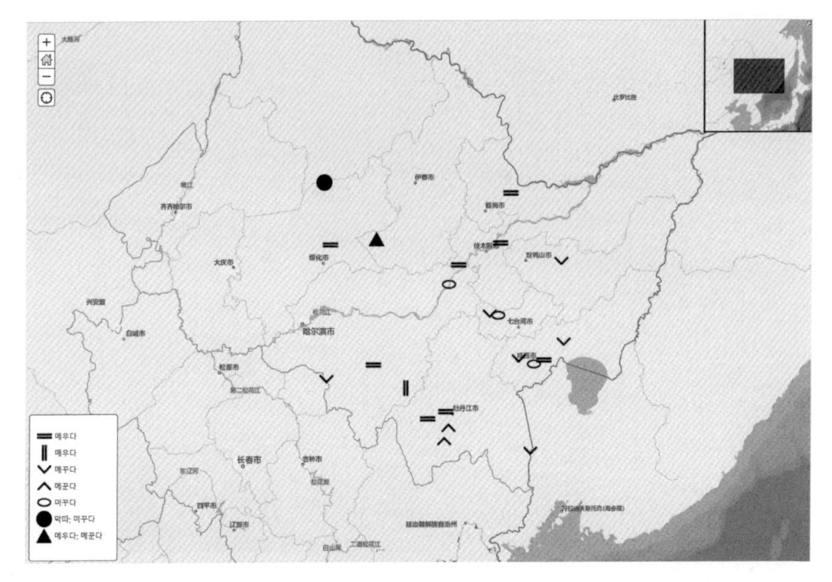

<방언지도 77 메우다>

메우다는 뚫려 있거나 비어 있는 곳을 막거나 채우는 것을 말한다. 이 방언형은 '메우다, 매우다, 메꾸다, 메꾼다, 미꾸다, 막따' 등으로 나타난다. 방언형 '메우다'는 하동, 해남, 신안, 명덕, 성화, 탕왕, 동명, 흥화 등에 분포, '매우다'는 어지에 분포, '메꾸다'는 민락, 삼차구, 영풍, 화평, 길흥, 성부에 분포, '메꾼다'는 와룡, 강남 등에 분포, '미꾸다'는 영란, 계림, 행수에 분포, '막따/미꾸다'는 주성에 분포, '메우다/메꾼다'는 연풍에 분포되었다. 메우다의 옛말은 '몌오다, 몃구다'이다.

- 내 다 平히 **메오ᄃᆡ** 시혹 ᄃᆞ리ᄅᆞᆯ ᄆᆡᇰᄀᆞᆯ며 시혹 沙土ᄅᆞᆯ 지여 이ᄀᆞ티 勤苦ᄒᆞ야. 『능엄경언해(1461) 5:68』
- 스싀로 닐오ᄃᆡ 머리 ᄆᆡᄌᆞᆫ 거슬 버혀 져제 가 ᄑᆞ라 杯酒ᄅᆞᆯ **몃구라**. 『분류두공부시언해(초간본)(1481) 8:55』

◎ 78 숨기다

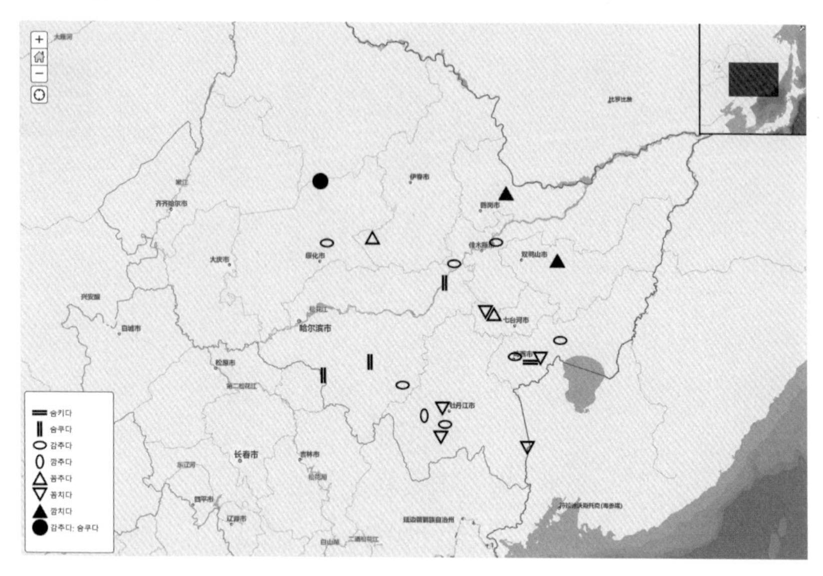

<방언지도 78 숨기다>

숨기다는 감추어 보이지 않게 하는 것을 말한다. 이 방언형은 '숨키다, 숨쿠다, 감추다, 깜추다, 꼼추다, 꼼치다, 깜치다' 등으로 나타난다.

방언형 '숨키다'는 계림에 분포, '숨쿠다'는 영란, 하동, 민락에 분포, '감추다'는 어지, 강남, 영풍, 화평, 성화, 탕왕, 흥화에 분포, '깜추다'는 신안에 분포, '꼼추다'는 연풍, 행수에 분포, '꼼치다'는 와룡, 해남, 삼차구, 명덕, 길흥에 분포, '깜치다'는 동명, 성부에 분포, '감추다/숨쿠다'는 주성에 분포되었다.

◎ 79 잃어버리다

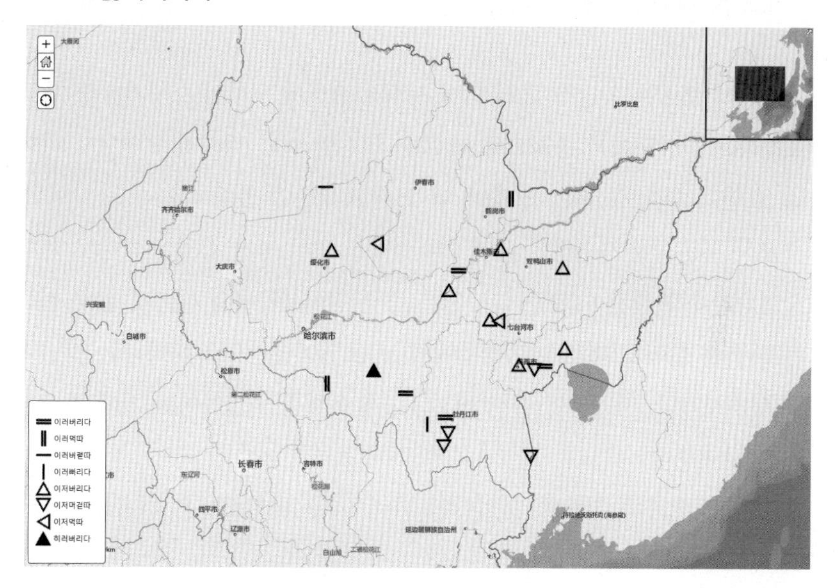

<방언지도 79 잃어버리다>

잃어버리다는 가졌던 물건이 자신도 모르게 없어져 그것을 아주 갖지 아니하게 되는 것을 말한다. 이 방언형은 '이러버리다, 이러먹따, 이러버렫따, 이러빼리다, 이저버리다, 이저머걷따, 이저먹따, 히러버리다' 등으로 나타난다.

방언형 '이러버리다'는 어지, 해남, 명덕, 탕왕에 분포, '이러먹따'는 민락, 동명에 분포, '이러버렫따'는 주성에 분포, '이러빼리다'는 신안에 분포, '이저버리다'는 영란, 영풍, 화평, 성화, 길흥, 성부, 흥화에 분포, '이저머걷따'는 와룡, 강남, 삼차구, 계림에 분포, '이저먹따'는 연풍, 행수에 분포, '히러버리다'는 하동에 분포되었다.

4.2.15. 사회방언 관련 어휘

언어의 변이는 지리적 요인 외에 사회적 요인에 의해서도 생겨난다. 중국 조선족은 한반도에서 중국으로 이주 온 집단인 만큼 지리적 요인보다 사회적 요인이 언어에 주는 영향이 더 크다고 볼 수 있다.

조사 질문지에 사회방언 관련 어휘항목을 모두 51개 실었는데 주로 현대 사회생활과 관련된 어휘들이다. 일부 중국 언어생활에서 한어로 쉽게 접하는 사물은 한어 그대로 어휘항목에 싣고 조선어방언으로 나타나는 방언형을 살펴보았다. 사회방언 관련 어휘는 6개 어휘를 선별하여 여기에 방언지도로 보여준다.

조사 질문지에 수록한 사회방언 관련 51개 어휘항목은 다음과 같다.

(15) 사회방언 관련 어휘항목

① 冰箱, 手电筒, 电视, 拖拉机, 电风扇, 洗衣机, 烤箱, 天线, 电饭锅, 电炒锅, 空调, 微波炉, 串儿, 插秧机, 手机, 锅炉, 大棚, 萝卜, 棒槌, 上班, 下班, 贫困户, 职业高中, 计划生育, 电脑, 迪斯科, 机器人, 啤酒, 旋风, 报销, 俱乐部, 能量, 因特网, 公交车, 衬衫, 收音机, 毕业, 工资, 录像, 洗发精, 拖鞋, 승천, 비지깨, 거르만, 가마치, 안깐, 내굴, 고뿌, 밴또/밥곽, 딸라, 카텐[13]

---

13 한어 간체자로 된 어휘항목의 내용은 순서대로 다음과 같다. 냉장고, 손전등, 텔레비전, 트랙터, 선풍기, 세탁기, 오븐, 안테나, 전기밥솥, 전기 프라이팬, 에어컨, 전자레인지, 꼬치, 이앙기, 휴대폰, 보일러, 비닐하우스, 무, 빨랫방망이, 출근, 퇴근, 저소득 가정, 실업계 고등학교, 산아 제한, 컴퓨터, 디스코, 로봇, 맥주, 회오리바람, 공무지출 정산, 클럽, 에너지, 인터넷, 버스, 셔츠, 라디오, 졸업, 노임, 녹화, 샴푸, 슬리퍼.

◎ 80 冰箱

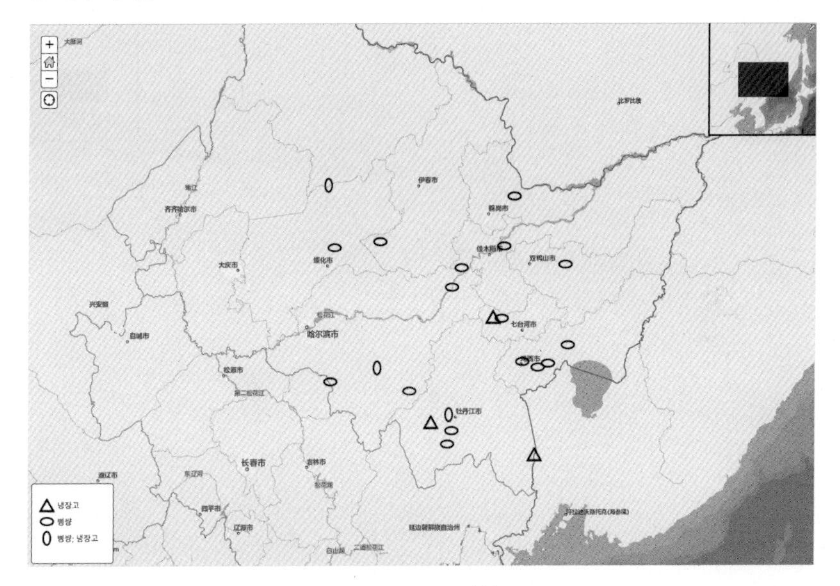

<방언지도 80 冰箱>

冰箱(냉장고)는 식품이나 약품 따위를 차게 하거나 부패하지 않도록 저온에서 보관하기 위한 상자 모양의 장치를 말한다. 이 방언형은 '냉장고, 뼁썅' 2개 유형으로 나타난다. '냉장고'는 당연 우리말이고 '뼁썅'은 한어의 차용어이다.

방언형 '냉장고'는 신안, 삼차구, 길흥에 분포되고, '뼁썅'은 영란, 어지, 민락, 와룡, 강남, 영풍, 화평, 계림, 명덕, 성화, 탕왕, 동명, 연풍, 행수, 성부, 흥화 등에 분포되고, '뼁썅/냉장고'는 하동, 해남, 주성에 분포되었다. 한어 차용어 '뼁썅'의 사용이 다수 지역임을 볼 수 있다.

◎ 81 电视

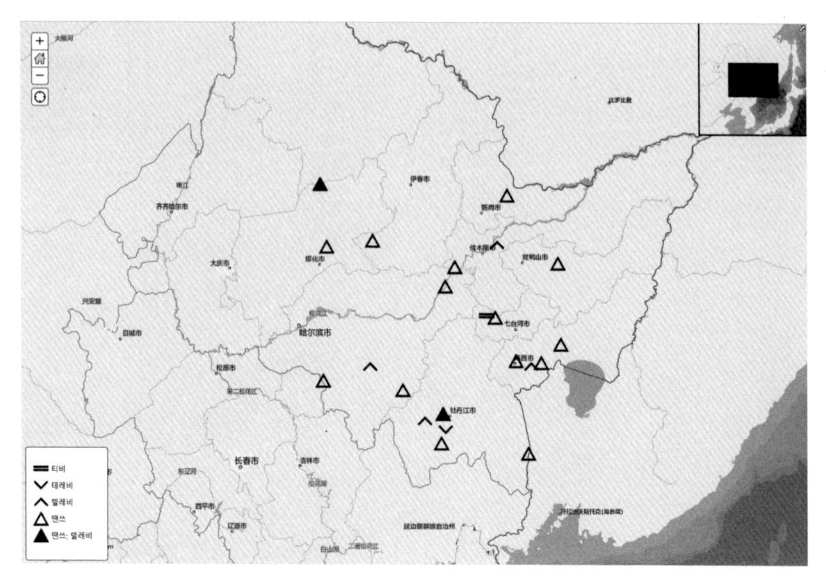

<방언지도 81 电视>

电视(텔레비전)은 사물의 광학적인 상을 전파에 실어 보내어 수신 장치에 재현하는 전기 통신 방식, 또는 그 영상을 받는 수상기를 말한다. 이 방언형은 '티비, 테레비, 텔레비, 땐쓰' 등으로 나타난다. '땐쓰'는 한어의 차용어이다.

방언형 '티비'는 길흥에 분포, '테레비'는 강남에 분포, '텔레비'는 하동, 신안, 계림, 성화에 분포, '땐쓰'는 영란, 어지, 민락, 와룡, 삼차구, 영풍, 화평, 명덕, 탕왕, 동명, 연풍, 행수, 성부, 흥화 등에 분포되고, '땐쓰/텔레비'는 해남, 주성에 분포되었다.

◎ 82 收音机

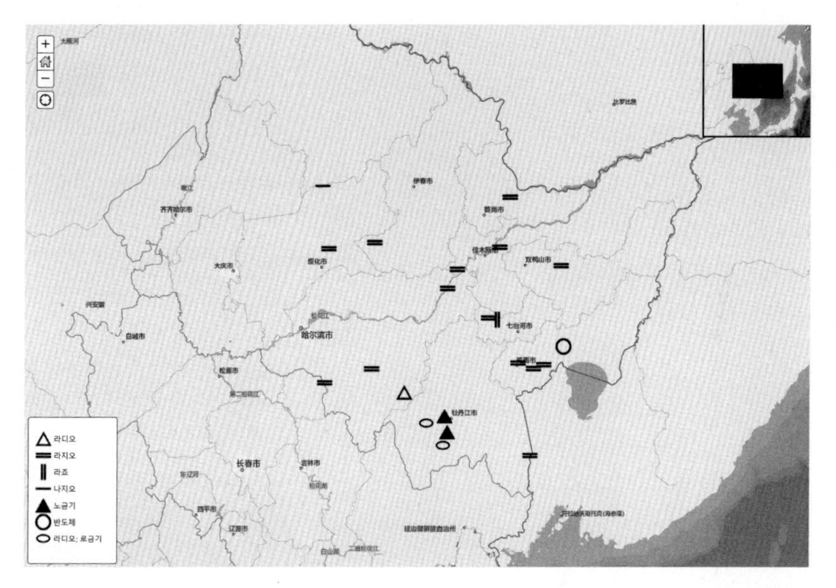

<방언지도 82 收音机>

收音机(라디오)는 방송국에서 보낸 전파를 수신하여 음성으로 바꿔 주는 기계 장치를 말한다. 이 방언형은 '라디오, 라지오, 라죠, 나지오, 노금기, 반도체, 로금기' 등으로 나타난다. '노금기, 로금기' 방언형이 나타난 것은 오늘날의 녹음기와 라디오가 하나의 기기로 일체화된 현실과 무관하지 않으며 제보자의 인지에 영향준 걸로 판단된다.

방언형 '라디오'는 어지에 분포, '라지오'는 영란, 하동, 민락, 삼차구, 영풍, 계림, 명덕, 성화, 탕왕, 동명, 연풍, 길흥, 성부, 흥화 등에 분포, '라죠'는 행수에 분포, '나지오'는 주성에 분포, '노금기'는 강남, 해남에 분포, '반도체'는 화평에 분포, '라디오/로금기'는 와룡, 신안에 분포되었다.

◎ 83 手机

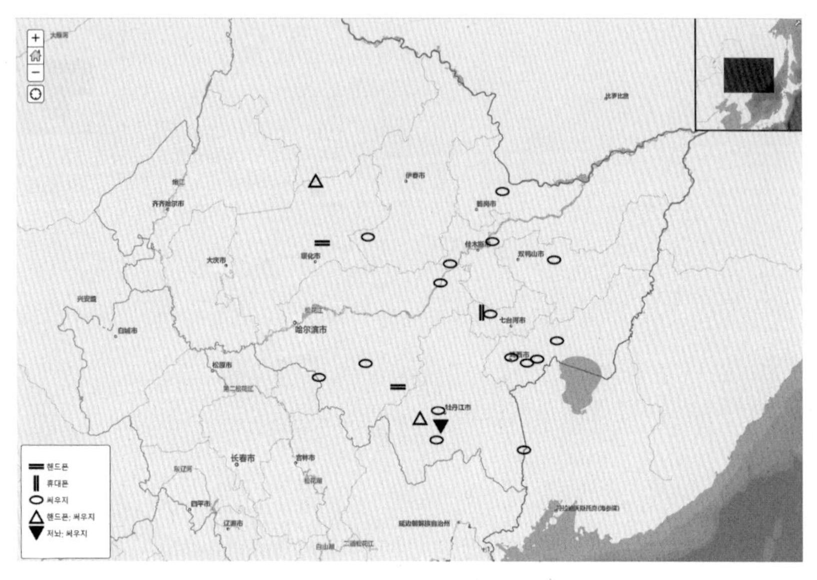

<방언지도 83 手机>

手机(휴대폰)은 손에 들거나 몸에 지니고 다니면서 걸고 받을 수 있는 소형 무선 전화기를 말한다. 이 방언형은 '핸드폰, 휴대폰, 써우지, 저놔' 등으로 나타난다. '써우지'는 한어의 차용어이다.

방언형 '핸드폰'은 어지, 흥화에 분포, '휴대폰'은 길흥에 분포, '써우지'는 영란, 하동, 민락, 와룡, 해남, 삼차구, 영풍, 화평, 계림, 명덕, 성화, 탕왕, 동명, 연풍, 행수, 성부 등에 분포되고, '핸드폰/써우지'는 신안, 주성에 분포, '저놔/써우지'는 강남에 분포되었다.

◎ 84 上班

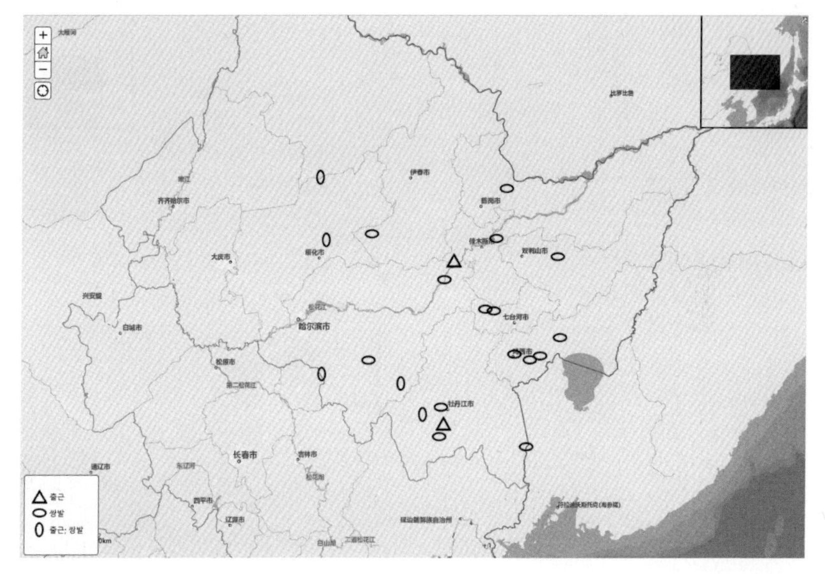

<방언지도 84 上班>

上班(출근)은 일터로 근무하러 나가거나 나오는 것을 말한다. 이 방언형은 '출근, 쌍발' 등으로 나타난다. '쌍발'은 한어 '上班'의 차용어이다.

방언형 '출근'은 강남, 탕왕에 분포되고, '쌍발'은 영란, 하동, 와룡, 해남, 삼차구, 영풍, 화평, 계림, 명덕, 성화, 동명, 연풍, 행수, 길흥, 성부 등에 분포되며, '출근/쌍발'은 어지, 민락, 신안, 주성, 흥화에 분포되었다.

◎ 85 工资

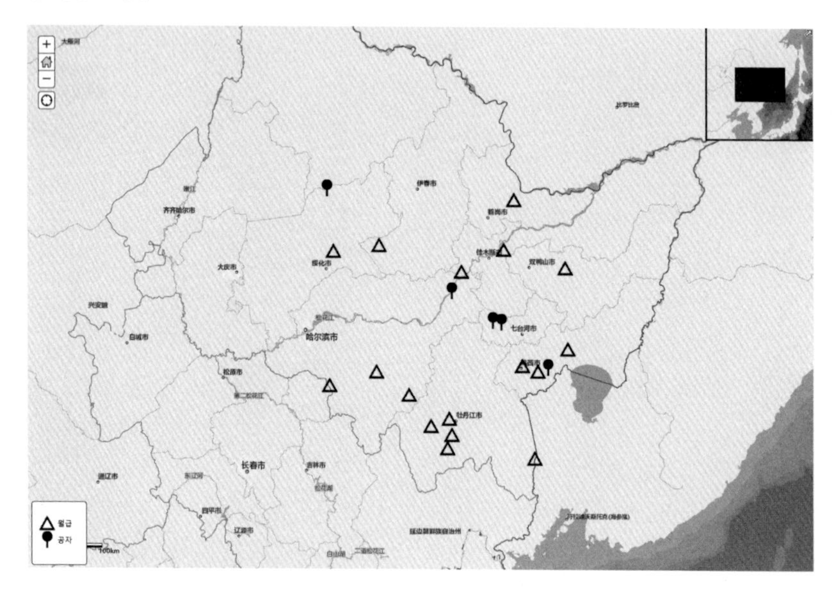

<방언지도 85 工资>

工资(노임)은 한 달을 단위로 하여 지급하는 급료, 또는 그런 방식을 말한다. 이 방언형은 '월급, 공자' 등으로 나타난다. '공자'는 한어 '工资'를 직역한 것이다.

방언형 '월급'은 어지, 하동, 민락, 와룡, 강남, 해남, 신안, 삼차구, 영풍, 화평, 계림, 성화, 탕왕, 동명, 연풍, 성부, 흥화에 분포되고, '공자'는 영란, 명덕, 행수, 길흥, 주성에 분포되었다.

5장 — 결론

중국의 조선족은 한반도의 이주민으로서 중국의 기타 민족어와 달리 중국 조선어방언의 분포는 산, 하천 등에 의한 자연 지리적 분포가 아니라 사회·역사적 조건에 따른 분포이다.

흑룡강성의 조선족 인구 분포와 방언 지역 형성은 그 이주 역사와 밀접한 관계를 가진다. 흑룡강성의 조선인은 19세기 중엽부터 주로 세 갈래 경로를 통해 이주를 완성하면서 흑룡강 동남부의 나북, 동강, 무원, 밀산, 호림, 동녕, 영안, 계동, 계서, 임구, 목릉, 목단강, 해림 등 지역에 함경도 방언 출신들이 주로 모여 살고 흑룡강성의 중서부 지역인 오상, 아성, 할빈, 치치할, 수화 등 지역에 경상도 방언 출신자들이 주로 모여 사는 분포상을 이루었다.

따라서 조선족은 흑룡강성 내에 널리 분포되어 있지만 각지의 인구 수량이 극히 고르지 않은 특징을 나타내며 주로 흑룡강성의 남부 지역에 많이 거주하고 있는데 "두 곳의 밀집지역과 세 곳의 밀집도시"에 많이 모여 사는 분포 특징을 보이고 있다.

이 연구는 조선족이 모여 살고 있는 지역의 조선족민족향에 각기 하나의 조사지를 정해서 방언 조사를 진행하였다. 조사지점을 정리하면 다음과 같은 22개 조사지이다.

(1) 할빈시: 영란조선족향, 어지조선족향, 하동조선족향, 민락조선족향
(2) 목단강시: 와룡조선족향, 강남조선족만족향, 해남조선족향, 신안조선족진, 삼차구조선족진
(3) 계서시: 영풍조선족향, 화평조선족향, 계림조선족향, 명덕조선족향
(4) 가목사시: 성화조선족향, 탕왕조선족향
(5) 학강시: 동명조선족향
(6) 이춘시: 연풍조선족향
(7) 칠대하시: 행수조선족향, 길흥조선족만족향
(8) 흑하시: 주성조선족향
(9) 쌍압산시: 성부조선족만족향
(10) 수화시: 흥화조선족향

상기 22개 조사지에 대해 이 연구는 553개의 어휘항목을 선출하여 방언조사를 진행했으며 그중 [표 3]과 같이 85개 어휘항목에 대해 방언지도를 작성하여 구체적으로 살펴보았는데 어휘항목의 방언 분포양상 그리고 가능한 문헌을 통해 그 옛말 즉 기원을 밝히고자 했다. 이 85개 어휘항목은 인체 관련 어휘 14개, 인륜 관련 어휘 10개, 자연 관련 어휘 5개, 동물 관련 어휘 7개, 식물 관련 어휘 7개, 농사 관련 어휘 9개, 음식 관련 어휘 10개, 가옥 관련 어휘 4개, 의복 관련 어휘 3개, 육아 관련 어휘 2개, 경제 관련 어휘 2개, 대명사 관련 어휘 1개, 상태 관련 어휘 2개, 동작 관련 어휘 3개, 사화방언 관련 어휘 6개이다.

[표 3] 방언지도를 작성한 어휘항목

방언지도 번호	어휘항목	방언형	옛말
01	가마	가마, 가매, 가메, 순꽁디, 쑥꽁기	
02	비듬	비듬, 비늘, 머리비눌, 비눌, 삐늘, 비름, 비지름	
03	수염	수염, 세미, 쇠미, 쇄미, 쉐미, 쒜미, 구루쇔	입거웃, 거웃
04	뺨	뺨, 뻄, 볼, 볼때기, 볼태기, 뽈때기, 귀쌈, 귀썀, 기토, 낟, 귀통	ᄲᅡᆷ, ᄲᅣᆷ
05	흰자위	힌자위, 힌자우, 힌자시, 눈짜위, 힌눈짜위, 힌동자	
06	다래끼	다래끼, 따래기, 다라치, 뽀드라지, 다랑치, 빼지	ᄃᆞ라치
07	혓바닥	혀, 허, 해, 헤, 혀때, 헤때, 세때, 헤떼기, 혀빠닥, 혈빠닥	
08	거울	거울, 식경, 새경, 세경, 색경, 셴경, 경대, 민경, 체경	거으로, 거우루
09	겨드랑이	겨드랑이, 겨드랑, 게드랑, 자트랑, 자드랑, 자대, 자대기, 자당게	겯, 겨ᄃᆞ랑
10	엉덩이	엉덩이, 엉뎅이, 엉치, 궁디, 궁덩이, 궁디, 엉데이	
11	허벅지	허벅찌, 허빽찌, 허벅따리, 신다리	다리ᄫᅵ, 싄다리
12	부스럼	부스럼, 부수럼, 부스렘, 부스레미, 부시럼, 헌디, 종지	브ᅀᅳ름
13	딸꾹질	깔따구, 깔딱구, 깔딱찔, 깔때기, 껄땍찔, 짝찔, 패끼, 패기	피기
14	방귀	방귀, 방구, 방기	방긔
15	할머니	할머니, 할매, 아매, 할머이	
16	할아버지	하라버지, 할배, 아바이	한아비, 하나비
17	사위	사위, 사우, 싸우, 싸위, 사우재이, 싸우재우	사회
18	시동생	시동생, 시애끼, 새워이, 세원님, 대림님	
19	큰아버지	크나버지, 마다바이, 큰마다바이, 마다배, 백부, 백씨, 크나부지	몯아자비

20	큰어머니	크념마, 크엄마, 크념머니, 마더머니, 마다매	
21	이모	이모, 이무, 아재, 마다매	
22	이모부	이모부, 아즈바이, 마다바이, 아주바이, 아재	
23	고모	고모, 고무, 아재	
24	고모부	고모부, 아즈바이, 작쑥	
25	모래	모래, 모새, 모세	몰애
26	글피	글피, 글패, 글페, 걸페, 저모레, 후모레	글픠
27	우레	우뢰, 소낙쏘리, 소나기소리, 벼락, 베락, 빼락, 천둥	
28	먼지	먼지, 문지	몬ᄌᆡ
29	구석	구석, 구벅, 구지게	
30	미꾸라지	미꾸라지, 미꾸락찌, 미꾸리, 찡구매, 찡그매, 찡구뱀, 뱀쫑대	믯구리, 밋그라지
31	개구리	개구리, 깨구리, 개구락찌, 깨꾸락찌	개고리
32	새우	새우, 새비, 세비	사ᄫᅵ
33	고양이	고양이, 고애, 고에, 고얘, 고내, 꼬내기, 꼬내이	괴
34	거위	거위, 기우, 게사니, 게사이	거유, 게유
35	여우	여우, 여끼	여ᅀᆞ, 여ᇫ
36	노루	노루, 놀가리, 놀가지	놀, 노로
37	해바라기	해바라기, 해바래기, 해자불, 해자부리, 해재불	ᄒᆡᄇᆞ라기
38	냉이	냉이, 나시, 나세이, 낙씨, 내기, 냉나시	나ᅀᅵ
39	질경이	질경이, 배짜개, 배짜게, 베짜개, 배째개, 베쪼개, 반짜개, 배짱이, 낄짱구, 떼짱이, 베뿌제이, 빼뿌쟁이, 졸배, 차바꾸, 처챈즈	길경이, 뵈ᄡᅡᆼ이
40	개암	깸, 깨앰, 깨미, 깨금, 깨곰, 깨금도리, 깨암	개옴
41	머루	머루, 멀구, 멀기, 산포도	멀위/머뤼
42	자두	자두, 노리, 놀, 살구, 오얃, 왜지	오얏, 오얏, 외얏, 자도

43	호두	가래, 가래추자, 가래토시, 가래토씨, 추자	
44	쟁기	쟁기, 가대기, 가데기, 양이, 호리	보
45	써레	써레, 써래, 쓰레, 걸기, 살걸기, 살걸레, 걸귀	서흐레
46	삼태기	삼태기, 소보치, 소고리, 소구리, 소코리, 소쿠리, 버치, 재산치, 키짝, 소부리	산태
47	왕겨	왕겨, 왕게, 왕등겨, 왕등기, 왕등게, 쎈게, 쎈등게, 아시껴, 아시게, 아시께, 아시쩨, 볃께, 벧께	
48	팥	파끼, 팍끼, 팥끼, 패끼	ᄑᆞᇧ, ᄑᆞᆾ
49	옥수수	옥수수, 옥시, 옥씨, 옥시끼, 강낭, 깡낭, 강낭이, 강내이, 강네이	옥슈슈
50	무	무, 무우, 무꾸, 무끼, 무시, 노배, 로배	무수, 무ᇫ
51	토마토	도마도, 일년감, 일련감, 일령감, 도미돌, 버미도리, 베민도리, 벰돌	
52	당근	당금, 홍당무, 양무우, 닌지, 니지, 닌징, 넨지, 훌루배, 양무꾸, 후뤄배이	
53	두부	두부, 두비. 되비	
54	상추	상추, 쌍추, 불기	방귀아디, ᄉᆞᆼᄎᆡ, 부루
55	부추	염지, 정구지	부ᄎᆡ, 염교, 졸, 염규
56	누룽지	누룽지, 누렁지, 누른밥, 가마치, 까마치, 까매치, 바꽈이	
57	송편	송편, 밴새, 벤새, 벤새떡, 쌀벤새, 쌀벤세	숑편
58	백설기	시루떡, 시르떡, 시리떡, 백설, 백설기, 백썰기, 백실기, 백셀기	ᄇᆡᆨ셜기
59	부엌	부억, 부어칸, 정지, 정지칸, 정지깐, 정제, 부뚜막, 정재, 정주깐	브셕
60	아궁이	아궁이, 아궁기, 아궁, 아구리, 어궁이, 부수깨, 부스깨, 부시깨, 부석, 부억아궁이	아귀
61	부지깽이	부지깽이, 부지깨, 부지깨이, 부수깨, 부수땡기, 부스깽이, 부스땡이,	부짓대/부지ㅅ대

		부스땡기, 부시깨, 부시땡기, 부시땡이, 까꾸래, 불까꾸래, 부지땡이	
62	성냥	성냥, 썽냥, 비시깨, 비지깨, 다황	셕류황
63	서랍	뽀비, 뽀배, 뽀베, 빼다지, 뻬다지, 빼랍, 뻬비	설합/혈합
64	사다리	사다리, 새다리, 사닥다리, 사닥따리, 새닥다리, 새닥따리, 사당따리, 세작다리	
65	이엉	이엉, 이영, 이응, 연기, 연기새, 영기, 영새, 나래	초개, 니영, ᄂᆞᆯ애
66	똬리	똬리, 똥아리, 따바리, 따발, 동이	
67	가위	가위, 가새, 가시개, 까시개, 강에	ᄀᆞᇫ애
68	인두	인두, 윤디, 윤두이	
69	주머니	주머니, 걷쯔마이, 겐쭈머이, 거르마, 거르마이, 거르망, 거러마이, 개꾸매이, 쭈메이, 보게뜨, 지갑, 봉창	줌치
70	남자아이	남자애, 머스마, 머시마, 머스매, 무스마, 선서나, 선스나, 선서아, 사내이, 아새끼	
71	여자아이	여자애, 계지배, 계지베, 가지바, 가시나, 까시내, 간나, 따라, 따라이, 딸래미, 새가, 간나새끼, 겨지배	
72	마을간다	마실간다, 마슬간다, 마실도리, 마을도리, 마시도리, 마실댕긴다, 저녁도리	
73	바퀴	바퀴, 바키, 바꾸, 바뀌, 바끼, 수레바퀴	
74	누구	누구, 누기	누
75	싸다	싸다, 눅따, 헐타, 헐하다	ᄊᆞ다/ᄉᆞ다
76	가볍다	가볍따, 하깝따, 해깝따, 헤깝따, 게겁따, 가겁따	가ᄇᆡ얍다
77	메우다	메우다, 매우다, 메꾸다, 메꾼다, 미꾸다, 막따	몌오다, 몃구다
78	숨기다	숨키다, 숨쿠다, 감추다, 깜추다, 꼼추다, 꼼치다, 깜치다	
79	잃어버리다	이러버리다, 이러먹따, 이러버렫따, 이러빼리다, 이저버리다, 이저머걷따, 이저먹따, 히러버리다	

80	冰箱 (냉장고)	냉장고, 삥썅	
81	电视 (텔레비전)	티비, 테레비, 텔레비, 땐쓰	
82	收音机 (라디오)	라디오, 라지오. 라죠, 나지오, 노금기, 반도체, 로금기	
83	手机 (휴대폰)	핸드폰, 휴대폰, 써우지, 저놔	
84	上班(출근)	출근, 쌍발	
85	工资(노임)	월급, 공자	

흑룡강성의 조선어방언은 그 이주 역사와 중국 사회의 변화발전에 따라 다음과 같은 특징을 보이고 있다.

첫째, 흑룡강성 조선족의 선인들이 함경도, 경상도 방언 출신자들이 많다고 하지만 기타 방언 출신자들 예하면 평안도, 전라도, 강원도, 황해도, 충청도 등 한반도 전반을 어우르는 방언 출신자들이 존재한다.

둘째, 동남부의 함경도 방언권과 중서부의 경상도 방언권의 분계선이 비교적 분명하다.

셋째, 한어와 한국어의 영향을 크게 받고 있으며 특히 현대 사회 생활과 관련된 사회방언에서 그 특징이 더욱 선명하다. 170여 년의 이주 생활과 함께 중국 조선족의 언어는 다른 민족들과 접촉하는 과정에 특히 한어의 영향을 많이 받았다. 1992년 중한 수교 이래 한국과의 교류가 빈번해지면서 한국어의 영향도 크게 나타났다. 기존에 북한과의 교류가 많았고 민족학교 교육시스템이 북한어 기준으로 진행했기에 일부 어휘항목에는 북한 문화어의 흔적도 그대로 남아있다.

넷째, 흑룡강성의 조선어방언 뿐 아니라 전반 중국 조선어의 방언이 차츰 사라지는 경향을 보이고 있다. 사회 경제발전과 도시화 진척에 따라 기존에 민족어 보존에 큰 기여를 해온 시골의 조선족 공동체가 해체되면서 조선어 방언이 차츰 유실되는 추세를 나타내고 있다.

| 참고문헌 |

강상호(1989), 『조선어 입말체 연구』, 평양: 사회과학출판사.

강옥미(2011), 『한국어 음운론』, 태학사.

고영일(1986), 『중국조선족역사연구』, 연변교육출판사.

고홍의(2011), 『연변지역어 조선어 의문법 연구』, 료녕민족출판사.

곽충구(1993), 「함경도방언의 친족명칭과 그 지리적 분화–존속의 조부모, 부모, 백숙부모의 호칭을 중심으로」, 『진단학보』 76, pp.209-239.

곽충구(1994), 『함북 육진방언의 음운론』, 태학사.

곽충구(1997), 『연변지역의 함북 길주 명천 방언에 대한 조사 연구–음운 어휘 문법 조사자료』, 『애산학보』 20, pp.179-274.

곽충구(2000), 「육진방언의 현상과 연구과제」, 『한국학논집』 34, 한양대한국학연구소, pp.327-362.

곽충구(2019), 『두만강 유역의 조선어 방언 사전』, 태학사.

곽충구·박진혁·소신애, 『중국 이주 한민족의 언어와 생활–길림성 회룡봉』, 태학사.

국립국어원 지역어조사추진위원회(2006), 『지역어 조사 질문지』, 태학사.

국어국문학회 편(1990), 『방언학의 자료와 이론』, 지식산업사.

김덕호(2001), 『경북방언의 지리언어학』, 월인.

김덕호(2009), 『지리언어학의 동향과 활용』, 도서출판 역락.

김병제(1959), 『조선어방언학개요(상)』, 평양: 사회과학원출판사.

김병제(1965), 『조선어방언학개요(중)』, 평양: 사회과학원출판사.

김병제(1975), 『조선어방언학개요(하)』, 평양: 사회과학원출판사.

김병제(1980), 『방언사전』, 과학 백과사전출판사.

김순자(2020), 『제주도 방언의 언어지리』, 도서출판 각.

김영황(1982), 『조선어방언학』, 평양: 김일성종합대학출판사.
김영황(2007), 『개정 조선어방언학』, 김일성종합대학출판사.
김춘자(2008), 『함경남도 삼수지역어의 음운론』, 도서출판 역락.
김충회(1992), 『충청북도의 언어지리학』, 인하대학교출판사.
김태균(1986), 『함북방언사전』, 경기대학교출판부.
김택구(2000), 『경상남도의 언어지리』, 박이정.
김형규(1974), 『한국방언연구』, 서울대학교출판부.
대한민국 학술원(1993), 『한국 언어지도첩』, 성지문화사.
박경래(2005), 「충북출신 중국 연변 조선족 언어집단의 경어법 혼합양상에 대한 사회언어학적 고찰」, 『사회언어학』 제13권 1호, pp.53-81.
박정수(1999), 『경남방언 분화연구』, 한국문화사.
방언연구회(2001), 『방언학사전』, 태학사.
북경대학 조선문화연구소(1995), 『언어사』, 민족출판사.
소강춘(1989), 『방언분화의 음운론적 연구』, 한신문화사.
오선화(2015), 『연변방언 연구』, 박문사.
이금화(2014), 『의주(심양)지역어 텍스트』, 역락출판사.
이기갑(1986), 『전라남도의 언어지리』, 국어학회.
이기갑(2003), 『국어방언문법』, 태학사.
이상규 옮김(1988), 『방언연구방법론』, 형설출판사.
이상규(2001), 『방언학』, 학연사.
이숭녕(1967), 「한국방언사」, 『한국문화사대계』(V), 고려대학교민족문화연구소, pp.323-411.
이익섭 외(2008), 『한국언어지도』, 태학사.
이익섭(1981), 『영동 영서의 언어분화』, 서울대학교출판부.
이익섭(1984), 『방언학』, 민음사.
전학석(1997), 『조선어방언학』, 연변대학출판사.
전학석(1998), 「연변방언」, 『새국어생활』 8, 국립국어원, pp.153-180.
정승철(1998), 「제주방언」, 『문법연구와 자료』(이익섭 선생 회갑 기념 논총), 태학사, pp.955-984.

정승철(2006), 「음운연구와 방언 조사 방법」, 『방언학』 3, 한국방언학회, pp.75-95.
정용호(1988), 『함경도방언연구』, 교육도서출판사.
중국조선어실태조사보고 집필조(1985), 『중국조선어실태 조사보고』, 민족출판사.
채옥자(2005), 『중국 연변지역 조선어의 음운연구』, 태학사.
최명옥 외(2002), 『함북북부지역어 연구』, 태학사.
최명옥(1980), 『경북 동해안방언연구』, 영남대학교 민족문화연구소.
최명옥(1982), 『월성지역어의 음운론』, 영남대학교출판부.
최명옥(1998), 『한국어 방언연구의 실제』, 태학사.
최명옥(2000), 「중국 연변지역의 한국어 연구」, 『한국문화』 25, 서울대 한국문화연구소, pp.17-62.
최명옥(2015), 『한국어의 방언』, 세창출판사.
최명옥·김주석(2007), 『경주지역어 텍스트』, 역락출판사.
최명옥·곽충구·배주채·전학석(2002), 『함북 북부지역어 연구』, 태학사.
최학근(1990), 『증보 한국방언사전』, 명문당.
한국정신문화연구원(1987~1995), 『한국방언자료집』, 한국정신문화연구원.
한진건(2003), 『륙진방언연구』, 도서출판 역락.
황대화(1967), 『동해안 방언연구』, 평양: 김일성종합대학출판사.
황인권(1999), 『한국 방언 연구』-충남편, 국학자료원.
白滌洲(1954), 『關中方音調查報告』, 中國科學院出版社.
曹志耘(2008), 『漢語方言地圖集』, 商務印書館.
曹志耘(2015), 『中國語言資源保護工程的定位、目标与任务』, 『语言文字应用』, 2015年 第4期.
丁文江·翁文灝·曾世英 編(1934), 『中華民國新地圖』, 上海申報館.
格日勒圖(2017), 『內蒙古蒙古語方言地圖資料集』(蒙古文版), 內蒙古教育出版社.
河北北京師範學院·中國科學院河北語文研究所編(1961), 『河北方言概況』, 河北人民出版社.
河北省昌黎縣縣誌編纂委員會·中國社會科學院語言研究所(1960), 『昌黎方言誌』, 北京科學出版社.
江蘇省和上海市方言調查指導組編(1960), 『江蘇省和上海市方言概況』, 江蘇人民出版社.

教育部語言文字信息管理司、中國語言資源保護研究中心(2015), 『中國語言資源調查手冊-民族語言(朝鮮語)』(初定版).
金光洙(2015), 『中國朝鮮語發展史硏究』, 延邊大學出版社.
金永壽·金莉娜(2015), 『中國境內朝鮮語使用標準硏究』, 延邊大學出版社.
金有景(1992), 『中國拉祜語方言地圖集』, 天津社會科學出版社.
田立新(2015), 「中國語言資源保護工程的緣起及意義」, 『語言文字應用』, 2015年 第4期.
王莉寧(2015), 「中國語言資源保護工程的實施策略與方法」, 『語言文字應用』, 2015年 第4期.
項夢冰·曹暉(2005), 『漢語方言地理學-入門與實踐』, 中國文史出版社.
宣德五·趙習·金純培(1990), 『朝鮮語方言調査報告』, 延邊人民出版社.
遊汝傑主編(2013), 『上海地區方言調查硏究』, 復旦大學出版社.
趙習·宣德五(1986), 「朝鮮語六鎭話的方言特點」, 『民族語文』, 1986年 第5期.
趙元任·楊時逢·丁聲樹·董同龢·吳宗濟(1948), 『湖北方言調査報告』, 商務印書館.
中國社會科學院和澳大利亞人文科學院合編(2012), 『中國語言地圖集』, 商務印書館.
福井玲(2017), 『小倉進平「朝鮮語方言の研究」所載資料による言語地図とその解釈(第1集)』, 東京大学人文社会系研究科, 韓国朝鮮文化研究室.
小倉進平(1944), 『朝鮮語方言方言の研究』, 岩波書店.

| 부록 |

중국 흑룡강성 조선어방언 어휘 조사자료

	머리카락	가마	가르마	비듬	턱
迎蘭	머리카락 [mʌrikʰarak̚]	가매[kamɛ]	가림[karim]	이눌[inul]	택[tʰɛk̚]
漁池	머리깔 [mʌrik͈al]	가마[kama]	가르미 [karɯmi]	비늘[pinɯl]	택[tʰɛk̚]
河東	머리카락 [mʌrikʰarak̚]	가마[kama]	가리미[karimi]	비듬[pidɯm]	턱[tʰʌk̚]
民樂	머리카락 [mʌrikʰarak̚]	가매[kamɛ]	가리마[karima]	비늘[pinɯl]	택[tʰɛk̚]/ 택수가리 [tʰɛk̚sʰugari]
臥龍	머리칼 [mʌrikʰal]	가매[kamɛ]	가름[karɯm]	비름[pirɯm]	택[tʰɛk̚]
江南	머리까락 [mʌrik͈arak̚]	가매[kamɛ]	가리미[karimi]	비눌[pinul]	택[tʰɛk̚]
海南	머리카락 [mʌrikʰarak̚]	가매[kamɛ]	가름[karɯm]	비듬[pidɯm]	택[tʰɛk̚]
新安	머리[mʌri]	가매[kamɛ]	가름낄 [karɯmk͈il]	비눌[pinul]	택[tʰɛk̚]
三岔口	머리[mʌri]	가매[kamɛ]	가르미 [karɯmi]	비눌[pinul]	택[tʰɛk̚]
永豐	머리카락 [mʌrikʰarak̚]	가매[kamɛ]	끔[k͈ɯm]	비늘[pinɯl]	택[tʰɛk̚]
和平	머리칼 [mʌrikʰal]	가메[kame]	끔[k͈ɯm]	삐늘[p͈inɯl]	턱[tʰʌk̚]
雞林	머리카락 [mʌrikʰarak̚]	가매[kamɛ]	금[kɯm]	비늘[pinɯl]	택[tʰɛk̚]
明德	머리카락 [mʌrikʰarak̚]	가매[kamɛ]	가름[karɯm]	비늘[pinɯl]/ 비듬[pidɯm]	택[tʰɛk̚]
星火	머리카락 [mʌrikʰarak̚]	가마[kama]	끔[k͈ɯm]	머리비누 [mʌribinu]	턱[tʰʌk̚]
湯旺	머리카락 [mʌrikʰarak̚]	가마[kama]	-	비늘[pinɯl]	택[tʰɛk̚]
東明	머리칼 [mʌrikʰal]	가메[kame]	하이칼 [haikʰal]	비늘[pinɯl]	택[tʰɛk̚]
年豐	머리카락 [mʌrikʰarak̚]	가매[kamɛ]	가름[karɯm]	비듬[pidɯm]	택[tʰɛk̚]/ 택수가리 [tʰɛk̚sʰugari]
杏樹	머리카락 [mʌrikʰarak̚]	숟궁디 [sʰut̚guŋdi]	가름[karɯm]	비늘[pinɯl]	택[tʰɛk̚]

吉興	머리카락 [mʌrik^{h}arak̚]	가마[kama]	끔[k̚ɯm]	비듬[pidɯm]	택[t^{h}ɛk̚]
主星	머리카락 [mʌrik^{h}arak̚]	가매[kamɛ]	가르매 [karɯmɛ]	비늘[pinɯl]	택[t^{h}ɛk̚]
成富	머리칼 [mʌrik^{h}al]	쑥궁기 [śuk̚guŋgi]	금[kɯm]	비늘[pinɯl]	택[t^{h}ɛk̚]
興和	머리카락 [mʌrik^{h}arak̚]	가매[kamɛ]	가리매[karimɛ]	비지름 [pidzirɯm]	택[t^{h}ɛk̚]/ 택주가리 [t^{h}ɛk̚dzugari]

	수염	목	얼굴	빰	볼
迎蘭	쇠미[s^{h}wemi]	모가지 [mogadzi]	얼굴[ʌlgul]	볼태기 [polt^{h}ɛgi]	볼[pol]
漁池	수염[s^{h}uyʌm]	목[mok̚]	얼굴[ʌlgul]	귀쌈[kwiśyam]	볼[pol]
河東	수염[s^{h}uyʌm]	목[mok̚]	얼굴[ʌlgul]	빰[ṗyam]	-
民樂	쇠미[śwemi]	목[mok̚]/모가지[mogadzi]	얼굴[ʌlgul]/싼다구[śandagu]	볼때기[polťɛgi]	볼때기 [polťɛgi]
卧龍	세미[s^{h}emi]	모가지 [mogadzi]	얼굴[ʌlgul]	나빤대기 [naṗandɛgi]	볼태기 [polt^{h}ɛgi]
江南	세미[s^{h}emi]	목[mok̚]	얼굴[ʌlgul]	빰[ṗyam]/ 뽈때기[ṗolťɛgi]	볼때기 [polťɛgi]
海南	수염[s^{h}uyʌm]	목[mok̚]	얼굴[ʌlgul]	귀쌈[kwiśyam]	볼[pol]
新安	쇠미[s^{h}wemi]	모가지 [mogadzi]	나치[nats^{h}i]	귀쌈[kwiśam]	볼따기 [polťagi]
三岔口	세미[s^{h}emi]	목[mok̚]	얼굴[ʌlgul]	기토[kit^{h}o]	볼태기 [polt^{h}ɛgi]
永豐	쇠미[s^{h}wemi]	모가지 [mogadzi]	얼굴[ʌlgul]	볼태기 [polt^{h}ɛgi]	볼태기 [polt^{h}ɛgi]
和平	구루쇄 [kurus^{h}wɛm]	목[mok̚]	얼굴[ʌlgul]/ 낟[nat̚]	빰[ṗyam]	볼[pol]
雞林	쇠미[s^{h}wemi]	모가지 [mogadzi]	얼굴[ʌlgul]	낟[nat̚]	볼기[polgi]
明德	쇄미[s^{h}wɛmi]	목[mok̚]	얼굴[ʌlgul]	빰[ṗyam]	볼[pol]
星火	쇠미[s^{h}wemi]	모가지 [mogadzi]	얼굴[ʌlgul]	빰[ṗyam]	뽈[ṗol]
湯旺	수염[s^{h}uyʌm]	목[mok̚]	얼굴[ʌlgul]	볼[pol]	볼때기 [polťɛgi]
東明	쇄미[s^{h}wɛmi]	목[mok̚]	얼굴[ʌlgul]	빰[ṗyam]	볼타구지 [polt^{h}agudzi]

年豐	수염[s^{h}uyʌm]	목[mok̓]	얼굴[ʌlgul]	볼[pol]/ 볼때기[pol'tɛgi]	연지볼 [yʌndzibol]
杏樹	쇄미[s^{h}wɛmi]	모가지 [mogadzi]	얼굴[ʌlgul]	귀통[kwit^{h}oŋ]/ 볼태기[polt^{h}ɛgi]	볼태기 [polt^{h}ɛgi]
吉興	쇠미[s^{h}wemi]	모가지 [mogadzi]	나빤대기 [naṗandɛgi]	빰[ṗɛm]	뽈다구 [ṗoldagu]
主星	수염[s^{h}uyʌm]	목[mok̓]	얼굴[ʌlgul]	볼때기[pol'tɛgi]	연지볼 [yʌndzibol]
成富	수염[s^{h}uyʌm]	목[mok̓]	나치[nats^{h}i]	볼태기 [polt^{h}ɛgi]	볼태기 [polt^{h}ɛgi]
興和	수염[s^{h}uyʌm]	목[mok̓]/모가지[mogadzi]	얼굴[ʌlgul]/ 나치[nats^{h}i]	볼[pol]	광대뼈 [kwaŋdɛṗyʌ]

	보조개	주름살	눈	흰자위	눈두덩
迎蘭	-	주룸[tsurum]	눈[nun]	힌자시 [hindzaɕi]	눈뜽[nun'tɯŋ]
漁池	보조개 [podzogɛ]	주름쌀 [tsurɯmśal]	눈[nun]	힌자우 [hindzau]	눈떵[nun'tʌŋ]
河東	보조개 [podzogɛ]	주룸[tsurum]	눈[nun]	힌자위 [hindzawi]	눈뜽[nun'tɯŋ]
民樂	보조개 [podzogɛ]	주름[tsurɯm]	눈[nun]	눈짜위 [nunśawi]	누넌저리 [nunʌndzʌri]
臥龍	보조개 [podzogɛ]	주룸[tsurum]	눈[nun]	힌자위 [hindzawi]	눈떵[nun'tʌŋ]
江南	보짇께 [podzit'ke]	주름살 [tsurɯms^{h}al]	눈[nun]	힌자위 [hindzawi]	-
海南	보조개 [podzogɛ]	주룸[tsurum]	눈[nun]	힌자위 [hindzawi]	-
新安	보지개 [podzigɛ]	주룸[tsurum]	눈[nun]	힌자위 [hindzawi]	눈뜽[nun'tɯŋ]
三岔口	보조깨 [podzok̓ɛ]	주룸[tsurum]	눈[nun]	힌자시 [hindzaɕi]	눈뜽[nun'tɯŋ]
永豐	보조개 [podzogɛ]	주룸[tsurum]	눈[nun]	힌자시 [hindzaɕi]	눈뜽[nun'tɯŋ]
和平	보조개 [podzogɛ]	주름[tsurɯm]	눈[nun]	힌자시 [hindzaɕi]	눈뚜덩 [nun'tudʌŋ]
雞林	보조개 [podzogɛ]	주룸살 [tsurums^{h}al]	눈[nun]	힌자시 [hindzaɕi]	눈뜽[nun'tɯŋ]
明德	보조개 [podzogɛ]	주름쌀 [tsurɯmśal]	눈[nun]	힌자시 [hindzaɕi]	눈뚜덕 [nun'tudʌk̓]

星火	보조개 [podzogɛ]	주룸[tsurum]	눈[nun]	힌자시 [hindzaɕi]	눈까풀 [nunk̍apʰul]
湯旺	보조개 [podzogɛ]	주룸살 [tsurumsʰal]	눈[nun]	힌동자 [hindoŋdza]	눈등[nundɯŋ]
東明	보조개 [podzogɛ]	주름쌀 [tsurɯms̍al]	눈[nun]	힌눈짜위 [hinnunts̍awi]	눈떵이 [nunt̍ʌŋi]
年豐	보조개 [podzogɛ]	주름[tsurɯm]	눈[nun]	힌자위 [hindzawi]	누넌저리 [nunʌndzʌri]
杏樹	보조개 [podzogɛ]	주름살 [tsurɯmsʰal]/ 주름쌀 [tsurɯms̍al]	눈[nun]/ 눈깔[nunk̍al]	힌자시 [hindzaɕi]/ 힌잘[hintsal̚]	눈뚜대 [nunt̍udɛ]
吉興	보조개 [podzogɛ]	주룸[tsurum]	눈깔[nunk̍al]	신자위 [ɕinzawi]	누넌저리 [nunʌndzʌri]
主星	보조개 [podzogɛ]	주럼[tsurʌm]	눈[nun]	힌자우 [hindzau]	눈덩[nundʌŋ]
成富	볼찜[polts̍im]	주름[tsurɯm]	눈[nun]	힌동자 [hindoŋdza]/ 힌자시 [hindzaɕi]	-
興和	볼운물 [polunmul]	주름[tsurɯm]	눈[nun]	힌자위 [hindzawi]	눈떵[nunt̍ʌŋ]
	눈섭	**눈곱**	**다래끼**	**소경**	**애꾸**
迎蘭	눈섭[nuns̍ʌp̚]	눈꼽지 [nunk̍op̚dzi]	다라치 [taratsʰi]	봉사[poŋsʰa]	외눈[wenun]
漁池	눈섭[nuns̍ʌp̚]	눈꼽[nunk̍op̚]	다래끼[tarɛk̍i]	봉사[poŋsʰa]	외눈배기 [wenunbɛgi]
河東	눈섭[nuns̍ʌp̚]	눈꼽[nunk̍op̚]	다래끼[tarɛk̍i]	봉사[poŋsʰa]/ 장님[tsaŋnim]	외퉁배기 [wetʰuŋbɛgi]
民樂	눈섭[nuns̍ʌp̚]	눈꼽[nunk̍op̚]	다래끼[tarɛk̍i]	소경[sʰogyʌŋ]	외눈재비 [wenundzɛbi]
臥龍	눈섭[nuns̍ʌp̚]	눈꼽[nunk̍op̚]	다라치 [taratsʰi]	봉사[poŋsʰa]/ 소경[sʰogyʌŋ]	애꾸눈 [ɛk̍unun]
江南	눈섭[nuns̍ʌp̚]	눈꼽[nunk̍op̚]	다래끼[tarɛk̍i]	봉사[poŋsʰa]	-
海南	눈섭[nuns̍ʌp̚]	눈껍[nunk̍ʌp̚]	다라치 [taratsʰi]	눈먹째 [nunmʌk̍ts̍ɛ]/ 봉사[poŋsʰa]	외눈배기 [wenunbɛgi]
新安	눈섭[nuns̍ʌp̚]	눈꼽[nunk̍op̚]	뽀드라지 [p̍odɯradzi]	소경[sʰogyʌŋ]	외눈배기 [wenunbɛgi]

三岔口	눈섭[nuns̓ʌp̓]	눈꼽[nunk̓op̓]	다라치 [taratsʰi]	맹이[mɛŋi]	-
永豐	눈섭[nuns̓ʌp̓]	눈깨비 [nunk̓ɛbi]	다라치 [taratsʰi]	소경[sʰogyʌŋ]	외눈베기 [wenunbegi]
和平	눈섭[nuns̓ʌp̓]	눈꼽[nunk̓op̓]	다라치 [taratsʰi]	봉사[poŋsʰa]	애꾸눈 [ɛk̓unun]
雞林	눈섭[nuns̓ʌp̓]	눈꼽[nunk̓op̓]	다라치 [taratsʰi]	눈먹쩨 [nunmʌk̓ts̓e]	외눈[wenun]
明德	눈섭[nuns̓ʌp̓]	눈꼽[nunk̓op̓]/ 눈꼽째기 [nunk̓op̓ts̓ɛgi]	다라치[taratsʰi] /빼지[p̓ɛdzi]	봉사[poŋsʰa]	외눈통 [wenuntʰoŋ]
星火	눈섭[nuns̓ʌp̓]	누꼽티 [nuk̓op̓tʰi]	다라치 [taratsʰi]	봉사[poŋsʰa]	외눈베기 [wenunbegi]
湯旺	눈섭[nuns̓ʌp̓]	눈꼽[nunk̓op̓]	다래끼[tarɛk̓i]	봉사[poŋsʰa]	외눈[wenun]
東明	눈섭[nuns̓ʌp̓]	눈꼽[nunk̓op̓]	다래끼[tarɛk̓i]	눈봉사 [nunboŋsʰa]	외눈배기 [wenunbɛgi]
年豐	눈섭[nuns̓ʌp̓]	눈꼽[nunk̓op̓]	다래끼[tarɛk̓i]	봉사[poŋsʰa]	왜눈배기 [wɛnunbɛgi]
杏樹	눈섭[nuns̓ʌp̓]/ 눈섭[nunsʌp̓]	눈꼽[nunk̓op̓]	다랑치 [taraŋtsʰi]/ 다라치 [taratsʰi]	소경[sʰogyʌŋ]/ 눈먹째 [nunmʌk̓ts̓ɛ]/ 봉사[poŋsʰa]	외눈깔 [wenunk̓al]/ 외눈통 [wenuntʰoŋ]
吉興	눈섭[nuns̓ʌp̓]	눈꼽[nunk̓op̓]	다라치 [taratsʰi]	눈봉사 [nunboŋsʰa]	외눈깔 [wenunk̓al]
主星	눈섭[nuns̓ʌp̓]	눈초재기 [nuntsʰodzɛgi]	따래기[t̓arɛgi]	봉사[poŋsʰa]	외눈배기 [wenunbɛgi]
成富	눈섭[nuns̓ʌp̓]	눈꼅[nunk̓yʌp̓]	다래끼[tarɛk̓i]	눈먹재 [nunmʌk̓dzɛ]	외누깔통 [wenunk̓altʰoŋ]
興和	눈섭[nuns̓ʌp̓]	눈꼽[nunk̓op̓]	다래끼[tarɛk̓i]	봉사[poŋsʰa]	외툰배기 [wetʰunbɛgi]/ 애꾸눈 [ɛk̓unun]
	입술	**혀**	**벙어리**	**귀**	**귓볼**
迎蘭	입쑬[ip̓s̓ul]	해[hɛ]	버버리[pʌbʌri]	귀[kwi]	귇뽈[kwit̓p̓ol]
漁池	입쑬[ip̓s̓ul]	혀[hyʌ]	버버리[pʌbʌri]	귀[kwi]	귇빵울 [kwit̓p̓aŋul]
河東	입쑬[ip̓s̓ul]	혀[hyʌ]	벙어리[pʌŋʌri] /버버리[pʌbʌri]	귀[kwi]	귇빰[kwit̓p̓am]
民樂	입술[ip̓sʰul]	혀[hyʌ]/혀빠	버버리[pʌbʌri]	귀[kwi]	귀미치

		닥[hyʌp̓adak̚]			[kwimits^{h}i]
臥龍	입쑬[ip̚'sul]	혀[hyʌ]/ 헨때[het̚'tɛ]	버버리[pʌbʌri]	귀[kwi]	귀방울 [kwibaŋul]
江南	입쑬[ip̚'sul]	혀[hyʌ]	반버버리 [panbʌbʌri]	귀[kwi]	굳빵울 [kut̚p̓aŋul]
海南	입쑬[ip̚'sul]	혀[hyʌ]	버버리[pʌbʌri]	귀[kwi]	귇빵울 [kwit̚p̓aŋul]
新安	입쑬[ip̚'sul]	헨때[het̚'tɛ]	벙어리[pʌŋʌri]	귀띠[kwit̓i]	귇빵울 [kwit̚p̓aŋul]
三岔口	입쑬[ip̚'sul]	헤[he]	버버리[pʌbʌri]	귀띠[kwit̓i]	귇빵울 [kwit̚p̓aŋul]
永豐	입쑬[ip̚'sul]	헨때[het̚'tɛ]	버버리[pʌbʌri]	귀[kwi]	귇빵울 [kwit̚p̓aŋul]
和平	입술[ip̚s^{h}ul]	혀[hyʌ]	벙어리[pʌŋʌri]	귀[kwi]	귇빵울 [kwit̚p̓aŋul]
雞林	입쑬[ip̚'sul]	헬때[hel'tɛ]	버버리[pʌbʌri]	귀[kwi]	귇빵울 [kwit̚p̓aŋul]
明德	입쑬[ip̚'sul]	혇빠닥 [hyʌt̚p̓adak̚]	버버리[pʌbʌri]	귀띠[kwit̓i]	귇빵울 [kwit̚p̓aŋul]
星火	입쑬[ip̚'sul]	혀때[hyʌt̓ɛ]	버버리[pʌbʌri]	귀[kwi]	귇뿔[kwit̚p̓ul]
湯旺	입쑬[ip̚'sul]	혀빠닥 [hyʌp̓adak̚]	버버리[pʌbʌri]	귀[kwi]	-
東明	입쑬[ip̚'sul]	혀때[hyʌt̓ɛ]	버버리[pʌbʌri]	귀띠[kwit̓i]/ 귀[kwi]	귀방울 [kwibaŋul]
年豐	입술[ip̚s^{h}ul]	헤떼기[het̓egi]	버버리[pʌbʌri] /벙어리[pʌŋʌri]	귀[kwi]	귇방울 [kwit̚baŋul]
杏樹	입쑬[ip̚'sul]	세때[s^{h}et̓ɛ]	버버리[pʌbʌri]	귀[kwi]	귀빵울 [kwip̓aŋul]
吉興	입쑬[ip̚'sul]	혀빠닥 [hyʌp̓adak̚]	버버리[pʌbʌri]	귀띠[kwit̓i]	귇빵울 [kwit̚p̓aŋul]
主星	입술[ip̚s^{h}ul]	혀[hyʌ]	버버리[pʌbʌri]	귀떼기 [kwit̓egi]	귀방울 [kwibaŋul]/ 귇밤[kwit̚bam]
成富	입술[ip̚s^{h}ul]	헤[he]	버버리[pʌbʌri]	귀[kwi]	귇빵울 [kwit̚p̓aŋul]
興和	입술[ip̚s^{h}ul]	허[hʌ]	벙어리[pʌŋʌri]	귀[kwi]	귀방울 [kwibaŋul]
	귀지	**귀머거리**	**세수대야**	**비누**	**목욕**
迎蘭	귀창	귀머거리	소래[s^{h}orɛ]	비누[pinu]	모욕[moyok̚]

	[kwitsʰaŋ]	[kwimʌgʌri]			
漁池	귀지[kwidzi]/ 귀팝[kwipʰap̚]	귀머거리 [kwimʌgʌri]	세숟때야 [sʰesʰut̚t'εya]	비누[pinu]	목깡[mok̚k'aŋ] /모욕[moyok̚]
河東	귀딱찌 [kwit'ak̚ts'i]/ 귀청[kwitsʰʌŋ]	-	세수때야 [sʰesʰut'εya]/ 세숟푼 [sʰesʰut̚pʰun]	비누[pinu]	모욕[moyok̚]
民樂	귀챙이 [kwitsʰεŋi]	귀머거리 [kwimʌgʌri]	세숟때 [sʰesʰut̚t'ε]	비누[pinu]	모욕[moyok̚]/ 모깡[mok'aŋ]
臥龍	귀채[kwitsʰε]	귀머거리 [kwimʌgʌri]/ 귀먹재 [kwimʌk̚dzε]	세숟쏘래 [sʰesʰut̚s'orε]	비누[pinu]	목깡[mok̚k'aŋ]
江南	귀창지 [kwitsʰaŋdzi]	귀머거리 [kwimʌgʌri]	세숟소래 [sʰesʰut̚sʰorε]	비누[pinu]	모깡[mok'aŋ]
海南	귀채[kwitsʰε]	귀머거리 [kwimʌgʌri]	세수소래 [sʰesʰusʰorε]/ 세수대야 [sʰesʰudεya]	비누[pinu]	모욕[moyok̚]
新安	귀청 [kwitsʰʌŋ]	귀머거리 [kwimʌgʌri]	세수소래 [sʰesʰusʰorε]	비누[pinu]	모욕[moyok̚]/ 목깡[mok̚k'aŋ]
三岔口	귀채[kwitsʰε]	귀머거리 [kwimʌgʌri]	세수쏘래 [sʰesʰus'orε]	비눌[pinul]	모깡[mok'aŋ]/ 모욕[moyok̚]
永豐	귀체[kwitsʰe]	귀먹재 [kwimʌk̚dzε]	세수소래 [sʰesʰusʰorε]	-	모깡[mok'aŋ]
和平	귀지[kwidzi]	귀머거리 [kwimʌgʌri]	센숟소래 [sʰet̚sʰut̚ sʰorε]	비누[pinu]	모욕[moyok̚]
雞林	귀체[kwitsʰe]	귀먹재 [kwimʌk̚dzε]	쇠수소래 [sʰwesʰusʰorε]	비눌[pinul]	모욕[moyok̚]
明德	귀채[kwitsʰε]	귀먹째 [kwimʌk̚ts'ε]	쉗소래 [sʰwet̚sʰorε]	비눌[pinul]	목깡[mok̚k'aŋ]
星火	귀채[kwitsʰε]	귀머거리 [kwimʌgʌri]	세숟소래 [sʰesʰut̚sʰorε]	비눌[pinul]	모욕[moyok̚]
湯旺	귀챙이 [kwitsʰεŋi]	귀머거리 [kwimʌgʌri]	세숟때 [sʰesʰut̚t'ε]	비누[pinu]	모욕[moyok̚]
東明	귀채[kwitsʰε]	귀머거리 [kwimʌgʌri]/ 귀먹째 [kwimʌk̚ts'ε]	쇠쏘래 [sʰwes'orε]	비눌[pinul]	모욕[moyok̚]/ 모깡[mok'aŋ]
年豐	귀창	귀먹재	세수소래	비누[pinu]	모굑[mogyok̚]

	[kwitsʰaŋ]	[kwimʌk̚dzɛ]	[sʰesʰusʰorɛ]		
杏樹	귀채[kwitsʰɛ]/ 귀챙이 [kwitsʰɛŋi]	귀머거리 [kwimʌgʌri] /귀먹째 [kwimʌk̚tsʼɛ]	세순소래 [sʰesʰut̚sʰorɛ]	비누[pinu]	목깡[mok̚k̚aŋ]
吉興	귀체[kwitsʰe]	귀먹재 [kwimʌk̚dzɛ]	소래[sʰorɛ]	비눌[pinul]	모욕[moyok̚]
主星	귀창 [kwitsʰaŋ]	귀머거리 [kwimʌgʌri]	세수대야 [sʰesʰudɛya]	비누[pinu]	모욕[moyok̚]
成富	귀창 [kwitsʰaŋ]	귀먹재 [kwimʌk̚dzɛ]	세수소래 [sʰesʰusʰorɛ]	비눌[pinul]	모욕[moyok̚]
興和	귀총 [kwitsʰoŋ]	귀머거리 [kwimʌgʌri]	세수대야 [sʰesʰudɛya]	비누[pinu]	모곽[mogyok̚]

	거울	빗	다리	왼손	손가락
迎蘭	새경[sʰɛk̚yʌŋ]	빋[pit̚]	-	왼손[wensʰon]	손까락 [sʰonk̚arak̚]
漁池	경대[kyʌŋdɛ]/ 셋경[sʰet̚kyʌŋ]	빋[pit̚]	-	왼손[wensʰon]	손까락 [sʰonk̚arak̚]
河東	거울[kʌul]	빋[pit̚]	-	왼손[wensʰon]	손까락 [sʰonk̚arak̚]
民樂	민경[mingyʌŋ]/ 경대[kyʌŋdɛ]	빋[pit̚]	-	웬손[wensʰon]	손까락 [sʰonk̚arak̚]
臥龍	셋경 [sʰet̚kyʌŋ]	빋[pit̚]	-	왼손[wensʰon]	손까락 [sʰonk̚arak̚]
江南	셋경 [sʰet̚kyʌŋ]	빋[pit̚]	-	왼손[wensʰon]	손까락 [sʰonk̚arak̚]
海南	거울[kʌul]	빋[pit̚]	-	왼손[wensʰon]	손까락 [sʰonk̚arak̚]
新安	셋경 [sʰet̚kyʌŋ]	비시[piɕi]	달비[talbi]	왼손[wensʰon]	손까락 [sʰonk̚arak̚]
三岔口	셋경 [sʰet̚kyʌŋ]	빋[pit̚]	-	왼손[wensʰon]	손까락 [sʰonk̚arak̚]
永豐	셋경 [sʰet̚kyʌŋ]	빋[pit̚]	-	왼손[wensʰon]	손까락 [sʰonk̚arak̚]
和平	색경 [sʰɛk̚kyʌŋ]	빋[pit̚]	-	왼손[wensʰon]	손까락 [sʰonk̚arak̚]
雞林	셋경 [sʰet̚kyʌŋ]	빋[pit̚]	-	왼손[wensʰon]	손꾸락 [sʰonk̚urak̚]
明德	색경	빋[pit̚]	따발[t̚abal]	왼손[wensʰon]	손까락

	[sʰɛk̚k͈yʌŋ]				[sʰonk͈arak̚]
星火	셉꼉 [sʰet̚k͈yʌŋ]	빋[pit̚]	-	왼손[wensʰon]	손까락 [sʰonk͈arak̚]
湯旺	새꼉[sʰɛk͈yʌŋ]	빋[pit̚]	-	왼손[wensʰon]	손까락 [sʰonk͈arak̚]
東明	색꼉 [sʰɛk̚k͈yʌŋ]	빋[pit̚]	-	왼손[wensʰon]	손까락 [sʰonk͈arak̚]
年豐	거울[kʌul]/ 세꼉[sʰek͈yʌŋ]	빋[pit̚]	-	웬손[wensʰon]	손까락 [sʰonk͈arak̚]
杏樹	색꼉 [sʰɛk̚k͈yʌŋ]	빋[pit̚]	-	왼손[wensʰon]	손까락 [sʰonk͈arak̚]
吉興	셉꼉 [sʰet̚k͈yʌŋ]	빋[pit̚]	-	왼손[wensʰon]	손까락 [sʰonk͈arak̚]
主星	민경[mingyʌŋ]/ 체경[tsʰegyʌŋ]	빋[pit̚]	-	웬손[wensʰon]	손까락 [sʰonk͈arak̚]
成富	식꼉[ɕik̚k͈yʌŋ]	빋[pit̚]	달비[talbi]	왼손[wensʰon]	손깔[sʰonk͈al]
興和	경대[kyʌŋdɛ]/ 세꼉[sʰek͈ʌŋ]	빋[pit̚]	다리[tari]	웬손[wensʰon]	손가락 [sʰongarak̚]

	마디	겨드랑	젖	배꼽	다리2
迎蘭	마디[madi]	저드랑 [tsʌdɯraŋ]	젇[tsʌt̚]	배꼽[pɛk͈op̚]	다리[tari]
漁池	마디[madi]	겨드랑 [kyʌdɯraŋ]	젇[tsʌt̚]	배꼽[pɛk͈op̚]	다리[tari]
河東	손마디 [sʰonmadi]	겨드랑이 [kyʌdɯraŋi]	젇[tsʌt̚]	배꼽[pɛk͈op̚]	다리[tari]
民樂	손마디 [sʰonmadi]	겨드랑 [kyʌdɯraŋ]	젇[tsʌt̚]	배꼽[pɛk͈op̚]	다리[tari]
臥龍	마디[madi]	자대[tsadɛ]	저지[tsʌdzi]	배꼽[pɛk͈op̚]	다리[tari]
江南	마디[madi]	자트랑 [tsatʰɯraŋ]	젇[tsʌt̚]	배꿉[pɛk͈up̚]	다리[tari]
海南	마디[madi]	자대[tsadɛ]	젇[tsʌt̚]	배꼽[pɛk͈op̚]	다리[tari]
新安	손마디 [sʰonmadi]	자대[tsadɛ]	젇[tsʌt̚]	배꼽[pɛk͈op̚]	다리[tari]
三岔口	마디[madi]	자대기[tsadɛgi]	젇[tsʌt̚]	배꼽[pɛk͈op̚]	다리[tari]
永豐	매듭[mɛdɯp̚]	자대[tsadɛ]	젇[tsʌt̚]	배꼽[pɛk͈op̚]	다리[tari]
和平	손마디 [sʰonmadi]	자대[tsadɛ]	젇[tsʌt̚]	배꼽[pɛk͈op̚]	다리[tari]
雞林	마딥[madip̚]	자대[tsadɛ]	젇[tsʌt̚]	배꿉[pɛk͈up̚]	다리[tari]

明德	손매디 [s^{h}onmɛdi]	게드랑 [kedɯraŋ]	전[tsʌt̚]	배꼽[pɛk'op̚]	다리[tari]
星火	마디[madi]	겨드랑이 [kyʌdɯraŋi]	전[tsʌt̚]	배꼽[pɛk'op̚]	다리[tari]
湯旺	마디[madi]	겨드랑 [kyʌdɯraŋ]	전[tsʌt̚]	배꼽[pɛk'op̚]	다리[tari]
東明	손마디 [s^{h}onmadi]	자대[tsadɛ]	저지[tsʌdzi]	배꼽[pɛk'op̚]	다리[tari]
年豐	메드비 [medɯbi]	겨드랑 [kyʌdɯraŋ]	전[tsʌt̚]	배꼽[pɛk'op̚]	다리[tari]
杏樹	마디[madi]	자당게[tsadaŋge]	전[tsʌt̚]	배꼽[pɛk'op̚]	다리[tari]
吉興	마디[madi]	자대[tsadɛ]	전[tsʌt̚]	배꼽[pɛk'op̚]	다리[tari]
主星	마디[madi]	겨드랑이 [kyʌdɯraŋi]	전[tsʌt̚]	배꼽[pɛk'op̚]	다리[tari]
成富	마디[madi]	자대[tsadɛ]	전[tsʌt̚]	배꼽[pɛk'op̚]	다리[tari]
興和	손마디 [s^{h}onmadi]	겨드랑 [kyʌdɯraŋ]	전[tsʌt̚]	배꼽[pɛk'op̚]	다리[tari]

	엉덩이	넓적다리	무릎	뼈	부스럼
迎蘭	엉치[ʌŋts^{h}i]	신다리[ɕindari]	무르팍 [murɯp^{h}ak̚]	뼈[ṗyʌ]	부시럼 [puɕirʌm]
漁池	엉뎅이 [ʌŋdeŋi]	허벅따리 [hʌbʌk̚'tari]	무릅[murup̚]	뼈[ṗyʌ]	부수럼 [pus^{h}urʌm]
河東	엉치[ʌŋts^{h}i]/ 방둥이 [paŋduŋi]/ 엉덩이[ʌŋdʌŋi]	허벅지 [hʌpʌk̚dzi]	무릅[murup̚]	뼈[ṗyʌ]	헌디[hʌndi]
民樂	엉덩이[ʌŋdʌŋi] /궁덩이 [kuŋdʌŋi]	허벅다리 [hʌbʌk̚dari]	무릅[murɯp̚]	뼈다구 [ṗyʌdagu]	부시럼 [puɕirʌm]
臥龍	엉치[ʌŋts^{h}i]	신다리[ɕindari]	무릅[murup̚]	뻬[ṗe]	헌디[hʌndi]
江南	엉치[ʌŋts^{h}i]	신다리[ɕindari]	무릅[murup̚]	뻬[ṗe]	헌디[hʌndi]
海南	엉치[ʌŋts^{h}i]	신다리[ɕindari]	무릅[murup̚]	뼈[ṗyʌ]	부스럼 [pus^{h}ɯrʌm]
新安	엉치[ʌŋts^{h}i]	신다리[ɕindari]	무릅[murup̚]	뻬[ṗe]	헌디[hʌndi]
三岔口	엉치[ʌŋts^{h}i]	신다리[ɕindari]	무릅[murup̚]	뼈[ṗyʌ]	헌디[hʌndi]
永豐	엉치[ʌŋts^{h}i]	신다리[ɕindari]	무르팍 [murɯp^{h}ak̚]	뼈[ṗyʌ]	부스렘 [pus^{h}ɯ rem]
和平	엉치[ʌŋts^{h}i]	신다리[ɕindari]	무릅[murup̚]	빼다구	부스럼

				[ṗɛdagu]	[pusʰɯrʌm]
雞林	엉치[ʌŋtsʰi]	신다리[ɕindari]	무릅꼬들 [murɯp̚k̇odɯl]	빼대[ṗedɛ]	부스럼 [pusʰɯrʌm]
明德	엉치[ʌŋtsʰi]	신다리[ɕindari]	무릅[murɯp̚]	빼[ṗɛ]	부스레미 [pusʰɯremi]
星火	엉치[ʌŋtsʰi]	신다리[ɕindari]	무르팍 [murɯpʰak̚]	뼈[ṗyʌ]	부스럼 [pusʰɯrʌm]
湯旺	엉덩이 [ʌŋdʌŋi]	허벅따리 [hʌbʌk̚ṫari]	무릅[murɯp̚]	뼈[ṗyʌ]	부스럼 [pusʰɯrʌm]
東明	엉치[ʌŋtsʰi]	신다리[ɕindari]	무르팍 [murɯpʰak̚]	뼈대[ṗyʌdɛ]	부스럼 [pusʰɯrʌm]
年豐	궁디[kuŋdi]/ 엉덩이 [ʌŋdʌŋi]	허벅따리 [hʌbʌk̚ṫari]	무르팍 [murɯpʰak̚]	뼈[ṗyʌ]	부스럼 [pusʰɯrʌm]
杏樹	엉치[ʌŋtsʰi]	신다리[ɕindari]	무릅[murɯp̚]	빼대기[ṗɛdɛgi]	부시럼 [puɕirʌm]
吉興	엉치[ʌŋtsʰi]	신다리[ɕindari]	무르팍 [murɯpʰak̚]	빼대[ṗedɛ]	부스럼 [pusʰɯrʌm]
主星	궁디[kuŋdi]	허벅다리 [hʌbʌk̚dari]	무럽[murʌp̚]/ 장개[tsaŋgɛ]	빼다구 [ṗedagu]	부시럼 [puɕirʌm]
成富	엉치[ʌŋtsʰi]	신다리[ɕindari]	무럽[murʌp̚]	뼈[ṗyʌ]	부스렘 [pusʰɯ rem]
興和	궁디[kuŋdi]/ 엉데이[ʌŋdei]	허벅지 [hʌbʌk̚dzi]	무릅[murɯp̚]	뼈[ṗyʌ]	종지[tsoŋdzi]
	고름	**사마귀**	**두드러기**	**버짐**	**기미**
迎蘭	고룸[korɯm]	사마기 [sʰamagi]	두르레기 [turɯregi]	마른버선 [marɯnbʌsʰʌt̚]	김[kim]
漁池	고룸[korɯm]	티눈[tʰinun]	두드레기 [tudɯregi]	버즘[pʌdzɯm]	잠[tsam]
河東	진물[tsinmul]	티눈[tʰinun]	두드레기 [turɯregi]/ 두드러기 [tudɯrʌgi]	버점[pʌdzʌm]	-
民樂	고름[korɯm]	사마구 [sʰamagu]	두드러기 [tudɯrʌgi]	버짐[pʌdzim]	-
臥龍	고룸[korɯm]	티눈[tʰinun]	두드레기 [tudɯregi]	버짐[pʌdzim]	잠[tsam]
江南	고룸[korɯm]	티눈[tʰinun]	두드레기 [tudɯregi]	버짐[pʌdzim]	잠[tsam]

海南	찐물[ts̓inmul]	티눈[tʰinun]	두드레기 [tudɯregi]	버짐[pʌdzim]	-
新安	고룸[korɯm]	사마기 [sʰamagi]	두드레기 [tudɯregi]	버짐[pʌdzim]	주굼깨 [tsugumk̓ɛ]
三岔口	고룸[korɯm]	티눈[tʰinun]	두드레기 [tudɯregi]	백점풍 [pɛk̓dzʌmpʰuŋ] /버짐[pʌdzim]	-
永豐	고룸[korɯm]	사막[sʰamak̓]	두드레기 [tudɯregi]	버섣[pʌsʰʌt̓]	주근깨 [tsugɯnk̓ɛ]
和平	고름[korɯm]	사마귀 [sʰamagwi]	두드래기 [tudɯrɛgi]	버즘[pʌdzɯm]	잠[tsam]
雞林	고룸[korɯm]	사마기 [sʰamagi]	뚜드레기 [t̓udɯregi]	버짐[pʌdzim]	주근깨 [tsugɯnk̓ɛ]
明德	고름[korɯm]	사마구 [sʰamagu]	두드레기 [tudɯregi]	버짐[pʌdzim]	잠[tsam]
星火	고름[korɯm]	사마기 [sʰamagi]	두드러기 [tudɯrʌgi]	버짐[pʌdzim]	주근깨 [tsugɯnk̓ɛ]
湯旺	고룸[korɯm]	사마구 [sʰamagu]	두드레기 [tudɯregi]	버즘[pʌdzɯm]	주근깨 [tsugɯnk̓ɛ]
東明	고름[korɯm]	사무귀 [sʰamugwi]	두드레기 [tudɯregi]	버짐[pʌdzim]	주근깨 [tsugɯnk̓ɛ]
年豐	고름[korɯm]	사마구 [sʰamagu]	두드레기[tudɯregi]	버즘[pʌdzɯm]	까만점 [k̓amandzʌm]
杏樹	고름[korɯm]	사막[sʰamak̓]/ 사마기 [sʰamagi]	두드레기 [tudɯregi]	버짐[pʌdzim]	잠[tsam]
吉興	고룸[korɯm]	사마기 [sʰamagi]	두드러기 [tudɯrʌgi]	버짐[pʌdzim]	주근깨 [tsugɯnk̓ɛ]
主星	진물[tsinmul]	사마구 [sʰamagu]	두드라지 [tudɯradzi]	버짐[pʌdzim]	까만딱지 [k̓amant̓ak̓dzi] /주근깨 [tsugɯnk̓ɛ]
成富	고름[korɯm]/ 진물[tsinmul]	사막[sʰamak̓]	두드레기 [tudɯregi]/ 솔[sʰol]	버즘[pʌdzɯm]	짐[tsim]
興和	고름[korɯm]	사마구 [sʰamagu]	두드러기 [tudɯrʌgi]	버점[pʌdzʌm]	지미[tsimi]
	언청이	**곰보**	**감기**	**딸꾹질**	**트림**
迎蘭	째보[ts̓ɛbo]	곰보[kombo]	간기[kangi]	깔딱질 [k̓alt̓ak̓dzil]	트름[tʰɯrɯm]

漁池	째보[ts̓ɛbo]	곰보[kombo]	강기[kaŋgi]	깔딱찔 [k̓alt̓ak̓ts̓il]	트름[tʰɯrɯm]
河東	째보[ts̓ɛbo]	얼금뱅이 [ʌlgɯmbɛŋi]/ 꼼보[k̓ombo]	감기[kamgi]/ 고뿔[kop̓ul]	깔딱질 [k̓alt̓ak̓dzil]	트림[tʰɯrim]
民樂	째보[ts̓ɛbo]	곰보[kombo]	감기[kamgi]	깔따구 [k̓alt̓agu]	트름[tʰɯrɯm] /깔딱질 [k̓alt̓ak̓dzil]
臥龍	째보[ts̓ɛbo]	곰보[kombo]	감기[kamgi]	패끼[pʰɛk̓i]	트럼[tʰɯrʌm]
江南	채보[tsʰɛbo]	곰보[kombo]	강기[kaŋgi]	깔딱찔 [k̓alt̓ak̓ts̓il]	트름[tʰɯrɯm]
海南	째보[ts̓ɛbo]	곰보[kombo]	감기[kamgi]	패끼[pʰɛk̓i]	트림[tʰɯrim]
新安	째보[ts̓ɛbo]	곰보[kombo]	강기[kaŋgi]	패끼[pʰɛk̓i]/달 꾹찔[talk̓uk̓ts̓il]	터림[tʰʌrim]
三岔口	째보[ts̓ɛbo]	곰보[kombo]	강기[kaŋgi]	패끼[pʰɛk̓i]	트림[tʰɯrim]
永豐	입째지개 [ip̓ts̓ɛdzigɛ]	곰보[kombo]	고뿔[kop̓ul]	패기[pʰɛgi]	트름[tʰɯrɯm]
和平	째보[ts̓ɛbo]	곰보[kombo]	감기[kamgi]	패끼[pʰɛk̓i]	트름[tʰɯrɯm]
雞林	입때지개 [ip̓tɛdzi kɛ]	곰보[kombo]	고뿔[kop̓ul]	패끼[pʰɛk̓i]	트름[tʰɯrɯm]
明德	째보[ts̓ɛbo]	곰보[kombo]	감기[kamgi]	패끼[pʰɛk̓i]	트럼[tʰɯrʌm]
星火	째보[ts̓ɛbo]	곰보[kombo]	고뿔[kop̓ul]	패끼[pʰɛk̓i]	트림[tʰɯrim]
湯旺	코째보 [kʰots̓ɛbo]	꼼보[k̓ombo]	고뿔[kop̓ul]/ 감기[kamgi]	깔때기[k̓alt̓ɛgi]	트림[tʰɯrim]
東明	째보[ts̓ɛbo]	곰보[kombo]	감기[kamgi]	패끼[pʰɛk̓i]	트림[tʰɯrim]
年豐	째보[ts̓ɛbo]	곰보[kombo]/ 곰보딱지 [kombot̓ak̓dzi]	감기[kamgi]	껄땍질 [k̓ʌlt̓ɛk̓dzil]	트름[tʰɯrɯm]
杏樹	헤챙이 [hetsʰɛŋi]	곰보딱찌 [kombot̓ak̓ts̓i]	감기[kamgi]	패끼[pʰɛk̓i]	트름[tʰɯrɯm]
吉興	째보[ts̓ɛbo]	곰보[kombo]	감기[kamgi]	패끼[pʰɛk̓i]	드름[tɯrɯm]
主星	째보[ts̓ɛbo]	곰보[kombo]	감기[kamgi]	깔따구[k̓alt̓agu]	트름[tʰɯrɯm]
成富	째보[ts̓ɛbo]	곰보[kombo]	감기[kamgi]	꽥질[k̓wɛk̓dzil]	트름[tʰɯrɯm]
興和	째보[ts̓ɛbo]	곰보[kombo]	감기[kamgi]	깔따구[k̓alt̓agu] /깔딱질 [k̓alt̓ak̓dzil]	트름[tʰɯrɯm]
	재채기	**하품**	**기지개**	**졸음**	**방귀**
迎蘭	재치기	하품[hapʰum]	기지개	조름[tsorum]	방구[paŋgu]

	[tsɛts^{h}igi]		[kidzigɛ]		
漁池	재채기 [tsɛts^{h}ɛgi]	하품[hap^{h}um]	지지개 [tsidzigɛ]	조룸[tsorum]	방구[paŋgu]
河東	재채기 [tsɛts^{h}ɛgi]	하품[hap^{h}um]	지지개 [tsidzigɛ]	조룸[tsorum]	방귀[paŋgwi]/ 방구[paŋgu]
民樂	재채기 [tsɛts^{h}ɛgi]	하품[hap^{h}um]	기지개 [kidzigɛ]	잠[tsam]	방구[paŋgu]
臥龍	재치기 [tsɛts^{h}igi]	하품[hap^{h}um]	기지개 [kidzigɛ]	자분다 [tsabunda]	방기[paŋgi]
江南	재치기 [tsɛts^{h}igi]	하품[hap^{h}um]	기지개 [kidzigɛ]	-	방기[paŋgi]
海南	재채기 [tsɛts^{h}ɛgi]	하품[hap^{h}um]	기지래 [kidzirɛ]	조룸[tsorum]	방기[paŋgi]
新安	재채기 [tsɛts^{h}ɛgi]	하품[hap^{h}um]	지지기 [tsidzigi]	조룸[tsorum]	방귀[paŋgwi]/ 방기[paŋgi]
三岔口	재채기 [tsɛts^{h}ɛgi]	하품[hap^{h}um]	기지기 [kidzigi]	자부럼 [tsaburʌm]	방귀[paŋgwi]
永豐	재채기 [tsɛts^{h}ɛgi]	하품[hap^{h}um]	기지개 [kidzigɛ]	조룸[tsorum]	방기[paŋgi]
和平	재채기 [tsɛts^{h}ɛgi]	하품[hap^{h}um]	기지개 [kidzigɛ]	자부럼 [tsaburʌm]	방귀[paŋgwi]
雞林	재채기 [tsɛts^{h}ɛgi]	하품[hap^{h}um]	지지개 [tsidzigɛ]	조름[tsorɯm]	방기[paŋgi]
明德	재채기 [tsɛts^{h}ɛgi]	하품[hap^{h}um]	지지개 [tsidzigɛ]	자부럼 [tsaburʌm]	방귀[paŋgwi]
星火	재채기 [tsɛts^{h}ɛgi]	하품[hap^{h}um]	기지개 [kidzigɛ]	조룸[tsorum]	방기[paŋgi]
湯旺	재치기 [tsɛts^{h}igi]	하품[hap^{h}um]	기지개 [kidzigɛ]	조름[tsorɯm]	방구[paŋgu]
東明	재채기 [tsɛts^{h}ɛgi]	하품[hap^{h}um]	지지개 [tsidzigɛ]	자부럼 [tsaburʌm]	방기[paŋgi]
年豐	재치기 [tsɛts^{h}igi]	하품[hap^{h}um]	기지개 [kidzigɛ]	조름[tsorɯm]/ 잠[tsam]	방구[paŋgu]
杏樹	재채기 [tsɛts^{h}ɛgi]	하품[hap^{h}um]	기지개 [kidzigɛ]	자부럼 [tsaburʌm]	방기[paŋgi]
吉興	재채기 [tsɛts^{h}ɛgi]	하품[hap^{h}um]	기지개 [kidzigɛ]	조룸[tsorum]	방귀[paŋgwi]
主星	재채기 [tsɛts^{h}ɛgi]	하품[hap^{h}um]	기지개 [kidzigɛ]	자부럼 [tsaburʌm]/	방구[paŋgu]

				잠[tsam]	
成富	재채기 [tsɛts^{h}ɛgi]	하품[hap^{h}um]	지지개 [tsidzigɛ]	자부럼 [tsaburʌm]	방구[paŋgu]
興和	재치기 [tsɛts^{h}igi]	하품[hap^{h}um]	기지개 [kidzigɛ]	조름정 [tsorɯmdzʌŋ]	방구[paŋgu]

	구린내	어머니	아버지	할머니	할아버지
迎蘭	쿠린내 [k^{h}urinnɛ]	엄마[ʌmma]	아버지[abʌdzi]	할매[halmɛ]	할배[halbɛ]
漁池	쿠린내 [k^{h}urinnɛ]	엄마[ʌmma]/ 어머니[ʌmʌɲi]	아부지[abudzi]	할매[halmɛ]	할배[halbɛ]
河東	구린내 [kurinnɛ]	엄마[ʌmma]	아부지[abudzi]	할매[halmɛ]	할배[halbɛ]
民樂	쿠리다 [k^{h}urida]	엄마[ʌmma]	아버지[abʌdzi]	할매[halmɛ]	할배[halbɛ]
臥龍	쿠린내 [k^{h}urinnɛ]	엄마[ʌmma]	아부지[abudzi]	할머니 [halmʌɲi]	하라버지 [harabʌdzi]
江南	쿠룽내 [k^{h}uruŋnɛ]	엄마[ʌmma]	아부지[abudzi]	할매[halmɛ]	할배[halbɛ]
海南	쿠린내 [k^{h}urinnɛ]	엄마[ʌmma]	아부지[abudzi]	할매[halmɛ]	하라버지 [harabʌdzi]
新安	쿨래[k^{h}ullɛ]	엄마[ʌmma]	아버지[abʌdzi]	할매[halmɛ]	할배[halbɛ]
三岔口	쿠린내 [k^{h}urinnɛ]	엄마[ʌmma]	아빠[aṗa]/ 아부지[abudzi]	할머니 [halmʌɲi]	하라버지 [harabʌdzi]
永豐	쿠린내 [k^{h}urinnɛ]	엄마[ʌmma]	아빠[aṗa]	아매[amɛ]	아바이[abai]
和平	쿠린내 [k^{h}urinnɛ]	엄마[ʌmma]	아버지[abʌdzi]	할매[halmɛ]	할배[halbɛ]
雞林	쿠린내 [k^{h}urinnɛ]	엄마[ʌmma]	아버지[abʌdzi]	할머이[halmʌi] /아매[amɛ]	하라버지 [harabʌdzi] /아바이[abai]
明德	구린내 [kurinnɛ]	엄마[ʌmma]	아부지[abudzi]	할매[halmɛ]	할배[halbɛ]
星火	쿠린내 [k^{h}urinnɛ]	엄마[ʌmma]	아버지[abʌdzi]	할매[halmɛ]	할배[halbɛ]
湯旺	쿠린내 [k^{h}urinnɛ]	엄마[ʌmma]	아버지[abʌdzi]	할매[halmɛ]	할배[halbɛ]
東明	쿠린내 [k^{h}urinnɛ]	엄마[ʌmma]	아버지[abʌdzi]	할매[halmɛ]	하라버지 [harabʌdzi]
年豐	쿠린내	엄마[ʌmma]	아버지[abʌdzi]	할매[halmɛ]	할배[halbɛ]

	[kʰurinnɛ]				
杏樹	쿠린내 [kʰurinnɛ]	엄마[ʌmma]	아버지[abʌdzi]	할매[halmɛ]/ 아매[amɛ]	하라버지 [harabʌdzi]/ 할배[halbɛ]
吉興	써근냄새 [s̓ʌgɯnnɛmsʰɛ]	엄마[ʌmma]	아버지[abʌdzi]	할머니 [halmʌɲi]	하라버지 [harabʌdzi]
主星	꾸렁내 [k̓urʌŋnɛ]	엄마[ʌmma]	아버지[abʌdzi]	할매[halmɛ]	할배[halbɛ]
成富	쿠린내 [kʰurinnɛ]	엄마[ʌmma]	아버지[abʌdzi]	할머니 [halmʌɲi]	하라버지 [harabʌdzi]
興和	도칸내 [tokʰannɛ]	엄마[ʌmma]	아버지[abʌdzi]	할매[halmɛ]	할배[halbɛ]
	형	**언니**	**누나**	**오빠**	**아우**
迎蘭	형님[hyʌŋɲim]	언니[ʌnɲi]	누야[nuya]	오빠[op̓a]	-
漁池	형님[hyʌŋɲim]	언니[ʌnɲi]	누님[nuɲim]/ 누나[nuna]	오빠[op̓a]	동생[toŋsʰɛŋ]
河東	형님[hyʌŋɲim] /히아[hia]	언니[ʌnɲi]	눈님[nunɲim]	오빠[op̓a]/ 오래비[orɛbi]	동생[toŋsʰɛŋ]/ 아우[au]
民樂	히[hi]/ 히야[hiya]	언니[ʌnɲi]	누야[nuya]	오빠[op̓a]	동생[toŋsʰɛŋ]
臥龍	형님[hyʌŋɲim]	언니[ʌnɲi]	누나[nuna]	오빠[op̓a]	동생[toŋsʰɛŋ]
江南	형님[hyʌŋɲim]	언니[ʌnɲi]	누이[nui]	오빠[op̓a]	동생[toŋsʰɛŋ]
海南	형님[hyʌŋɲim]	언니[ʌnɲi]	누나[nuna]/ 누배[nubɛ]	오빠[op̓a]	동생[toŋsʰɛŋ]
新安	형[hyʌŋ]	언니[ʌnɲi]	누나[nuna]/ 누이[nui]	오빠[op̓a]	동생[toŋsʰɛŋ]
三岔口	형님[hyʌŋɲim]	언니[ʌnɲi]	누나[nuna]	오빠[op̓a]	동생[toŋsʰɛŋ]
永豐	형님[hyʌŋɲim]	언니[ʌnɲi]	누나[nuna]	오빠[op̓a]	동생[toŋsʰɛŋ]
和平	형님[hyʌŋɲim]	언니[ʌnɲi]	누나[nuna]	오빠[op̓a]	동생[toŋsʰɛŋ]
雞林	형님[hyʌŋɲim]	언니[ʌnɲi]	누이[nui]/ 누나[nuna]	오빠[op̓a]	동생[toŋsʰɛŋ]
明德	형님[hyʌŋɲim]	언니[ʌnɲi]	누나[nuna]	오빠[op̓a]	동새[toŋsʰɛ]
星火	형[hyʌŋ]	언니[ʌnɲi]	누이[nui]	오빠[op̓a]	-
湯旺	형님[hyʌŋɲim]	언니[ʌnɲi]	누나[nuna]	오빠[op̓a]	-
東明	형님[hyʌŋɲim]	언니[ʌnɲi]	누나[nuna]	오빠[op̓a]	동생[toŋsʰɛŋ]
年豐	형[hyʌŋ]	언니[ʌnɲi]	누이[nui]/ 누님[nuɲim]	오빠[op̓a]	동생[toŋsʰɛŋ]

杏樹	형님[hyʌŋɲim]	언니[ʌnɲi]	누나[nuna]/ 누이[nui]	오빠[oṗa]	동새이 [toŋs^{h}ɛi]
吉興	형님[hyʌŋɲim]	언니[ʌnɲi]	누이[nui]	오빠[oṗa]	동생[toŋs^{h}ɛŋ]
主星	히아[hia]	언니[ʌnɲi]	누부[nubu]	오빠[oṗa]	동생[toŋs^{h}ɛŋ]/ 아우[au]
成富	형님[hyʌŋɲim]	언니[ʌnɲi]	누나[nuna]	오빠[oṗa]	동생[toŋs^{h}ɛŋ]
興和	형[hyʌŋ]	언니[ʌnɲi]	누님[nuɲim]	오빠[oṗa]	동생[toŋs^{h}ɛŋ]
	결혼	**며느리**	**처녀**	**새색시**	**사위**
迎蘭	잔체[tsants^{h}e]	메누리[menuri]	처녀[ts^{h}ʌɲyʌ]	색시[s^{h}ɛƙ̇ɕi]	싸우[ṡau]
漁池	겨론[kyʌron]	며누리 [myʌnuri]	처녀[ts^{h}ʌɲyʌ]	새각씨 [s^{h}ɛgaƙ̇ɕi]	사위[s^{h}awi]
河東	겨론[kyʌroñ]	메느리[menɯri] /자부[tsabu]/ 손부[s^{h}onbu]	처녀[ts^{h}ʌɲyʌ]	색씨[s^{h}ɛƙ̇ɕi]	사위[s^{h}awi]
民樂	잔치[tsants^{h}i] /혼사[honsʰa]	며느리 [myʌnɯri]	처녀[ts^{h}ʌɲyʌ]	새각씨 [s^{h}ɛgaƙ̇ɕi]	사우[s^{h}au]
臥龍	잔치[tsants^{h}i]	며느리 [myʌnɯri]	처녀[ts^{h}ʌɲyʌ]	각씨[kaƙ̇ɕi]	싸위[ṡawi]
江南	겨론[kyʌron]	메느리 [menɯri]	처녀[ts^{h}ʌɲyʌ]	새각씨 [s^{h}ɛgaƙ̇ɕi]	사우[s^{h}au]
海南	겨혼[kyʌhon]	메누리 [menuri]	처녀[ts^{h}ʌɲyʌ]	새각씨 [s^{h}ɛgaƙ̇ɕi]	싸위[ṡawi]
新安	겨론[kyʌron]	메누리 [menuri]	처녀[ts^{h}ʌɲyʌ]	각씨[kaƙ̇ɕi]/새 각씨[s^{h}ɛgaƙ̇ɕi]	싸위[ṡawi]
三岔口	게론[keron]	메느리 [menɯri]	처녀[ts^{h}ʌɲyʌ]	각씨[kaƙ̇ɕi]/새 각씨[s^{h}ɛgaƙ̇ɕi]	싸위[ṡawi]
永豐	게론[keron]	며느리 [myʌnɯri]	처녀[ts^{h}ʌɲyʌ]	새각시 [s^{h}ɛgaƙɕi]	싸위[ṡawi]
和平	잔채[tsants^{h}ɛ]	며느리 [myʌnɯri]	처녀[ts^{h}ʌɲyʌ]	새각시 [s^{h}ɛgaƙɕi]	싸우[ṡau]
雞林	게론[keron]/ 잔치[tsants^{h}i]	메느리 [menɯri]	처녀[ts^{h}ʌɲyʌ]	새각시 [s^{h}ɛgaƙɕi]	싸위[ṡawi]
明德	잔치[tsants^{h}i]	며느리 [myʌnɯri]	처녀[ts^{h}ʌɲyʌ]	새각시 [s^{h}ɛgaƙɕi]	사위[s^{h}awi]
星火	겨론잔치 [kyʌrondzants^{h}i]	메누리 [menuri]	처녀[ts^{h}ʌɲyʌ]	새대기 [s^{h}ɛdɛgi]	사위[s^{h}awi]
湯旺	겨론[kyʌron]	며느리 [myʌnɯri]	처녀[ts^{h}ʌɲyʌ]	새며느리 [s^{h}ɛmyʌnɯri]	사위[s^{h}awi]

東明	잔치[tsantsʰi]	메느리 [menɯri]	처녀[tsʰʌɲyʌ]	새가시 [sʰɛgaɕi]	싸위[ʼsawi]
年豐	잔치[tsantsʰi]	며느리 [myʌnɯri]	처녀[tsʰʌɲyʌ]	새각씨 [sʰɛgak̚ɕ̓i]	사우재이 [sʰaudzɛi]
杏樹	겨론[kyʌron]/ 잔치[tsantsʰi]	메느리 [menɯri]	처녀[tsʰʌɲyʌ]	새각시 [sʰɛgak̚ɕi]	싸위[ʼsawi]
吉興	게론[keron]	메느리 [menɯri]	처녀[tsʰʌɲyʌ]	새각시 [sʰɛgak̚ɕi]	싸위[ʼsawi]
主星	잔치[tsantsʰi]	며느리 [myʌnɯri]	처녀[tsʰʌɲyʌ]	새색시[sʰɛsʰɛk̚ɕi] /새각시 [sʰɛgak̚ɕi]	싸우[ʼsau]/ 싸우재우 [ʼsaudzɛu]
成富	잔치[tsantsʰi]	메느리 [menɯri]	처녀[tsʰʌɲyʌ]	새각씨 [sʰɛgak̚ɕ̓i]	싸우[ʼsau]
興和	겨론식 [kyʌronɕik̚]	며누리 [myʌnuri]	처녀[tsʰʌɲyʌ]	새댁[sʰɛdɛk̚]	사위[sʰawi]

	올캐	시누이	매형	매제	매부
迎蘭	형님[hyʌŋɲim] /올캐[olkʰɛ]	시누[ɕinu]	자형[tsahyʌŋ]	매부[mɛbu]	-
漁池	제수[tsesʰu]/ 형님[hyʌŋɲim]	시누[ɕinu]	자형[tsahyʌŋ]	매제[mɛdze]	매부[mɛbu]
河東	형수[hyʌŋsʰu] /아주머니 [adzumʌɲi]	액씨[ɛk̚ɕ̓i]/ 시누[ɕinu]	자형[tsahyʌŋ]/ 새형님 [ɕɛhyʌŋɲim]	매부[mɛbu]	매부[mɛbu]
民樂	형님[hyʌŋɲim] /동세[toŋsʰe]	시누[ɕinu]	자형[tsahyʌŋ]	매부[mɛbu]	-
臥龍	올찌세미 [oltʼsisʰemi]	시누[ɕinu]	매형[mɛhyʌŋ]	매부[mɛbu]	매부[mɛbu]
江南	올케[olkʰe]/ 형님[hyʌŋɲim]	시누이[ɕinui]	자형[tsahyʌŋ]	제매[tsemɛ]	-
海南	아즈마[adzɯma] /제수[tsesʰu]	올키[olkʰi]	아즈바이 [adzɯbai]	매부[mɛbu]	-
新安	형님[hyʌŋɲim] /올찌세미 [oltʼsisʰemi]/ 올쾌[olkʰwɛ]	시누이[ɕinui]	매부[mɛbu]	매제[mɛdze]	-
三岔口	아주머이 [adzumʌni]	시누이[ɕinui]	매부[mɛbu]	지하매부 [tsihamɛbu]	-
永豐	형님[hyʌŋɲim] /올케[olkʰe]	시누이[ɕinui]	매부[mɛbu]	지하매부 [tsihamɛbu]	-

和平	형님[hyʌŋɲim]	올찌새미 [olt͈s͈isʰɛmi]	시누이[ɕinui]	매형[mɛhyʌŋ]	매부[mɛbu]
雞林	형님[hyʌŋɲim] /올케[olkʰe]	시누이[ɕinui]	매부[mɛbu]	지하매부 [tsihamɛbu]	-
明德	형님[hyʌŋɲim]	올캐[olkʰɛ]	시누이[ɕinui]	매부[mɛbu]	매부[mɛbu]
星火	올캐[olkʰɛ]	시누[ɕinu]	형부[hyʌŋbu]	매제[mɛdze]	매부[mɛbu]
湯旺	형님[hyʌŋɲim] /동서[toŋsʰʌ]	시누[ɕinu]	자형[tsahyʌŋ]	매부[mɛbu]	-
東明	형님 [hyʌŋɲim]	시누이[ɕinui]	시누이[ɕinui]	매부[mɛbu]	매부[mɛbu]
年豐	형님[hyʌŋɲim] /동생댁 [toŋsʰɛŋdɛk̚]	시누[ɕinu]	자형[tsahyʌŋ]	매부[mɛbu]	-
杏樹	형님 [hyʌŋɲim]	올캐[olkʰɛ]/ 올찌새미 [olt͈s͈isʰɛmi]	시누비[ɕinubi] /시누이[ɕinui]	매형[mɛhyʌŋ]/ 매부[mɛbu]	매부[mɛbu]
吉興	형님[hyʌŋɲim] /올캐[olkʰɛ]	시누이[ɕinui]	매부[mɛbu]	매부[mɛbu]	-
主星	형님[hyʌŋɲim] /올캐[olkʰɛ]	시누이[ɕinui]	자형[tsahyʌŋ]	매부[mɛbu]	-
成富	형님[hyʌŋɲim] /올캐[olkʰɛ]	시누이[ɕinui]	매부[mɛbu]	매부[mɛbu]	매부[mɛbu]
興和	형님 [hyʌŋɲim]	시누이[ɕinui]	자형[tsahyʌŋ]	매부[mɛbu]	-
	시숙	**시동생**	**홀아비**	**홀어미**	**증조할아버지**
迎蘭	시형[ɕihyʌŋ]	시동생 [ɕidoŋsʰɛŋ]	보토리 [potʰori]	과부[kwabu]	징조할배 [tsiŋdzohalbɛ]
漁池	시숙[ɕisʰuk̚]	시동생 [ɕidoŋsʰɛŋ]	호래비[horɛbi]	과부[kwabu]	징조하라버지 [tsiŋdzoharabʌdzi]
河東	아즈반님 [adzɯbanɲim] /시숙[ɕisʰuk̚]	시동생[ɕidoŋsʰɛŋ] /세원님 [sʰewʌnɲim]	포토리 [pʰotʰori]	과부[kwabu]	징조하라버지 [tsiŋdzoharabʌdzi]
民樂	아즈버님 [adzɯbʌɲim]	대림님 [tɛrimɲim]	포토리 [pʰotʰori]	과부[kwabu]	증조하라버지 [tsɯŋdzoharabʌdzi]
臥龍	아즈버님 [adzɯbʌɲim]	새워이[sʰɛwʌi]	보토리 [potʰori]	과부[kwabu]	노하라버지 [noharabʌdzi]
江南	시형[ɕihyʌŋ]	시동생 [ɕidoŋsʰɛŋ]	보토리[potʰori] /호래비[horɛbi]	과부[kwabu]	종조할배 [tsoŋdzohalbɛ]
海南	시형[ɕihyʌŋ]	시애끼[ɕiɛk͈i]	호래비[horɛbi]	과부[kwabu]	노할하라버지

			/보토리 [pot^{h}ori]		[nohalharabʌdzi]
新安	시형[ɕihyʌŋ]	시동생 [ɕidoŋs^{h}ɛŋ]	보토리 [pot^{h}ori]	과부[kwabu]	증조하라바이 [tsɯŋdzoharabai]
三岔口	시형[ɕihyʌŋ]	시애끼[ɕiɛk'i]	보토리 [pot^{h}ori]	과부[kwabu]	로하라버지 [roharabʌdzi]
永豐	아즈바님 [adzɯbaɲim]	새워이[s^{h}ɛwʌi]	보토리 [pot^{h}ori]	과부[kwabu]	고하라버지 [koharabʌdzi]
和平	아즈바이 [adzɯbai]	새워이[s^{h}ɛwʌi]	보토리 [pot^{h}ori]	과부[kwabu]	증조하라버지 [tsɯŋdzoharabʌdzi]
雞林	시형[ɕihyʌŋ]	시애끼[ɕiɛk'i]	보토리 [pot^{h}ori]	과부[kwabu]	노하라버지 [noharabʌdzi]
明德	시형[ɕihyʌŋ]	시동새 [ɕidoŋs^{h}ɛ]/ 시애끼[ɕiɛk'i]	호래비[horɛbi] /보토리 [pot^{h}ori]	과부[kwabu]	노하라버지 [noharabʌdzi]
星火	시형[ɕihyʌŋ]	시동생 [ɕidoŋs^{h}ɛŋ]	보토리 [pot^{h}ori]	과부[kwabu]	노할배 [nohalbɛ]
湯旺	시형[ɕihyʌŋ]	시동생 [ɕidoŋs^{h}ɛŋ]	포토리 [p^{h}ot^{h}ori]	과부[kwabu]	노할배 [nohalbɛ]
東明	아즈바이 [adzɯbai]	새워이[s^{h}ɛwʌi]	보토리 [pot^{h}ori]	과부[kwabu]	증조하라버지 [tsɯŋdzoharabʌdzi]
年豐	아주버님 [adzubʌɲim]	시동생 [ɕidoŋs^{h}ɛŋ]	포톨[p^{h}ot^{h}ol]	과부[kwabu]	증조할배 [tsɯŋdzohalbɛ]
杏樹	아즈바님 [adzɯbaɲim]/ 시형[ɕihyʌŋ]	시동생 [ɕidoŋs^{h}ɛŋ]/ 시애끼[ɕiɛk'i]	보토리 [pot^{h}ori]	과부[kwabu]	노할배 [nohalbɛ]
吉興	시형[ɕihyʌŋ]	시애끼[ɕiɛk'i]/ 시동생 [ɕidoŋs^{h}ɛŋ]	보토리 [pot^{h}ori]	과부[kwabu]	노하라버지 [noharabʌdzi]
主星	시숙[ɕis^{h}uk̚]	시동생 [ɕidoŋs^{h}ɛŋ]	포투리 [p^{h}ot^{h}uri]	과부[kwabu]	증조할배 [tsɯŋdzohalbɛ]
成富	아즈바님 [adzɯbaɲim]	시애끼[ɕiɛk'i]	보토리 [pot^{h}ori]	과부[kwabu]	증조하라버지 [tsɯŋdzoharabʌdzi]
興和	시숙[ɕis^{h}uk̚]	시동생 [ɕidoŋs^{h}ɛŋ]	보토리 [pot^{h}ori]	과부[kwabu]	고종할배 [kodzoŋhalbɛ]
	증조할머니	**큰아버지**	**큰어머니**	**중부**	**삼촌**
迎蘭	징조할매 [tsiŋdzohalmɛ]	크나버지 [k^{h}ɯnabʌdzi]	크넘마 [k^{h}ɯnʌmma]	둘째삼춘 [tult'sɛs^{h}amts^{h}un]	삼춘 [s^{h}amts^{h}un]
漁池	징조할머니	크나버지	크넘마	둘째 크나버지	삼춘

	[tsiŋdzohalmʌɲi]	[kʰɯnabʌdzi]	[kʰɯnʌmma]	[tultsʼɛ kʰɯnabʌdzi]	[sʰamtsʰun]
河東	징조할머니 [tsiŋdzohalmʌɲi]	백씨[pɛk̚ɕi]/ 크나부지 [kʰɯnabudzi]	크너머니 [kʰɯnʌmʌɲi]/ 마더머니 [madʌmʌɲi]	둘째 크나부지 [tultsʼɛ kʰɯnabudzi]	삼촌 [sʰamtsʰon]
民樂	증조할매 [tsɯŋdzohalmɛ]	크나버지 [kʰɯnabʌdzi]	크넘마 [kʰɯnʌmma]	둘째 크나버지 [tultsʼɛ kʰɯnabʌdzi]	삼촌 [sʰamtsʰon]
臥龍	노할매 [nohalmɛ]	크나버지 [kʰɯnabʌdzi]	크너머니 [kʰɯnʌmʌɲi]	자근아버지 [tsagɯnabʌdzi]	삼추이 [sʰamtsʰui]
江南	종조할매 [tsoŋdzohalmɛ]	크나버지 [kʰɯnabʌdzi]	크엄마 [kʰɯʌmma]	둘째 크나버지 [tultsʼɛ kʰɯnabʌdzi]	삼추이 [sʰamtsʰui]
海南	노할매 [nohalmɛ]	크나버지 [kʰɯnabʌdzi]	크넘마 [kʰɯnʌmma]	크나버지 [kʰɯnabʌdzi]	삼촌 [sʰamtsʰon]
新安	증조할메이 [tsɯŋdzohalmei]	백부[pɛk̚bu]	-	삼촌 [sʰamtsʰon]	삼촌 [sʰamtsʰon]
三岔口	로할머이 [rohalmʌi]	크나버지 [kʰɯnabʌdzi]	크넘마 [kʰɯnʌmma]	자근 아버지 [tsagɯn abʌdzi]	삼추이 [sʰamtsʰui]
永豐	고할머니 [kohalmʌɲi]	마다배 [madabɛ]	마다매 [madamɛ]	둘째마다배 [tultsʼɛmadabɛ]	삼추이 [sʰamtsʰui]
和平	증조할머니 [tsɯŋdzohalmʌɲi]	크나버지 [kʰɯnabʌdzi]	크넘마 [kʰɯnʌmma]	둘째아버지 [tultsʼɛabʌdzi]	삼추이 [sʰamtsʰui]
雞林	노할머니 [nohalmʌɲi]	큰마다바이 [kʰɯnmadabai]	마다매 [madamɛ]	둘째마다바이 [tultsʼɛmadabai]	삼추이 [sʰamtsʰui]
明德	노할머니 [nohalmʌɲi]	마다배[madabɛ] /마다바이 [madabai]	마다매 [madamɛ]	둘쨰마다바이 [tultsʼyɛmadabai]	삼추이 [sʰamtsʰui]
星火	노할매 [nohalmɛ]	크나버지 [kʰɯnabʌdzi]	크넘마 [kʰɯnʌmma]	둘째아버지 [tultsʼɛabʌdzi]	자근아버지 [tsagɯnabʌdzi]
湯旺	노할매 [nohalmɛ]	크나버지 [kʰɯnabʌdzi]	크넘마 [kʰɯnʌmma]	둘째크나버지 [tultsʼɛkʰɯnabʌdzi]	삼춘 [sʰamtsʰun]
東明	노할매 [nohalmɛ]	크나버지 [kʰɯnabʌdzi]/ 마다바이 [madabai]	마다매 [madamɛ]	둘째마다비이 [tultsʼɛmadabii]	삼추이 [sʰamtsʰui]
年豐	증조할매 [tsɯŋdzohalmɛ]	크나버지 [kʰɯnabʌdzi]	크넘마 [kʰɯnʌmma]	둘째크나버지 [tultsʼɛkʰɯnabʌdzi]	삼춘 [sʰamtsʰun]
杏樹	노할매 [nohalmɛ]	크나버지 [kʰɯnabʌdzi]	크넘마 [kʰɯnʌmma]	둘째크나버지 [tultsʼɛkʰɯnabʌdzi]	삼춘[sʰamtsʰun] /작은아버지 [tsak̚ɯnabʌdzi]
吉興	노할머니	크나버지	크넘마	둘째아버지	삼춘

	[nohalmʌɲi]	[kʰɯnabʌdzi]	[kʰɯnʌmma]	[tult'sɛabʌdzi]	[sʰamtsʰun]
主星	증조할매 [tsuŋdzohalmɛ]	크나버지 [kʰɯnabʌdzi]	크넘마 [kʰɯnʌmma]	숙부[sʰuk̚bu]	삼춘[sʰamtsʰun] /아제[adze]
成富	중조할머니 [tsuŋdzohalmʌɲi]	마다바이 [madabai]	마다메 [madame]	둘째크나버지 [tult'sɛkʰɯnabʌdzi]	삼춘 [sʰamtsʰun]
興和	고종할매 [kodzoŋhalmɛ]	크나버지 [kʰɯnabʌdzi]	크넘마 [kʰɯnʌmma]	둘째크나버지 [tult'sɛkʰɯnabʌdzi]	삼촌 [sʰamtsʰon]
	조카	**조카딸**	**숙모**	**이모**	**이모부**
迎蘭	조카[tsokʰa]	조카[tsokʰa]	숭모[sʰuŋmo]	이모[imo]	이모부[imobu]
漁池	조카[tsokʰa]	조카[tsokʰa]	숙모[sʰuk̚mo]	이모[imo]	이모부 [imobu]
河東	조카[tsokʰa]	질녀[tsilɲyʌ]	자그넘마 [tsagɯnʌmma] /숙모[sʰuk̚mo]	이모[imo]	이모부 [imobu]
民樂	조카[tsokʰa]	조카[tsokʰa]	숙모[sʰuk̚mo]	이모[imo]	이모부[imobu]
臥龍	조카[tsokʰa]	조카[tsokʰa]	자근 엄마 [tsagɯn ʌmma]	이모[imo]	이모부 [imobu]
江南	조카[tsokʰa]	조카[tsokʰa]	자근 엄마 [tsagɯn ʌmma]	이모[imo]	이모부 [imobu]
海南	조카[tsokʰa]	조카[tsokʰa]	숙모[sʰuk̚mo]	이모[imo]	이모부[imobu] /아재[adzɛ] /아주바이 [adzubai]
新安	남조카 [namdzokʰa]	여조카 [yʌdzokʰa]	숙모[sʰuk̚mo]	이모[imo]	이모부 [imobu]
三岔口	조카[tsokʰa]	조카[tsokʰa]	자근 엄마 [tsagɯn ʌmma]	이모[imo]	이모부 [imobu]
永豐	조캐[tsokʰɛ]	조캐[tsokʰɛ]	아지미[adzimi]	이모[imo]	이모부[imobu]
和平	조카[tsokʰa]	조카[tsokʰa]	자그넘마 [tsagɯnʌmma]	이모[imo]	이모부 [imobu]
雞林	조캐[tsokʰɛ]	조캐[tsokʰɛ]	아지미[adzimi]	마다매[madamɛ] /아재[adzɛ]	아즈바이 [adzɯbai]
明德	조카[tsokʰa]	조카[tsokʰa]	아지미[adzimi]	아재[adzɛ]/ 이모[imo]	아즈바이 [adzɯbai]
星火	조카[tsokʰa]	조카[tsokʰa]	자그넘마 [tsagɯnʌmma]	이모[imo]	이모부 [imobu]
湯旺	조카[tsokʰa]	조카[tsokʰa]	숙모[sʰuk̚mo]	이모[imo]	이모부[imobu]
東明	조카[tsokʰa]	조카[tsokʰa]	아지미[adzimi]	이모[imo]	이모부[imobu]

年豐	조카[tsok^{h}a]	조카[tsok^{h}a]	자근 엄마 [tsagɯn ʌmma]	이모[imo]	이모부 [imobu]
杏樹	조카[tsok^{h}a]	조카[tsok^{h}a]/ 질녀[tsilɲyʌ]	아지미[adzimi] /자근 엄마 [tsagɯn ʌmma]	이모[imo]	이모부 [imobu]
吉興	조카[tsok^{h}a]	조카[tsok^{h}a]	숙모[s^{h}uk̚mo]	이모[imo]	이모부 [imobu]
主星	조카[tsok^{h}a]	질녀[tsilɲyʌ]	자근 엄마 [tsagɯn ʌmma]	이모[imo]	이모부 [imobu]
成富	조카[tsok^{h}a]	조카[tsok^{h}a]	아지미[adzimi]	마다매 [madamɛ]/ 이모[imo]	마다바이 [madabai]/ 이모부 [imobu]
興和	조카[tsok^{h}a]	조카[tsok^{h}a]	삼촌엄마 [s^{h}amts^{h}onʌmma]	이무[imu]	이모부 [imobu]
	고모	**고모부**	**묘**	**벼랑**	**바위**
迎蘭	고모[komo]	고모부 [komobu]	모[mo]	벼랑[pyʌraŋ]	바위[pawi]
漁池	고모[komo]	고모부 [komobu]	모[mo]/ 묘지[myodzi]	절벽[tsʌlbyʌk̚]	바위[pawi]
河東	고모[komo]	고모부 [komobu]	봉군[poŋgun]/ 묘[myo]/ 무덤[mudʌm]	절벽[tsʌlbyʌk̚] /벼랑[pyʌraŋ]	바위[pawi]
民樂	고무[komu]	고모부 [komobu]	미[mi]	낭떠러지 [naŋt'ʌrʌdzi]/ 벼랑[pyʌraŋ]	바위[pawi]
臥龍	고모[komo]	고모부 [komobu]	모[mo]	절벽[tsʌlbyʌk̚]	바위[pawi]
江南	고모[komo]	고모부 [komobu]	모[mo]	절벽[tsʌlbyʌk̚]	돌바이[tolbai]
海南	고모[komo]	고모부 [komobu]	모[mo]	절벽[tsʌlbyʌk̚]	바위똘 [pawit'ol]
新安	고모[komo]	고모부 [komobu]	모[mo]	벼랑[pyʌraŋ]/ 절벽[tsʌlbyʌk̚]	바위돌 [pawidol]
三岔口	고모[komo]	고모부 [komobu]	모[mo]/ 무덤[mudʌm]	절벽[tsʌlbyʌk̚]	바위똘 [pawit'ol]
永豐	고모[komo]	고모부 [komobu]	묘[myo]	벼랑[pyʌraŋ]	바위[pawi]
和平	고무[komu]	작숙[tsak̚s^{h}uk̚]	모[mo]/ 무덤[mudʌm]	벼랑[pyʌraŋ]	바위[pawi]

雞林	고모[komo]	아즈바이 [adzɯbai]	모[mo]	절벽[tsʌlbyʌk̄]	바위[pawi]
明德	고모[komo]/ 아재[adzɛ]	고모부 [komobu]	모[mo]	벼랑[pyʌraŋ]	바윋똘 [pawit̄tol]
星火	고모[komo]	고모부 [komobu]	모[mo]	절벽[tsʌlbyʌk̄]	바위[pawi]
湯旺	고모[komo]	고모부 [komobu]	묘[myo]	벼랑[pyʌraŋ]	바위[pawi]
東明	고모[komo]	고모부 [komobu]	모[mo]	베랑[peraŋ]	바윋똘 [pawit̄tol]
年豐	고모[komo]	고모부 [komobu]	모[mo]	벼랑[pyʌraŋ]	큰바위 [kʰɯnbawi]/ 큰돌[kʰɯndol]
杏樹	고모[komo]	고모부 [komobu]	모[mo]	베랑[peraŋ]	바윋똘 [pawit̄tol]
吉興	고모[komo]	고모부 [komobu]	모[mo]	베랑[peraŋ]	바우[pau]
主星	고모[komo]	고모부 [komobu]	모[mo]/ 무덤[mudʌm]	벼랑[pyʌraŋ]	바위[pawi]
成富	고모[komo]	고모부 [komobu]	모[mo]	벼랑[pyʌraŋ]	바우[pau]
興和	고무[komu]	고모부 [komobu]	묘[myo]	벼랑[pyʌraŋ]	바위[pawi]

	돌	모래	흙	새벽	낮
迎蘭	돌[tol]	모새[mosʰɛ]	흑[hɯk̄]	새벽[sʰɛbyʌk̄]	낟[nat̄]
漁池	돌[tol]	모래[morɛ]	흑[hɯk̄]	새벽[sʰɛbyʌk̄]	낟[nat̄]/ 나지[nadzi]
河東	돌[tol]	모래[morɛ]	흑[hɯk̄]	새벽[sʰɛbyʌk̄]	낟[nat̄]
民樂	돌멩이 [tolmeŋi]	모래[morɛ]	흑[hɯk̄]	새벽[sʰɛbyʌk̄]	낟[nat̄]
臥龍	돌[tol]	모래[morɛ]	흑[hɯk̄]	새벽[sʰɛbyʌk̄]	낟[nat̄]/ 대낟[tɛnat̄]
江南	돌바이[tolbai]	모래[morɛ]	흑[hɯk̄]	새벽[sʰɛbyʌk̄]	낟[nat̄]/ 나지[nadzi]
海南	돌[tol]	모래[morɛ]	흑[hɯk̄]/ 흘기[hɯlgi]	새벽[sʰɛbyʌk̄]	낟[nat̄]/ 대낟[tɛnat̄]
新安	돌[tol]	모래[morɛ]	흑[hɯk̄]	새벽[sʰɛbyʌk̄]	나제[nadze]
三岔口	돌[tol]	모래[morɛ]	흑[hɯk̄]	새벽[sʰɛbyʌk̄]	낟[nat̄]/ 나지[nadzi]

永豐	돌[tol]	모새[mosʰɛ]	흑[hɯk̚]	새벽[sʰɛbyʌk̚]	낟[nat̚]
和平	돌[tol]	모래[morɛ]	흑[hɯk̚]	새벽[sʰɛbyʌk̚]	낟[nat̚]
雞林	돌[tol]	모래[morɛ]	흘기[hɯlgi]	새벽[sʰɛbyʌk̚]	낟[nat̚]
明德	돌[tol]	모래[morɛ]	흑[hɯk̚]	새벽[sʰɛbyʌk̚]	대낟[tɛnat̚]
星火	돌[tol]	모래[morɛ]	흑[hɯk̚]	새벽[sʰɛbyʌk̚]	낟[nat̚]
湯旺	돌[tol]	모래[morɛ]	흑[hɯk̚]	새벽[sʰɛbyʌk̚]	낟[nat̚]
東明	동맹이[toŋmɛŋi]	모래[morɛ]	흘기[hɯlgi]	새벡[sʰɛbek̚]	나제[nadze]
年豐	돌[tol]	모래[morɛ]	흑[hɯk̚]	새벽[sʰɛbyʌk̚]	낟[nat̚]
杏樹	짜가리[t'sagari]/자근돌[tsagɯndol]	모래[morɛ]	흑[hɯk̚]	새벽[sʰɛbyʌk̚]	낟[nat̚]
吉興	돌[tol]	모세[mosʰe]	흑[hɯk̚]	새벽[sʰɛbyʌk̚]	낟[nat̚]
主星	돌[tol]	모래[morɛ]	흑[hɯk̚]	새벽[sʰɛbyʌk̚]	낟[nat̚]
成富	돌[tol]	모새[mosʰɛ]	흘그[hɯlgɯ]	새벽[sʰɛbyʌk̚]	낟[nat̚]
興和	돌[tol]	모새[mosʰɛ]	흑[hɯk̚]	새벽[sʰɛbyʌk̚]	낟[nat̚]
	저녁	**노을**	**내일**	**글피**	**어제**
迎蘭	저녁[tsʌɲyʌk̚]	노을[nowl]	내일[nɛil]	글피[kɯlpʰi]	어지께[ʌdzik'e]
漁池	저녁[tsʌɲyʌk̚]	노을[nowl]	내일[nɛil]	글페[kɯlpʰe]	어제[ʌdze]
河東	저녁[tsʌɲyʌk̚]	노을[nowl]	내일[nɛil]	글피[kɯlpʰi]	어제[ʌdze]
民樂	저녁[tsʌɲyʌk̚]	노을[nowl]	네리[neri]	저모레[tsʌmore]	어제[ʌdze]
臥龍	저녁[tsʌɲyʌk̚]	노을[nowl]	내일[nɛil]	글페[kɯlpʰe]	어제[ʌdze]
江南	저녁[tsʌɲyʌk̚]	노을[nowl]	내일[nɛil]	글피[kɯlpʰi]	어제[ʌdze]
海南	저녁[tsʌɲyʌk̚]	노을[nowl]	내일[nɛil]	글페[kɯlpʰe]	어제[ʌdze]
新安	저녁[tsʌɲyʌk̚]	노을[nowl]	네일[neil]	글피[kɯlpʰi]	어제[ʌdze]
三岔口	저낙[tsʌnak̚]	노을[nowl]	내일[nɛil]	글페[kɯlpʰe]	어제[ʌdze]
永豐	저낙[tsʌnak̚]	노을[nowl]	내일[nɛil]	글페[kɯlpʰe]	어제[ʌdze]
和平	저녁[tsʌɲyʌk̚]	노을[nowl]	래일[rɛil]	글패[kɯlpʰɛ]	어제[ʌdze]
雞林	저녁[tsʌɲyʌk̚]	노을[nowl]	내일[nɛil]	글페[kɯlpʰe]	어제[ʌdze]
明德	저녁[tsʌɲyʌk̚]	노을[nowl]	내일[nɛil]	글패[kɯlpʰɛ]	어제[ʌdze]
星火	저녁[tsʌɲyʌk̚]	노을[nowl]	내일[nɛil]	글페[kɯlpʰe]	어제께[ʌdzek'e]
湯旺	저녁[tsʌɲyʌk̚]	노을[nowl]	내일[nɛil]	글피[kɯlpʰi]	어제[ʌdze]
東明	저녁[tsʌɲyʌk̚]	노을[nowl]	내리[nɛri]	글페[kɯlpʰe]	어제[ʌdze]

年豐	저녁[tsʌɲyʌk̓]	노을[noɯl]	내일[nɛil]	글피[kɯlp^{h}i]	어제[ʌdze]
杏樹	저녁[tsʌɲyʌk̓]	노을[noɯl]	내일[nɛil]	글피[kɯlp^{h}i]	어제[ʌdze]
吉興	저낙[tsʌnak̓]	노을[noɯl]	내일[nɛil]	글페[kɯlp^{h}e]	어제[ʌdze]
主星	저녁[tsʌɲyʌk̓]	노을[noɯl]	내일[nɛil]	후모레 [humore]	어제[ʌdze]
成富	저녁[tsʌɲyʌk̓]	노을[noɯl]	네리[neri]	글케[kɯlk^{h}e]	어제[ʌdze]
興和	저넉[tsʌnʌk̓]	노을[noɯl]	내일[nɛil]	걸페[kʌlp^{h}e]	어제[ʌdze]
	그저께	**그끄저께**	**요즈음**	**이슬비**	**소나기**
迎蘭	거지께 [kʌdzik̓e]	거거지께 [kʌgʌdzik̓e]	요새[yos^{h}ɛ]	보슬비 [pos^{h}ɯlbi]	소낙삐 [s^{h}onak̓p̓i]
漁池	그제[kɯdze]	그그제 [kɯgɯdze]	요사이[yos^{h}ai] /요매칠 [yomɛts^{h}il]	보슬비 [pos^{h}ɯlbi]/ 가람비 [karambi]	쏘나기 [s̓onagi]
河東	그저께 [kɯdzʌk̓e]	-	요사이[yos^{h}ai] /근래[kɯllɛ]	보슬비 [pos^{h}ɯlbi]	소나기 [s^{h}onagi]
民樂	아래[arɛ]	그그저께 [kɯgɯdzʌk̓e]	요즈메 [yodzɯme]/ 요새[yos^{h}ɛ]	까랑비 [k̓araŋbi]	쏘나기 [s̓onagi]
臥龍	그저께 [kɯdzʌk̓e]	그그저께 [kɯgɯdzʌk̓e]	요새[yos^{h}ɛ]	이슬[is^{h}ɯl]	소나기 [s^{h}onagi]
江南	그제께 [kɯdzek̓e]	-	요새[yos^{h}ɛ]	이슬[is^{h}ɯl]	소나기 [s^{h}onagi]
海南	그저께 [kɯdzʌk̓e]	그그저께 [kɯgɯdzʌk̓e]	요새[yos^{h}ɛ]	보슬비 [pos^{h}ɯlbi]	소낙비 [s^{h}onak̓bi]
新安	그저께 [kɯdzʌk̓e]	그그저께 [kɯgɯdzʌk̓e]	요새[yos^{h}ɛ]	이슬[is^{h}ɯl]	소낙비 [s^{h}onak̓bi]
三岔口	그저께 [kɯdzʌk̓e]	그그저께 [kɯgɯdzʌk̓e]	요지간 [yodzigan]	싸락비 [s̓arak̓bi]	소낙비 [s^{h}onak̓bi]
永豐	그저께 [kɯdzʌk̓e]	그그저께 [kɯgɯdzʌk̓e]	요줌[yodzum]	싸락비 [s̓arak̓bi]	소낙삐 [s^{h}onak̓p̓i]
和平	그저께 [kɯdzʌk̓e]	그그저께 [kɯgɯdzʌk̓e]	요즘[yodzɯm] /요매칠 [yomɛts^{h}il]/ 요새[yos^{h}ɛ]	보슬비 [pos^{h}ɯlbi]/ 이슬비[is^{h}ɯlbi]	소나기 [s^{h}onagi]
雞林	그저께 [kɯdzʌk̓e]	그그저께 [kɯgɯdzʌk̓e]	요새[yos^{h}ɛ]	싸락비 [s̓arak̓bi]	소나기 [s^{h}onagi]
明德	그저께 [kɯdzʌk̓e]	그그저께 [kɯgɯdzʌk̓e]	요지간 [yodzigan]	이슬비[is^{h}ɯlbi] /싸락비[s̓arak̓bi]	소낙비 [s^{h}onak̓bi]

星火	그저께 [kɯdzʌk̓e]	그그저께 [kɯgɯdzʌk̓e]	요줌[yodzum]	싸락삐 [s̓arak̓p̓i]	소나기 [sʰonagi]
湯旺	아래[arɛ]/ 그저께 [kɯdzʌk̓e]	-	요줌[yodzum]	이슬비 [isʰɯlbi]	소나기 [sʰonagi]
東明	그제[kɯdze]	그그저께 [kɯgɯdzʌk̓e]	요새[yosʰɛ]	이슬삐 [isʰɯlp̓i]	소나기 [sʰonagi]
年豐	그제[kɯdze]	그그제 [kɯgɯdze]	요며칠 [yomyʌtsʰil]/ 요즘[yodzɯm]	가랑비 [karaŋbi]	소나기 [sʰonagi]
杏樹	그저께 [kɯdzʌk̓e]	그그저께 [kɯgɯdzʌk̓e]	요며칠 [yomyʌtsʰil]/ 요새[yosʰɛ]	안개비[angɛbi]	소나기 [sʰonagi]
吉興	그저께 [kɯdzʌk̓e]	그그저께 [kɯgɯdzʌk̓e]	요새[yosʰɛ]	보슬비 [posʰɯlbi]	소나기 [sʰonagi]
主星	아래[arɛ]	그아래[kɯarɛ]	요쌔[yos̓ɛ]	가랑비[karaŋbi]	쏘나기[s̓onagi]
成富	그저께 [kɯdzʌk̓e]	그그저께 [kɯgɯdzʌk̓e]	조줨[tsodzwim] /요쌔[yos̓ɛ]	보슬비 [posʰɯlbi]	소낙비 [sʰonak̓bi]
興和	그저께 [kɯdzʌk̓e]	그그저께 [kɯgɯdzʌk̓e]	요즘[yodzɯm]	가랑비 [karaŋbi]	소낙비 [sʰonak̓bi]

	번개	벼락	우박	가을	겨울
迎蘭	번개[pʌngɛ]	우뢰[urwe]	우박[ubak̓]	가을[kaɯl]	겨울[kyʌul]
漁池	번개[pʌngɛ]	베락[perak̓]	우박[ubak̓]	가을[kaɯl]	겨울[kyʌul]
河東	번개[pʌngɛ]	천둥[tsʰʌnduŋ]	우박[ubak̓]	가을[kaɯl]	겨울[kyʌul]
民樂	번개[pʌngɛ]	뻬락[p̓erak̓]	우박[ubak̓]	가을[kaɯl]	겨울[kyʌul]
臥龍	번개[pʌngɛ]	우뢰[urwe]	우박[ubak̓]	가을[kaɯl]	겨울[kyʌul]
江南	번개[pʌngɛ]	우뢰[urwe]	우박[ubak̓]	가을[kaɯl]	겨울[kyʌul]
海南	번개[pʌngɛ]	우뢰[urwe]	우박[ubak̓]	가을[kaɯl]	겨울[kyʌul]
新安	번개[pʌngɛ]	우뢰[urwe]	우박[ubak̓]	가을[kaɯl]	겨울[kyʌul]
三岔口	번개[pʌngɛ]	우뢰[urwe]	우박[ubak̓]	가을[kaɯl]	겨울[kyʌul]
永豐	번개[pʌngɛ]	소낙소리 [sʰonak̓sʰori]	우박[ubak̓]	가을[kaɯl]	겨울[kyʌul]
和平	번개[pʌngɛ]	벼락[pyʌrak̓]	우박[ubak̓]/ 박자[pak̓dza]	가을[kaɯl]	겨울[kyʌul]
雞林	번개[pʌngɛ]	소나기소리 [sʰonagisʰori]	우박[ubak̓]	가을[kaɯl]	동삼[toŋsʰam]
明德	번개[pʌngɛ]	벼락[pyʌrak̓]	우박[ubak̓]	가을[kaɯl]	겨울[kyʌul]/ 동삼[toŋsʰam]

星火	번개[pʌngɛ]	벼락[pyʌrak̚]	우박[ubak̚]	가을[kaɯl]	겨울[kyʌul]
湯旺	번개[pʌngɛ]	벼락[pyʌrak̚]	우박[ubak̚]	가을[kaɯl]	겨울[kyʌul]
東明	번개[pʌngɛ]	벼락[pyʌrak̚]	우박[ubak̚]	가을[kaɯl]	겨울[kyʌul]/ 껴울[k̚yʌul]
年豐	번개[pʌngɛ]	벼락[pyʌrak̚]	우박[ubak̚]	가을[kaɯl]	겨울[kyʌul]/ 동삼[toŋsʰam]
杏樹	번게[pʌnge]	베락[perak̚]	우박[ubak̚]/ 박자[pak̚dza]	가을[kaɯl]	겨울[kyʌul]/ 동삼[toŋsʰam]
吉興	번개[pʌngɛ]	베락[perak̚]	박재[pak̚dzɛ]	가슬[kasʰɯl]	동삼[toŋsʰam]
主星	번개[pʌngɛ]	벼락[pyʌrak̚]	우박[ubak̚]	가슬[kasʰɯl]	겨울[kyʌul]
成富	번개[pʌngɛ]	베락[perak̚]	우박[ubak̚]	가을[kaɯl]	겨울[kyʌul]
興和	번개[pʌngɛ]	벼락[pyʌrak̚]	우박[ubak̚]	가을[kaɯl]	겨울[kyʌul]

	회오리바람	먼지	구석	위	아래
迎蘭	돌개바람 [tolgɛbaram]	문지[mundzi]	구벅[kubʌk̚]	우에[ue]	미터[mitʰʌ]
漁池	돌개바람 [tolgɛbaram]	먼지[mʌndzi]	구석[kusʰʌk̚]	우에[ue]	미테[mitʰe]
河東	돌개바람 [tolgɛbaram]/ 회오리바람 [hweoribaram]	먼지[mʌndzi]	구석[kusʰʌk̚]	우[u]	아래[arɛ]
民樂	돌개바람 [tolgɛbaram]	먼지[mʌndzi]	구석[kusʰʌk̚]	우[u]	미테[mitʰe]
臥龍	돌개바람 [tolgɛbaram]	먼지[mʌndzi]	구석[kusʰʌk̚]	우에[ue]	미테[mitʰe]
江南	돌개바람 [tolgɛbaram]	문지[mundzi]	구지게 [kudzige]	우에[ue]	아래[arɛ]
海南	돌개바람 [tolgɛbaram]	먼지[mʌndzi]	구석[kusʰʌk̚]	우에[ue]	아래[arɛ]
新安	회오리바람 [hweoribaram]	문지[mundzi]	구벅[kubʌk̚]	우에[ue]	아래[arɛ]
三岔口	돌개바람 [tolgɛbaram]	문지[mundzi]	구벅[kubʌk̚]	우[u]	아래[arɛ]
永豐	돌개바람 [tolgɛbaram]	문지[mundzi]	구석[kusʰʌk̚]	우에[ue]	미테[mitʰe]
和平	돌개바람 [tolgɛbaram]	먼지[mʌndzi]	구석[kusʰʌk̚]	우[u]	믿[mit̚]
雞林	돌개바람	문지[mundzi]	구석[kusʰʌk̚]	우에[ue]	믿[mit̚]

	[tolgɛbaram]				
明德	돌개바람 [tolgɛbaram]	먼지[mʌndzi]	구벅[kubʌk̚]/ 구석[kusʰʌk̚]	우[u]	믿[mit̚]
星火	돌개바람 [tolgɛbaram]	문지[mundzi]	구석[kusʰʌk̚]	우에[ue]	미테[mitʰe]
湯旺	돌개바람 [tolgɛbaram]	먼지[mʌndzi]	구석[kusʰʌk̚]	우[u]	미테[mitʰe]
東明	돌개바람 [tolgɛbaram]	먼지[mʌndzi]	구석[kusʰʌk̚]	우[u]	아래[arɛ]
年豐	돌개바람 [tolgɛbaram]	먼지[mʌndzi]	구석[kusʰʌk̚]	우[u]	믿[mit̚]
杏樹	돌개바람 [tolgɛbaram]	문지[mundzi]	구석[kusʰʌk̚]	우[u]	믿[mit̚]
吉興	돌개바람 [tolgɛbaram]	문지[mundzi]	구석[kusʰʌk̚]	우에[ue]	미테[mitʰe]
主星	돌개바람 [tolgɛbaram]	먼지[mʌndzi]	구석[kusʰʌk̚]	우[u]	믿[mit̚]
成富	돌갠빠람 [tolgɛt̚p̚aram]	먼지[mʌndzi]	구석[kusʰʌk̚]	우[u]	믿[mit̚]
興和	돌개바람 [tolgɛbaram]	먼지[mʌndzi]	구석[kusʰʌk̚]	위[wi]	믿[mit̚]

	엽	모퉁이	어디	고기	생선
迎蘭	여파리 [yʌpʰari]	길구벅 [kilgupʌk̚]	어데[ʌde]	고기[kogi]	바다꼬기 [padak̚ogi]
漁池	여페[yʌpʰe]	모서리 [mosʰʌri]/ 모퉁이 [motʰuŋi]	어디[ʌdi]	바닫꼬기 [padat̚k̚ogi]	생선[sʰɛŋsʰʌn]
河東	여페[yʌpʰe]	모퉁이 [motʰuŋi]	어디[ʌdi]	고기[kogi]	생선[sʰɛŋsʰʌn] /해물[hɛmul]
民樂	여페[yʌpʰe]	모퉁이 [motʰuŋi]	어데[ʌde]	물꼬기 [mulk̚ogi]	해물[hɛmul]
臥龍	여페[yʌpʰe]	모서리[mosʰʌri]	어디[ʌdi]	고기[kogi]	해물[hɛmul]
江南	여페[yʌpʰe]	모퉁이 [motʰuŋi]	어데[ʌde]	고기[kogi]	바다꼬기 [padak̚ogi]
海南	엽[yʌp̚]/ 여페[yʌpʰe]	모퉁이 [motʰuŋi]	어디[ʌdi]	물꼬기 [mulk̚ogi]	해에[hɛe]
新安	여카레 [yʌkʰare]	여칼[yʌkʰal]/ 모퉁이[motʰuŋi]	어디[ʌdi]	고기[kogi]	해변꼬기 [hɛbyʌnk̚ogi]

三岔口	여페[yʌp^{h}e]/ 여카레 [yʌk^{h}are]	모퉁이 [mot^{h}uŋi]	어디[ʌdi]	고기[kogi]	바다고기 [padagogi]
永豐	여파리 [yʌp^{h}ari]	모소리 [mos^{h}ori]	어디[ʌdi]	물꼬기 [mulk̍ogi]	해변고기 [hɛbyʌngogi]/ 바닫고기 [padat̚gogi]
和平	엽[yʌp̚]	모소리 [mos^{h}ori]	어디[ʌdi]	물꼬기 [mulk̍ogi]	바단물꼬기 [padanmulk̍ogi]
雞林	여페[yʌp^{h}e]	귀띠[kwit̍i]	어디[ʌdi]	물꼬기 [mulk̍ogi]	물꼬기 [mulk̍ogi]
明德	여파레 [yʌp^{h}are]	모소리 [mos^{h}ori]	어디[ʌdi]	물꼬기 [mulk̍ogi]	바닫꼬기 [padat̚k̍ogi]
星火	여페[yʌp^{h}e]	모소리 [mos^{h}ori]	어딜[ʌdil]	고기[kogi]	해물꼬기 [hɛmulk̍ogi]
湯旺	여페[yʌp^{h}e]	모퉁이 [mot^{h}uŋi]	어데[ʌde]	물꼬기 [mulk̍ogi]	바다꼬기 [padak̍ogi]
東明	여가래[yʌgarɛ] /여페[yʌp^{h}e]	모서리 [mos^{h}ʌri]	어디[ʌdi]	물꼬기 [mulk̍ogi]	바닫꼬기 [padat̚k̍ogi]
年豐	엽[yʌp̚]	모퉁이 [mot^{h}uŋi]	어디[ʌdi]	물꼬기 [mulk̍ogi]	바다고기 [padagogi]
杏樹	엽[yʌp̚]/ 여가래[yʌgarɛ]	모서리 [mos^{h}ʌri]	어디[ʌdi]	물꼬기 [mulk̍ogi]	바다고기 [padagogi]/ 해물[hɛmul]
吉興	여파리 [yʌp^{h}ari]	모퉁이 [mot^{h}uŋi]	어디[ʌdi]	고기[kogi]	바다꼬기 [padak̍ogi]
主星	엽[yʌp̚]	모서리 [mos^{h}ʌri]	어데[ʌde]	물고기 [mulgogi]	해물[hɛmul]/ 바다고기 [padagogi]
成富	여가레 [yʌgare]	모퉁이 [mot^{h}uŋi]	어디[ʌdi]	물꼬기 [mulk̍ogi]	바다물꼬기 [padamulk̍ogi]
興和	엽[yʌp̚]	모퉁이 [mot^{h}uŋi]	어데[ʌde]	고기[kogi]	바다고기 [padagogi]/ 생선[s^{h}ɛŋs^{h}ʌn]

	민물고기	미끼	지느러미	창자	미꾸라지
迎蘭	물꼬기 [mulk̍ogi]	지렁이[tsirʌŋi] /미끼[mik̍i]	물꼬기날개 [mulk̍oginalgɛ]	벨[pel]	미꾸락찌 [mik̍urak̍t̍si]
漁池	민물고기 [minmulgogi]	미끼[mik̍i]	지느레미 [tsinɯremi]	밸[pɛl]	미꾸라지 [mik̍uradzi]
河東	민물꼬기	미끼[mik̍i]	지느레미	창자[ts^{h}aŋdza]	미꾸라지

	[minmulk̕ogi]		[tsinɯremi]		[mik̕uradzi]
民樂	물꼬기 [mulk̕ogi]	미끼[mik̕i]	지느러미 [tsinɯrʌmi]	배꼽[pεk̕op̚]	미꾸라지 [mik̕uradzi]
臥龍	민물고기 [minmulgogi]	미끼[mik̕i]	지느러미 [tsinɯrʌmi]	배리[pεri]	미꾸리 [mik̕uri]
江南	민물꼬기 [minmulk̕ogi]	미끼[mik̕i]	날개[nalgε]	밸[pεl]	미꾸라지 [mik̕uradzi]
海南	민물고끼 [minmulgok̕i]	미끼[mik̕i]	지느르미 [tsinɯrɯmi]	밸[pεl]	미꾸라지 [mik̕uradzi]
新安	민물꼬기 [minmulk̕ogi]	고기머기 [kogimʌgi]/ 미끼[mik̕i]	지느레미 [tsinɯremi]	배리[pεri]	미꾸라지 [mik̕uradzi]
三岔口	민물고기 [minmulgogi]	미끼[mik̕i]	날개[nalgε]	배리[pεri]	뱀쫑대 [pεmt̕soŋdε]
永豐	도랑고기 [toraŋgogi]	지레[tsire]	지러미 [tsirʌmi]	벨[pel]	찡구뱀 [t̕siŋgubεm]
和平	민물꼬기 [minmulk̕ogi]	미끼[mik̕i]	지느러미 [tsinɯrʌmi]	밸[pεl]	찡구매 [t̕siŋgumε]
雞林	물꼬기 [mulk̕ogi]	미끼[mik̕i]	날개[nalgε]	벨[pel]	찡그매 [t̕siŋgɯmε]
明德	강에 고기 [kaŋe gogi]	미끼[mik̕i]	날개[nalgε]	배리[pεri]	찡구매 [t̕siŋgumε]
星火	강꼬기 [kaŋk̕ogi]	지레[tsire]	지느러미 [tsinɯrʌmi]	벨[pel]	찐구매 [t̕singumε]
湯旺	강꼬기 [kaŋk̕ogi]	지렁이[tsirʌŋi] /미끼[mik̕i]	지느레미 [tsinɯremi]	벨[pel]	미꾸라지 [mik̕uradzi]
東明	물꼬기 [mulk̕ogi]	미끼[mik̕i]	기느러미 [kinɯrʌmi]	벨[pel]	미꾸라지 [mik̕uradzi]
年豐	맹물고기 [mεŋmulgogi]	메끼[mek̕i]	날개[nalgε]/꼬 랑지[k̕oraŋdzi]	밸[pεl]	미꾸라지 [mik̕uradzi]
杏樹	민물꼬기 [minmulk̕ogi]	미끼[mik̕i]	날개[nalgε]	밸[pεl]	미꾸리 [mik̕uri]
吉興	물꼬기 [mulk̕ogi]	미끼[mik̕i]	지러미 [tsirʌmi]	벨[pel]	미꾸라지 [mik̕uradzi]
主星	강에고기 [kaŋegogi]/ 강꼬기 [kaŋk̕ogi]	미끼[mik̕i]	지느러미 [tsinɯrʌmi]	창자[tsʰaŋdza]	미꾸라지 [mik̕uradzi]
成富	민물꼬기	미끼[mik̕i]	날개[nalgε]	밸[pεl]	미꾸라지

	[minmulk̓ogi]				[mik̓uradzi]
興和	민물고기 [minmulgogi]	미끼[mik̓i]	날개[nalgɛ]	밸[pɛl]	미꾸라지 [mik̓uradzi]
	올챙이	개구리	두꺼비	젓	갈치
迎蘭	올채이 [oltsʰɛi]	개구리[kɛguri]	두깨비[tuk̓ɛbi]	새비젙 [sʰɛbitsʌt̚]	칼치[kʰaltsʰi]
漁池	올챙이 [oltsʰɛŋi]	개구리[kɛguri]	두꺼비[tuk̓ʌbi]	명난젙 [myʌŋnandzʌt̚] /명난 [myʌŋnan]	칼치[kʰaltsʰi]
河東	올챙이 [oltsʰɛŋi]	개구리[kɛguri]	뚜꺼비[t̓uk̓ʌbi]	젙[tsʌt̚]	칼치[kʰaltsʰi]
民樂	올챙이 [oltsʰɛŋi]	깨구리[k̓ɛguri]	뚜꺼비[t̓uk̓ʌbi]	젙[tsʌt̚]	칼치[kʰaltsʰi]
臥龍	올챙이 [oltsʰɛŋi]	깨구리[k̓ɛguri]	뚜꺼비[t̓uk̓ʌbi]	저지[tsʌdzi]	칼치[kʰaltsʰi]
江南	올챙이 [oltsʰɛŋi]	깨구리[k̓ɛguri]	뚜께비[t̓uk̓ebi]	젙[tsʌt̚]	칼치[kʰaltsʰi]
海南	올챙이 [oltsʰɛŋi]	개구리[kɛguri]	두꺼비[tuk̓ʌbi]	젙[tsʌt̚]	칼치[kʰaltsʰi]
新安	올챙이 [oltsʰɛŋi]	깨꾸락찌 [k̓ɛk̓urak̓t̓si]	뚜꺼비[t̓uk̓ʌbi]	젙[tsʌt̚]/ 저지[tsʌdzi]	칼치[kʰaltsʰi]
三岔口	올채[oltsʰɛ]	개구리[kɛguri]	두껑이[tuk̓ʌŋi]	저지[tsʌdzi]	칼치[kʰaltsʰi]
永豐	올채[oltsʰɛ]	개구리[kɛguri]	뚜깨비[t̓uk̓ɛbi]	새우젙 [sʰɛutsʌt̚]	칼치[kʰaltsʰi]
和平	올챙이 [oltsʰɛŋi]	깨구리[k̓ɛguri]	뚜깨비[t̓uk̓ɛbi]	젙[tsʌt̚]	칼치[kʰaltsʰi]
雞林	올채[oltsʰɛ]	개구락찌 [kɛgurak̓t̓si]	똥깨구리 [t̓oŋk̓ɛguri]/ 두테비[tutʰebi]	새비젙 [sʰɛbitsʌt̚]	칼치[kʰaltsʰi]
明德	올채[oltsʰɛ]	개구리[kɛguri]	두테비[tutʰebi]	젙깔[tsʌt̚k̓al]	칼치[kʰaltsʰi]
星火	올챙이 [oltsʰɛŋi]	개구리[kɛguri]	뚜꺼비[t̓uk̓ʌbi]	새비젙 [sʰɛbitsʌt̚]	칼치[kʰaltsʰi]
湯旺	올챙이 [oltsʰɛŋi]	깨구리[k̓ɛguri]	두더기[tudʌgi]	젙깔[tsʌt̚k̓al]	칼치[kʰaltsʰi]
東明	올채[oltsʰɛ]	깨구리[k̓ɛguri]	하마[hama]	젙[tsʌt̚]	칼치[kʰaltsʰi]
年豐	올챙이 [oltsʰɛŋi]	개구리[kɛguri]	뚜꺼비[t̓uk̓ʌbi]	적갈[tsʌk̓gal]/ 젙[tsʌt̚]	칼치[kʰaltsʰi]
杏樹	올채[oltsʰɛ]/	개구리[kɛguri]	뚜깨비[t̓uk̓ɛbi]	젙[tsʌt̚]	칼치[kʰaltsʰi]

	올챙이 [oltsʰɛŋi]				
吉興	올채[oltsʰɛ]	개구리[kɛguri]	뚜께비[t͈uk͈ebi]	새비전 [sʰɛbitsʌt̚]	칼치[kʰaltsʰi]
主星	올챙이 [oltsʰɛŋi]	깨구리[k͈ɛguri]	뚜꺼비[t͈uk͈ʌbi]	전[tsʌt̚]	칼치[kʰaltsʰi]
成富	올챙이 [oltsʰɛŋi]	개구락지 [kɛgurak͈dzi]/ 개구리[kɛguri]	두께비[tuk͈ebi]	전[tsʌt̚]	칼치[kʰaltsʰi]
興和	올챙이 [oltsʰɛŋi]	개구리[kɛguri]	두꺼비[tuk͈ʌbi]	전[tsʌt̚]	칼치[kʰaltsʰi]

	가오리	게	새우	우렁이	달팽이
迎蘭	-	게[ke]	새비[sʰɛbi]	골배이[kolbɛi]	달팽이 [talpʰɛŋi]
漁池	가오리[kaori]	게[ke]	새우[sʰɛu]/ 새비[sʰɛbi]	우렁[urʌŋ]	달팽이 [talpʰɛŋi]
河東	가오리[kaori]	게[ke]	새우[sʰɛu]	골뱅이 [kolbɛŋi]	달팽이 [talpʰɛŋi]
民樂	가제미 [kadzemi]	게[ke]	새우[sʰɛu]	골뱅이 [kolbɛŋi]	골뱅이 [kolbɛŋi]
臥龍	가재미 [kadzɛmi]	게[ke]	새비[sʰɛbi]	골배[kolbɛ]	달팽이 [talpʰɛŋi]
江南	-	게[ke]	세비[sʰebi]	골배[kolbɛ]	골배[kolbɛ]
海南	가재미 [kadzɛmi]	게이[kei]	새비[sʰɛbi]	우렁이[urʌŋi]	달팽이 [talpʰɛŋi]
新安	가우리[kauri]	게[ke]	새비[sʰɛbi]/ 새우[sʰɛu]	골배[kolbɛ]	달팽이 [talpʰɛŋi]
三岔口	-	게[ke]	새비[sʰɛbi]	달팽이 [talpʰɛŋi]	달팽이 [talpʰɛŋi]
永豐	가재미 [kadzɛmi]	게[ke]	새비[sʰɛbi]	골배[kolbɛ]	달패[talpʰɛ]
和平	-	게[ke]	새우[sʰɛu]	골배[kolbɛ]	골배[kolbɛ]
雞林	-	게[ke]	새비[sʰɛbi]/ 까재[k͈adzɛ]	골배[kolbɛ]	골배[kolbɛ]
明德	가재미 [kadzɛmi]	게[ke]	새비[sʰɛbi]	골배[kolbɛ]	골배[kolbɛ]
星火	가재미 [kadzɛmi]	게[ke]	새비[sʰɛbi]	골배[kolbɛ]	달팽이 [talpʰɛŋi]
湯旺	-	게[ke]	새우[sʰɛu]	골뱅이[kolbɛŋi]	-

東明	-	게[ke]	새비[sʰɛbi]	골페[kolpʰe]	당팽이[taŋpʰɛŋi]/달페[talpʰe]
年豐	-	게[ke]	새우[sʰɛu]/새비[sʰɛbi]	골배[kolbɛ]	달팽이[talpʰɛŋi]
杏樹	가재미[kadzɛmi]	게[ke]	새비[sʰɛbi]	골배[kolbɛ]	달패이[talpʰɛi]
吉興	-	게[ke]	새비[sʰɛbi]	골배[kolbɛ]	달패[talpʰɛ]
主星	-	게[ke]	새우[sʰɛu]	고디[kodi]	달팽이[talpʰɛŋi]
成富	-	게[ke]	새비[sʰɛbi]	골배[kolbɛ]	달팽이[talpʰɛŋi]
興和	가오리[kaori]	개[kɛ]	새우[sʰɛu]	골배이[kolbɛi]	골배이[kolbɛi]

	서캐	벼룩	모기	파리	구더기
迎蘭	쓰가리[śɯgari]	배루기[pɛrugi]	모기[mogi]	파리[pʰari]	구데이[kudei]
漁池	서캐[sʰʌkʰɛ]	벼루기[pyʌrugi]	모기[mogi]	파리[pʰari]	구더기[kudʌgi]
河東	써캐[śʌkʰɛ]	벼룩[pyʌruk̚]	모기[mogi]	파리[pʰari]	구더기[kudʌgi]
民樂	쌔가리[śɛgari]	베루기[perugi]	모기[mogi]	파리[pʰari]	구데기[kudegi]
臥龍	써개[śʌgɛ]	베루기[perugi]	모기[mogi]	파리[pʰari]	구데기[kudegi]
江南	써개[śʌgɛ]	베루기[perugi]	모기[mogi]	파리[pʰari]	구뎅이[kudeŋi]
海南	써개[śʌgɛ]	베루기[perugi]	모기[mogi]	파리[pʰari]	구데기[kudegi]
新安	써개[śʌgɛ]	베루기[perugi]	모기[mogi]	파리[pʰari]	구데기[kudegi]
三岔口	써개[śʌgɛ]	빈데[pinde]	모기[mogi]	파리[pʰari]	구덩이[kudʌŋi]
永豐	써개[śʌgɛ]	베루기[perugi]	모기[mogi]	파리[pʰari]	구데기[kudegi]
和平	써개[śʌgɛ]	베루기[perugi]	모기[mogi]	파리[pʰari]	구대기[kudɛgi]
雞林	써개[śʌgɛ]	베루기[perugi]	모기[mogi]	파리[pʰari]	구데기[kudegi]
明德	써개[śʌgɛ]	베루기[perugi]	모기[mogi]	파리[pʰari]	구데기[kudegi]
星火	써개[śʌgɛ]	베루기[perugi]	모기[mogi]	파리[pʰari]	구더기[kudʌgi]
湯旺	시캐[ɕikʰɛ]	벼룩[pyʌruk̚]	모기[mogi]	파리[pʰari]	구더기[kudʌgi]
東明	써개[śʌgɛ]	베루기[perugi]	모기[mogi]	파리[pʰari]	구대기[kudɛgi]
年豐	써가이[śʌgai]/써개[śʌgɛ]	베루기[perugi]	모기[mogi]	파리[pʰari]	구데기[kudegi]
杏樹	써개[śʌgɛ]	빈대[pindɛ]	모기[mogi]	파리[pʰari]	구대기[kudɛgi]
吉興	써개[śʌgɛ]	베루기[perugi]	모기[mogi]	파리[pʰari]	구데기[kudegi]
主星	쌔가리[śɛgari]	벼루기[pyʌrugi]	모기[mogi]	파리[pʰari]	구데기[kudegi]

成富	써개[s'ʌgɛ]	베루기[perugi]	모기[mogi]	파리[p^{h}ari]	구데기[kudegi]
興和	서게[s^{h}ʌge]	벼루기[pyʌrugi]	모기[mogi]	파리[p^{h}ari]	구더기[kudʌgi]

	지렁이	**거머리**	**벌레**	**진딧물**	**거미**
迎蘭	지렁이[tsirʌŋi]	거마리[kʌmari]	벌거지[pʌlgʌdzi]	-	거미[kʌmi]
漁池	지렁이[tsirʌŋi]	거마리[kʌmari]	벌레[pʌlle]	진디[tsindi]	거미[kʌmi]
河東	지렁이[tsirʌŋi] /지레[tsire]	거마리 [kʌmari]	벌레[pʌlle]	진딘물 [tsindinmul]	거미[kʌmi]
民樂	지렁이 [tsirʌŋi]	거마리 [kʌmari]	벌거지[pʌlgʌdzi] /벌레[pʌlle]	찐드기 [ts'induɯgi]	거미[kʌmi]
臥龍	지레[tsire]	거마리 [kʌmari]	벌거지 [pʌlgʌdzi]	뜸[t'ɯm]	거미[kʌmi]
江南	지레[tsire]	거마리[kʌmari]	벌레[pʌlle]	뛰미[t'wimi]	거미[kʌmi]
海南	지레[tsire]	거마리[kʌmari]	벌레[pʌlle]	뜸[t'ɯm]	거미[kʌmi]
新安	지레[tsire]	거마리[kʌmari]	벌레[pʌlle]	뜸[t'ɯm]	거미[kʌmi]
三岔口	지레[tsire]	거마리 [kʌmari]	벌거지 [pʌlgʌdzi]	뜸[t'ɯm]	거미[kʌmi]
永豐	지레[tsire]	거마리 [kʌmari]	벌거지 [pʌlgʌdzi]	-	거미[kʌmi]
和平	지렁이 [tsirʌŋi]	거머리[kʌmʌri] /거마리 [kʌmari]	벌거지 [pʌlgʌdzi]	잔태미 [tsant^{h}ɛmi]	거미[kʌmi]
雞林	지레[tsire]	거마리 [kʌmari]	벌거지 [pʌlgʌdzi]	진디[tsindi]	거미[kʌmi]
明德	지레[tsire]	거마리 [kʌmari]	벌거지 [pʌlgʌdzi]	듬[tɯm]/ 뜸[t'ɯm]	거미[kʌmi]
星火	지레[tsire]	거마리 [kʌmari]	벌거지 [pʌlgʌdzi]	진더기 [tsindʌgi]	거미[kʌmi]
湯旺	지렁이 [tsirʌŋi]	거마리 [kʌmari]	벌거지 [pʌlgʌdzi]	진데머리 [tsindemʌri]	거미[kʌmi]
東明	지래[tsirɛ]	거마리 [kʌmari]	벌거지 [pʌlgʌdzi]	진디[tsindi]	거미[kʌmi]
年豐	지렁이 [tsirʌŋi]	거마리 [kʌmari]	벌거지[pʌlgʌdzi] /벌레[pʌlle]	채소벌레 [ts^{h}ɛs^{h}opʌlle]	거미[kʌmi]
杏樹	지레[tsire]	거마리 [kʌmari]	벌거지 [pʌlgʌdzi]	진디[tsindi]	거미[kʌmi]
吉興	지레[tsire]	거마리 [kʌmari]	벌거지 [pʌlgʌdzi]	진더기 [tsindʌgi]	거미[kʌmi]
主星	지레이[tsirei]	거마리	벌거지	진더기	거미[kʌmi]

		[kʌmari]	[pʌlgʌdzi]	[tsindʌgi]	
成富	지렁이 [tsirʌŋi]	거마리 [kʌmari]	벌레[pʌlle]	뜸[tɯm]	거미[kʌmi]
興和	지렝이 [tsireŋi]	거마리 [kʌmari]	벌거지 [pʌlgʌdzi]	짐[tsim]	거무[kʌmu]
	여치	**소금쟁이**	**반딧불**	**벌**	**황소**
迎蘭	연치[yʌnts^{h}i]	소금재 [s^{h}ogɯmdzɛ]	개똥벌레 [kɛ́toŋbʌlle]	벌[pʌl]	황소[hwaŋs^{h}o]
漁池	연치[yʌnts^{h}i]	물벌거지 [mulbʌlgʌdzi]	반디[pandi]/반딛뿔[pandiṕul]	벌[pʌl]	황소[hwaŋs^{h}o]
河東	연치[yʌnts^{h}i]	고숨도치 [kos^{h}umdots^{h}i]	반딛뿔 [pandiṕul]	벌[pʌl]	황소[hwaŋs^{h}o]
民樂	연치[yʌnts^{h}i]	소금장사 [s^{h}ogɯmdzaŋs^{h}a]	개똥벌레 [kɛ́toŋbʌlle]	벌[pʌl]	황소[hwaŋs^{h}o]
臥龍	찔리깨 [tśiʎʎiḱɛ]	물파리 [mulp^{h}ari]	반딛뿔 [pandiṕul]/ 개똥벌레 [kɛ́toŋbʌlle]	버리[pʌri]	황소[hwaŋs^{h}o]
江南	-	물거미 [mulgʌmi]	개똥벌레 [kɛ́toŋbʌlle]	버리[pʌri]	황소[hwaŋs^{h}o]
海南	찔리깨 [tśiʎʎiḱɛ]	방아깨비 [paŋaḱɛbi]	반딛뿔 [pandiṕul]/ 개똥벌레 [kɛ́toŋbʌlle]	벌[pʌl]	숟소[s^{h}ut͡s^{h}o]
新安	찔리깨 [tśiʎʎiḱɛ]	물방아 [mulbaŋa]	반딛뿔 [pandiṕul]	벌[pʌl]	둥소[s^{h}ut͡s^{h}o]
三岔口	찌르개 [tśirɯgɛ]	물방아 [mulbaŋa]	개똥벌레 [kɛ́toŋbʌlle]	벌[pʌl]	둥굴쇠 [tuŋguls^{h}we]
永豐	귀뚜라미 [kwit́urami]	물방아 [mulbaŋa]	개똥벌레 [kɛ́toŋbʌlle]	벌[pʌl]	황소[hwaŋs^{h}o]
和平	연치[yʌnts^{h}i]	소곰재 [s^{h}ogomdzɛ]	개똥벌레 [kɛ́toŋbʌlle]	벌[pʌl]	황소[hwaŋs^{h}o]
雞林	베짱이 [petśaŋi]	물방아 [mulbaŋa]	개똥불 [kɛ́toŋbul]	버리[pʌri]	황소[hwaŋs^{h}o]
明德	찔르깨 [tśiʎʎɯḱɛ]	물방아 [mulbaŋa]	개똥벌레 [kɛ́toŋbʌlle]	벌[pʌl]	숟소[s^{h}ut͡s^{h}o]
星火	귀뚜라미 [kwit́urami]	물방아 [mulbaŋa]	개똥벌레 [kɛ́toŋbʌlle]	벌[pʌl]	황소[hwaŋs^{h}o]
湯旺	귀뚜라미	소금쟁이	개똥벌레	벌[pʌl]	황소[hwaŋs^{h}o]

	[kwit'urami]	[sʰogɯmdzɛŋi]	[ke't'oŋbʌlle]		
東明	찌르레기 [t'sirɯregi]	물방아 [mulbaŋa]	반딛뿔 [pandip'ul]/ 반디뻘레 [pandip'ʌlle]	벌[pʌl]	숟소[sʰut'sʰo]
年豐	찌러기 [t'sirʌgi]	소금쟁이 [sʰogɯmdzɛŋi]	개똥벌레 [ke't'oŋbʌlle]	벌[pʌl]	수소[sʰusʰo]
杏樹	-	-	개똥벌레 [ke't'oŋbʌlle]	벌[pʌl]	황소[hwaŋsʰo]
吉興	귀뚜라미 [kwit'urami]/ 매미[mɛmi]	소방아 [sʰobaŋa]	새똥벌레 [sʰɛ't'oŋbʌlle]	벌[pʌl]	황소[hwaŋsʰo]
主星	연치[yʌntsʰi]	-	개똥벌레 [ke't'oŋbʌlle]	벌[pʌl]	황소[hwaŋsʰo]
成富	찔륵개 [t'siʎʎɯk'gɛ]	-	똥뻘레 [t'oŋp'ʌlle]	벌[pʌl]	숟소[sʰut'sʰo]
興和	메뚜기 [met'ugi]	소금재이 [sʰogɯmdzɛi]	-	벌[pʌl]	황소[hwaŋsʰo]
	암소	**송아지**	**멍애**	**외양간**	**고양이**
迎蘭	암소[amsʰo]	소새끼 [sʰosʰɛk'i]	멍애[mʌŋɛ]	마우깐 [mauk'an]	고내[konɛ]
漁池	암소[amsʰo]	송아지 [sʰoŋadzi]	멍애[mʌŋɛ]	우사깐 [usak'an]	고양이 [koyaŋi]
河東	암소[amsʰo]	송아지 [sʰoŋadzi]/ 소쌔끼[sʰo's'ɛk'i]	멍애[mʌŋɛ]	마구깐 [maguk'an]	고양이 [koyaŋi]
民樂	암소[amsʰo]	송아지 [sʰoŋadzi]	멍에[mʌŋe]	마구깐 [maguk'an]	꼬내기 [k'onɛgi]
臥龍	암소[amsʰo]	송아지 [sʰoŋadzi]	멍에[mʌŋe]	마구깐 [maguk'an]	고애[koɛ]
江南	암소[amsʰo]	송아지 [sʰoŋadzi]	멍지[mʌŋdzi]	오양깐 [oyaŋk'an]	고양이 [koyaŋi]
海南	암소[amsʰo]	송아지 [sʰoŋadzi]/ 망아지 [maŋadzi]	멍에[mʌŋe]	오양깐 [oyaŋk'an]	고양이[koyaŋi] /고애[koɛ]
新安	암커[amkʰʌ]/ 암쏘[am's'o]	송아지 [sʰoŋadzi]/ 망아지 [maŋadzi]	우양재 [uyaŋdzɛ]	외양깐 [weyaŋk'an]	고내[konɛ]

三岔口	암쇠[ams^{h}we]	송아지 [s^{h}oŋadzi]	멍지[mʌŋdzi]	소구쉬 [s^{h}oguʃwi]	고양이 [koyaɲi]
永豐	암소[ams^{h}o]	소새끼 [s^{h}os^{h}ɛḱi]	멍지[mʌŋdzi]	소마우깐 [s^{h}omauḱan]	고양이 [koyaɲi]
和平	암소[ams^{h}o]	송아지 [s^{h}oŋadzi]	멍애[mʌŋɛ]	외양깐 [weyaŋḱan]	고애[koyɛ]
雞林	암소[ams^{h}o]	소새끼 [s^{h}os^{h}ɛḱi]	소위양재 [s^{h}owiyaŋdzɛ]	위사칸 [wisaḱan]	고에[koe]
明德	암소[ams^{h}o]	송아지 [s^{h}oŋadzi]	유양재 [yuyaŋdzɛ]/ 멍지[mʌŋdzi]	우사칸 [usak^{h}an]/ 오양깐 [oyaŋḱan]	고애[koyɛ]
星火	암소[ams^{h}o]	송아지 [s^{h}oŋadzi]	멍예[mʌŋye]	우사칸 [usak^{h}an]	고내[konɛ]
湯旺	암소[ams^{h}o]	송아지 [s^{h}oŋadzi]	멍애[mʌŋɛ]	외양깐 [weyaŋḱan]	고내[konɛ]
東明	암소[ams^{h}o]	송아지 [s^{h}oŋadzi]	멍애[mʌŋɛ]	외양깐 [weyaŋḱan]	고내[konɛ]
年豐	암소[ams^{h}o]	송아지 [s^{h}oŋadzi]	멍에[mʌŋe]	소마우깐 [s^{h}omauḱan]	고내[konɛ]
杏樹	암소[ams^{h}o]	송아지 [s^{h}oŋadzi]	멍애[mʌŋɛ]	사야깐[sayaḱan] /소마구깐 [s^{h}omaguḱan]/ 우사깐[usaḱan]	고애[koyɛ]
吉興	암소[ams^{h}o]	송아지 [s^{h}oŋadzi]	멍지[mʌŋdzi]	소양깐 [s^{h}oyaŋḱan]	고양이 [koyaɲi]
主星	암소[ams^{h}o]	송아지 [s^{h}oŋadzi]	멍에[mʌŋe]	마구깐 [maguḱan]	꼬내이[ḱonɛi]
成富	암소[ams^{h}o]	송아지 [s^{h}oŋadzi]	멍지[mʌŋdzi]	소굴[s^{h}ogul]/ 우사칸 [usak^{h}an]	고양이 [koyaɲi]
興和	암소[ams^{h}o]	송아지 [s^{h}oŋadzi]	멍지[mʌŋdzi]	소우리[s^{h}ouri]	고내[konɛ]
	닭	**닭벼슬**	**모이**	**달걀**	**거위**
迎蘭	닥[taḱ]	벼슬[pyʌs^{h}ɯl]	모이[moi]	달걀[talgyal]	게사니 [kes^{h}aɲi]
漁池	닥[taḱ]/ 달기[talgi]/ 암탁[amt^{h}aḱ]	벼실[pyʌɕil]/ 벋[pyʌt́]	모이[moi]	달걀[talgyal]	게사니 [kes^{h}aɲi]
河東	닥[taḱ]/	벼슬[pyʌs^{h}ɯl]	모이[moi]	다갈[tagal]	거위[kʌwi]

	다기[tagi]				
民樂	닥[tak̄]/ 달구새끼 [talgus^{h}ɛk̄i]	닥벼슬 [tak̄byʌs^{h}ɯl]	모이[moi]	달걀[talgyal]	기우[kiu]
臥龍	달기[talgi]	뼈시[ṗyʌɕi]	모시[moɕi]	달걀[talgyal]	게사니 [kes^{h}aɲi]
江南	닥[tak̄]	뻬시[ṗeɕi]	모이[moi]	달걀[talgyal]	게사이[kes^{h}ai]
海南	달기[talgi]/ 닥[tak̄]	베시[peɕi]	모이[moi]/ 모시[moɕi]	달걀[talgyal]	게사이[kes^{h}ai]
新安	닥[tak̄]/ 달기[talgi]	닥벼슬 [tak̄byʌs^{h}ɯl]	모시[moɕi]	달갈[talgal]	게사이[kes^{h}ai]
三岔口	닥[tak̄]	뻬시[ṗeɕi]	모시[moɕi]	달갈[talgal]	게사이[kes^{h}ai]
永豐	달기[talgi]	닥볃[tak̄byʌt̄]	모시[moɕi]	달걀[talgyal]	게사이[kes^{h}ai]
和平	닥[tak̄]	뻬시[ṗeɕi]	모이[moi]	달걀[talgyal]	게사니[kes^{h}aɲi]
雞林	달기[talgi]	닥베시 [tak̄beɕi]	머거리 [mʌgʌri]	달게리[talgeri]	게사이[kes^{h}ai]
明德	닥[tak̄]	닥뻬시 [tak̄ṗeɕi]	모이[moi]	달걀[talgyal]	게사이[kes^{h}ai]
星火	닥[tak̄]	닥뻬시 [tak̄ṗeɕi]	모이[moi]	달갈[talgal]	게사이[kes^{h}ai]
湯旺	닥[tak̄]	벼슬[pyʌs^{h}ɯl]	당모이 [taŋmoi]	달걀[talgyal]	게사니 [kes^{h}aɲi]
東明	달기[talgi]	베시[peɕi]	모이[moi]	달갈[talgal]	게사이[kes^{h}ai]
年豐	닥[tak̄]	닥벼슬 [tak̄byʌs^{h}ɯl]	모이[moi]	달갈[talgal]	게사니 [kes^{h}aɲi]
杏樹	달[tal]	뻳[ṗet̄]/빋[pit̄]	모이[moi]	달걀[talgyal]	게사이[kes^{h}ai]
吉興	닥[tak̄]	닥뻬시[tak̄ṗeɕi]	모시[moɕi]	달걀[talgyal]	게사이[kes^{h}ai]
主星	닥[tak̄]	벼슬[pyʌs^{h}ɯl]	모이[moi]	다갈[tagal]	게사니[kes^{h}aɲi]
成富	닥[tak̄]	벧[pet̄]/ 베슬[pes^{h}ɯl]	모이[moi]	달걀[talgyal]	게사이[kes^{h}ai]
興和	닥[tak̄]/ 달기[talgi]	닥비슬 [tak̄bis^{h}ɯl]	모이[moi]	달걀[talgyal]	게사니 [kes^{h}aɲi]
	돼지	**여우**	**노루**	**새**	**매**
迎蘭	돼지[twɛdzi]	여우[yʌu]	놀가지 [nolgadzi]	새[s^{h}ɛ]	매[mɛ]
漁池	돼지[twɛdzi]	여우[yʌu]	노루[noru]	새[s^{h}ɛ]	매[mɛ]
河東	돼지[twɛdzi]	여우[yʌu]	노루[noru]	새[s^{h}ɛ]	매[mɛ]/

					새매[sʰɛmɛ]
民樂	돼지[twɛdzi]	여우[yʌu]	놀가지 [nolgadzi]	새[sʰɛ]	매[mɛ]
臥龍	돼지[twɛdzi]	여우[yʌu]/ 여끼[yʌƙi]	노루[noru]/놀가지[nolgadzi]	새[sʰɛ]	새매[sʰɛmɛ]
江南	대지[tɛdzi]	여우[yʌu]	놀가지 [nolgadzi]	새[sʰɛ]	매[mɛ]
海南	대지[tɛdzi]	여우[yʌu]/ 여끼[yʌƙi]	노루[noru]/놀가지[nolgadzi]	새[sʰɛ]	매[mɛ]
新安	돼지[twɛdzi]	여끼[yʌƙi]	놀가지 [nolgadzi]	새[sʰɛ]	매[mɛ]
三岔口	돼지[twɛdzi]	여우[yʌu]	놀가지 [nolgadzi]	새[sʰɛ]	새매[sʰɛmɛ]
永豐	돼지[twɛdzi]	여우[yʌu]	놀가지 [nolgadzi]	새[sʰɛ]	매[mɛ]
和平	돼지[twɛdzi]	여우[yʌu]	노루[noru]	새[sʰɛ]	매[mɛ]
雞林	돼지[twɛdzi]	여끼새끼 [yʌƙisʰɛƙi]	놀가리 [nolgari]	새[sʰɛ]	매[mɛ]
明德	돼지[twɛdzi]/ 도투돼지 [totʰudwɛdzi]	여우[yʌu]	노루[noru]	새[sʰɛ]	매[mɛ]
星火	돼지[twɛdzi]	여우[yʌu]	놀가지[nolgadzi]	새[sʰɛ]	매[mɛ]
湯旺	돼지[twɛdzi]	여우[yʌu]	노루[noru]	새[sʰɛ]	매[mɛ]
東明	돼지[twɛdzi]	여끼[yʌƙi]	놀가지[nolgadzi]	새[sʰɛ]	매[mɛ]
年豐	돼지[twɛdzi]	여우[yʌu]	노루[noru]	새[sʰɛ]	매[mɛ]
杏樹	돼지[twɛdzi]	여우[yʌu]	놀가지[nolgadzi]	새[sʰɛ]	매[mɛ]
吉興	돼지[twɛdzi]	여끼[yʌƙi]	놀가지[nolgadzi]	새[sʰɛ]	매[mɛ]
主星	대지[tɛdzi]	여우[yʌu]	노루[noru]	새[sʰɛ]	매[mɛ]
成富	돼지[twɛdzi]	여우[yʌu]	노루[noru]	새[sʰɛ]	매[mɛ]
興和	돼지[twɛdzi]	여우[yʌu]	노루[noru]	새[sʰɛ]	매[mɛ]
	까치	**까마귀**	**빼꾸기**	**꿩**	**까투리**
迎蘭	까치[ƙatsʰi]	까마기 [ƙamagi]	빼꾹새 [ṗʌkuƙsʰɛ]	꿩[ƙwʌŋ]	까투리 [ƙatʰuri]
漁池	까치[ƙatsʰi]	까마구 [ƙamagu]	빼꾹쌔 [ṗʌkuƙṡɛ]	꿩[ƙwʌŋ]	암꿩[amƙwʌŋ]
河東	까치[ƙatsʰi]	까마귀 [ƙamagwi]	빼꾸쌔[ṗʌƙuṡɛ]	꿩[ƙwʌŋ]	까토리 [ƙatʰori]

民樂	까치[k̎ats^{h}i]	까마구 [k̎amagu]	뻐꾸기[ṗʌk̎ugi]	꿩[k̎wʌŋ]	까투리 [k̎at^{h}uri]
臥龍	까치[k̎ats^{h}i]	까마기 [k̎amagi]	뻐꾹새 [ṗʌkuk̎s^{h}ɛ]	꿩[k̎wʌŋ]	까투리 [k̎at^{h}uri]
江南	까치[k̎ats^{h}i]	까마구 [k̎amagu]	뻐꾹새 [ṗʌkuk̎s^{h}ɛ]	꿩[k̎wʌŋ]	까투리 [k̎at^{h}uri]
海南	까치[k̎ats^{h}i]	까마기 [k̎amagi]	뻐꾸기[ṗʌk̎ugi]	꿩[k̎wʌŋ]	까투리 [k̎at^{h}uri]
新安	까치[k̎ats^{h}i]	까마기 [k̎amagi]	뻐국쌔 [ṗʌguk̎s̎ɛ]	꿩[k̎wʌŋ]	까투리 [k̎at^{h}uri]
三岔口	까치[k̎ats^{h}i]	까마귀 [k̎amagwi]	뻐꾹새 [ṗʌkuk̎s^{h}ɛ]	꿩[k̎wʌŋ]	까투리 [k̎at^{h}uri]
永豐	까치[k̎ats^{h}i]	까마기 [k̎amagi]	뻐꾹새 [ṗʌkuk̎s^{h}ɛ]	꿩[k̎wʌŋ]	까투리 [k̎at^{h}uri]
和平	까치[k̎ats^{h}i]	까마귀 [k̎amagwi]	뻐꾸기[ṗʌk̎ugi]	꿩[k̎wʌŋ]	까투리 [k̎at^{h}uri]
雞林	까치[k̎ats^{h}i]	까마귀 [k̎amagwi]	뻐꾹새 [ṗʌkuk̎s^{h}ɛ]	꿩[k̎wʌŋ]	까투리 [k̎at^{h}uri]
明德	까치[k̎ats^{h}i]	까마귀 [k̎amagwi]	뻐꾹새 [ṗʌkuk̎s^{h}ɛ]	꿩[k̎wʌŋ]	까투리 [k̎at^{h}uri]
星火	까치[k̎ats^{h}i]	까마귀 [k̎amagwi]	뻐꾹새 [ṗʌkuk̎s^{h}ɛ]	꿩[k̎wʌŋ]	까투리 [k̎at^{h}uri]
湯旺	까치[k̎ats^{h}i]	까마구 [k̎amagu]	뻐꾹새 [ṗʌkuk̎s^{h}ɛ]	꿩[k̎wʌŋ]	까투리 [k̎at^{h}uri]
東明	까치[k̎ats^{h}i]	까마귀 [k̎amagwi]	뻐꾹새 [ṗʌkuk̎s^{h}ɛ]	꿩[k̎wʌŋ]	까투리 [k̎at^{h}uri]
年豐	까치[k̎ats^{h}i]	까마귀 [k̎amagwi]	뻐꾹새 [ṗʌkuk̎s^{h}ɛ]	꿩[k̎wʌŋ]	장꿩 [tsaŋk̎wʌŋ]/ 수꿩[s^{h}uk̎wʌŋ]
杏樹	까치[k̎ats^{h}i]	까무귀 [k̎amugwi]	뻐꾹새 [ṗʌkuk̎s^{h}ɛ]	꿩[k̎wʌŋ]	암꿩[amk̎wʌŋ]
吉興	까치[k̎ats^{h}i]	까마기 [k̎amagi]	뻐꾹새 [ṗʌkuk̎s^{h}ɛ]	꿩[k̎wʌŋ]	암꿩[amk̎wʌŋ]
主星	까치[k̎ats^{h}i]	까마귀 [k̎amagwi]	뻐꾸기[ṗʌk̎ugi]	꿩[k̎wʌŋ]	까투리 [k̎at^{h}uri]
成富	까치[k̎ats^{h}i]	까마기 [k̎amagi]	뻐꾹쌔 [ṗʌk̎uk̎s̎ɛ]	꿩[k̎wʌŋ]	까투리 [k̎at^{h}uri]
興和	까치[k̎ats^{h}i]	까마귀 [k̎amagwi]	뻐꾹새 [ṗʌkuk̎s^{h}ɛ]	꿩[k̎wʌŋ]	까투리 [k̎at^{h}uri]

	장끼	해바라기	꽈리	진달래	철쭉
迎蘭	장꿩 [tsaŋƙwʌŋ]	해바라기 [hɛbaragi]	씨운꽈리 [ɕ̓iunƙwari]	진달래 [tsindallɛ]	-
漁池	장꿩 [tsaŋƙwʌŋ]	해바라기 [hɛbaragi]	꽈리[ƙwari]	진달래 [tsindallɛ]	철쭉 [tsʰʌlts̓uƙ]
河東	장끼[tsaŋƙi]	해바라기 [hɛbaragi]	꽈리[ƙwari]	진달래 [tsindallɛ]	-
民樂	장꿩 [tsaŋƙwʌŋ]	해바라기 [hɛbaragi]	꽈리[ƙwari]	진달래 [tsindallɛ]	-
臥龍	짱꿩 [ts̓aŋƙwʌŋ]	해자불 [hɛdzabul]	꽈리[ƙwari]	진달래[tsindallɛ] /천지꼳 [tsʰʌndziƙot̚]	-
江南	장꿍[tsaŋƙuŋ]	해바라기 [hɛbaragi]	꽈리[ƙwari]	천지꼳 [tsʰʌndziƙot̚]	-
海南	짱꿩 [ts̓aŋƙwʌŋ]	해바라기 [hɛbaragi]	꽈리[ƙwari]	진달래 [tsindallɛ]	-
新安	꿩[ƙwʌŋ]	해바라기 [hɛbaragi]	꽈리[ƙwari]	진달래[tsindallɛ] /천지꼳 [tsʰʌndziƙot̚]	철구[tsʰʌlgu]
三岔口	장꿩 [tsaŋƙwʌŋ]	해바라기 [hɛbaragi]	꽈리[ƙwari]	진달래 [tsindallɛ]	-
永豐	장꿩 [tsaŋƙwʌŋ]	해재불 [hɛdsɛbul]]	꽈리[ƙwari]	천지꼳 [tsʰʌndziƙot̚]	-
和平	장끼[tsaŋƙi]	해바라기 [hɛbaragi]	꽈:리[ƙwa:ri]	천지꼳 [tsʰʌndziƙot̚]	-
雞林	장꿩 [tsaŋƙwʌŋ]	해자부리 [hɛdzaburi]	꽈리[ƙwari]	천지꼳 [tsʰʌndziƙot̚]	-
明德	장꿩 [tsaŋƙwʌŋ]	해자불 [hɛdzabul]	꼬아리[ƙoari]	천지꼳 [tsʰʌndziƙot̚]	-
星火	장꿩 [tsaŋƙwʌŋ]	해바라기 [hɛbaragi]	꽈리[ƙwari]	천지꼳 [tsʰʌndziƙot̚]	철쭉 [tsʰʌlts̓uƙ]
湯旺	장꿩 [tsaŋƙwʌŋ]	해바래기 [hɛbarɛgi]	꽈리[ƙwari]	진달래 [tsindallɛ]	-
東明	장꿩 [tsaŋƙwʌŋ]	해자불 [hɛdzabul]	쏘련땅꽈리 [s̓oryʌnt̓aŋƙwari]	진달래[tsindallɛ] /천지꼳 [tsʰʌndziƙot̚]	-
年豐	까투리 [ƙatʰuri]	해바라기 [hɛbaragi]	꽈리[ƙwari]	진달래 [tsindallɛ]	-
杏樹	수컹[sukwʌŋ]	해바라기	꽈리[ƙwari]	진달래	-

		[hɛbaragi]		[tsindallɛ]	
吉興	장꿩 [tsaŋk̓wʌŋ]	해자부리꽃 [hɛdzaburik̓ot̚]	꽈리[k̓wari]	천지꼳 [tsʰʌndzik̓ot̚]	-
主星	장꽁[tsaŋk̓oŋ]	해바라기 [hɛbaragi]	꽈리[k̓wari]	진달래 [tsindallɛ]	-
成富	장꿩 [tsaŋk̓wʌŋ]	해바라기 [hɛbaragi]	땅꽈리 [t̓aŋk̓wari]	진달래 [tsindallɛ]	-
興和	장꽁[tsaŋk̓oŋ]	해바라기 [hɛbaragi]	꼬아리[k̓oari]	진달래 [tsindallɛ]	-
	냉이	**질경이**	**달래**	**씀바귀**	**고비**
迎蘭	낙씨[nak̓ɕ̓i]	배짱이 [pɛts̓aŋi]	달래[tallɛ]	민들레 [mindɯlle]	고비[kobi]
漁池	냉이[nɛŋi]	낄짱구 [k̓ilts̓aŋgu]	달래[tallɛ]	씀바구 [s̓ɯmbagu]	고비[kobi]
河東	냉이[nɛŋi]	빼뿌쟁이 [p̓ep̓udzɛŋi]	달레이[tallei]	사라구 [sʰaragu]	고비[kobi]
民樂	냉이[nɛŋi]	처챈즈 [tsʰʌtsʰɛndzɯ] /차바꾸 [tsʰabak̓u]	딸레이[t̓allei]	민들레 [mindɯlle]	고비[kobi]
臥龍	내기[nɛgi]	졸배[tsolbɛ]	달리[taʎʎi]	무슨들레 [musʰɯndɯlle]	기름고비 [kirɯmgobi]
江南	나시[naɕi]	배짜게 [pɛts̓age]	달리[taʎʎi]	무슨들레 [musʰɯndɯlle]	고비[kobi]
海南	냉이[nɛŋi]	배짜개 [pɛts̓agɛ]	달리[taʎʎi]	씀바귀 [s̓ɯmbagwi]	고비[kobi]
新安	나시[naɕi]	베짜개 [pets̓agɛ]	달리[taʎʎi]	무슨들레 [musʰɯndɯlle]	고비[kobi]
三岔口	냉나시 [nɛŋnaɕi]	배짜게 [pɛts̓age]	달리[taʎʎi]	무슨들레 [musʰɯndɯlle]	고비[kobi]
永豐	나시[naɕi]	반짜개 [pans̓agɛ]	달리[taʎʎi]	무순들래 [musʰundɯllɛ]	고비[kobi]
和平	나시[naɕi]/ 냉이[nɛŋi]	베짜개[pets̓agɛ] /길짱구 [kils̓aŋgu]	달래[tallɛ]	씀바구 [s̓ɯmbagu]	고비[kobi]
雞林	나시[naɕi]	배쨰개 [pɛts̓ɛgɛ]	달리[taʎʎi]	쇠투리 [sʰwetʰuri]	고비[kobi]
明德	나시[naɕi]	반짜개 [pans̓agɛ]	달리[taʎʎi]	쇄투리 [sʰwɛtʰuri]	고비[kobi]

星火	나시[naɕi]	배짜개[pɛts'agɛ]	달리[taʎʎi]	무순들레[musʰundɯlle]/세투리[sʰetʰuri]	고비[kobi]
湯旺	냉이[nɛŋi]	배짱이[pɛts'aŋi]	달래[tallɛ]	민들레[mindɯlle]	고비[kobi]
東明	나시[naɕi]	베쪼개[pets'ogɛ]	달리[taʎʎi]	씀바퀴[s'ɯmbakʰwi]	고비[kobi]
年豐	냉이[nɛŋi]	떼짱이[tets'aŋi]	달래[tallɛ]	민들레[mindɯlle]	고비[kobi]
杏樹	나시[naɕi]	베쪼개[pets'ogɛ]	달리[taʎʎi]	쇄투리[sʰwɛtʰuri]	고비[kobi]
吉興	나시[naɕi]	배짜개[pɛts'agɛ]	달리[taʎʎi]	무순들레[musʰundɯlle]	고비[kobi]
主星	냉이[nɛŋi]	베뿌제이[pep'udzei]	달래[tallɛ]	씬내이[ɕ'innɛi]	고비[kobi]
成富	나시[naɕi]	배째개[pɛts'ɛgɛ]/배쪼개[pɛts'ogɛ]	달리[taʎʎi]	쉐투리[sʰwetʰuri]	고비[kobi]
興和	나세이[nasʰei]	질겅이[tsilgʌŋi]	달레이[tallei]	-	고비[kobi]
	딸기	**개암**	**말밤[malbam]**	**청미래덩굴**	**마름**
迎蘭	딸기[t'algi]	깨금[k'ɛgɯm]	멀구[mʌlgu]	-	말밥[malbap̚]
漁池	따기[t'agi]	깨금[k'ɛgɯm]	멀구[mʌlgu]/머루[mʌru]	-	말밤[malbam]
河東	딸기[t'algi]	깨금[k'ɛgɯm]	머루[mʌru]	-	말밤[malbam]
民樂	딸기[t'algi]	깨암[k'ɛam]/깨금도리[k'ɛgɯmdori]	산포도[sʰanpʰodo]	-	말밤[malbam]
臥龍	딸기[t'algi]	깨미[k'ɛmi]	멀구[mʌlgu]	-	골배풀[kolbɛpʰul]
江南	딸기[t'algi]	깨미[k'ɛmi]	멀구[mʌlgu]	-	-
海南	딸기[t'algi]	깨미[k'ɛmi]	머루[mʌru]	-	말배이[malbɛi]
新安	딸기[t'algi]	깨미[k'ɛmi]	머루[mʌru]	-	말밤[malbam]
三岔口	딸기[t'algi]	깨미[k'ɛmi]	멀구[mʌlgu]	-	-
永豐	딸기[t'algi]	깨미[k'ɛmi]	멀기[mʌlgi]	-	말배[malbɛ]
和平	딸기[t'algi]	깸[k'ɛm]	멀구[mʌlgu]	-	말배[malbɛ]
雞林	딸기[t'algi]	깨미[k'ɛmi]	머루[mʌru]	-	말배노출

					[malbεnotsʰul]
明德	딸기[talgi]	깨미[ƙεmi]	멀기[mʌlgi]	-	말배[malbε]
星火	딸기[talgi]	깨미[ƙεmi]	멀구[mʌlgu]	-	말밥[malbap̚]
湯旺	딸기[talgi]	깨금[ƙεgɯm]	머루[mʌru]	-	말밥[malbap̚]
東明	딸기[talgi]	깨미[ƙεmi]	멀기[mʌlgi]	-	말배[malbε]
年豐	딸기[talgi]	깨금[ƙεgɯm]	산포도 [sʰanpʰodo]	찔구배 [tśilgubε]	-
杏樹	딸기[talgi]	깨앰[ƙεεm]	멀기[mʌlgi]	-	-
吉興	딸기[talgi]	깨미[ƙεmi]	멀기[mʌlgi]	-	말밥[malbap̚]
主星	딸기[talgi]	깨곰[ƙεgom]	멀구[mʌlgu]	-	-
成富	딸기[talgi]	깨미[ƙεmi]	머루[mʌru]/ 멀기[mʌlgi]	-	말배[malbε]
興和	딸기[talgi]	깨금[ƙεgɯm]	산포도 [sʰanpʰodo]	-	밤[bam]

	사과	**껍질**	**복숭아**	**과일**	**자두**
迎蘭	사과[sʰagwa]	-	복숭아 [poƙsuŋa]	과실[kwaɕil]	외지[wedzi]
漁池	사과[sʰagwa]	껍찔[ƙʌp̚tśil]/ 껍떼기 [ƙʌp̚tegi]	복쑹아 [poƙśuŋa]	과실[kwaɕil]	왜지[wεdzi]
河東	사과[sʰagwa]	껍떼기 [ƙʌp̚tegi]	복쑹아 [poƙśuŋa]	과일[kwail]	살구[sʰalgu]
民樂	사과[sʰagwa]	껍데기 [ƙʌp̚degi]/ 껍질[ƙʌp̚dsil]	복숭아 [poƙsuŋa]	과실[kwaɕil]	왜지[wεdzi]
臥龍	사과[sʰagwa]	껍찌[ƙʌp̚tśi]	복쑹아 [poƙśuŋa]	과일[kwail]	노리[nori]
江南	사과[sʰagwa]	껍찔[ƙʌp̚tśil]	복쑹아 [poƙśuŋa]	과일[kwail]	왜지[wεdzi]
海南	사과[sʰagwa]	껍찔[ƙʌp̚tśil]	복쑹아 [poƙśuŋa]	과일[kwail]	왜지[wεdzi]
新安	사과[sʰagwa]	깝떼기 [ƙap̚tegi]	복쑹아 [poƙśuŋa]	과실[kwaɕil]	왜지[wεdzi]
三岔口	사과[sʰagwa]	껍찌[ƙʌp̚tśi]	복쑹아 [poƙśuŋa]	과일[kwail]	왜지[wεdzi]
永豐	사과[sʰagwa]	-	복숭아 [poƙsuŋa]	과실[kwaɕil]	놀[nol]
和平	사과[sʰagwa]	껍찔[ƙʌp̚tśil]	복숭아	과실[kwaɕil]	오얃[oyat̚]

			[pok̚suŋa]		
雞林	사과[s^{h}agwa]	-	복숭아 [pok̚suŋa]	과실[kwaɕil]	노리[nori]
明德	사과[s^{h}agwa]	깍떼기 [k̓ak̚t̓egi]	복쑹아 [pok̚s̓uŋa]	과일[kwail]	외지[wedzi]
星火	사과[s^{h}agwa]	-	복숭아 [pok̚suŋa]	과실[kwaɕil]	외지[wedzi]
湯旺	사과[s^{h}agwa]	-	복숭아 [pok̚suŋa]	과실[kwaɕil]	외지[wedzi]
東明	사과[s^{h}agwa]	껍질[k̓ʌp̚dsil]	복숭아 [pok̚suŋa]	과실[kwaɕil]	외지[wedzi]
年豐	사과[s^{h}agwa]	껍떼기 [k̓ʌp̚t̓egi]	복숭아 [pok̚suŋa]	과실[kwaɕil]	왜지[wɛdzi]
杏樹	사과[s^{h}agwa]	껍찔[k̓ʌp̚ts̓il]	복숭아 [pok̚suŋa]	과실[kwaɕil]	외지[wedzi]
吉興	사과[s^{h}agwa]	-	복숭아 [pok̚suŋa]	과실[kwaɕil]	놀[nol]
主星	넝금 [nʌŋgɯm]/ 사과[s^{h}agwa]	껍데기 [k̓ʌp̚degi]	복숭아 [pok̚suŋa]	과실[kwaɕil]	왜지[wɛdzi]
成富	사과[s^{h}agwa]	껍찔[k̓ʌp̚ts̓il]	복숭아 [pok̚suŋa]	과일[kwail]/ 과실[kwaɕil]	왜지[wɛdzi]
興和	능금 [nɯŋgɯm]	깝데기 [k̓ap̚degi]	복숭아 [pok̚suŋa]	과실[kwaɕil]	자두[tsadu]

	가래	뿌리	도끼	벼	벼이삭
迎蘭	가래토시 [karɛt^{h}oɕi]	뿌리[p̓uri]	도끼[tok̓i]	벼[pyʌ]	벼이삭 [pyʌis^{h}ak̚]
漁池	가래추자 [karɛts^{h}udza]	뿌리[p̓uri]	도끼[tok̓i]	벼[pyʌ]	벼이삭 [pyʌis^{h}ak̚]
河東	추자[ts^{h}udza]	뿌리[p̓uri]	도끼[tok̓i]	벼[pyʌ]	벼이삭 [pyʌis^{h}ak̚]
民樂	가래추자 [karɛts^{h}udza]	뿌리[p̓uri]	도끼[tok̓i]	벼[pyʌ]	베이삭 [peis^{h}ak̚]
臥龍	가래토씨 [karɛt^{h}oɕ̓i]	뿌리[p̓uri]	도끼[tok̓i]	벼[pyʌ]	벼이삭 [pyʌis^{h}ak̚]
江南	가래토시 [karɛt^{h}oɕi]	뿌리[p̓uri]	도끼[tok̓i]	베[pe]	베이삭 [peis^{h}ak̚]
海南	가래토씨 [karɛt^{h}oɕ̓i]	뿌리[p̓uri]	도끼[tok̓i]	벼[pyʌ]	벼이삭 [pyʌis^{h}ak̚]

新安	추자[tsʰudza]	뿌리[ṗuri]	도끼[tok̓i]	베[pe]	베이삭 [peisʰak̚]
三岔口	가래토씨 [karɛtʰoɕ̓i]	뿌리[ṗuri]	도끼[tok̓i]	베[pe]	베이삭 [peisʰak̚]
永豐	가래토시 [karɛtʰoɕi]	뿌리[ṗuri]	도끼[tok̓i]	벼[pyʌ]	벼이삭 [pyʌisʰak̚]
和平	가래토시 [karɛtʰoɕi]	뿌리[ṗuri]	도끼[tok̓i]	벼락[pyʌrak̚]	벼이삭 [pyʌisʰak̚]
雞林	가래토시 [karɛtʰoɕi]	뿌리[ṗuri]	도끼[tok̓i]	벼[pyʌ]	베이삭 [peisʰak̚]
明德	가래토시 [karɛtʰoɕi]	뿌리[ṗuri]	도끼[tok̓i]	벼[pyʌ]	베이삭 [peisʰak̚]
星火	가래토시 [karɛtʰoɕi]	뿌리[ṗuri]	도끼[tok̓i]	벼[pyʌ]	벼이삭 [pyʌisʰak̚]
湯旺	가래추자 [karɛtsʰudza]	뿌리[ṗuri]	도끼[tok̓i]	벼[pyʌ]	벼이삭 [pyʌisʰak̚]
東明	가래토시 [karɛtʰoɕi]	뿌리[ṗuri]	도끼[tok̓i]	벼[pyʌ]	베이삭 [peisʰak̚]
年豐	가래추자 [karɛtsʰudza]	뿌리[ṗuri]	도끼[tok̓i]	벼[pyʌ]	벼이삭 [pyʌisʰak̚]
杏樹	가래토시 [karɛtʰoɕi]	뿌리[ṗuri]	도끼[tok̓i]	베[pe]/ 나락[narak̚]	베이삭 [peisʰak̚]
吉興	가래토시 [karɛtʰoɕi]	뿌리[ṗuri]	도끼[tok̓i]	벼[pyʌ]	벼이삭 [pyʌisʰak̚]
主星	-	뿌리[ṗuri]	도끼[tok̓i]	벼[pyʌ]	이삭[isʰak̚]
成富	가래[karɛ]	뿌리[ṗuri]	도끼[tok̓i]	벼[pyʌ]	벼이삭 [pyʌisʰak̚]
興和	-	뿌리[ṗuri]	도끼[tok̓i]	벼[pyʌ]/ 나락[narak̚]	나락이삭 [narak̚ isʰak̚]

	볍씨	모자리	김매다	애벌매다	곁두리
迎蘭	볍쫑자 [pyʌt̚ts̓oŋdza]	모판[mopʰan]	김매다 [kimmɛda]	돌피김매다 [tolpʰigimmɛda]	쉴참 [ʃwiltsʰam]
漁池	종자[tsoŋdza] /벼종자 [pyʌdzoŋdza]	모판[mopʰan]	기음매다 [kiɯmmɛda]	초벌매다 [tsʰobʌlmɛda]	세참[sʰetsʰam]
河東	볍쫑자 [pyʌt̚ts̓oŋdza]	모판[mopʰan]	김매다 [kimmɛda]	초불기음매다 [tsʰobulgiɯm mɛda]	새참 [sʰɛtsʰam]
民樂	베쫑자	모자리	김매다	아시김매다	참[tsʰam]

	[pets̓oŋdza]	[modzari]	[kimmɛda]	[aɕigimmɛda]	
臥龍	조은 종자 [tsoɯn dzoŋdza] /우량종 [uryaŋdzoŋ]	모판[mopʰan]	김메다 [kimmeda]	아시김매다 [aɕigimmɛda]	중참 [tsuŋtsʰam]
江南	종자[tsoŋdza]	모판[mopʰan]	김메다 [kimmeda]	한벌매다 [hanbʌlmɛda]	중참 [tsuŋtsʰam]
海南	종자[tsoŋdza]	모판[mopʰan]	김매기 [kimmɛgi]	초벌매다 [tsʰobʌlmɛda]/ 아시김매다 [aɕigimmɛda]	중참 [tsuŋtsʰam]
新安	베종자 [pedzoŋdza]	판데기 [pʰandegi]	기슴메다 [kisʰɯmmeda]	아시김매다 [aɕigimmɛda]	중창[tsuŋtsʰaŋ] /중참 [tsuŋtsʰam]
三岔口	베쫑자 [pets̓oŋdza]	모판[mopʰan]	김메다 [kimmeda]	첟끼음매다 [tsʰʌt̚k̓iɯmmɛda] /아시매다 [aɕimɛda]	중참 [tsuŋtsʰam]
永豐	종자[tsoŋdza]	모판[mopʰan]	김매다 [kimmɛda]	첟벌기음매다 [tsʰʌt̚bʌlgiɯm mɛda]	중식[tsuŋɕik̚]
和平	볃쫑자 [pyʌt̚ts̓oŋdza]	모판[mopʰan]	기슴맨다 [kisʰɯmmɛnda]	아시김매다 [aɕigimmɛda]	간식[kanɕik̚]
雞林	벧쫑자 [pet̚ts̓oŋdza]	모판[mopʰan]	김매다 [kimmɛda]	첟뻘기음매다 [tsʰʌt̚p̓ʌlgiɯm mɛda]	중세[tsuŋsʰe]
明德	볃쫑자 [pyʌt̚ts̓oŋdza]	모판자리 [mopʰandzari]	기음맨다 [kiɯmmɛnda]	아시김매다 [aɕigimmɛda]	중새[tsuŋsʰɛ]
星火	볃쫑자 [pyʌt̚ts̓oŋdza]	모판[mopʰan]	김맨다 [kimmɛnda]	-	중세[tsuŋsʰe]
湯旺	볃쫑자 [pyʌt̚ts̓oŋdza]	몯짜리 [mot̚ts̓ari]	김매다 [kimmɛda]	첟벌김매다 [tsʰʌt̚bʌlgimmɛda]	참[tsʰam]
東明	벼알[pyʌal]	모판[mopʰan]/ 벼몯자리 [pyʌmot̚ dzari]	김맨다 [kimmɛnda]	아시김매다 [aɕigimmɛda]	간식[kanɕik̚]
年豐	벼종자 [pyʌdzoŋdza]	모파[mopʰa]	김매다 [kimmɛda]	첟뻘매다 [tsʰʌt̚p̓ʌlmɛda]	중참 [tsuŋtsʰam]
杏樹	볃쫑자 [pyʌt̚ts̓oŋdza]	모판짜리 [mopʰants̓ari]/ 몯짜리 [mot̚ts̓ari]	김매다 [kimmɛda]	첟뻘매다 [tsʰʌt̚p̓ʌlmɛda]	간식[kanɕik̚]/ 중참 [tsuŋtsʰam]

吉興	볃쫑자 [pyʌt̚ts̓oŋdza]	모판[mop^{h}an]	김매다 [kimmɛda]	아시김매다 [aɕigimmɛda]	중참 [tsuŋts^{h}am]
主星	벼종자 [pyʌdzoŋdza]	모판[mop^{h}an]	짐매다 [tsimmɛda]	천벌매다 [ts^{h}ʌt̚bʌlmɛda]	새참[s^{h}ɛts^{h}am] /중참 [tsuŋts^{h}am]
成富	볃쫑자 [pyʌt̚ts̓oŋdza]	모자리 [modzari]	김매다 [kimmɛda]	천뻘매다 [ts^{h}ʌt̚p̓ʌlmɛda]	중새[tsuŋs^{h}ɛ]
興和	나락씨 [narak̚k̓ɕi]	몯자리 [mot̚dzari]	김매다 [kimmɛda]	아시매다 [aɕimɛda]	새참[s^{h}ɛts^{h}am] /중참 [tsuŋts^{h}am]
	호미씻이	**꽹과리**	**쟁기**	**보습**	**써레**
迎蘭	-	굉과리 [kweŋgwari]	호리[hori]	보섭[pos^{h}ʌp̚]	살걸레 [s^{h}algʌlle]
漁池	-	깽가리[k̓ɛŋgari]	호리[hori]	보습날 [pos^{h}ɯp̚nal]	쓰레[s̓ɯre]
河東	-	깽가리[k̓ɛŋgari]	쟁기[tsɛŋgi]	쟁기날 [tsɛŋginal]	써레[s̓ʌre]
民樂	-	꽹가리 [k̓wɛŋgari]	쟁기[tsɛŋgi]	보습[pos^{h}ɯp̚]/ 쟁기날 [tsɛŋginal]	써레[s̓ʌre]
臥龍	-	갱가리[kɛŋgari]	가대기[kadɛgi]	보습[pos^{h}ɯp̚]	걸기[kʌlgi]
江南	-	깽개미 [k̓ɛŋgɛmi]	가대기[kadɛgi]	보섭[pos^{h}ʌp̚]	써레[s̓ʌre]
海南	-	꽹과리 [k̓wɛŋgwari]	가대기[kadɛgi]	보숩[pos^{h}up̚]	써레[s̓ʌre]
新安	-	꽹과리 [k̓wɛŋgwari]	가대기[kadɛgi]	보숩[pos^{h}up̚]	써레[s̓ʌre]
三岔口	-	깽가리[k̓ɛŋgari] /쟁쟁이 [tsɛŋdzɛŋi]	가대기[kadɛgi]	보숩[pos^{h}up̚]	써래[s̓ʌrɛ]
永豐	-	굉가리 [kweŋgari]	가대기[kadɛgi]	보습[pos^{h}ɯp̚]	살걸기 [s^{h}algʌlgi]
和平	들놀이[tɯllori]	꽹가가리 [k̓wɛŋgagari]	가데기[kadegi]	보습[pos^{h}ɯp̚]	걸기[kʌlgi]
雞林	-	쟁재[tsɛŋdzɛ]	가대기[kadɛgi]	보습날 [pos^{h}ɯp̚nal]	걸기[kʌlgi]
明德	총결 [ts^{h}oŋgyʌl]	쟁쟁이 [tsɛŋdzɛŋi]	가데기[kadegi]	보섭날 [pos^{h}ʌp̚nal]	걸기[kʌlgi]
星火	-	꽹가리	가대기[kadɛgi]	가대기날	걸기[kʌlgi]

		[k̓wɛŋgari]		[kadɛginal]	
湯旺	-	굉과리 [kweŋgwari]	쟁기[tsɛŋgi]	보습[posʰɯp̄]	써레[s̓ʌre]
東明	산보간다 [sʰanp̓oganda]	쟁제[tsɛŋdze]/ 괭과리 [k̓wɛŋgwari]	양이[yaŋi]	보습[posʰɯp̄]	써레[s̓ʌre]
年豐	-	갱과리 [kɛŋgwari]	쟁기[tsɛŋgi]	보습[posʰɯp̄]	써레[s̓ʌre]
杏樹	총결진는다 [tsʰoŋgyʌldzin nɯnda]	쟁쟁이 [tsɛŋdzɛŋi]	가데기[kadegi]	보습[posʰɯp̄]	걸기[kʌlgi]
吉興	-	괭가리 [k̓wɛŋgari]	호리[hori]	보습[posʰɯp̄]	걸기[kʌlgi]
主星	초복놀이 [tsʰobok̓nori]	괭가리 [k̓wɛŋgari]	호리[hori]	보습[posʰɯp̄]	써레[s̓ʌre]
成富	-	깽가리[k̓ɛŋgari]	가데기[kadegi]	가데기날 [kadeginal]/ 보습[posʰɯp̄]	써레[s̓ʌre]/ 걸귀[kʌlgwi]
興和	-	징[tsiŋ]	호리[hori]	호리날[horinal]	써레[s̓ʌre]

	번지	호미	자루	괭이	쇠스랑
迎蘭	쓰레[s̓ɯre]	호미[homi]	자루[tsaru]/ 손자비 [sʰondzabi]	발패[palpʰɛ]	까꾸리[k̓ak̓uri] /싼차즈 [s̓antsʰadzɯ]
漁池	평쓰레 [pʰyʌŋs̓ɯre]/ 판쓰레 [pʰans̓ɯre]	호미[homi]	-	괭이[k̓wɛŋi]	삼봉구 [sʰamboŋgu]/ 쇠스랑 [sʰwesʰɯraŋ]
河東	-	호미[homi]	자루[tsaru]	굉이[kweŋi]	쇠스랑 [sʰwesʰɯraŋ]
民樂	번저[pʌndzʌ]	호매[homɛ]/ 호미[homi]	자루[tsaru]	고터우[kotʰʌu]	쇠스랑 [sʰwesʰɯraŋ]
臥龍	번지[pʌndzi]	호미[homi]	짜루[t̓saru]	꽉찌[kwak̓ts̓i]	깍찌[kak̓ts̓i]
江南	번지[pʌndzi]	호미[homi]	손자비 [sʰondzabi]	꽉찌[k̓wak̓ts̓i]	-
海南	번지[pʌndzi]	호미[homi]	자루[tsaru]	꽉찌[kwak̓ts̓i]	세스랑 [sʰesʰɯraŋ]
新安	번지[pʌndzi]	호미[homi]	짜루[t̓saru]	꽉찌[kwak̓ts̓i]	삼차고 [sʰamtsʰago]
三岔口	번지[pʌndzi]	호미[homi]	호미자루	꼬괭이	꽉찌[k̓wak̓ts̓i]

			[homidzaru]	[k̓ok̓wɛŋi]	
永豐	번지[pʌndzi]	호미[homi]	자루[tsaru]	꽉찌[k̓wak̓ts̓i]	쇠깍재 [sʰwek̓ak̓tsɛ]
和平	써래[s̓ʌrɛ]	호미[homi]	자루[tsaru]	꽉지[k̓wak̓tsi]	쇠시랑 [sʰweɕiraŋ]
雞林	번지[pʌndzi]	호미[homi]	자루[tsaru]	꽉찌[k̓wak̓ts̓i]	쇠깍째 [sʰwek̓ak̓ts̓ɛ]
明德	번지[pʌndzi]	호미[homi]	자루[tsaru]	꽉지[k̓wak̓tsi]	싼치꼬재 [s̓antsʰik̓odzɛ]
星火	고루기[korugi]	호미[homi]	잘기[tsalgi]	꽉찌[k̓wak̓ts̓i]	갈구리[kalguri]
湯旺	번지[pʌndzi]	호미[homi]	자루[tsaru]	꽹이[kwɛŋi]	싼치고 [s̓antsʰigo]
東明	번지[pʌndzi]	호미[homi]	짤기[ts̓algi]	꽉지[k̓wak̓tsi]	차제까꾸리 [tsʰadzek̓ak̓uri]
年豐	-	호미[homi]	자루[tsaru]	고토[kotʰo]	싼치고 [s̓antsʰigo]
杏樹	번지[pʌndzi]	호미[homi]	짤기[ts̓algi]	꽉지[k̓wak̓tsi]	깍쩨이 [k̓ak̓ts̓ei]
吉興	번지[pʌndzi]	호미[homi]	자루[tsaru]	꽉찌[k̓wak̓ts̓i]	쇠깍재 [sʰwek̓ak̓tsɛ]
主星	-	호미[homi]	자루[tsaru]	옥광초 [ok̓gwaŋtsʰo]	소시레이 [sʰoɕirei]
成富	정지[tsʌŋdzi]	호미[homi]	자루[tsaru]	꽉찌[k̓wak̓ts̓i]	차재[tsʰadzɛ]
興和	번자[pʌndza]	호미[homi]	자루[tsaru]	꿰이[k̓wei]	소시랑 [sʰoɕiraŋ]
	삽	**벼단**	**벼가리**	**짚**	**새끼**
迎蘭	광초[kwaŋtsʰo]	볃딴[pyʌt̓t̓an]	벼가리[pyʌgari]	볃찝[pyʌt̓ts̓ip̚]	새끼[sʰɛk̓i]
漁池	삽[sʰap̚]	볃딴[pyʌt̓t̓an]	발가리[palgari] /변무지 [pyʌnmudzi]	볃찝[pyʌt̓ts̓ip̚]	쇄끼[sʰwɛk̓i]
河東	삽[sʰap̚]	볃딴[pyʌt̓t̓an]	낟가리[nat̓kari]	볃찝[pyʌt̓ts̓ip̚]	바줄[padzul]
民樂	광초 [kwaŋtsʰo]	벼딴[pyʌt̓an]	변낙까리 [pyʌnnak̓k̓ari]	베집[pedzip̚]	새끼[sʰɛk̓i]
臥龍	삽[sʰap̚]	볃딴[pyʌt̓t̓an]	변무지 [pyʌnmudzi]	볃찝[pyʌt̓ts̓ip̚]	새끼[sʰɛk̓i]
江南	삽[sʰap̚]	벤딴[pent̓an]	벤무지 [penmudzi]	베찝[pets̓ip̚]	새끼[sʰɛk̓i]
海南	삽[sʰap̚]	볃딴[pyʌt̓t̓an]	변무지	볃찝[pyʌt̓ts̓ip̚]/	새끼[sʰɛk̓i]

			[pyʌnmudzi]	집[tsip̚]	
新安	삽[sʰap̚]	볃딴[pyʌt̓tan]	베가리기 [pegarigi]	집[tsip̚]/ 지프[tsipʰɯ]	바줄[padzul]
三岔口	삽[sʰap̚]	벧딴[pet̓tan]	벤무지 [penmudzi]	베찝[pets̓ip̚]	새끼[sʰɛk̓i]
永豐	삽[sʰap̚]	볃딴[pyʌt̓tan]	볃낟까리 [pyʌt̚nat̚k̓ari]	벼찝[pyʌts̓ip̚]	새끼[sʰɛk̓i]
和平	삽[sʰap̚]/ 광초[kwaŋtsʰo]	볃딴[pyʌt̓tan]	나까리[nak̓ari]	집[tsip̚]	새끼[sʰɛk̓i]
雞林	광차이 [kwaŋtsʰai]	벧딴[pet̓tan]	벧까리 [pet̚k̓ari]	벧찝[pett̓sip̚]	새끼[sʰɛk̓i]
明德	삽[sʰap̚]	볃딴[pyʌt̓tan]	변낟까리 [pyʌnnat̚k̓ari]	볃찝[pyʌt̓ts̓ip̚]	새끼[sʰɛk̓i]
星火	광차이 [kwaŋtsʰai]	볃딴[pyʌt̓tan]	볃까리 [pyʌt̚k̓ari]	볃찝[pyʌt̓ts̓ip̚]	새끼[sʰɛk̓i]
湯旺	광초 [kwaŋtsʰo]	볃딴[pyʌt̓tan]	변낟까리 [pyʌnnat̚k̓ari]	볃찝[pyʌt̓ts̓ip̚]	새끼[sʰɛk̓i]
東明	삽[sʰap̚]	볃딴[pyʌt̓tan]	나까리[nak̓ari] /벼나까리 [pyʌnak̓ari]	벧찝[pett̓sip̚]	새끼[sʰɛk̓i]
年豐	삽[sʰap̚]	벼딴[pyʌt̓an]	변무지 [pyʌnmudzi]	벼집[pyʌdzip̚]	새끼[sʰɛk̓i]
杏樹	삽[sʰap̚]	벧딴[pet̓tan]	벤무지 [penmudzi]/ 베까리[pek̓ari]	벧찝[pett̓sip̚]	새끼[sʰɛk̓i]
吉興	광차이 [kwaŋtsʰai]	볃딴[pyʌt̓tan]	볃낟까리 [pyʌt̚nat̚k̓ari]	볃찝[pyʌt̓ts̓ip̚]	새끼[sʰɛk̓i]
主星	광초 [kwaŋtsʰo]	벼딴[pyʌt̓an]	벧까리 [pet̚k̓ari]	벼집[pyʌdzip̚]	세끼[sʰek̓i]
成富	삽[sʰap̚]	볃딴[pyʌt̓tan]	베쏘배기 [pes̓obɛgi]	볃찝[pyʌt̓ts̓ip̚]	새끼[sʰɛk̓i]
興和	수군포 [sʰugunpʰo]	벼딴[pyʌt̓an]	변무지 [pyʌnmudzi]	집[tsip̚]	새끼[sʰɛk̓i]
	노끈	도리깨	멍석	광주리	바구니
迎蘭	끄내끼 [k̓ɯnɛk̓i]	도리깨[torik̓ɛ]	방석[paŋsʰʌk̚]	광주리 [kwaŋdzuri]	바구니[paguɲi]
漁池	바오래기 [paorɛgi]	도리깨[torik̓ɛ]	방석[paŋsʰʌk̚]/ 멍석[mʌŋsʰʌk̚]	광주리 [kwaŋdzuri]	바구니[paguɲi]
河東	바줄[padzul]	도리깨[torik̓ɛ]	멍석[mʌŋsʰʌk̚]	광주리	광주리

				[kwaŋdzuri]	[kwaŋdzuri]
民樂	삼빠[sʰamp̕a] /바줄[padzul]	도리깨[torik̕ɛ]	멍석[mʌŋsʰʌk̚]	광주리 [kwaŋdzuri]	바구니 [paguɲi]/ 다래끼[tarɛk̕i]
臥龍	바[pa]	도리깨[torik̕ɛ]	멍석[mʌŋsʰʌk̚]	광주리 [kwaŋdzuri]	다래키[tarɛkʰi] /쾅재 [kʰwaŋdzɛ]/ 광주리 [kwaŋdzuri]
江南	바[pa]	도리깨[torik̕ɛ]	멍석[mʌŋsʰʌk̚]	광주리 [kwaŋdzuri]	광주리 [kwaŋdzuri]
海南	바[pa]	도리깨[torik̕ɛ]	멍석[mʌŋsʰʌk̚]	광주리 [kwaŋdzuri]	광주리 [kwaŋdzuri]
新安	바줄[padzul]	도리깨[torik̕ɛ]	멍석[mʌŋsʰʌk̚]	광주리 [kwaŋdzuri]	광주리 [kwaŋdzuri]
三岔口	바[pa]	도리깨[torik̕ɛ]	멍석[mʌŋsʰʌk̚]	광주리 [kwaŋdzuri]	바구니[paguɲi]
永豐	바[pa]	도리깨[torik̕ɛ]	방석[paŋsʰʌk̚]	광주리 [kwaŋdzuri]	쾅[kʰwaŋ]
和平	노끈[nok̕ɯn]	도리깨[torik̕ɛ]	멍석[mʌŋsʰʌk̚]	광주리 [kwaŋdzuri]	바구니[paguɲi]
雞林	바[pa]	도리깨[torik̕ɛ]	멍석[mʌŋsʰʌk̚]	광주리 [kwaŋdzuri]	바구니[paguɲi]
明德	삼낀[sʰamk̕in]	도리깨[torik̕ɛ]	방석[paŋsʰʌk̚]	광주리 [kwaŋdzuri]	바구니[paguɲi]
星火	바[pa]	도리깨[torik̕ɛ]	방석[paŋsʰʌk̚]	광주리 [kwaŋdzuri]	바구니[paguɲi]
湯旺	새마[sʰɛma]	도리끼[torik̕i]	멍석[mʌŋsʰʌk̚]	대광주리 [tɛgwaŋdzuri]	바구니[paguɲi]
東明	바쭐[pat̕sul]	도리깨[torik̕ɛ]	멍석[mʌŋsʰʌk̚]	광주리 [kwaŋdzuri]	광주리 [kwaŋdzuri]
年豐	바다고기 [padagogi]	도리깨[torik̕ɛ]	멍석[mʌŋsʰʌk̚]	광주리 [kwaŋdzuri]	바구니[paguɲi]
杏樹	바쭐[pat̕sul]	도리깨[torik̕ɛ]	방석[paŋsʰʌk̚]	광주리 [kwaŋdzuri]	바구니[paguɲi]
吉興	바줄[padzul]	도리깨[torik̕ɛ]	멍석[mʌŋsʰʌk̚]	광주리 [kwaŋdzuri]	바구니[paguɲi]
主星	노[no]	도리깨[torik̕ɛ]	멍석[mʌŋsʰʌk̚]	광지리 [kwaŋdziri]	바구니[paguɲi]

成富	농낀[noŋk̓in]/바[pa]	도리개[toriɡɛ]	멍석[mʌŋsʰʌk̚]	쾅재[kʰwaŋdzɛ]	바구니[paɡuɲi]
興和	새마끈[sʰɛmak̓ɯn]	도리깨[torik̓ɛ]	멍석[mʌŋsʰʌk̚]	광주리[kwaŋdzuri]	바구니[paɡuɲi]
	삼태기	**절구**	**디딜방아**	**매돌**	**왕겨**
迎蘭	소구리[sʰoɡuri]	절구[tsʌlɡu]	발방아[palbaŋa]	망[maŋ]	왕게[waŋɡe]
漁池	삼태기[sʰamtʰɛɡi]	절구[tsʌlɡu]	디딜빵아[tidilp̓aŋa]	망[maŋ]/손망[sʰonmaŋ]	왕겨[waŋɡyʌ]
河東	삼태기[sʰamtʰɛɡi]	절구[tsʌlɡu]	디딜빵아[tidilp̓aŋa]	손맨똘[sʰonmɛt̚t̓ol]	왕등겨[waŋdɯŋɡyʌ]
民樂	재산치[tsɛsʰantsʰi]	절구[tsʌlɡu]	발빵아[palp̓aŋa]	망[maŋ]	왕등기[waŋdɯŋɡi]
臥龍	소부리[sʰoburi]/소보치[sʰobotsʰi]	절구[tsʌlɡu]	발방아[palbaŋa]	맨똘[mɛt̚t̓ol]	왕게[waŋɡe]
江南	버치[pʌtsʰi]	절구[tsʌlɡu]	발방아[palbaŋa]	멘똘[met̚t̓ol]	벧께[pet̚k̓e]
海南	소보치[sʰobotsʰi]	절구[tsʌlɡu]	디딜방아[tidilbaŋa]	맨똘[mɛt̚t̓ol]	왕게[waŋɡe]
新安	소보치[sʰobotsʰi]	절구[tsʌlɡu]	방아[paŋa]/발방아[palbaŋa]	맨똘[mɛt̚t̓ol]	왕게[waŋɡe]
三岔口	소보치[sʰobotsʰi]	절구[tsʌlɡu]	방아[paŋa]	맨똘[mɛt̚t̓ol]	아시게[aɕiɡe]
永豐	소쿠리[sʰokʰuri]	절구[tsʌlɡu]	발방아[palbaŋa]	맨똘[mɛt̚t̓ol]	아시게[aɕiɡe]
和平	소보치[sʰobotsʰi]	절구[tsʌlɡu]	방아[paŋa]	맨똘[mɛt̚t̓ol]	볃께[pyʌt̚k̓e]
雞林	-	절기[tsʌlɡi]	발방아[palbaŋa]	맨똘[mɛt̚t̓ol]	아시께[aɕik̓e]
明德	소보치[sʰobotsʰi]	절기[tsʌlɡi]	발방아[palbaŋa]	맨똘[mɛt̚t̓ol]	아싯쩨[aɕit̚t̓se]
星火	소고리[sʰoɡori]	절구[tsʌlɡu]	발방아[palbaŋa]	맨똘[mɛt̚t̓ol]	아시껴[aɕik̓yʌ]
湯旺	삼태기[sʰamtʰɛɡi]	절구[tsʌlɡu]	발절구[paldzʌlɡu]	망[maŋ]	왕게[waŋɡe]
東明	삼태기[sʰamtʰɛɡi]	절기[tsʌlɡi]	발방아[palbaŋa]	맨똘[mɛt̚t̓ol]	쎈게[s̓enɡe]
年豐	키짝[kʰit̚s̓ak̚]	절구[tsʌlɡu]	발방아	망[maŋ]	쎈등게

			[palbaŋa]		[s̍endɯŋge]
杏樹	소보치 [sʰobotsʰi]	절기[tsʌlgi]	발방아 [palbaŋa]	손맨똘 [sʰonmɛt̍tol]	쎈게[s̍enge]
吉興	소코리 [sʰokʰori]	절기[tsʌlgi]	발방아 [palbaŋa]	맨똘[mɛt̍tol]	아시께[aɕik̍e]
主星	소쿠리 [sʰokʰuri]	절구[tsʌlgu]	-	망[maŋ]	왕등게 [waŋdɯŋge]
成富	소보치 [sʰobotsʰi]	절구[tsʌlgu]	방아[paŋa]	망똘[maŋt̍ol]	쎈게[s̍enge]
興和	소구리 [sʰoguri]	절구[tsʌlgu]	방아[paŋa]	매돌[mɛdol]	왕등게 [waŋdɯŋge]
	등겨	**키**	**보리**	**밭**	**밭고랑**
迎蘭	등게[tɯŋge]	소보치 [sʰobotsʰi]	보리[pori]	받[pat̚]	받고랑 [pat̚koraŋ]
漁池	등겨[tɯŋgyʌ]	키짝[kʰit̍s̍ak̚]	보리[pori]	받[pat̚]/ 바테[patʰe]	받고랑 [pat̚koraŋ]
河東	등겨[tɯŋgyʌ]	키짝[kʰit̍s̍ak̚]	보리[pori]	받[pat̚]	받고랑 [pat̚koraŋ]
民樂	속등겨 [sʰok̚tɯŋgyʌ]	키짝[kʰit̍s̍ak̚]	보리[pori]	바치[patsʰi]	받골[pat̚kol]
臥龍	보드라운 게 [podɯraun ge]	소부리[sʰoburi]	보리[pori]	받[pat̚]	받고랑 [pat̚koraŋ]
江南	등게[tɯŋge]	버치[pʌtsʰi]	보리[pori]	받[pat̚]/ 바테[patʰe]	받고랑 [pat̚koraŋ]
海南	보드라운 게 [podɯraun ge]	소보치 [sʰobotsʰi]	보리[pori]	바테[patʰe]	받고랑 [pat̚koraŋ]
新安	싸레기 [s̍aregi]	소보초 [sʰobotsʰo]	보리[pori]	바티[patʰi]	고랑[koraŋ]
三岔口	나벧게 [nabet̚ke]	소보치 [sʰobotsʰi]	보리[pori]	받[pat̚]/ 바티[patʰi]	골땅[kolt̍aŋ]
永豐	게[ke]	소보치 [sʰobotsʰi]	보리[pori]	받[pat̚]	골탕[koltʰaŋ]
和平	쌀께[s̍alk̍e]	소보치 [sʰobotsʰi]	보리[pori]	받[pat̚]	고랑[koraŋ]
雞林	보드렁게 [podɯrʌŋge]	소보치 [sʰobotsʰi]	보리[pori]	받[pat̚]	받꼴땅 [pat̚k̍olt̍aŋ]
明德	제[tse]	소보치 [sʰobotsʰi]	보리[pori]	받[pat̚]	받고랑 [pat̚koraŋ]
星火	베껴[pek̍yʌ]	소보치	보리[pori]	받[pat̚]	받골탕

		[s^{h}obots^{h}i]			[pat̚golt^{h}aŋ]
湯旺	등게[tɯŋge]	키짝[k^{h}it'sak̚]	보리[pori]	받[pat̚]	받고랑 [pat̚koraŋ]
東明	나박께 [napak̚k̚e]	소보치 [s^{h}obots^{h}i]	보리[pori]	받[pat̚]	받고랑 [pat̚koraŋ]
年豐	보드람등게 [poduramdɯŋge]	소구리[s^{h}oguri]	보리[pori]	받[pat̚]	고랑[koraŋ]
杏樹	보드라운게 [podɯraunge]	소보치 [s^{h}obots^{h}i]	보리[pori]	채전[ts^{h}ɛdzʌn] /받[pat̚]/ 터받[t^{h}ʌbat̚]	받꼬랑 [pat̚ k̚oraŋ]
吉興	베께[pek̚e]	소보치 [s^{h}obots^{h}i]	보리[pori]	받[pat̚]	골땅[kol̚taŋ]
主星	덩겨[tʌŋgyʌ]	키짝[k^{h}it'sak̚]	보리[pori]	받[pat̚]	받꼴[pat̚k̚ol]
成富	보드란게 [podɯrange]	소보치 [s^{h}obots^{h}i]	보리[pori]	받[pat̚]	받고랑 [pat̚koraŋ]
興和	가루등게 [karudɯŋge]	키짝[k^{h}it'sak̚]	보리[pori]	받[pat̚]	받고랑 [pat̚koraŋ]
	밭이랑	**팥**	**조**	**조이삭**	**수수**
迎蘭	이랑[iraŋ]	파끼[p^{h}ak̚i]	조이[tsoi]	조이삭 [tsois^{h}ak̚]	수수[s^{h}us^{h}u]
漁池	이랑[iraŋ]	파끼[p^{h}ak̚i]	조이[tsoi]	조이삭 [tsois^{h}ak̚]	수수[s^{h}us^{h}u]
河東	이랑[iraŋ]	팓끼[p^{h}at̚ k̚i]	조[tso]	조이삭 [tsois^{h}ak̚]	수수[s^{h}us^{h}u]
民樂	이랑[iraŋ]	팓끼[p^{h}at̚ k̚i]	조이[tsoi]	조이삭 [tsois^{h}ak̚]	수수[s^{h}us^{h}u]/ 수꾸[s^{h}uk̚u]
臥龍	바치랑 [pats^{h}iraŋ]	패끼[p^{h}ɛk̚i]	조이[tsoi]	조이삭 [tsois^{h}ak̚]	수수[s^{h}us^{h}u]
江南	바치랑 [pats^{h}iraŋ]	파끼[p^{h}ak̚i]	조이[tsoi]	조이삭 [tsois^{h}ak̚]	수수[s^{h}us^{h}u]
海南	바치랑 [pats^{h}iraŋ]	패끼[p^{h}ɛk̚i]	조이[tsoi]	조이이삭 [tsoiis^{h}ak̚]	수수[s^{h}us^{h}u]
新安	이랑[iraŋ]	파끼[p^{h}ak̚i]	조이[tsoi]	조이삭 [tsois^{h}ak̚]	수수[s^{h}us^{h}u]
三岔口	-	패끼[p^{h}ɛk̚i]	조이[tsoi]	조이삭 [tsois^{h}ak̚]	수수[s^{h}us^{h}u]
永豐	이랑[iraŋ]	패끼[p^{h}ɛk̚i]	조이[tsoi]	조이이삭 [tsoiis^{h}ak̚]	수수[s^{h}us^{h}u]
和平	이랑[iraŋ]	패끼[p^{h}ɛk̚i]	조이[tsoi]	조이이삭	수수[s^{h}us^{h}u]

				[tsoiis^{h}ak̓]	
雞林	이랑[iraŋ]	패끼[p^{h}ɛk̓i]	조이[tsoi]	조이이삭 [tsoiis^{h}ak̓]	수수[s^{h}us^{h}u]
明德	이랑[iraŋ]	패끼[p^{h}ɛk̓i]	조이[tsoi]	조이이삭 [tsoiis^{h}ak̓]	수수[s^{h}us^{h}u]
星火	바지랑 [padziraŋ]	패끼[p^{h}ɛk̓i]	조이[tsoi]	조이이삭 [tsoiis^{h}ak̓]	수수[s^{h}us^{h}u]
湯旺	반니랑 [panɲiraŋ]	파끼[p^{h}ak̓i]	조[tso]	조이삭 [tsois^{h}ak̓]	수수[s^{h}us^{h}u]
東明	반니랑 [panɲiraŋ]	패끼[p^{h}ɛk̓i]	조이[tsoi]	조이이삭 [tsoiis^{h}ak̓]	수수[s^{h}us^{h}u]
年豐	이랑[iraŋ]	팍끼[p^{h}ak̓k̓i]	조이[tsoi]	조이삭 [tsois^{h}ak̓]	수수[s^{h}us^{h}u]
杏樹	바지랑 [padziraŋ]	패끼[p^{h}ɛk̓i]	조이[tsoi]	조이이삭 [tsoiis^{h}ak̓]	수수[s^{h}us^{h}u]
吉興	이랑[iraŋ]	패끼[p^{h}ɛk̓i]	조이[tsoi]	조이이삭 [tsoiis^{h}ak̓]	수수[s^{h}us^{h}u]
主星	덕[tʌk̓]	-	조[tso]	조이삭 [tsois^{h}ak̓]	수수[s^{h}us^{h}u]
成富	바니랑 [paniraŋ]	패끼[p^{h}ɛk̓i]	조이[tsoi]	조이이삭 [tsoiis^{h}ak̓]	수수[s^{h}us^{h}u]
興和	받둔덕 [pat̓tundʌk̓]	파끼[p^{h}ak̓i]	조[tso]	조이삭 [tsois^{h}ak̓]	수수[s^{h}us^{h}u]
	깨	**참깨/들깨**	**옥수수**	**무**	**시래기**
迎蘭	깨[k̓ɛ]	참깨[ts^{h}amk̓ɛ]/ 들깨[tɯlk̓ɛ]	강낭[kaŋnaŋ]	무꾸[muk̓u]	씨레기[ɕ̓iregi]
漁池	꽤[k̓wɛ]	참꽤[ts^{h}amk̓wɛ] /들꽤[tɯlk̓wɛ]	깡낭[k̓aŋnaŋ]	무[mu]	씨래기[ɕ̓irɛgi] /씨리구[ɕ̓irigu]
河東	깨[k̓ɛ]	참깨[ts^{h}amk̓ɛ]/ 들깨[tɯlk̓ɛ]	깡낭[k̓aŋnaŋ]	무우[muu]	시래기[ɕirɛgi]
民樂	깨[k̓ɛ]	참깨[ts^{h}amk̓ɛ]/ 들깨[tɯlk̓ɛ]	강낭[kaŋnaŋ]	무꾸[muk̓u]	씨래기[ɕ̓irɛgi]
臥龍	깨[k̓ɛ]	참깨[ts^{h}amk̓ɛ]/ 들깨[tɯlk̓ɛ]	옥씨[ok̓ɕ̓i]	무끼[muk̓i]	씨래기[ɕ̓irɛgi]
江南	깨[k̓ɛ]	참깨[ts^{h}amk̓ɛ]/ 들깨[tɯlk̓ɛ]	옥씨[ok̓ɕ̓i]	노배[nobɛ]	씨라지[ɕ̓iradzi]
海南	깨[k̓ɛ]	참깨[ts^{h}amk̓ɛ]/ 들깨[tɯlk̓ɛ]	옥씨[ok̓ɕ̓i]	무끼[muk̓i]/ 노배[nobɛ]	씨라지[ɕ̓iradzi]
新安	깨[k̓ɛ]	참깨[ts^{h}amk̓ɛ]/	옥씨[ok̓ɕ̓i]/	무끼[muk̓i]/노	씨라지[ɕ̓iradzi]

		들깨[tɯlk'ɛ]	강냉이[kaŋnɛŋi]	배[nobɛ]	
三岔口	깨[k'ɛ]	참깨[tsʰamk'ɛ]/ 들깨[tɯlk'ɛ]	옥수수 [ok'sʰusʰu]	무우[muu]/ 노배[nobɛ]	씨라지[ɕ̇iradzi]
永豐	깨[k'ɛ]	참깨[tsʰamk'ɛ]/ 들깨[tɯlk'ɛ]	옥시끼[ok'ɕ̇ik'i]	노배[nobɛ]	시래기[ɕirɛgi]
和平	깨[k'ɛ]	참깨[tsʰamk'ɛ]/ 들깨[tɯlk'ɛ]	옥씨[ok'ɕ̇i]/ 강낭[kaŋnaŋ]	무우[muu]	시래기[ɕirɛgi]
雞林	깨[k'ɛ]	참깨[tsʰamk'ɛ]/ 들깨[tɯlk'ɛ]	옥씨[ok'ɕ̇i]	무끼[muk'i]	시라지[ɕiradzi]
明德	깨[k'ɛ]	참깨[tsʰamk'ɛ]/ 들깨[tɯlk'ɛ]	옥시[ok'ɕ̇i]	무끼[muk'i]	시래기[ɕirɛgi]
星火	깨[k'ɛ]	참깨[tsʰamk'ɛ]/ 들깨[tɯlk'ɛ]	옥씨[ok'ɕ̇i]	노배[nobɛ]	씨래기[ɕ̇irɛgi]
湯旺	깨[k'ɛ]	참깨[tsʰamk'ɛ]/ 들깨[tɯlk'ɛ]	강낭이 [kaŋnaŋi]	무꾸[muk'u]	씨래기[ɕ̇irɛgi]
東明	깨씨[k'ɛɕ̇i]	참깨[tsʰamk'ɛ]/ 들깨[tɯlk'ɛ]	옥씨[ok'ɕ̇i]	무끼[muk'i]	시래기[ɕirɛgi]
年豐	깨[k'ɛ]	참깨[tsʰamk'ɛ]/ 들깨[tɯlk'ɛ]	강내이[kaŋnɛi]	무꾸[muk'u]	시래기[ɕirɛgi]
杏樹	깨[k'ɛ]	참깨[tsʰamk'ɛ]/ 들깨[tɯlk'ɛ]	옥씨[ok'ɕ̇i]	무끼[muk'i]/ 노베[nobe]	씨라지[ɕ̇iradzi]
吉興	깨[k'ɛ]	참깨[tsʰamk'ɛ]/ 들깨[tɯlk'ɛ]	옥씨[ok'ɕ̇i]	노배[nobɛ]	시라지[ɕiradzi]
主星	깨[k'ɛ]	참깨[tsʰamk'ɛ]/ 들깨[tɯlk'ɛ]	강네이[kaŋnei]	무시[muɕi]	시라구[ɕiragu]
成富	참깨[tsʰamk'ɛ]	참깨[tsʰamk'ɛ]/ 뜰깨[t'ɯlk'ɛ]	옥시[ok'ɕi]	무끼[muk'i]/ 로배[robɛ]	시라지[ɕiradzi]
興和	깨[k'ɛ]	참깨[tsʰamk'ɛ]/ 들깨[tɯlk'ɛ]	강낭이 [kaŋnaŋi]	무우[muu]	시라기[ɕiragi]
	채소	**나물**	**고갱이**	**파**	**고구마**
迎蘭	채소[tsʰɛsʰo]	나물[namul]	소깨기 [sʰok'ɛgi]	파이[pʰai]	고구마 [koguma]
漁池	채소[tsʰɛsʰo]	나물[namul]	배차쏙 [pɛtsʰas'ok']	파이[pʰai]	고구마 [koguma]
河東	채소[tsʰɛsʰo]	나물[namul]	배추속 [pɛtsʰusʰok']	파[pʰa]	고구마 [koguma]
民樂	채소[tsʰɛsʰo]	나물[namul]	배추속 [pɛtsʰusʰok']	파이[pʰai]	고구마 [koguma]
臥龍	채소[tsʰɛsʰo]	나물[namul]	쏘개기[s'ogɛgi]	파이[pʰai]	고구마

					[koguma]
江南	채소[tsʰɛsʰo]	나물[namul]	배채쏙 [pɛtsʰɛs̓ok̓]	파이[pʰai]	고구마 [koguma]
海南	채소[tsʰɛsʰo]	나물[namul]	배추속 [pɛtsʰusʰok̓]	파[pʰa]	고구마 [koguma]
新安	채소[tsʰɛsʰo]	나물[namul]	배추속 [pɛtsʰusʰok̓]	파이[pʰai]	고구마 [koguma]
三岔口	채소[tsʰɛsʰo]	나물[namul]	배추쏙 [pɛtsʰus̓ok̓]	파이[pʰai]	고구마 [koguma]
永豐	채소[tsʰɛsʰo]	나물[namul]	소꼬개 [sʰok̓ogɛ]	파이[pʰai]	고구마 [koguma]
和平	채소[tsʰɛsʰo]	산나물 [sʰannamul]	배추속 [pɛtsʰusʰok̓]	파리[pʰari]	고구마 [koguma]
雞林	채소[tsʰɛsʰo]	나물[namul]	배채속 [pɛtsʰɛsʰok̓]	파애[pʰaɛ]	고구마 [koguma]
明德	푼채[pʰut̓tsʰɛ]	산나물 [sʰannamul]	소깨기 [sʰok̓ɛgi]	파[pʰa]	고구마 [koguma]
星火	채소[tsʰɛsʰo]	나물[namul]	소깨기 [sʰok̓ɛgi]	파이[pʰai]	고구마 [koguma]
湯旺	채소[tsʰɛsʰo]	나물[namul]	배추속 [pɛtsʰusʰok̓]	파[pʰa]	고구마 [koguma]
東明	채소[tsʰɛsʰo]	나물[namul]	배채속 [pɛtsʰɛsʰok̓]	파이[pʰai]	고구마 [koguma]
年豐	채소[tsʰɛsʰo]	나물[namul]	소꾸배 [sʰok̓ubɛ]	파[pʰa]	고구마 [koguma]
杏樹	채소[tsʰɛsʰo]	산나물 [sʰannamul]	배채속 [pɛtsʰɛsʰok̓]	파이[pʰai]	고구마 [koguma]
吉興	채소[tsʰɛsʰo]	나물[namul]	배추속 [pɛtsʰusʰok̓]	파이[pʰai]	고구마 [koguma]
主星	채소[tsʰɛsʰo]	나물[namul]	속톰[sʰok̓tʰom]	파이[pʰai]	고구마 [koguma]
成富	채소[tsʰɛsʰo]	산나물 [sʰannamul]	배채속 [pɛtsʰɛsʰok̓]	파이[pʰai]	고구마 [koguma]
興和	풀채소 [pʰultsʰɛsʰo]	나물[namul]	배차속 [pɛtsʰasʰok̓]	파[pʰa]	고구마 [koguma]
	감자	**가지**	**고추**	**도마도**	**홍당무**
迎蘭	감자[kamdza]	까지[k̓adzi]	고치[kotsʰi]	도마도 [tomado]	당금[taŋgɯm]
漁池	감자[kamdza]	가지[kadzi]	꼬추[k̓otsʰu]	일령감	홍당무

				[iʎʎyʌŋgam]	[hoŋdaŋmu]
河東	감자[kamdza]	가지[kadzi]	고추[kotsʰu]	일령감 [iʎʎyʌŋgam]	양무우 [yaŋmuu]
民樂	감자[kamdza]	가지[kadzi]	꼬추[k͈otsʰu]/ 꼬치[k͈otsʰi]	일련감 [iʎʎyʌngam]	훌루배 [hullubɛ]/ 닌징[nindziŋ]
臥龍	감재[kamdzɛ]	까지[k͈adzi]	고추[kotsʰu] [고치장 [kotsʰidzaŋ]]	도마도 [tomado]	닌지[nindzi]
江南	감자[kamdza]	가지[kadzi]	꼬치[k͈otsʰi]	도마도[tomado]	닌징[nindziŋ]
海南	감자[kamdza]	가지[kadzi]	고치[kotsʰi]	도마도[tomado]	닌지[nindzi]
新安	감자[kamdza]	가지[kadzi]	고치[kotsʰi]	도마도 [tomado]/ 일령감 [iʎʎyʌŋgam]	닌지[nindzi]
三岔口	감재이 [kamdzɛi]	가지[kadzi]	고추[kotsʰu]	도마도 [tomado]/ 버미도리 [pʌmidori]	닌지[nindzi]
永豐	감재[kamdzɛ]	까지[k͈adzi]	고치[kotsʰi]	베민도리 [pemindori]	닌지[nindzi]
和平	감자[kamdza]	가지[kadzi]	고추[kotsʰu]	도마도 [tomado]	양무꾸 [yaŋmuk͈u]/ 닌지[nindzi]/ 후뤄배이 [hurwʌbɛi]
雞林	감재[kamdzɛ]	까지[k͈adzi]	고치[kotsʰi]	벰돌[pemdol]	넨지[nendzi]
明德	감지[kamdzi]/ 감재[kamdzɛ]	까지[k͈adzi]	고추[kotsʰu]	도마도 [tomado]	니지[nidzi]
星火	감재[kamdzɛ]	까지[k͈adzi]	꼬치[k͈otsʰi]	도마도 [tomado]	닌지[nindzi]
湯旺	감자[kamdza]	가지[kadzi]	고추[kotsʰu]	일련감 [iʎʎyʌngam]	훌루배 [hullubɛ]
東明	감재[kamdzɛ]	까지[k͈adzi]	꼬치[k͈otsʰi]	도마도 [tomado]	닌지[nindzi]
年豐	감자[kamdza]	가지[kadzi]	꼬추[k͈otsʰu]	일년감 [iʎʎyʌngam]/ 도마도[tomado]	훌루배 [hullubɛ]
杏樹	감자[kamdza] /감재[kamdzɛ]	까지[k͈adzi]	고추[kotsʰu]	도마도 [tomado]	닌지[nindzi]

吉興	감재[kamdzɛ]	가지[kadzi]	고치[kotsʰi]	도미돌 [tomidol]	닌지[nindzi]
主星	감자[kamdza]	가지[kadzi]	꼬추[k'otsʰu]	일련감 [iʎʎyʌngam]	훌루배 [hullubɛ]
成富	감자[kamdza]	까지[k'adzi]	꼬추[k'otsʰu]	도마도 [tomado]	닌지[nindzi]
興和	감자[kamdza]	가지[kadzi]	꼬추[k'otsʰu]	일년감 [iʎʎyʌngam]	홍당무 [hoŋdaŋmu]
	김치	**깍두기**	**간장**	**두부**	**콩나물**
迎蘭	짐치[tsimtsʰi]	-	간장[kandzaŋ]	두부[tubu]	콩나물 [kʰoŋnamul]
漁池	김치[kimtsʰi]	깍뚜기[kak'tugi]	간장[kandzaŋ]	두부[tubu]	콩나물 [kʰoŋnamul]
河東	김치[kimtsʰi]	깍뚜기[kak'tugi]	간장[kandzaŋ]	두부[tubu]	콩나물 [kʰoŋnamul]
民樂	김치[kimtsʰi]	-	간장[kandzaŋ]	두부[tubu]	콩나물 [kʰoŋnamul]
臥龍	김치[kimtsʰi]	무끼김치 [muk'igimtsʰi]/ 깍뚜기[kak'tugi]	간장[kandzaŋ]	두비[tubi]	콩나물 [kʰoŋnamul]
江南	김치[kimtsʰi]	깍뚜기[kak'tugi]	간장[kandzaŋ]	두부[tubu]	콩나물 [kʰoŋnamul]
海南	김치[kimtsʰi]	깍뚜기[kak'tugi]	간장[kandzaŋ]	두부[tubu]	콩나물 [kʰoŋnamul]
新安	김치[kimtsʰi]	깍뚜기[kak'tugi]	간장[kandzaŋ]	두비[tubi]	콩나물 [kʰoŋnamul]
三岔口	김치[kimtsʰi]	깍뚜기[kak'tugi]	간장[kandzaŋ]	두부[tubu]	콩나물 [kʰoŋnamul]
永豐	김치[kimtsʰi]	깍두기[kak'tugi]	간장[kandzaŋ]	두비[tubi]	콩나물 [kʰoŋnamul]
和平	짠지[ts'andzi]	깍뚜기[kak'tugi]	간장[kandzaŋ]	두비[tubi]	콩나물 [kʰoŋnamul]
雞林	배채김치 [pɛtsʰɛgimtsʰi]	무꾸김치 [muk'ugimtsʰi]	간장[kandzaŋ]	되비[twebi]	콩나물 [kʰoŋnamul]
明德	김치[kimtsʰi]	깍뚜기[kak'tugi]	간장[kandzaŋ]	두비[tubi]	콩나물 [kʰoŋnamul]
星火	짐치[tsimtsʰi]	깍뚜기[kak'tugi]	지렁[tsirʌŋ]	두비[tubi]	콩나물 [kʰoŋnamul]
湯旺	김치[kimtsʰi]	깍뚜기[kak'tugi]	장물[tsaŋmul]	두부[tubu]	콩나물

					[kʰoŋnamul]
東明	배채김치 [pɛtsʰɛgimtsʰi]	깍뚜기[k'ak'tugi]	간장[kandzaŋ]	두비[tubi]	콩나물 [kʰoŋnamul]
年豐	김치[kimtsʰi]	무깝뚜기 [muk'ap'tugi]	간장[kandzaŋ]	두부[tubu]	콩나물 [kʰoŋnamul]
杏樹	배채짐치 [pɛtsʰɛdzimtsʰi]	무꾸짐치 [muk'udzimtsʰi]	간장[kandzaŋ]	두부[tubu]	콩나물 [kʰoŋnamul]
吉興	짐치[tsimtsʰi]	깍뚜기[k'ak'tugi]	간장[kandzaŋ]	두비[tubi]	콩나물 [kʰoŋnamul]
主星	김치[kimtsʰi]	깍뚜기[k'ak'tugi]	간장[kandzaŋ]	두부[tubu]	콩나물 [kʰoŋnamul]
成富	짐치[tsimtsʰi]	깍뚜기[k'ak'tugi]	간장[kandzaŋ]	두비[tubi]	콩나물 [kʰoŋnamul]
興和	김치[kimtsʰi]	깍두기[k'ak'tugi]	간장[kandzaŋ] /지렁[tsirʌŋ]	두부[tubu]	콩나물 [kʰoŋnamul]
	상추	**오이**	**부추**	**김**	**반찬**
迎蘭	상추[sʰaŋtsʰu]	오이[oi]	정구지 [tsʌŋgudzi]	김[kim]	반찬[p'antsʰan]
漁池	상추[sʰaŋtsʰu]	오이[oi]	정구지 [tsʌŋgudzi]	김[kim]	반찬[p'antsʰan]
河東	상추[sʰaŋtsʰu]	오이[oi]	정구지 [tsʌŋgudzi]	김[kim]	반찬[pantsʰan]
民樂	상추[sʰaŋtsʰu]	오이[oi]	정구지 [tsʌŋgudzi]	김[kim]	반찬[pantsʰan] /짠지[ts'andzi]
臥龍	불기[pulgi]	오이[oi]	염지[yʌmdzi]	김[kim]	반찬[pantsʰan]
江南	상추[sʰaŋtsʰu] /불기[pulgi]	무레[mure]	정구지 [tsʌŋgudzi]	김[kim]	반찬[pantsʰan]
海南	불기[pulgi]	오이[oi]	염지[yʌmdzi]	김[kim]	반찬[pantsʰan]
新安	불기[pulgi]	오이[oi]	염지[yʌmdzi]	김[kim]	반찬[pantsʰan]
三岔口	불기[pulgi]	오이[oi]	염지[yʌmdzi]	김[kim]	짠지[ts'andzi]
永豐	불기[pulgi]	오이[oi]	염지[yʌmdzi]	김[kim]	반찬[pantsʰan]
和平	불기[pulgi]	쌔미[s'ɛmi]/ 쌈[s'am]	오이[oi]	염지[yʌmdzi]	반찬[pantsʰan]
雞林	불기[pulgi]	오이[oi]	염지[yʌmdzi]	김[kim]	반찬[pantsʰan]
明德	불기[pulgi]	쌔미[s'ɛmi]	오이[oi]	염지[yʌmdzi]	반찬[pantsʰan]
星火	불기[pulgi]	오이[oi]	염지[yʌmdzi]	김[kim]	반찬[pantsʰan]
湯旺	상추[sʰaŋtsʰu]	오이[oi]	정구지	김[kim]	반찬[pantsʰan]

			[tsʌŋgudzi]		
東明	불기[pulgi]	쌤[śɛm]	오이[oi]	염지[yʌmdzi]	반찬[pantsʰan]
年豐	상추[sʰaŋtsʰu]	오이[oi]	정구지 [tsʌŋgudzi]	김[kim]	반찬[pantsʰan]
杏樹	불기[pulgi]	쌤[śɛm]	오이[oi]	염지[yʌmdzi]	반찬[pantsʰan]
吉興	불기[pulgi]	오이[oi]	염지[yʌmdzi]	김[kim]	반찬[pantsʰan]
主星	쌍추[śaŋtsʰu]	오이[oi]	정구지 [tsʌŋgudzi]	김[kim]	반찬[pantsʰan]
成富	불기[pulgi]	오이[oi]	염지[yʌmdzi]	김[kim]	채소[tsʰɛsʰo]
興和	상추[sʰaŋtsʰu]	오이[oi]	정구지 [tsʌŋgudzi]	김[kim]	짠지[t́sandzi]

	생선요리	장국	청국장	오누이장	보신탕
迎蘭	-	된장꾹 [twendzaŋk̚uk̚]	썩장[śʌk̚tsaŋ]	오누비장 [onubidzaŋ]	개장꾹 [kɛdzaŋk̚uk̚]
漁池	해물료리 [hɛmullyori]	된장국 [twendzaŋkuk̚]	청국장 [tsʰʌŋguk̚tsaŋ] /썩장[śʌk̚tsaŋ]	-	개장국 [kɛdzaŋkuk̚]
河東	-	된장국 [twendzaŋkuk̚]	썩장[śʌk̚tsaŋ]/ 단북장 [tanbuk̚tsaŋ]	-	개장국 [kɛdzaŋkuk̚]
民樂	-	장꾹[tsaŋk̚uk̚]	썩장꾹 [śʌk̚tsaŋkuk̚]	-	개장꾹 [kɛdzaŋk̚uk̚]
臥龍	해물채소 [hɛmultsʰɛsʰo]	장꾹[tsaŋk̚uk̚]	썩장[śʌk̚tsaŋ]	오누비장 [onubidzaŋ]	개고기국 [kɛgogiguk̚]
江南	-	장찌개 [tsaŋt́sigɛ]	썩장[śʌk̚tsaŋ]	오누비장 [onubidzaŋ]	개짱꾹 [kɛt́saŋk̚uk̚]
海南	물꼬기반찬 [mulkogibantsʰan]	장국[tsaŋkuk̚]	썩장[śʌk̚tsaŋ]	오누비장 [onubidzaŋ]	개장국 [kɛdzaŋkuk̚]
新安	-	된장국 [twendzaŋkuk̚]	썩장[śʌk̚tsaŋ]	오누비장 [onubidzaŋ]	개탕[kɛtʰaŋ]
三岔口	-	된장국 [twendzaŋkuk̚]	썩장[śʌk̚tsaŋ]	오누비장 [onubidzaŋ]	개장꾹 [kɛdzaŋk̚uk̚]
永豐	-	장꾹[tsaŋk̚uk̚]	썩짱[śʌk̚t́saŋ]	오누비장 [onubidzaŋ]	개장[kɛdzaŋ]
和平	반찬[pantsʰan]	장물[tsaŋmul]	썩장장물 [śʌk̚tsaŋdzaŋmul]	오누이장 [onuidzaŋ]	개탕[kɛtʰaŋ]
雞林	-	장물[tsaŋmul]	썩장[śʌk̚tsaŋ]	오누비장 [onubidzaŋ]	개탕[kɛtʰaŋ]

明德	믿빤찬 [mit̚ṗantsʰan]	장장물 [tsaŋdzaŋmul]	썩장장물 [ṡʌk̚tsaŋdzaŋmul]	오누비장 [onubidzaŋ]	개탕[kɛtʰaŋ]
星火	-	장꾹[tsaŋk̚uk̚]	썩짱[ṡʌk̚tṡaŋ]	오누이장 [onuidzaŋ]	개탕[kɛtʰaŋ]
湯旺	-	된장꾹 [twendzaŋk̚uk̚]	썩장[ṡʌk̚tsaŋ]	-	개장꾹 [kɛdzaŋk̚uk̚]
東明	-	장꾹[tsaŋk̚uk̚]	썩짱꾹 [ṡʌk̚tṡaŋk̚uk̚]	오네비장 [onebidzaŋ]	개고기국 [kɛgogiguk̚]/ 개탕[kɛtʰaŋ]
年豐	-	된장꾹 [twendzaŋk̚uk̚]	썩장[ṡʌk̚tsaŋ]	-	개장국 [kɛdzaŋkuk̚]
杏樹	채소[tsʰɛsʰo]	장꾹[tsaŋk̚uk̚]	썩짱꾹 [ṡʌk̚tṡaŋk̚uk̚]	오누비장 [onubidzaŋ]	개고기탕 [kɛgogitʰaŋ]
吉興	-	된장꾹 [twendzaŋk̚uk̚]	썩짱[ṡʌk̚tṡaŋ]	오누이장 [onuidzaŋ]	개탕[kɛtʰaŋ]
主星	-	된장국 [twendzaŋkuk̚]	썩장[ṡʌk̚tsaŋ]	-	개장국 [kɛdzaŋkuk̚]
成富	-	장꾹[tsaŋk̚uk̚]	썩짱[ṡʌk̚tṡaŋ]	오누비장 [onubidzaŋ]	개장꾹 [kɛdzaŋk̚uk̚]
興和	-	된장국 [twendzaŋkuk̚]	썩장[ṡʌk̚tsaŋ]	-	개장국 [kɛdzaŋk̚uk̚]
	솥	**가마2**	**이남박**	**조리**	**주걱**
迎蘭	-	-	-	-	-
漁池	조선가마 [tsosʰʌngama] /솥[sʰot̚]	벌떡솥 [pʌlṫʌk̚sʰot̚] /중국가마 [tsuŋguk̚gama]	싸람박 [ṡarambak̚]	조리[tsori]	주걱[tsugʌk̚]
河東	솥[sʰot̚]	가마[kama]	싸람지 [ṡaramdzi]	조리[tsori]	주걱[tsugʌk̚]
民樂	조선소치 [tsosʰʌnsʰotsʰi]	벌레까마 [pʌlleḱama]	함지[hamdzi]	조리[tsori]	밥주걱 [pap̚tsugʌk̚]
臥龍	가매[kamɛ]	가매[kamɛ]	싸람박 [ṡarambak̚]	조리[tsori]	밥쭈걱 [pap̚tṡugʌk̚]
江南	가매[kamɛ]	가매[kamɛ]	싸람박 [ṡarambak̚]	조레[tsore]	밥쭉[pap̚tṡuk̚]
海南	가매[kamɛ]	가매[kamɛ]	싸람박 [ṡarambak̚]	조리[tsori]	밥쭉[pap̚tṡuk̚]
新安	솥[sʰot̚]	가매[kamɛ]	싸람박 [ṡarambak̚]	조리[tsori]	밥쭉[pap̚tṡuk̚]

三岔口	가매[kamɛ]	가매[kamɛ]	싸람박 [śarambak̚] /무람박 [murambak̚]	조리[tsori]	밥쭈걱 [pap̚tśugʌk̚]
永豊	가매[kamɛ]	가매[kamɛ]	싸랑박 [śaraŋbak̚]	조리[tsori]	박쭉[pak̚tśuk̚]
和平	가마[kama]	가마[kama]	함지[hamdzi]	조리[tsori]	주걱[tsugʌk̚]
雞林	가매[kamɛ]	가매[kamɛ]	무럼박 [murʌmbak̚]	죄리[tsweri]	박쭉[pak̚tśuk̚]
明德	가매[kamɛ]	가매[kamɛ]	쌀함박 [śalhambak̚]	조리[tsori]	박죽[pak̚tsuk̚]
星火	솥[sʰot̚]	솥[sʰot̚]	함지[hamdzi]	조리[tsori]	밥쭉[pap̚tśuk̚]
湯旺	솥[sʰot̚]	가매[kamɛ]	함지[hamdzi]	조리[tsori]	밥쭉[pap̚tśuk̚]
東明	가메[kame]	가메[kame]	쌀함지 [śalhamdzi]	조리[tsori]	밥죽[pap̚tsuk̚]
年豐	조선솥 [tsosʰʌnsʰot̚]	한족솥 [handzok̚sʰot̚]	싼이른박 [śanirɯnbak̚]	조래[tsorɛ]	밥죽[pap̚tsuk̚]
杏樹	가마[kama]	가마[kama]	물함박 [mulhambak̚]	조리[tsori]	밥쭉[pap̚tśuk̚]
吉興	가매[kamɛ]	-	물함박 [mulhambak̚]	조리[tsori]	박쭉[pak̚tśuk̚]
主星	솥[sʰot̚]	가매[kamɛ]	함지[hamdzi]	조리[tsori]	밥주개 [pap̚tsugɛ]
成富	가마[kama]/ 조선가마 [tsosʰʌngama]	가마[kama]	싸람박 [śarambak̚]	졸[tsol]	밥쭉[pap̚tśuk̚]
興和	솥[sʰot̚]	가매[kamɛ]	함지[hamdzi]	조리[tsori]	주걱[tsugʌk̚]
	누룽지	**숭늉**	**가루**	**가래떡**	**송편**
迎蘭	까마치 [k̚amatsʰi]	숭늉물 [sʰuŋɲyuŋmul]	가루[karu]	떡꾹떼 [t́ʌk̚kuk̚te]	송편 [sʰoŋpʰyʌn]
漁池	누릉지 [nurɯŋdzi]/ 까마치 [k̚amatsʰi]	숭님[sʰuŋɲim]	가루[karu]	가래떡 [karɛt́ʌk̚]	송편 [sʰoŋpʰyʌn]
河東	누렁지 [nurʌŋdzi]/ 바꽈이[pak̚wai]	숭늉[sʰuŋɲyuŋ]	가루[karu]	떡국[t́ʌk̚kuk̚]	송편 [sʰoŋpʰyʌn]
民樂	누렁지 [nurʌŋdzi]	숭늉[sʰuŋɲyuŋ]	가루[karu]	떡국대 [t́ʌk̚kuk̚tɛ]	송편 [sʰoŋpʰyʌn]

臥龍	까마치 [k̓amats^{h}i]	숭늉[s^{h}uŋɲyuŋ]	밀까루 [milk̓aru]	떡국때 [’tʌk̓kuk̓’tɛ]	밴새[pɛns^{h}ɛ]
江南	까매치 [k̓amɛts^{h}i]	숭늉[s^{h}uŋɲyuŋ]	가루[karu]	덕꾹때 [tʌk̓k̓uk̓’tɛ]	송편 [s^{h}oŋp^{h}yʌn]
海南	까마치 [k̓amats^{h}i]	숭늉[s^{h}uŋɲyuŋ]	가루[karu]	떡국때 [’tʌk̓kuk̓’tɛ]	밴새[pɛns^{h}ɛ]
新安	까마치 [k̓amats^{h}i]	숭눙[s^{h}uŋnuŋ]	가루[karu]	떡국[’tʌk̓kuk̓]	밴새[pɛns^{h}ɛ]
三岔口	까마치 [k̓amats^{h}i]	숭늉[s^{h}uŋɲyuŋ]	가루[karu]	덕꾹때 [tʌk̓k̓uk̓’tɛ]	밴새[pɛns^{h}ɛ]
永豐	까마치 [k̓amats^{h}i]	숭늉[s^{h}uŋɲyuŋ]	갈기[kalgi]	떡꾹떼 [’tʌk̓k̓uk̓’te]	쌀벤세 [’salbens^{h}e]
和平	가마치 [kamats^{h}i]/ 누렁지 [nurʌŋdzi]	물가마치 [mulga mats^{h}i]	갈기[kalgi]	떡꾹때 [’tʌk̓k̓uk̓’tyɛ]	송편 [s^{h}oŋp^{h}yʌn]
雞林	까마치 [k̓amats^{h}i]	숭늉[s^{h}uŋɲyuŋ]	갈기[kalgi]	떡꾹떼 [’tʌk̓k̓uk̓’te]	쌀벤새 [’salbens^{h}ɛ]
明德	까마치 [k̓amats^{h}i]	까마치물 [k̓amats^{h}imul] /숭늉물 [s^{h}uŋɲyuŋmul]	가루[karu]	떡꾹때 [’tʌk̓k̓uk̓’tɛ]	벤새[pens^{h}ɛ]
星火	까마치 [k̓amats^{h}i]	숭늉 [s^{h}uŋɲyuŋ]	가루[karu]	떡꾹떼 [’tʌk̓k̓uk̓’te]	쌀벤세 [’salbens^{h}e]/ 절편[tsʌlp^{h}yʌn]
湯旺	누룽지 [nuruŋdzi]	숭늉 [s^{h}uŋɲyuŋ]	가루[karu]	떡꾹[’tʌk̓k̓uk̓]	송편 [s^{h}oŋp^{h}yʌn]
東明	까마치 [k̓amats^{h}i]	물까마치 [mulk̓a mats^{h}i] /슝늉물 [s^{h}yuŋɲyuŋmul]	가루[karu]	떡꾹대 [’tʌk̓k̓uk̓’tɛ]/ 가래떡[karɛ’tʌk̓]	송편 [s^{h}oŋp^{h}yʌn]
年豐	가마치 [kamats^{h}i]/ 누룽지 [nuruŋdzi]	숭눙[s^{h}uŋnuŋ]	가루[karu]	떡국대 [’tʌk̓kuk̓’tɛ]	송편 [s^{h}oŋp^{h}yʌn]
杏樹	까마치 [k̓amats^{h}i]	슝늉물 [s^{h}yuŋɲyuŋmul]	가루[karu]	떡꾹때 [’tʌk̓k̓uk̓’tyɛ]	벤새떡 [pens^{h}ɛ’tʌk̓]
吉興	까마치 [k̓amats^{h}i]	숭눙[s^{h}uŋnuŋ]	가루[karu]	떡꾹떼 [’tʌk̓k̓uk̓’te]	송편 [s^{h}oŋp^{h}yʌn]
主星	누룽지 [nuruŋdzi]	숭냥 [s^{h}uŋɲyaŋ]	가루[karu]	떡국때 [’tʌk̓kuk̓’tɛ]	송편 [s^{h}oŋp^{h}yʌn]

成富	까마치 [k̓amatsʰi]	까마치물 [k̓amatsʰimul]	가루[karu]	떡꾹때 [t̓ʌk̓kuk̓tɛ]	송편 [sʰoŋpʰyʌn]
興和	누른밥 [nurɯnbap̄]	숭늉 [sʰuŋɲyuŋ]	가루[karu]	떡국때 [t̓ʌkkuk̓tɛ]	송편 [sʰoŋpʰyʌn]

	절편	쉰떡	백설기	밀기울	국수
迎蘭	절편 [tsʌlpʰyʌn]	쉰떡[ʃwint̓ʌk̓]	백설기 [pɛk̓sʌlgi]	밀끼울 [milk̓iul]	국수[kuk̓su]
漁池	절편 [tsʌlpʰyʌn]	쉰떡[ʃwint̓ʌk̓]	백썰기 [pɛk̓s̓ʌlgi]	밀끼울 [milk̓iul]	국쑤[kuk̓s̓u]
河東	절편 [tsʌlpʰyʌn]	쉰떡[ʃwint̓ʌk̓]	백실기 [pɛk̓ɕilgi]	밀끼울 [milk̓iul]	국쑤[kuk̓s̓u]
民樂	절편 [tsʌlpʰyʌn]	쉰떡[ʃwint̓ʌk̓]	시루떡 [ɕirut̓ʌk̓]	밀기울 [milkiul]	국쑤[kuk̓s̓u]
臥龍	골미떡 [kolmit̓ʌk̓]	신떡[ɕint̓ʌk̓]	시리떡[ɕirit̓ʌk̓]	밀끼울 [milk̓iul]	국씨[kuk̓ɕ̓i]
江南	골미떡 [kolmit̓ʌk̓]	쉰떡[ʃwint̓ʌk̓]	시리떡[ɕirit̓ʌk̓]	밀기울 [milkiul]	국씨[kuk̓ɕ̓i]
海南	골미떡 [kolmit̓ʌk̓]	쉰떡[ʃwint̓ʌk̓]	백설기 [pɛk̓sʌlgi]	밀껍찔 [milk̓ʌp̄t̓sil]	국씨[kuk̓ɕ̓i]
新安	절편 [tsʌlpʰyʌn]	쉰떡[ʃwint̓ʌk̓]	시리떡[ɕirit̓ʌk̓]	밀깝떼기 [milk̓ap̄t̓egi]	국씨[kuk̓ɕ̓i]
三岔口	골미떡 [kolmit̓ʌk̓]	쉰떡[ʃwint̓ʌk̓]	시리떡[ɕirit̓ʌk̓]	밀푸재 [milpʰudzɛ]	국씨[kuk̓ɕ̓i]
永豐	골미떡 [kolmit̓ʌk̓]	쉰떡[ʃwint̓ʌk̓]	시리떡[ɕirit̓ʌk̓]	밀껍질 [milk̓ʌp̄tsil]	국씨[kuk̓ɕ̓i]
和平	골미떡 [kolmit̓ʌk̓]	쉰떡[ʃwint̓ʌk̓]	시루떡 [ɕirut̓ʌk̓]	밀끼울 [milk̓iul]	국쑤[kuk̓s̓u]
雞林	골미떡 [kolmit̓ʌk̓]	쉰떡[ʃwint̓ʌk̓]	시루떡 [ɕirut̓ʌk̓]	밀끼울 [milk̓iul]	국씨[kuk̓ɕ̓i]
明德	골미떡 [kolmit̓ʌk̓]	신떡[ɕint̓ʌk̓]	시리떡[ɕirit̓ʌk̓] /백실기 [pɛk̓ɕilgi]	밀푸제 [milpʰudze]	국시[kuk̓ɕi]
星火	떡꾹떼 [t̓ʌk̓kuk̓te]	심떡[ɕimt̓ʌk̓]	시르떡 [ɕirɯt̓ʌk̓]	밀찌울 [milt̓siul]	국씨[kuk̓ɕ̓i]
湯旺	절편 [tsʌlpʰyʌn]	쉰떡[ʃwint̓ʌk̓]	백설[pɛk̓sʌl]	밀끼울 [milk̓iul]	국쑤[kuk̓s̓u]
東明	골미떡 [kolmit̓ʌk̓]	쉰떡[ʃwint̓ʌk̓]	시리떡[ɕirit̓ʌk̓]	-	국씨[kuk̓ɕ̓i]
年豐	절편	쉰떡[ʃwint̓ʌk̓]	시루떡	밀껍데기	국쑤[kuk̓s̓u]

	[tsʌlpʰyʌn]		[ɕirut̓ʌk̚]	[milk̚ʌp̚tegi]	
杏樹	절편 [tsʌlpʰyʌn]	쉰떡[ʃwint̓ʌk̚]	시리떡[ɕirit̓ʌk̚]	밀껍질 [milk̚ʌp̚tsil]	국쑤[kuk̚s̓u]
吉興	골미떡 [kolmit̓ʌk̚]	쉼떡[ʃwimt̓ʌk̚]	백실기 [pɛk̚ɕilgi]	밀묵찌 [milmuk̚ts̓i]	국씨[kuk̚ɕ̓i]
主星	절편 [tsʌlpʰyʌn]	쉰떡[ʃwint̓ʌk̚]	시리떡[ɕirit̓ʌk̚]	밀지불 [milts̓ibul]	국시[kuk̚ɕi]
成富	궐미떡 [kwʌlmit̓ʌk̚]	쉰떡[ʃwint̓ʌk̚]	백셀기 [pɛk̚selgi]	밀껍찌 [milk̚ʌp̚ts̓i]	국쑤[kuk̚s̓u]
興和	절편 [tsʌlpʰyʌn]	쉰떡[ʃwint̓ʌk̚]	백설기 [pɛk̚sʌlgi]	밀껍데기 [milk̚ʌp̚tegi]	국수[kuk̚su]
	수제비	**과줄**	**쌀튀밥**	**옥수수튀밥**	**식혜**
迎蘭	수제비 [sʰudzebi]	과절[kwadzʌl]	쌀티밥 [s̓altʰibap̚]	강낭티밥 [kaŋnaŋtʰibap̚]	감죽 [kamdzuk̚]
漁池	수제비 [sʰudzebi]	과절[kwadzʌl]	쌀튀밥 [s̓altʰwibap̚]	깡낭튀밥 [k̓aŋnaŋtʰwibap̚]	감주[kamdzu]
河東	수제비 [sʰudzebi]	쌀과자 [s̓algwadza]/ 쌀티박 [s̓altʰibak̚]	쌀티밥 [s̓altʰibap̚]	깡낭티밥 [k̓aŋnaŋtʰibap̚]	식케[ɕik̚kʰe]
民樂	수제비 [sʰudzebi]	쌀과자 [s̓algwadza]	쌀티밥 [s̓altʰibap̚]	강낭티밥 [kaŋnaŋtʰibap̚]	감주[kamdzu]
臥龍	수제비 [sʰudzebi]	과줄[kwadzul]	쌀튀기 [s̓altʰwigi]	옥씨티개 [ok̚ɕ̓itʰigɛ]	밥감지 [pap̚gamdzi]
江南	수제비 [sʰudzebi]	자반[tsaban]	쌀티개 [s̓altʰigɛ]	옥씨티개 [ok̚ɕ̓itʰigɛ]	달술[tals̓ul]
海南	떠덕꾹 [t̓ʌdʌk̚k̓uk̚]	과줄[kwadzul]	쌀티개 [s̓altʰigɛ]	옥씨티개 [ok̚ɕ̓itʰigɛ]	밤가지 [pamgadzi]
新安	떠덕꾹 [t̓ʌdʌk̚k̓uk̚]	과절[kwadzʌl]	쌀티움 [s̓altʰium]	옥시티움 [ok̚ɕ̓itʰium]	식케[ɕik̚kʰe]
三岔口	떡떠꾹 [t̓ʌk̚t̓ʌkuk̚]	과줄[kwadzul]	쌀튀개 [s̓altʰwigɛ]	옥씨튀개 [ok̚ɕ̓itʰwigɛ]	밥감지 [pap̚gamdzi]
永豐	떠떡꾹 [t̓ʌt̓ʌk̚kuk̚]	과줄[kwadzul]	쌀티우개 [s̓altʰiugɛ]	옥시티우개 [ok̚ɕ̓itʰiugɛ]	감주[kamdzu]
和平	떡꾹[t̓ʌk̚kuk̚]	과줄[kwadzul]	쌀튀개 [s̓altʰwigɛ]	옥씨튀개 [ok̚ɕ̓itʰwigɛ]	밥감지 [pap̚gamdzi]
雞林	떠떡꾹 [t̓ʌt̓ʌk̚kuk̚]	과줄[kwadzul]	쌀티게 [s̓altʰige]	옥시티게 [ok̚ɕ̓itʰige]	밥감지 [pap̚gamdzi]
明德	수제비	과줄[kwadzul]	쌀튀우개	옥시튀우개	밥감지

	[sʰudzebi]		[ˈsaltʰwiugɛ]	[ok̚ɕitʰwiugɛ]	[pap̚gamdzi]
星火	수제비 [sʰudzebi]	과줄[kwadzul]	쌀티개 [ˈsaltʰigɛ]	옥시티개 [ok̚ɕitʰigɛ]	식캐[ɕik̚kʰɛ]
湯旺	수제비 [sʰudzebi]	과상[kwasʰaŋ]	쌀티밥 [ˈsaltʰibap̚]	강낭티밥 [kaŋnaŋtʰibap̚]	감주[kamdzu]
東明	떡꾹[ˈtʌk̚kuk]	과줄[kwadzul]	쌀튀개 [ˈsaltʰwigɛ]	옥씨튀개 [ok̚ɕitʰwigɛ]	시케[ɕikʰe]
年豐	수제비 [sʰudzebi]	박과성 [pak̚kwasʰʌŋ]	쌀티밥 [ˈsaltʰibap̚]	강낭티밥 [kaŋnaŋtʰibap̚]	감주[kamdzu]
杏樹	뚜대꾹 [ˈtudɛkuk̚]	과줄[kwadzul]	입쌀티우개 [ip̚ˈsaltʰiugɛ]	옥씨티우개 [ok̚ɕitʰiugɛ]	밥감지 [pap̚gamdzi]
吉興	떠떡꾹 [ˈtʌˈtʌk̚kuk̚]	과줄[kwadzul]	쌀티우개 [ˈsaltʰiugɛ]	옥시티우개 [ok̚ɕitʰiugɛ]	박깜지 [pak̚kamdzi]
主星	떡국[ˈtʌk̚kuk̚]	어리[ʌri]/ 연물[yʌnmul]	쌀튀기 [ˈsaltʰwigi]	뽀미화 [ˈpomihwa]	단술[tansʰul]
成富	뚜데꾹 [ˈtudek̚uk̚]	과줄[kwadzul]	입쌀티우개 [ip̚ˈsaltʰiugɛ]	옥시티우개 [ok̚ɕitʰiugɛ]	박깜지 [pak̚kamdzi]
興和	떡국[ˈtʌk̚kuk̚]	-	쌀튀밥 [ˈsaltʰwibap̚]	강낭튀밥 [kaŋnaŋtʰwibap̚]	단술[tansʰul]
	식해	**시루밑**	**시루번**	**솥뚜껑(쇠)**	**부엌**
迎蘭	시캐[ɕikʰɛ]	시루뽀[ɕiruˈpo]	-	가매두껑 [kamɛdukʌŋ]	정지[tsʌŋdzi]
漁池	시쾌[ɕikʰwɛ]	떡[ˈtʌk̚]/뽀재기 [ˈpodzɛgi]	시루떡[ɕiruˈtʌk̚] /시루뽄 [ɕiruˈpon]	솥뚜껑 [sʰot̚ˈtukʌŋ]	부뚜막 [puˈtumak̚]/ 부억[puʌk̚]
河東	식케[ɕik̚kʰe]	-	-	솥뚜껑 [sʰot̚ˈtukʌŋ]	부억[puʌk̚]
民樂	시케[ɕikʰe]	-	-	솥뚜껑 [sʰot̚ˈtukʌŋ]/ 솥뚜벵이 [sʰot̚ˈtubeŋi]	부억[puʌk̚]
臥龍	-	-	-	가매뚜껑 [kamɛˈtukʌŋ]	정지칸 [tsʌŋdzikʰan]
江南	-	-	-	가매뚜껑 [kamɛˈtukʌŋ]	정지[tsʌŋdzi]
海南	-	시루뽀[ɕiruˈpo]	-	가매뚜껑 [kamɛˈtukʌŋ]	부억[puʌk̚]
新安	-	시루뽄 [ɕiruˈpon]	시루떡[ɕiruˈtʌk̚]	가미뚜껑 [kamiˈtukʌŋ]/	부억[puʌk̚]

				솔뚜껑 [sʰol̓tuk̚kʌŋ]	
三岔口	-	시리뽀[ɕirip̓o]	-	가매뚜껑 [kamɛt̓uk̚kʌŋ]	부엌[puʌk̚]
永豐	-	시루뽀[ɕirup̓o]	-	가매따개 [kamɛt̓agɛ]	부엌칸 [puʌk̚kʰan]
和平	시켸[ɕikʰ[y]e]	떡뽀[t̓ʌk̚p̓o]	-	가마더깨 [kama dʌk̚kɛ]	정지칸 [tsʌŋdzikʰan]
雞林	쇠캐[sʰwekʰɛ]	시루뽀[ɕirup̓o]	-	가매띠비 [kamɛt̓ibi]	부엌칸 [puʌk̚kʰan]
明德	시케[ɕikʰe]	시리뽀[ɕirip̓o]	-	가메떠깨 [kamet̓ʌk̚kɛ]	정지칸 [tsʌŋdzikʰan]
星火	시케[ɕikʰe]	시루밴[ɕirubɛn]	-	사마두깨 [sʰamaduk̚kɛ]	부엌칸 [puʌk̚kʰan]
湯旺	-	시루[ɕiru]	시루뽄 [ɕirup̓on]	솥뚜껑 [sʰot̚t̓uk̚kʌŋ]	정지[tsʌŋdzi]
東明	시캐[ɕikʰɛ]	떡보[t̓ʌk̚po]	-	가메떠깨 [kamet̓ʌk̚kɛ]	부엌[puʌk̚]
年豐	시케[ɕikʰe]	떡보재기 [t̓ʌk̚pozɛgi]	-	솥뚜껑 [sʰot̚t̓uk̚kʌŋ]	부엌[puʌk̚]
杏樹	시켸[ɕikʰ[y]e]	시룬뽀[ɕirut̚p̓o]	-	가메뚜껑 [kamet̓uk̚kʌŋ]	부엌[puʌk̚]/ 부엌칸 [puʌk̚kʰan]
吉興	시케[ɕikʰe]	시리보[ɕiribo]	-	가매떠깨 [kamɛt̓ʌk̚kɛ]	정제[tsʌŋdze]
主星	시쾨[ɕikʰwe]	시루빤 [ɕirup̓an]	시루뽄 [ɕirup̓on]	솥딱까리 [sʰotak̚k̓ari]	정재[tsʌŋdzɛ]/ 정주깐 [tsʌŋdzuk̚kan]
成富	기켸[kikʰ[y]e]	시로[ɕiro]	-	가매뚜껑 [kamɛt̓uk̚kʌŋ]	정지깐 [tsʌŋdzik̚kan]
興和	시캐[ɕikʰɛ]	시루바치개 [ɕirubatsʰigɛ]	개떡[kɛt̓ʌk̚]	솥뚜껑 [sʰot̚t̓uk̚kʌŋ]	부엌[puʌk̚]
	아궁이	**부뚜막**	**부지깽이**	**고무래**	**부삽**
迎蘭	아궁[aguŋ]	부뚜막 [put̓umak̚]	부스땡이 [pusʰɯt̓ɛŋi]	괄패[kwalpʰɛ]/ 재밀개 [tsɛmilgɛ]	불삽[pulsʰap̚]
漁池	아궁이[aguŋi]	부뚜막 [put̓umak̚]	부지깨 [pudzik̚kɛ]	고물개 [komulgɛ]	불삼[pulsʰam]
河東	아궁이[aguŋi]	부뚜막	부지깽이	과페[kwapʰe]/	부삽[pusʰap̚]

		[put̕umak̕]	[pudzik̕ɛŋi]	재밀기 [tsɛmilgi]	
民樂	아궁이[aguŋi]	부뚜막 [put̕umak̕]	부지깽이 [pudzik̕ɛŋi]	재고물 [tsɛgomul]	불삽[pulsʰap̚]
臥龍	아궁기[aguŋgi]	부뚜막 [put̕umak̕]	부지깽이 [pudzik̕ɛŋi]	재글개 [tsɛkɯlgɛ]	불삽[pulsʰap̚]
江南	아구리[aguri]	가매뚜[kamɛt̕u]	부지깨 [pudzik̕ɛ]	재끄러내는거 [tsɛk̕urʌnɛnɯŋgʌ]	불삽[pulsʰap̚]
海南	부시깨 [puɕik̕ɛ]	부뚜막 [put̕umak̕]	부수땡기 [pusʰut̕ɛŋgi]	-	부삽[pusʰap̚]
新安	아구리[aguri]	부뚜막 [put̕umak̕]	부수땡기 [pusʰut̕ɛŋgi]	고무래 [komurɛ]	불쌉[puls̕ap̚]
三岔口	부수깨 [pusʰuk̕ɛ]	부뚜막 [put̕umak̕]	부시땡이 [puɕit̕ɛŋi]	재판하는거 [tsɛpʰanhanɯŋgʌ]	불쌉[puls̕ap̚]
永豐	부수깨 [pusʰuk̕ɛ]	가매목 [kamɛmok̕]	부스땡기 [pusʰɯt̕ɛŋgi]]	국떼기[kuk̕tegi]	불삽[pulsʰap̚]
和平	어궁이[ʌguŋi]	가마목 [kamamok̕]	부수깨 [pusʰuk̕ɛ]	고루매 [korumɛ]	불삽[pulsʰap̚]
雞林	부스깨 [pusʰɯk̕ɛ]	가매목 [kamɛmok̕]	부스깽이 [pusʰɯk̕ɛŋi]	꿀떼기[k̕ult̕egi]	불삽[pulsʰap̚]
明德	부시깨[puɕik̕ɛ]	가매목 [kamɛmok̕]	부스땡기 [pusʰɯt̕ɛŋgi]	꾹때기[k̕uk̕tɛgi]	불삽[pulsʰap̚]
星火	아궁이[aguŋi]	가마목 [kamamok̕]	부시땡기 [puɕit̕ɛŋgi]	-	불삽[pulsʰap̚]
湯旺	아궁[aguŋ]	부뚜막 [put̕umak̕]	부지깨 [pudzik̕ɛ]	밀개[milgɛ]	불삽[pulsʰap̚]
東明	아궁이[aguŋi]	부뚜막 [put̕umak̕]	부시깨[puɕik̕ɛ]	-	불삽[pulsʰap̚]
年豐	부억아궁이 [puʌk̕aguŋi]	부뚜막 [put̕umak̕]	부지깨이 [pudzik̕ɛi]/ 부지땡이 [pudzit̕ɛŋi]	고물개 [komulgɛ]	불삽[pulsʰap̚]
杏樹	부수깨 [pusʰuk̕ɛ]	가매목 [kamɛmok̕]	불까꾸래 [pulk̕ak̕urɛ]	재땅그리 [tsɛt̕aŋgɯri]	불삽[pulsʰap̚]
吉興	부스깨 [pusʰɯk̕ɛ]	가매목 [kamɛmok̕]	부스땡기 [pusʰɯt̕ɛŋgi]]	꾹때기[k̕uk̕tɛgi]	불삽[pulsʰap̚]
主星	아구리[aguri]	부뚜막 [put̕umak̕]	부지깨이 [pudzik̕ɛi]	재밀개 [tsɛmilgɛ]	불삽[pulsʰap̚]
成富	부수깨	부뚜막	까꾸래[k̕ak̕urɛ]	꾹때기[k̕uk̕tɛgi]	불삽[pulsʰap̚]

	[pusʰuk'ɛ]	[p'utumak̚]			
興和	부석[pusʰʌk̚]	부뚜막 [p'utumak̚]	부지깨이 [pudzik'ɛi]	밀개[milgɛ]	불삽[pulsʰap̚]

	숯	화로	화롯불	성냥	굴뚝
迎蘭	목탄[mok̚tʰan]	화로통 [hwarotʰoŋ]	화로뿔 [hwarop'ul]	성냥[sʰʌŋɲyaŋ]	굴떡[kult'ʌk̚]
漁池	숟[sʰut̚]	화로[hwaro]	화로뿔 [hwarop'ul]	성냥[sʰʌŋɲyaŋ]	굴떡[kult'ʌk̚]
河東	숟[sʰut̚]	화로[hwaro]	숟불[sʰut̚bul]	성냥[sʰʌŋɲyaŋ]	꿀뚝[k'ult'uk̚]
民樂	수치[sʰutsʰi]	화로[hwaro]	화롣뿔 [hwarot̚p'ul]	다황[tahwaŋ]	꿀뚝[k'ult'uk̚]
臥龍	수꾸[sʰuk'u]	화로[hwaro]	화리또불 [hwarit'obul]	비시깨[piɕik'ɛ]	구새[kusʰɛ]
江南	숟[sʰut̚]	화리[hwari]	화리불 [hwaribul]	성냥[sʰʌŋɲyaŋ]	구새[kusʰɛ]
海南	숟[sʰut̚]	화로[hwaro]	화로뿔 [hwarop'ul]	비시깨[piɕik'ɛ]	구새[kusʰɛ]
新安	숟[sʰut̚]	화리[hwari]	화로 뿔[hwarop'ul]	성냥[sʰʌŋɲyaŋ] /비지깨[pidzik'ɛ]	굴뚝[kult'uk̚]/ 구새[kusʰɛ][小]
三岔口	숟[sʰut̚]	화로[hwaro]	화로뿔 [hwarop'ul]	비시깨[piɕik'ɛ]	구새[kusʰɛ]
永豐	숟[sʰut̚]	화료[hwaryo]	화료불 [hwaryobul]	비시깨[piɕik'ɛ]	구새[kusʰɛ]
和平	숟[sʰut̚]	화로[hwaro]	화롣뿔 [hwarot̚p'ul]	비지깨 [pidzik'ɛ]	굴뚝[kult'uk̚]
雞林	숟[sʰut̚]	활등[hwalt'ɯŋ]	활등불 [hwaltɯŋbul]	비시깨[piɕik'ɛ]	구새[kusʰɛ]
明德	숟[sʰut̚]	화로[hwaro]	호릳뿔 [horit̚p'ul]	비시깨[piɕik'ɛ] /비지깨[pidzik'ɛ]	구새[kusʰɛ]
星火	숟[sʰut̚]	화루[hwaru]	화루뿔 [hwarup'ul]	비시깨[piɕik'ɛ]	굴뚝[kult'uk̚]
湯旺	숟[sʰut̚]	화로[hwaro]	화로뿔 [hwarop'ul]	성냥 [sʰʌŋɲyaŋ]	굴뚝[kult'uk̚]
東明	수꾸[sʰuk'u]	화로[hwaro]	화롣뿔 [hwarot̚p'ul]	비지깨 [pidzik'ɛ]	구세통 [kusʰetʰoŋ]
年豐	숟[sʰut̚]	화리[hwari]	화지뿔 [hwadzip'ul]	성냥 [sʰʌŋɲyaŋ]	굴뚝[kult'uk̚]
杏樹	목탄[mok̚tʰan] /숟[sʰut̚]	화래[hwarɛ]	화랟뿔 [hwarɛt̚p'ul]	비지깨[pidzik'ɛ] /성냥[sʰʌŋɲyaŋ]	구새[kusʰɛ]

吉興	숟[sʰut̚]	화리[hwari]	화리뿔 [hwarip̓ul]	비시깨[piɕik̓ɛ]	구새[kusʰɛ]
主星	숟[sʰut̚]	화로[hwaro]	화롣불 [hwarot̚p̓ul]	썽냥[s̓ʌŋɲyaŋ]	꿀뚝[k̓ult̓uk̚]
成富	골탄[koltʰan]	화로[hwaro]	화롣뿔 [hwarot̚p̓ul]	비시깨[piɕik̓ɛ]	구새[kusʰɛ]
興和	숟[sʰut̚]	화로[hwaro]	화롣뿔 [hwarot̚p̓ul]	성냥 [sʰʌŋɲyaŋ]	굴뚝[kult̓uk̚]
	그을음	**냅다**	**선반**	**시렁**	**서랍**
迎蘭	끄시름 [k̓ɯɕirɯm]	따갑따 [t̓agap̓ta]	등반[tɯŋban]	-	뽀비[p̓obi]
漁池	꺼시름 [k̓ʌɕirɯm]	맵따[mɛp̓ta]	선반[sʰʌnban]	선반[sʰʌnban]	뻬다지 [p̓edadzi]
河東	그으름 [kɯɯrɯm]	따겁따 [t̓agʌp̓ta]	선반[sʰʌnban]	시렁[ɕirʌŋ]	뻬다지 [p̓edadzi]
民樂	끄스름 [k̓ɯsʰɯrɯm]	따갑따 [t̓agap̓ta]	선반[sʰʌnban]	가름때 [karɯmt̓ɛ]	빼다지 [p̓ɛdadzi]
臥龍	끄스레미 [k̓ɯsʰɯremi]	맵따[mɛp̓ta]	덩때[tʌŋt̓ɛ]	달때[talt̓ɛ]	뻬비[p̓ebi]
江南	끄지름 [k̓ɯdzirɯm]	-	덩대[tʌŋdɛ]	시리덩대 [ɕiridʌŋdɛ]	뽀비[p̓obi]
海南	끄스름 [k̓ɯsʰɯrɯm]	맵따[mɛp̓ta]	덩때[tʌŋt̓ɛ]	덩때[tʌŋt̓ɛ]	-
新安	그시름 [kɯɕirɯm]	시구럽따 [ɕigurʌp̓ta]	덕때[tʌk̓tɛ]	시렁[ɕirʌŋ]	농짝[noŋts̓ak̚] /농[noŋ]
三岔口	검대기 [kʌmdɛgi]	내굴다 [nɛgulda]	덩때[tʌŋt̓ɛ]	덩때[tʌŋt̓ɛ]	뽀비[p̓obi]
永豐	검대기 [kʌmdɛgi]	시굴다 [ɕigulda]	떵때[t̓ʌŋt̓ɛ]	-	뽀베[p̓obe]
和平	검배기 [kʌmbɛgi]	내굴다 [nɛgulda]/ 맵따[mɛp̓ta]	선반[sʰʌnban]	떵때[t̓ʌŋt̓ɛ]	뽀비[p̓obi]
雞林	검대기 [kʌmdɛgi]	아리다[arida]	뜽떼[t̓ɯŋt̓e]	뜽떼[t̓ɯŋt̓e]	뽀비[p̓obi]
明德	검대기 [kʌmdɛgi]	냅따[nɛp̓ta]/ 아리다[arida]	떵때[t̓ʌŋt̓ɛ]	떵때[t̓ʌŋt̓ɛ]	뽀배[p̓obɛ]
星火	끄스름 [k̓ɯsʰɯrɯm]	아리다[arida]	등때[tɯŋt̓ɛ]	-	뽀배[p̓obɛ]
湯旺	꺼시름	맵따[mɛp̓ta]	선반[sʰʌnban]	시렁[ɕirʌŋ]	빼다지

	[k̓ʌɕirɯm]				[p̓ɛdadzi]
東明	끄스림 [k̓ɯsʰɯrim]	맵따[mɛp̓ta]	떵때[tʌŋt̓ɛ]	-	뽀비[p̓obi]/ 뽀베[p̓obe]
年豐	끄슬림 [k̓ɯsʰɯlrim]	-	선반[sʰʌnban]/ 덕때[tʌk̓t̓ɛ]	선반[sʰʌnban]	빼다지 [p̓ɛdadzi]
杏樹	끄스름 [k̓ɯsʰɯrɯm]	시쿨다 [ɕikʰulda]	덩때[tʌŋt̓ɛ]	덩때[tʌŋt̓ɛ]	뽀비[p̓obi]
吉興	검대기 [kʌmdɛgi]	시쿨다 [ɕikʰulda]	떵대[t̓ʌŋdɛ]	떵대[t̓ʌŋdɛ]	뽀비[p̓obi]
主星	꺼시럼 [k̓ʌɕirʌm]/ 껌정[k̓ʌmdzʌŋ]	챵하다 [tsʰyaŋhada]	선반[sʰʌnban]	시렁[ɕirʌŋ]	뻬다지 [p̓edadzi]
成富	끄스러미 [k̓ɯsʰɯrʌmi]	독하다 [tokʰada]	떵때[t̓ʌŋt̓ɛ]	떵때[t̓ʌŋt̓ɛ]	뽀비[p̓obi]
興和	꺼시름 [k̓ʌɕirɯm]	맵따[mɛp̓ta]	실겅[ɕilgʌŋ]	실겅[ɕilgʌŋ]	빼랍[p̓ɛrap̚]

	궤	자물쇠	열쇠	마루	미닫이
迎蘭	괴짝[kwets̓ak̚]	자물쐬 [tsamuls̓we]	열쐬[yʌls̓we]	마루[maru]	밀창[miltsʰaŋ]
漁池	괴짝[kwets̓ak̚]	자물통 [tsamultʰoŋ]	열쐐[yʌls̓wɛ]	마루[maru]	미다지 [midadzi]
河東	농[noŋ]	자물통 [tsamultʰoŋ]	열쐐[yʌls̓wɛ]	마루[maru]	미다지 [midadzi]
民樂	괴짝[kwets̓ak̚]	자물쇠 [tsamulsʰwe]	열쇠[yʌls̓we]/ 쐬때[s̓wet̓ɛ]	마루[maru]	미다지 [midadzi]
臥龍	괴짝[kwets̓ak̚]	자물쇠 [tsamulsʰwe]	열쇠[yʌlsʰwe]	마루[maru]	미다지 [midadzi]
江南	괴짝[kwets̓ak̚]	자물통 [tsamultʰoŋ]	열쇠[yʌlsʰwe]	마루[maru]	미다지 [midadzi]
海南	괴짝[kwets̓ak̚]	자물통 [tsamultʰoŋ]	열쐬[yʌls̓we]	마루[maru]	미다지 [midadzi]
新安	농짝[noŋts̓ak̚] /농[noŋ]	자물통 [tsamultʰoŋ]	열쎄[yʌls̓e]	마루[maru]	미다지 [midadzi]
三岔口	괴짝[kwets̓ak̚]	자물쇠 [tsamulsʰwe]	열쇠[yʌlsʰwe]	마루[maru]	미다지 [midadzi]
永豐	괴짝[kwets̓ak̚]	자물쐬 [tsamuls̓we]	열때[yʌlt̓ɛ]	마루[maru]	미다지 [midadzi]
和平	괴짝[kwets̓ak̚]	자물쐬 [tsamuls̓we]	열쐬[yʌls̓we]	마루[maru]	미다지 [midadzi]

雞林	옷괴[ot̚kwe]	열쐬[yʌls̓we]	열때[yʌlt̓ɛ]	마루[maru]	미다지 [midadzi]
明德	개짝[kɛts̓ak̚]	열쇠[yʌlsʰwe]	열쇠[yʌlsʰwe]	-	미다지 [midadzi]
星火	농[noŋ]	자물쐬 [tsamuls̓we]	열쐬[yʌls̓we]	마루[maru]	미다지 [midadzi]
湯旺	농[noŋ]	자물쐬 [tsamuls̓we]	열쐬[yʌls̓we]	마루[maru]	밀창[miltsʰaŋ]
東明	괴짝[kwets̓ak̚]	열쇠[yʌlsʰwe]	열쇠[yʌlsʰwe]	마루[maru]	미다지 [midadzi]
年豐	괴[kwe]	자물통 [tsamultʰoŋ]	열쇠[yʌlsʰwe]	마루[maru]	미다지 [midadzi]
杏樹	괴짝[kwets̓ak̚] /괴[kwe]	쇠통[sʰwetʰoŋ]	열쐬[yʌls̓we]	마루[maru]	미다지 [midadzi]
吉興	괴짝[kwets̓ak̚]	열쇠[yʌlsʰwe]	열때[yʌlt̓ɛ]	마루[maru]	미다지 [midadzi]
主星	괴[kwe]	자물통 [tsamultʰoŋ]	열쇠[yʌlsʰwe]	마루[maru]	미다지 [midadzi]
成富	괴짝[kwets̓ak̚]	자물통 [tsamultʰoŋ]	열쌔[yʌls̓ɛ]	마루[maru]	미다지 [midadzi]
興和	괴[kwe]	자물통 [tsamultʰoŋ]	열새[yʌlsʰɛ]	마루[maru]	미다지 [midadzi]
	흙손	**지붕**	**사닥다리**	**이엉**	**용마름**
迎蘭	흑칼[hɯk̚kʰal]	지붕[tsibuŋ]	새닥따리 [sʰɛdak̚t̓ari]/ 새다리[sʰɛdari]	이영[iyʌŋ]	용마루 [yoŋmaru]
漁池	흑칼[hɯk̚kʰal]	지붕[tsibuŋ]	사다리[sʰadari]	이응[iɯŋ]	용마루 [yoŋmaru]
河東	흑칼[hɯk̚kʰal]	지붕[tsibuŋ]	사다리[sʰadari]	이엉[iʌŋ]	용마룸 [yoŋmarum]
民樂	헉칼[hʌk̚kʰal]	지붕[tsibuŋ]	새다리[sʰɛdari]	이엉[iʌŋ]	마름[marɯm]
臥龍	흑칼[hɯk̚kʰal]	지붕[tsibuŋ]	새다리[sʰɛdari]	나래[narɛ]	꼽쌔[k̓op̚s̓ɛ]
江南	흑칼[hɯk̚kʰal]	지붕[tsibuŋ]	사닥다리 [sʰadak̚dari]	이엉[iʌŋ]	용마루 [yoŋmaru]
海南	흑칼[hɯk̚kʰal]	지붕[tsibuŋ]	새다리[sʰɛdari]	이엉[iʌŋ]/ 영새[yʌŋsʰɛ]	용말기 [yoŋmalgi]
新安	흑칼[hɯk̚kʰal]	상마루 [sʰaŋmaru]	사닥다리 [sʰadak̚dari]	이응[iɯŋ]	곱쌔[kop̚s̓ɛ]
三岔口	흑칼[hɯk̚kʰal]	지붕[tsibuŋ]	새다리[sʰɛdari]	이엉[iʌŋ]	염쌔[yʌms̓ɛ]

永豐	흑칼[hɯk̚kʰal]	지붕[tsibuŋ]	사당따리 [sʰadaŋ̚tari]	연기새 [yʌngisʰɛ]	곱새[kop̚s̓ɛ]
和平	흑칼[hɯk̚kʰal]	지붕[tsibuŋ]	새닥따리 [sʰɛdak̚tari]	나래[narɛ]	용말기 [yoŋmalgi]
雞林	흑칼[hɯk̚kʰal]	지붕[tsibuŋ]	새닥따리 [sʰɛdak̚tari]	연기[yʌngi]	용마루 [yoŋmaru]
明德	흑칼[hɯk̚kʰal]	지붕[tsibuŋ]	사당따리 [sʰadaŋ̚tari]	영기[yʌŋgi]	곱쌔[kop̚s̓ɛ]
星火	흑칼[hɯk̚kʰal]	지붕[tsibuŋ]	새다리[sʰɛdari]	이응[iɯŋ]	용말기 [yoŋmalgi]
湯旺	흑칼[hɯk̚kʰal]	지붕[tsibuŋ]	새다리[sʰɛdari]	이영[iyʌŋ]	용마름 [yoŋmarɯm]
東明	흑칼[hɯk̚kʰal]	지붕[tsibuŋ]	세작다리 [sʰedzak̚dari]	이엉[iʌŋ]	용마루 [yoŋmaru]
年豐	흑칼[hɯk̚kʰal]	지붕[tsibuŋ]	사닥다리 [sʰadak̚tari]	이엉[iʌŋ]	집마루 [tsimmaru]
杏樹	흑칼[hɯk̚kʰal]	지붕[tsibuŋ]	사닥따리 [sʰadak̚tari]	이엉[iʌŋ]	용마루 [yoŋmaru]
吉興	흑칼[hɯk̚kʰal]	지붕[tsibuŋ]	새닥따리 [sʰɛdak̚tari]	연기[yʌngi]	용말기 [yoŋmalgi]
主星	헉칼[hʌk̚kʰal]	지붕[tsibuŋ]	새닥따리 [sʰɛdak̚tari]	지붕인다 [tsibuŋinda]	용마루 [yoŋmaru]
成富	흑칼[hɯk̚kʰal]	지붕[tsibuŋ]	사닥다리 [sʰadak̚dari]	이엉[iʌŋ]	용마루 [yoŋmaru]
興和	흑쏜[hɯk̚s̓on]	지붕[tsibuŋ]	새다리[sʰɛdari]	이엉[iʌŋ] [지붕인다 [tsibuŋinda]]	용마름 [yoŋmarɯm]
	기둥	**주춧돌**	**서까래**	**처마**	**낙숫물**
迎蘭	기둥[kiduŋ]	주추돌 [tsutsʰudol]	서까래 [sʰʌk̚karɛ]	처마[tsʰʌma]	낙수물 [nak̚sʰumul]
漁池	기둥[kiduŋ]	주춘돌 [tsutsʰut̚tol]	서까래 [sʰʌk̚karɛ]	처마[tsʰʌma]	낙쑤물 [nak̚s̓umul]
河東	기둥[kiduŋ]	주춘돌 [tsutsʰut̚tol]	서까래 [sʰʌk̚karɛ]	처마[tsʰʌma]	낙쑤물 [nak̚s̓umul]
民樂	기둥[kiduŋ]	주춘돌 [tsutsʰut̚tol]	서까래 [sʰʌk̚karɛ]	처마[tsʰʌma]	낙쑨물 [nak̚s̓unmul]
臥龍	기둥[kiduŋ]	받침돌 [pat̚tsʰim̚tol]	서까래 [sʰʌk̚karɛ]	처마[tsʰʌma]	처마물 [tsʰʌmamul]
江南	기둥[kiduŋ]	기소돌	연목[yʌnmok̚]	-	-

		[kisʰot̓ol]			
海南	기둥[kiduŋ]	주춘돌 [tsutsʰut̓tol]	서까래 [sʰʌk̓arɛ]	처마[tsʰʌma]	처마물 [tsʰʌmamul]
新安	기둥[kiduŋ]	주춘돌 [tsutsʰut̓tol]	서까래 [sʰʌk̓arɛ]	천방[tsʰʌnbaŋ]	낙쑤물 [nak̓s̓umul]
三岔口	기둥[kiduŋ]	받침돌 [pat̓tsʰimt̓ol]	서까래 [sʰʌk̓arɛ]	처마[tsʰʌma]/ 영쌔[yʌŋs̓ɛ]	영쌔물 [yʌŋs̓ɛmul]
永豐	기둥[kiduŋ]	기둥돌 [kiduŋdol]	섣까락 [sʰʌt̓k̓arak̓]	천마[tsʰʌnma]	천마물 [tsʰʌnmamul]
和平	기둥[kiduŋ]	주춘돌 [tsutsʰut̓tol]	석까래 [sʰʌk̓k̓arɛ]	처마[tsʰʌma]	락수물 [lak̓sʰumul]
雞林	기둥[kiduŋ]	주축돌 [tsutsʰuk̓tol]	연몯까지 [yʌnmot̓kadzi]	천마루 [tsʰʌnmaru]	락수물 [lak̓sʰumul]
明德	기둥[kiduŋ]	받침돌 [pat̓tsʰimdol]	윤목까지 [yunmok̓k̓adzi]	여납쌔 [yʌnap̓s̓ɛ]	-
星火	기둥[kiduŋ]	주춘돌 [tsutsʰut̓tol]	섣까르 [sʰʌt̓karɯ]	처마[tsʰʌma]	락수[lak̓sʰu]
湯旺	기둥[kiduŋ]	주춘돌 [tsutsʰut̓tol]	서까래 [sʰʌk̓arɛ]	처마[tsʰʌma]	낙순물 [nak̓sʰunmul]
東明	기둥[kiduŋ]	바침돌 [patsʰimt̓ol]	서까래 [sʰʌk̓arɛ]	처마[tsʰʌma]	빈물[pinmul]/ 빋물[pinmul]
年豐	기둥[kiduŋ]	주춘돌 [tsutsʰut̓tol]	서까래 [sʰʌk̓arɛ]	처마[tsʰʌma]	처마물 [tsʰʌmamul]
杏樹	기둥[kiduŋ]	주춘돌 [tsutsʰut̓tol]	서까래 [sʰʌk̓arɛ]	처마[tsʰʌma]	영세물 [yʌŋsʰe mul]
吉興	지둥[tsiduŋ]	주칟돌 [tsutsʰit̓dol]	섣까래 [sʰʌt̓karɛ]	지스랑 [tsisʰɯraŋ]	지스랑물 [tsisʰɯraŋmul]
主星	기둥[kiduŋ]	주춘돌 [tsutsʰut̓tol]	써까래[s̓ʌk̓arɛ]	처마[tsʰʌma]	처마물 [tsʰʌmamul]
成富	기둥[kiduŋ]	받침돌 [pat̓tsʰimt̓ol]	석까래 [sʰʌk̓k̓arɛ]	처마[tsʰʌma]	빈물[pinmul]
興和	기둥[kiduŋ]	주춘돌 [tsutsʰut̓tol]	서까래 [sʰʌk̓arɛ]	처마[tsʰʌma]	낙수물 [nak̓sʰumul]
	고드름	**울타리**	**뜰**	**뒤곁**	**변소**
迎蘭	고드름 [kodɯrɯm]	장재[tsaŋdzɛ]	마당[madaŋ]	뒨마당 [twinmadaŋ]	변소[pyʌnsʰo]
漁池	고두름 [kodurɯm]	바자[badza]/ 울타리[ultʰari]	마당[madaŋ]/ 터마당 [tʰʌmadaŋ]	뒨마당 [twinmadaŋ]	변소[pyʌnsʰo] /치깐[tsʰik̓an]

河東	고두룸 [kodurɯm]	물바자 [mulbadza]	마당[madaŋ]	뒨마당 [twinmadaŋ]	변소깐 [pyʌnsʰok̓an]/ 정낙[tsʌŋnak̓]
民樂	고드름 [kodɯrɯm]	울타리[ultʰari]	마당[madaŋ]/ 떨[t̓ʌl]	뒤마당 [twimadaŋ]/ 뒤뜰[twit̓ɯl]	변소깐 [pyʌnsʰok̓an]
臥龍	고드레미 [kodɯremi]	배재[pɛdzɛ]	터전[tʰʌdzʌn]	뒤우란 [twiuran]	변소[pyʌnsʰo]
江南	고드름 [kodɯrɯm]	배자[pɛdza]	마당[madaŋ]	뒨마당 [twinmadaŋ]	변소깐 [pyʌnsʰok̓an]
海南	고두룸 [kodurɯm]	울타리[ultʰari]	마당[madaŋ]	뒨마당 [twinmadaŋ]	변소[pyʌnsʰo]
新安	고드레미 [kodɯremi]	배재[pɛdzɛ]	마당[madaŋ]	뒨마당 [twinmadaŋ]	변소깐 [pyʌnsʰok̓an]
三岔口	고드레미 [kodɯremi]	배재[pɛdzɛ]	마당[madaŋ]	뒤우란 [twiuran]	변소[pyʌnsʰo]
永豐	고드름 [kodɯrɯm]	배재[pɛdzɛ]	마루터 [marutʰʌ]	뒫뚜락 [twit̓turak̓]	변소[pyʌnsʰo]
和平	고드름 [kodɯrɯm]	장재[tsaŋdzɛ]	마당[madaŋ]	뒤우란 [twiuran]	똥치깐 [t̓oŋtsʰik̓an]/ 변소[pyʌnsʰo]
雞林	어름고둘 [ʌrɯmgodul]	배재[pɛdzɛ]	마당[madaŋ]	뒨마당 [twinmadaŋ]	벤소[pensʰo]
明德	고드름 [kodɯrɯm]	장재[tsaŋdzɛ]/ 배재[pɛdzɛ]	마당[madaŋ]	우란[uran]	변소[pyʌnsʰo]
星火	고드름 [kodɯrɯm]	배제[pɛdze]	마당[madaŋ]	뒨마당 [twinmadaŋ]	정낭[tsʌŋnaŋ]
湯旺	고드름 [kodɯrɯm]	울타리[ultʰari]	마당[madaŋ]	뒨마당 [twinmadaŋ]	벤소[pensʰo]
東明	고드레미 [kodɯremi]	배재[pɛdzɛ]	마당[madaŋ]	-	변소깐 [pyʌnsʰok̓an]
年豐	고드름 [kodɯrɯm]	울타리[ultʰari]	마당[madaŋ]	뒨마당 [twinmadaŋ]/ 뒤우란 [twiuran]	변소깐 [pyʌnsʰok̓an]/ 똥지깐 [t̓oŋdzik̓an]
杏樹	고드름 [kodɯrɯm]	장재[tsaŋdzɛ]	암마당 [ammadaŋ]	뒨마당 [twinmadaŋ]	벤소[pensʰo]
吉興	고드름 [kodɯrɯm]	배재[pɛdzɛ]	마당[madaŋ]	뒫터[twittʰʌ]	벤소깐 [pensʰok̓an]
主星	고드름	울타리[ultʰari]	마당[madaŋ]	뒨마당	벤소[pensʰo]

	[kodɯrɯm]			[twinmadaŋ]	
成富	고두래미 [kodurɛmi]	배재[pɛdzɛ]	암마당 [ammadaŋ]	뒨마당 [twinmadaŋ]	변소[pyʌnsʰo]
興和	고드름 [kodɯrɯm]	바주[padzu]	마당[madaŋ]/ 뜰[ʼtɯl]	뒨마당 [twinmadaŋ]	정낭[tsʌŋnaŋ]
	우물	**두레박**	**똬리**	**도랑**	**개울**
迎蘭	우물[umul]	드레박 [tɯrebak̚]	따발[ʼtabal]	도랑[toraŋ]	개울창 [kɛultsʰaŋ]
漁池	우물[umul]	드레박 [tɯrebak̚]	따바리[ʼtabari]	도랑[toraŋ]	도랑[toraŋ]
河東	우물[umul]	드레박 [tɯrebak̚]	똬리[ʼtwari]	도랑[toraŋ]	도랑[toraŋ]
民樂	운물[unmul]	뜨레박 [ʼtɯrebak̚]	따바리[ʼtabari]	도랑[toraŋ]	-
臥龍	운물[unmul]	드레박 [tɯrebak̚]	따발[ʼtabal]	물또랑 [mulʼtoraŋ]	도랑[toraŋ]
江南	우물[umul]	드레박 [tɯrebak̚]	따바리[ʼtabari]	물또랑 [mulʼtoraŋ]	도랑[toraŋ]
海南	운물[unmul]	드레박 [tɯrebak̚]	-	또랑[ʼtoraŋ]	도랑[toraŋ]
新安	운물[unmul]	드레박 [tɯrebak̚]	똬리[ʼtwari]	도랑[toraŋ]	도랑[toraŋ]
三岔口	우문물 [umunmul]	드레박 [tɯrebak̚]	따발[ʼtabal]	도랑[toraŋ]	도랑[toraŋ]
永豐	운물[unmul]	드레박 [tɯrebak̚]	따발[ʼtabal]	도랑[toraŋ]	개굴창 [kɛgultsʰaŋ]
和平	운물[unmul]	두레박 [turebak̚]	따바리[ʼtabari]	도랑[toraŋ]	깨울[ʼkɛul]
雞林	욷물[ut̚mul]	뜨루박 [ʼtɯrubak̚]	따발[ʼtabal]	도랑[toraŋ]	개울창 [kɛultsʰaŋ]
明德	우물[umul]	드레박 [tɯrebak̚]	똥아리[ʼtoŋari]	도랑[toraŋ]	개울[kɛul]
星火	우물[umul]	드레박 [tɯrebak̚]	따발[ʼtabal]	도랑[toraŋ]	개울[kɛul]
湯旺	우물[umul]	드레박 [tɯrebak̚]	동이[toŋi]	도랑[toraŋ]	개울[kɛul]
東明	운물[unmul]	드레박 [tɯrebak̚]	똬리[ʼtwari]	물또랑 [mulʼtoraŋ]	개울[kɛul]
年豐	운물[unmul]	드레박	따바리[ʼtabari]	도랑[toraŋ]	-

		[ʼtɯrebak̚]			
杏樹	운물[unmul]	뜨레박 [ʼtɯrebak̚]	따바리[ʼtabari]	물또랑 [mulʼtoraŋ]	개울[kɛul]
吉興	우물[umul]	뜨레박 [ʼtɯrebak̚]	따발[ʼtabal]	도랑[toraŋ]	개울[kɛul]
主星	운물[unmul]	뚜루박 [ʼturubak̚]	따바리[ʼtabari]	또랑[ʼtoraŋ]	-
成富	움물[ummul]	드레박 [tɯrebak̚]	따발[ʼtabal]	도랑물 [toraŋmul]	개울물 [kɛulmul]
興和	운물[unmul]	뜨레박 [ʼtɯrebak̚]	따바리[ʼtabari]	도랑[toraŋ]	개울[kɛul]

	거품	구멍	빨래	애벌	다리미
迎蘭	거품[kʌpʰum]	구멍[kumʌŋ]	빨래[ṗallɛ]	아시빨래 [aɕiṗallɛ]	다리미[tarimi]
漁池	거품[kʌpʰum]	구멍[kumʌŋ]	빨래[ṗallɛ]	아씨빨래 [aɕ̇iṗallɛ]	대리미[tɛrimi]
河東	거품[kʌpʰum]	구멍[kumʌŋ]	빨래[ṗallɛ]	-	다리미[tarimi]
民樂	거품[kʌpʰum]	구멍[kumʌŋ]	빨래[ṗallɛ]	초벌빨래 [tsʰobʌlṗallɛ]	다리미[tarimi]
臥龍	거품[kʌpʰum]	구멍[kumʌŋ]	빨래[ṗallɛ]	아시빨래 [aɕiṗallɛ]	다리미[tarimi]
江南	거품[kʌpʰum]	구멍[kumʌŋ]	빨래[ṗallɛ]	아시빨래 [aɕiṗallɛ]	다리미[tarimi]
海南	거품[kʌpʰum]	구멍[kumʌŋ]	빨래[ṗallɛ]	-	다리미[tarimi]
新安	거품[kʌpʰum]	구멍[kumʌŋ]	빨래[ṗallɛ]	아시빨래 [aɕiṗallɛ]	다리미[tarimi]
三岔口	거품[kʌpʰum]	구멍[kumʌŋ]	빨래[ṗallɛ]	아시빨래 [aɕiṗallɛ]	다리미[tarimi]
永豐	거품[kʌpʰum]	구멍[kumʌŋ]	빨래[ṗallɛ]	아시빨래 [aɕiṗallɛ]	다리미[tarimi]
和平	거품[kʌpʰum]	구멍[kumʌŋ]	빨래[ṗallɛ]	아시빨래 [aɕiṗallɛ]	다리미[tarimi]
雞林	거품[kʌpʰum]	궁게[kuŋge]	세답[sʰedap̚]	-	다리미[tarimi]
明德	더품[tʌpʰum]	구멍[kumʌŋ]	빨래[ṗallɛ]	초불[tsʰobul]	다리미[tarimi]
星火	거품[kʌpʰum]	구멍[kumʌŋ]	빨래[ṗallɛ]	아시빨래 [aɕiṗallɛ]	다리미[tarimi]
湯旺	거품[kʌpʰum]	구멍[kumʌŋ]	빨래[ṗallɛ]	초불빨래 [tsʰobulṗallɛ]	대리미[tɛrimi]

東明	거품[kʌpʰum]	구멍[kumʌŋ]	빨래[ṗallɛ]	아시빨래 [aɕiṗallɛ]	다리미[tarimi]
年豐	거품[kʌpʰum]	구멍[kumʌŋ]	빨래[ṗallɛ]	천뻘[tsʰʌtṗʌl]	다리미[tarimi]
杏樹	거품[kʌpʰum]	구멍[kumʌŋ]	빨래[ṗallɛ]	아시빨래 [aɕiṗallɛ]	다리미[tarimi]
吉興	더품[tʌpʰum]	궁게[kuŋge]	빨래[ṗallɛ]	아시빨래 [aɕiṗallɛ]	다리미[tarimi]
主星	거품[kʌpʰum]	구멍[kumʌŋ]	빨래[ṗallɛ]	아시빨래 [aɕiṗallɛ]	다리미[tarimi]
成富	거품[kʌpʰum]	구멍[kumʌŋ]	빨래[ṗallɛ]	초벌[tsʰobʌl]	다리미[tarimi]
興和	거품[kʌpʰum]	구멍[kumʌŋ]	빨래[ṗallɛ]	-	다리미[tarimi]

	인두	주머니	버선	대님	헝겊
迎蘭	윤디[yundi]	걷쯔마이 [kʌt̄ts̓ɯmai]	보선[posʰʌn]	댕기[tɛŋgi]	헝겁[hʌŋgʌp̄]
漁池	인두[indu]	봉창[poŋtsʰaŋ] /주머니 [ts umʌɲi]	버선[pʌsʰʌn]	대님[tɛɲim]	쪼가리천 [ts̓ogaritsʰʌn]/ 헝건[hʌŋgʌn]
河東	윤디[yundi]	주머니 [tsumʌɲi]	보선[posʰʌn]	대접[tɛdzʌp̄]	헝겁[hʌŋgʌp̄]
民樂	윤디[yundi]	쭈메이[ts̓umei] /개꾸메이 [kɛk̓umei]	보선[posʰʌn]	대림[tɛrim]/ 대님[tɛɲim]	천쪼바기 [tsʰʌnts̓obagi] /헝겁쪼가리 [hʌŋgʌp̄ts̓ogari]
臥龍	윤디[yundi]	거르망 [kʌrɯmaŋ]	보선[posʰʌn]	-	천[tsʰʌn]
江南	윤디[yundi]	거르망 [kʌrɯmaŋ]	버선[pʌsʰʌn]	-	헝겁[hʌŋgʌp̄]
海南	윤디[yundi]	주머니[tsumʌɲi] /거르망 [kʌrɯmaŋ]	보선[posʰʌn]	-	천[tsʰʌn]
新安	윤디[yundi]	거르망 [kʌrɯmaŋ]	보선[posʰʌn]	보선끈 [posʰʌnk̓ɯn]	천쪼가리 [tsʰʌnts̓ogari]
三岔口	윤디[yundi]	거르망 [kʌrɯmaŋ]	보선[posʰʌn]	-	천[tsʰʌn]/ 헝거치 [hʌŋgʌtsʰi]
永豐	윤디[yundi]	거르마 [kʌrɯma]	보선[posʰʌn]	-	헝거치 [hʌŋgʌtsʰi]
和平	윤디[yundi]	거르마 [kʌrɯma]	던양말 [tʌnyaŋmal]	대님[tɛɲim]	헝겁[hʌŋgʌp̄]

雞林	윤두이 [yundui]	거르마 [kʌrɯma]	버서이[pʌs^{h}ʌi]	-	헝거치 [hʌŋgʌts^{h}i]
明德	인두[indu]	지갑[tsigap̚]	버선[pʌs^{h}ʌn]	고매끼[komɛ'ki]	헝겊[hʌŋgʌp̚]
星火	윤디[yundi]	거르마이 [kʌrɯmai]	보선[pos^{h}ʌn]	옹매기 [oŋmɛgi]	헝거치 [hʌŋgʌts^{h}i]
湯旺	윤디[yundi]	주머니[tsumʌɲi]	버선[pʌs^{h}ʌn]	-	헝겊[hʌŋgʌp̚]
東明	윤디[yundi]	거러마이 [kʌrʌmai]	보선[pos^{h}ʌn]	-	헌천 [hʌnts^{h}ʌn]/??
年豐	윤디[yundi]	주머니 [tsumʌɲi]/ 보게뜨[poge'tɯ]	보선[pos^{h}ʌn]	-	헝겊[hʌŋgʌp̚]
杏樹	윤디[yundi]	거르마이 [kʌrɯmai]	덧뻐선 [tʌt̚'pʌs^{h}ʌn]	-	헝거치 [hʌŋgʌts^{h}i]
吉興	윤디[yundi]	거르마 [kʌrɯma]	보선[pos^{h}ʌn]	댕기[tɛŋgi]	헝거치 [hʌŋgʌts^{h}i]
主星	윤디[yundi]	게쭈머이 [ke'tsumʌi]	버선[pʌs^{h}ʌn]	단님[tanɲim]	헝겊[hʌŋgʌp̚]
成富	윤디[yundi]	거르마이 [kʌrɯmai]	던냥말 [tʌnɲyaŋmal]	-	헝겊천 [hʌŋgʌp̚ts^{h}ʌn]
興和	인두[indu]	주머니 [tsumʌɲi]	보선[pos^{h}ʌn]	갑떼기 [kap̚'tegi]	헌천쪼가리 [hʌnts^{h}ʌn'tsogari]

	깁다	재봉틀	가위	솜	갓난아이
迎蘭	깁따[kip̚'ta]	마선[mas^{h}ʌn]	가새[kas^{h}ɛ]	소캐[s^{h}ok^{h}ɛ]	가난애기 [kananɛgi]
漁池	깁는다 [kimnɯnda]	자봉침 [tsaboŋts^{h}im]	가새[kas^{h}ɛ]/ 가위[kawi]	솜[s^{h}om]/ 쏘캐['sok^{h}ɛ]	간난애기 [kannanɛgi]
河東	깁따[kip̚'ta]	재봉침 [tsɛboŋts^{h}im]	가위[kawi]	솜[s^{h}om]	간난아이 [kannanai]
民樂	꾸매다 ['kumɛda]/ 괴매다 ['kwemɛda]	자방틀 [tsabaŋt^{h}ɯl]	까시개['kaɕigɛ]	소캐[s^{h}ok^{h}ɛ]	까널라 ['kanʌlla]
臥龍	깁는다 [kimnɯnda]	마선[mas^{h}ʌn]/ 재봉침 [tsɛboŋts^{h}im]	가새[kas^{h}ɛ]	쏘캐['sok^{h}ɛ]	간난애 [kannanɛ]
江南	낌다['kimda]	자방침 [tsabaŋts^{h}im]	가시개[kaɕigɛ]	면화[myʌnhwa]	간난애기 [kannanɛgi]
海南	깁는다 [kimnɯnda]	마선[mas^{h}ʌn]	가새[kas^{h}ɛ]	쏘캐['sok^{h}ɛ]/ 면화[myʌnhwa]	간난애 [kannanɛ]

新安	김는다 [kimnɯnda]	마선[mas^{h}ʌn]	가새[kas^{h}ɛ]	소캐[s^{h}ok^{h}ɛ]	간난아이 [kannanai]
三岔口	김는다 [kimnɯnda]	마선[mas^{h}ʌn]	가새[kas^{h}ɛ]	쏘캐[s̕ok^{h}ɛ]	간난애기 [kannanɛgi]
永豐	깁따[kip̕ta]	마선[mas^{h}ʌn]	가새[kas^{h}ɛ]	소캐[s^{h}ok^{h}ɛ]	간난애기 [kannanɛgi]
和平	깁따[kip̕ta]	재봉침 [tsɛboŋts^{h}im]	가새[kas^{h}ɛ]	소캐[s^{h}ok^{h}ɛ]	간난애기 [kannanɛgi]
雞林	집따[tsip̕ta]	마선[mas^{h}ʌn]	가새[kas^{h}ɛ]	소캐[s^{h}ok^{h}ɛ]	가주난애기 [kadzunanɛgi]
明德	꿔러메다 [k̕wʌrʌmeda]	재봉침 [tsɛboŋts^{h}im]	강에[kaŋe]	소캐[s^{h}ok^{h}ɛ]	간난이이 [kannanii]
星火	깁따[kip̕ta]	마선[mas^{h}ʌn]	가새[kas^{h}ɛ]	소캐[s^{h}ok^{h}ɛ]	가난애 [kananɛ]
湯旺	깁따[kip̕ta]	마선[mas^{h}ʌn]/ 자봉침 [tsaboŋts^{h}im]	가새[kas^{h}ɛ]	소캐[s^{h}ok^{h}ɛ]	간얼라 [kanʌlla]
東明	낍따[k̕ip̕ta]	마선[mas^{h}ʌn]	가세[kas^{h}e]	소캐[s^{h}ok^{h}ɛ]	깐난애 [k̕annanɛ]
年豐	꼬매다 [k̕omɛda]/ 꾀매다 [k̕wemɛda]	재봉침 [tsɛboŋts^{h}im]/ 마선[mas^{h}ʌn]	가새[kas^{h}ɛ]	솜[s^{h}om]	간난애기 [kannanɛgi]
杏樹	집따[tsip̕ta]	마선[mas^{h}ʌn]	가새[kas^{h}ɛ]	소캐[s^{h}ok^{h}ɛ]	간난아이 [kannanai]
吉興	깁따[kip̕ta]	마선[mas^{h}ʌn]	가새[kas^{h}ɛ]	소캐[s^{h}ok^{h}ɛ]	간난애기 [kannanɛgi]
主星	꼬매다 [k̕omɛda]	손자방틀 [s^{h}ontsabaŋt^{h}ɯl]	가시개[kaɕigɛ]	소캐[s^{h}ok^{h}ɛ]	깐난아이 [k̕annanai]
成富	깁따[kip̕ta]	마선[mas^{h}ʌn]/ 자봉침 [tsaboŋts^{h}im]	가새[kas^{h}ɛ]	솜[s^{h}om]	간난애기 [kannanɛgi]
興和	김는다 [kimnɯnda]	자봉침 [tsaboŋts^{h}im]	가시개[kaɕigɛ]	소캐[s^{h}ok^{h}ɛ]	간난애기 [kannanɛgi]
	어린애	**여자아이**	**남자아이**	**기저귀**	**오줌**
迎蘭	얼라[ʌlla]	따라[tara]	머스마 [mʌs^{h}ɯma]	차게[ts^{h}age]	오줌[odzum]
漁池	어리내[ʌrinɛ]	여자애[yʌdzaɛ] /계지베 [k[y]edzibe]	머스마 [mʌs^{h}ɯma]	차개[ts^{h}agɛ]/ 기저기 [kidzʌgi]	오줌[odzum]

河東	애기[ɛgi]	계지베 [k[y]edzibe]	사내이[s^{h}anɛi]	기저기 [kidzʌgi]	오줌[odzum]
民樂	얼라[ʌlla]	까시내[ʼkaɕinɛ]	머시마 [mʌɕima]	기저귀 [kidzʌgwi]	오짐[odzim]
臥龍	어린아이 [ʌrinai]	간나[kanna]	머스마 [mʌs^{h}ɯma]	기저기 [kidzʌgi]	오좀[odzom]
江南	애기[ɛgi]	새가[s^{h}ɛga]	머시마 [mʌɕima]	자개[tsagɛ]	오줌[odzum]
海南	어리내[ʌrinɛ]	새가[s^{h}ɛga]	머스매 [mʌs^{h}ɯmɛ]	기저기 [kidzʌgi]	오줌[odzum]
新安	아들[adɯl]	간나새끼 [kannas^{h}ɛʼki]/ 계지베 [k[y]edzibe]	아새끼[as^{h}ɛʼki] /머스마 [mʌs^{h}ɯma]	똘걸래 [ʼtolgʌllɛ]	오좀[odzom]
三岔口	애기[ɛgi]	남자애 [namdzaɛ]	여자애[yʌdzaɛ]	기저기 [kidzʌgi]	오줌[odzum]
永豐	애기[ɛgi]	새가[s^{h}ɛga]	선스나 [s^{h}ʌns^{h}ɯna]	걸레[kʌlle]	오줌[odzum]
和平	애기[ɛgi]	게지배 [k[y]edzibɛ]	선서나 [s^{h}ʌns^{h}ʌna]	걸레[kʌlle]	오줌[odzum]
雞林	애기[ɛgi]	새가[s^{h}ɛga]	선서나 [s^{h}ʌns^{h}ʌna]	걸레[kʌlle]	오줌[odzum]
明德	애기[ɛgi]	따라이[ʼtarai]	무스마 [mus^{h}ɯma]	거지기 [kʌdzigi]	오즘[odzɯm]
星火	애기[ɛgi]	새가[s^{h}ɛga]	선서나 [s^{h}ʌns^{h}ʌna]	걸레[kʌlle]	오줌[odzum]
湯旺	얼라[ʌlla]	따라[ʼtara]	머스마 [mʌs^{h}ɯma]	똥껄레 [ʼtoŋʼkʌlle]	오줌[odzum]
東明	-	게지배 [k[y]edzibɛ]	아새끼[as^{h}ɛʼki]	똥껄레 [ʼtoŋʼkʌlle]	오줌[odzum]
年豐	얼라[ʌlla]	게지배 [k[y]edzibɛ]	머스마 [mʌs^{h}ɯma]	귀지개 [kwidzigɛ]	오줌[odzum]
杏樹	-	가시나[kaɕina]	선서나 [s^{h}ʌns^{h}ʌna]	걸레[kʌlle]	오좀[odzom]
吉興	애기[ɛgi]	새가[s^{h}ɛga]	선서나 [s^{h}ʌns^{h}ʌna]	걸레[kʌlle]	오줌[odzum]
主星	얼라[ʌlla]	딸래미[ʼtallɛmi]	머스마 [mʌs^{h}ɯma]	똥걸레 [ʼtoŋgʌlle]	오줌[odzum]
成富	애기[ɛgi]	게지배	선스나	차개[ts^{h}agɛ]	오좀[odzom]

		[k[y]edzibɛ]	[sʰʌnsʰɯna]		
興和	자근아이 [tsagɯnai]	기지바 [kidziba]	머시마 [mʌɕima]	기저기 [kidzʌgi]	오좀[odzom]
	포대기	죄암죄암	곤지곤지	도리도리	짝짜꿍
迎蘭	포대기 [pʰodɛgi]	잼잼 [tsɛmdzɛm]	송곧송곧 [sʰoŋgotsʰoŋgot̚]	도리도리 [toridori]	짝짝꿍 [tśak̚tśak̚kuŋ]
漁池	포대기 [pʰodɛgi]	잼잼 [tsɛmdzɛm]	송고송고 [sʰoŋgosʰoŋgo]	도리도리 [toridori]	짝짱꿍 [tśak̚tśaŋk̚uŋ]
河東	두더기 [tudʌgi]	잼잼 [tsɛmdzɛm]	-	도리도리 [toridori]	쨕쨕 [tśyak̚tśyak̚]
民樂	포대기 [pʰodɛgi]/ 띠[ti]	잼잼 [tsɛmdzɛm]	찐진[tśindzin]	도리도리 [toridori]	짝짝꿍 [tśak̚tśak̚kuŋ]
臥龍	포대기 [pʰodɛgi]	잼잼 [tsɛmdzɛm]	송고송고 [sʰoŋgosʰoŋgo]	도리도리 [toridori]	짝짜꿍 [tśak̚tśak̚uŋ]
江南	포대기 [pʰodɛgi]	잼잼 [tsɛmdzɛm]	송고송고 [sʰoŋgosʰoŋgo]	도래[torɛ]	손뼉 [sʰonṕyʌk̚]
海南	포대기 [pʰodɛgi]	잼잼 [tsɛmdzɛm]	송고송고 [sʰoŋgosʰoŋgo]	도리도리 [toridori]	짝짜기 [tśak̚tśagi]
新安	보재기 [podzɛgi]	잼잼 [tsɛmdzɛm]	송고송고 [sʰoŋgosʰoŋgo]	도리도리 [toridori]	짝짜구 [tśak̚tśagu]
三岔口	포대기 [pʰodɛgi]	잼잼 [tsɛmdzɛm]	송고송고 [sʰoŋgosʰoŋgo]	도리도리 [toridori]	짝짜기 [tśak̚tśagi]
永豐	포대기 [pʰodɛgi]	잼잼 [tsɛmdzɛm]	송곧송곧 [sʰoŋgotsʰoŋgot̚]	도리도리 [toridori]	짝짱기 [tśak̚tśaŋgi]
和平	포대기 [pʰodɛgi]	잼잼 [tsɛmdzɛm]	송고송고 [sʰoŋgosʰoŋgo]	도리도리 [toridori]	짝짝꿍 [tśak̚tśak̚ k̚uŋ]
雞林	포대기 [pʰodɛgi]	잼잼 [tsɛmdzɛm]	송곧송곧 [sʰoŋgotsʰoŋgot̚]	도리도리 [toridori]	짝짱구 [tśak̚tśaŋgu]
明德	퍼대기 [pʰʌdɛgi]	잼잼 [tsɛmdzɛm]	도곤도곤 [togondogon]	도레도레 [toredore]	짝짝꿍 [tśak̚tśak̚kuŋ]
星火	포대기 [pʰodɛgi]	잼잼 [tsɛmdzɛm]	송고송고 [sʰoŋgosʰoŋgo]	도리도리 [toridori]	짝짝꿍 [tśak̚tśak̚kuŋ]
湯旺	포대기 [pʰodɛgi]	잼잼 [tsɛmdzɛm]	-	도래도래 [torɛdorɛ]	짝짝꿍 [tśak̚tśak̚ k̚uŋ]
東明	포대기 [pʰodɛgi]	잼잼 [tsɛmdzɛm]	송곧송곧 [sʰoŋgotsʰoŋgot̚]	도리도리 [toridori]	짝짝꿍 [tśak̚tśak̚ k̚uŋ]
年豐	포대기 [pʰodɛgi]	잼잼 [tsɛmdzɛm]	곤지곤지 [kondzigondzi]	도리도리 [toridori]	짝짜꿍 [tśak̚tśak̚uŋ]

杏樹	포대기 [pʰodɛgi]	잼잼 [tsɛmdzɛm]	송고송고 [sʰoŋgosʰoŋgo]	도리도리 [toridori]	짝땅구 [t̓sak̓t̓aŋgu]
吉興	포대기 [pʰodɛgi]	잼잼 [tsɛmdzɛm]	송고송고 [sʰoŋgosʰoŋgo]	도리도리 [toridori]	짝짝꿍 [t̓sak̓t̓sak̓ k̓uŋ]
主星	포대기 [pʰodɛgi]	잼잼 [tsɛmdzɛm]/ 쪼막쪼막 [t̓somak̓t̓somak̓]	송고송고 [sʰoŋgosʰoŋgo]	도래도래 [torɛdorɛ]	짝짝꿍 [t̓sak̓t̓sak̓ k̓uŋ]
成富	포대기 [pʰodɛgi]	잼잼 [tsɛmdzɛm]	송고송고 [sʰoŋgosʰoŋgo]	도리도리 [toridori]	짝짱기 [t̓sak̓t̓saŋgi]
興和	포대기 [pʰodɛgi]	잼잼 [tsɛmdzɛm]	진진[tsindzin]	도래도래 [torɛdorɛ]	짝짱구 [t̓sak̓t̓saŋgu]
	안다	**공기**	**소꿉질**	**숨바꼭질**	**목말**
迎蘭	안따[ant̓a]	꽁끼[k̓oŋk̓i]	소꿉노리 [sʰok̓up̚nori]	숨바꼭질 [sʰumbak̓ok̓t̓sil]	몽매[moŋmɛ]
漁池	안는다 [annɯnda]	공기[koŋgi]	바꿈사리 [pak̓umsʰari]	숨박꼭찔 [sʰumbak̓k̓ok̓t̓sil]	몽마[moŋma]
河東	안따[ant̓a]	공기[koŋgi]	바꿈사리 [pak̓umsʰari]	숨꾸내기 [sʰumk̓unɛgi]	몽마[moŋma]
民樂	안따[ant̓a]	꽁기[k̓oŋgi]	살림사리 [sʰaʎʎimsʰari]	숨꾸내기 [sʰumk̓unɛgi]	몽마[moŋma]
臥龍	안는다 [annɯnda]	꽁기[k̓oŋgi]	소꿉노리 [sʰok̓up̚nori]	숨박꼭찔 [sʰumbak̓k̓ok̓t̓sil]	몽매[moŋmɛ]
江南	안따[ant̓a]	꽁기[k̓oŋgi]	새감사리 [sʰɛgamsʰari]	수물래기 [sʰumullɛgi]	몽매[moŋmɛ]
海南	안는다 [annɯnda]	꽁기[k̓oŋgi]	새감파리 [sʰɛgampʰari]	숨킬래기 [sʰumkʰillɛgi]	몽매[moŋmɛ]
新安	안는다 [annɯnda]	꽁기[k̓oŋgi]	바꿈사리 [pak̓umsʰari]	숨바꼭찌 [sʰumbak̓ok̓t̓si]	몽매[moŋmɛ]
三岔口	안따[ant̓a]	꽁기[k̓oŋgi]	쌔감지 [s̓ɛgamdzi]	숨박꼭찔 [sʰumbak̓k̓ok̓t̓sil]	몽매[moŋmɛ]
永豐	안따[ant̓a]	꽁기똘 [k̓oŋgit̓ol]	바꿈질 [pak̓umdzil]	숨박꼭찔 [sʰumbak̓k̓ok̓t̓sil]	몽매[moŋmɛ]
和平	안따[ant̓a]	꽁기[k̓oŋgi]	바끔재 [pak̓ɯmdzɛ]	숨박꼭찔 [sʰumbak̓k̓ok̓t̓sil]	몽마[moŋma]
雞林	안따[ant̓a]	공기똘 [koŋgit̓ol]	바꿈질 [pak̓umdzil]	숨끼내기 [sʰumk̓inɛgi]	몽매[moŋmɛ]
明德	안따[ant̓a]	조갠똘 [tsogɛt̓t̓ol]	또꾸박사리 [t̓ok̓ubak̓sʰari]	숨박꼭질 [sʰumbak̓k̓ok̓tsil]	몽말[moŋmal]

星火	안따[ant̓a]	공기[koŋgi]	소꿉노리 [sʰok̓up̚nori]	숨길래기 [sʰumgillɛgi]	몽매[moŋmɛ]
湯旺	안따[ant̓a]	-	소꿉노리 [sʰok̓up̚nori]	숨바꼭질 [sʰumbak̓ok̓tsil]	몽말[moŋmal]
東明	안따[ant̓a]	꽁기[k̓oŋgi]	바꿈사리 [pak̓umsʰari]	숨박꼭찔 [sʰumbak̓k̓ok̓ts̓il]	몽메[moŋme]
年豐	안따[ant̓a]	-	바꼼사리 [pak̓omsʰari]	숨바꼭질 [sʰumbak̓ok̓tsil]	몽마[moŋma]
杏樹	안따[ant̓a]	꽁기[k̓oŋgi]	박깜지 [pak̓k̓amdzi]	꼼칠래기 [k̓omtsʰillɛgi]	몽메[moŋme]
吉興	안따[ant̓a]	공기[koŋgi]	바꼼질 [pak̓omdzil]	숨박꼬끼 [sʰumbak̓k̓ok̓k̓i]	몽매[moŋmɛ]
主星	안따[ant̓a]	싸이조[s̓aidzo]	바꼼사리 [pak̓omsʰari]	숨바꼭질 [sʰumbak̓ok̓tsil]	몽마[moŋma]
成富	안따[ant̓a]	공기[koŋgi]	박끔사리 [pak̓k̓ɯmsʰari]	숨박꼭질 [sʰumbak̓k̓ok̓tsil]	몽매[moŋmɛ]
興和	달랜다 [tallɛnda]	오잼[odzɛm]	소꿉노리 [sʰok̓up̚nori]	숨박꼭질 [sʰumbak̓k̓ok̓tsil]	말태기 [maltʰɛgi]

	자치기	구슬치기	딱지치기	제기차기	윷놀이
迎蘭	자치기 [tsatsʰigi]	다마굴리기 [tamaguʎʎigi]	딱지칠래기 [t̓ak̓tsitsʰillɛgi]	죄기차기 [tswegitsʰagi]	윤노리 [yut̚nori]
漁池	자치기 [tsatsʰigi]	다마치기 [tamatsʰigi]	딱찌치기 [t̓ak̓ts̓itsʰigi]	제기차기 [tsegitsʰagi]	윤노리 [yunnori]
河東	자치기 [tsatsʰigi]	다마치기 [tamatsʰigi]	딱지치기 [t̓ak̓tsitsʰigi]	죄기체기 [tswegitsʰegi]	윤노리 [yunnori]
民樂	자치기 [tsatsʰigi]	다마치기 [tamatsʰigi]	딱지치기 [t̓ak̓tsitsʰigi]	제기차기 [tsegitsʰagi]	윤놀이 [yunnori]/ 유까치 [yuk̓atsʰi]
臥龍	자치기 [tsatsʰigi]	다마치기 [tamatsʰigi]	딱찌치기 [t̓ak̓ts̓itsʰigi]	제시차기 [tseɕitsʰagi]	유끼[yuk̓i]
江南	자치기 [tsatsʰigi]	다마치기 [tamatsʰigi]	땅치치기 [t̓aŋtsʰitsʰigi]	제기치기 [tsegitsʰigi]	유꾸[yuk̓u]
海南	자치기 [tsatsʰigi]	다마치기 [tamatsʰigi]	딱지치기 [t̓ak̓tsitsʰigi]	제기차기 [tsegitsʰagi]	유끼[yuk̓i]
新安	재치기 [tsɛtsʰigi]	다마치기 [tamatsʰigi]	딱찌치기 [t̓ak̓ts̓itsʰigi]	제기차기 [tsegitsʰagi]	윤노리 [yunnori]
三岔口	매지깨 [mɛdzik̓ɛ]	다마치기 [tamatsʰigi]	딱찌치기 [t̓ak̓ts̓itsʰigi]	제기차기 [tsegitsʰagi]	유꾸[yuk̓u]/ 유끼[yuk̓i]

永豐	-	다마치기 [tamatsʰigi]	딱찌치기 [t̕ak̚t̕sitsʰigi]	죄기차기 [tswegitsʰagi]	유꾸치기 [yuk̕utsʰigi]
和平	자치기 [tsatsʰigi]	다마치기 [tamatsʰigi]	딱찌티기 [t̕ak̚t̕sitʰigi]	줴기차기 [tswegitsʰagi]	윹꾸[yut̚k̕u]/ 윹치기 [yut̚tsʰigi]
鷄林	-	다마치기 [tamatsʰigi]	땅찌치기 [t̕aŋt̕sitsʰigi]	죄기차기 [tswegitsʰagi]	유꾸치기 [yuk̕utsʰigi]
明德	뿔러깨치기 [p̕ullek̕ɛtsʰigi]	다마치기 [tamatsʰigi]	딱찌치기 [t̕ak̚t̕sitsʰigi]	줴기차기 [tswegitsʰagi]	윹꾸[yut̚k̕u]
星火	자치기 [tsatsʰigi]	다마치기 [tamatsʰigi]	닦지치기 [t̕ak̚tsitsʰigi]	죄기차기 [tswegitsʰagi]	윹노리 [yut̚nori]
湯旺	자치기 [tsatsʰigi]	다마치기 [tamatsʰigi]	닦지치기 [t̕ak̚tsitsʰigi]	죄기차기 [tswegitsʰagi]	윹노리 [yut̚nori]
東明	자치기 [tsatsʰigi]	다마치기 [tamatsʰigi]	딱찌치기 [t̕ak̚t̕sitsʰigi]	줴기차기 [tswegitsʰagi]	윹꾸노리 [yut̚k̕unori]
年豐	자치기 [tsatsʰigi]	다마치기 [tamatsʰigi]	닦지치기 [t̕ak̚tsitsʰigi]	줴기차기 [tswegitsʰagi]	윹치기 [yut̚tsʰigi]
杏樹	자채기 [tsatsʰɛgi]	다마치기 [tamatsʰigi]	딱지치기 [t̕ak̚tsitsʰigi]	줴기차기 [tswegitsʰagi]	윹꾸[yut̚k̕u]/ 윹끼[yut̚k̕i]
吉興	뿔루께치기 [p̕elluk̕etsʰigi]	다마치기 [tamatsʰigi]	땅치[t̕aŋtsʰi]	죄기차기 [tswegitsʰagi]	유꾸치기 [yuk̕utsʰigi]
主星	코빼이 [kʰop̕ɛi]	다마따먹끼 [tamat̕amʌk̚k̕i]	딱지치기 [t̕ak̚tsitsʰigi]	제기차기 [tsegitsʰagi]	윤노리 [yunnori]
成富	메뚜기 [met̕ugi]	다마치기 [tamatsʰigi]	딱치치기 [t̕ak̚tsʰitsʰigi]	줴기[tswegi]	유끼치기 [yuk̕itsʰigi]
興和	자치기 [tsatsʰigi]	다마치기 [tamatsʰigi]	딱지치기 [t̕ak̚tsitsʰigi]	제기차기 [tsegitsʰagi]	유까치 [yuk̕atsʰi]
	도	**개**	**걸**	**윷**	**모**
迎蘭	도[to]	개[kɛ]	걸[kʌl]	윹[yut̚]	모[mo]
漁池	또[t̕o]	개[kɛ]	걸[kʌl]	윤[yun]	모[mo]
河東	또[t̕o]	개[kɛ]	걸[kʌl]	윤[yun]	모[mo]
民樂	도[to]	개[kɛ]	걸[kʌl]	윤[yun]	모[mo]
臥龍	똥[t̕oŋ]	개[kɛ]	컬[kʰʌl]	쓩[s̕yuŋ]	모[mo]
江南	또[t̕o]	개[kɛ]	걸[kʌl]	쓩[s̕yuŋ]	모[mo]
海南	똘[t̕ol]	개[kɛ]	컬[kʰʌl]	쓩[s̕yuŋ]	모[mo]
新安	똘[t̕ol]	캐[kʰɛ]	컬[kʰʌl]	쓩[s̕yuŋ]	모[mo]
三岔口	똘[t̕ol]	개[kɛ]	컬[kʰʌl]	쓩[s̕yuŋ]	모[mo]

永豐	똘[ˀtol]	개[kɛ]	컬[kʰʌl]	슝[sʰyuŋ]	몽[moŋ]
和平	똘[ˀtol]	개[kɛ]	걸[kʌl]	쑹[ˀsuŋ]	모[mo]
雞林	똥[ˀtoŋ]	개[kɛ]	컬[kʰʌl]	슝[sʰyuŋ]	몽[moŋ]
明德	돌[tol]	개[kɛ]	컬[kʰʌl]	쓩[ˀsyuŋ]	몽[moŋ]
星火	또[ˀto]	개[kɛ]	컬[kʰʌl]	슝[sʰyuŋ]	모[mo]
湯旺	또[ˀto]	개[kɛ]	걸[kʌl]	윧[yut̚]	모[mo]
東明	돌[tol]	개[kɛ]	컬[kʰʌl]	쓩[ˀsyuŋ]	모[mo]
年豐	또[ˀto]	개[kɛ]	걸[kʌl]	윤[yun]	모[mo]
杏樹	똘[ˀtol]	개[kɛ]	컬[kʰʌl]	쓩[ˀsyuŋ]	모[mo]
吉興	똘[ˀtol]	개[kɛ]	컬[kʰʌl]	슝[sʰyuŋ]	몽[moŋ]
主星	또[ˀto]	개[kɛ]	걸[kʌl]	윧[yut̚]	모[mo]
成富	똘[ˀtol]	개[kɛ]	컬[kʰʌl]	쓩[ˀsyuŋ]	모[mo]
興和	또[ˀto]	개[kɛ]	걸[kʌl]	윧[yut̚]	모[mo]
	그네	**썰매**	**팽이**	**얼레**	**굴렁쇠**
迎蘭	그네[kɯne]	썰매[ˀsʌlmɛ]	팽이[pʰɛŋi]	-	굴리[kuʎʎi]/ 굴렁쇠 [kullʌŋsʰwe]
漁池	거네[kʌne]	썰매[ˀsʌlmɛ]	팽이[pʰɛŋi]	-	굴레[kulle]
河東	그네[kɯne]	썰매[ˀsʌlmɛ]	팽이[pʰɛŋi]	-	굴렁쇠 [kullʌŋsʰwe]
民樂	그네[kɯne]	썰매[ˀsʌlmɛ]	팽이[pʰɛŋi]	실빠구리 [ɕilˀpaguri]/ 실패[ɕilpʰɛ]	굴레[kulle]/ 바꾸[paˀku]
臥龍	굴레[kulle]	썰매[ˀsʌlmɛ]	팽이[pʰɛŋi]	-	굴레[kulle]
江南	굴레[kulle]	썰매[ˀsʌlmɛ]	팽이[pʰɛŋi]	-	굴레[kulle]
海南	그네[kɯne]	썰매[ˀsʌlmɛ]	팽이[pʰɛŋi]	-	-
新安	그네[kɯne]	썰매[ˀsʌlmɛ]	팽이[pʰɛŋi]	자세[tsasʰe]	구부레[kubure]
三岔口	굴레[kulle]	썰매[ˀsʌlmɛ]	팽이[pʰɛŋi]	-	구레[kure]
永豐	굴레[kulle]	파리[pʰari]	팽이[pʰɛŋi]	실갱이[ɕilgɛŋi]	굴레바키 [kullebakʰi]
和平	그네[kɯne]	썰매[ˀsʌlmɛ]	팽이[pʰɛŋi]	-	굴리기 [kuʎʎigi]
雞林	굴레[kulle]	발기[palgi]	팽이[pʰɛŋi]	실갱기 [ɕilgɛŋgi]	구브레 [kubɯre]
明德	굴기[kulgi]	발기[palgi]	팽이[pʰɛŋi]	-	구불레 [kubulle]

星火	그네[kɯne]	설매[sʰʌlmɛ]	팽이[pʰɛŋi]	실갱기 [ɕilgɛŋgi]	굴레바퀴 [kullebakʰwi]
湯旺	그네[kɯne]	썰매[ṡʌlmɛ]	팽이[pʰɛŋi]	-	-
東明	그네[kɯne]	썰매[ṡʌlmɛ]	팽이[pʰɛŋi]	-	구부레 [kubure]
年豐	그네[kɯne]	썰매[ṡʌlmɛ]	팽이[pʰɛŋi]	실돼[ɕildwɛ]	-
杏樹	굴레[kulle]	발귀[palgwi]	팽기[pʰɛŋi]	-	구부레 [kubure]
吉興	그네[kɯne]	썰매[ṡʌlmɛ]	팽이[pʰɛŋi]	실갱이[ɕilgɛŋi]	구불레 [kubulle]
主星	거네[kʌne]	썰매[ṡʌlmɛ]	팽돌치기 [pʰɛŋdoltsʰigi]	실빵구리 [ɕilṗaŋuri]	동태[toŋtʰɛ]
成富	굴래[kullɛ]	파리[pʰari]	팽이[pʰɛŋi]	-	굴레바퀴 [kullebakʰwi]
興和	근네[kɯnne]	썰매[ṡʌlmɛ]	팽이[pʰɛŋi]	실방울 [ɕilbaŋul]	쐬굴린다 [ṡweguʎʎinda]

	이웃	이야기	마을간다	얼마	잔돈
迎蘭	이웉[iut̚]	얘기[yɛgi]	마실도리 [maɕildori]	얼메[ʌlme]	잔돈[tsandon]
漁池	이웉[iut̚]	이미기[imigi]	마실간다 [maɕilganda]	얼마[ʌlma]	거스럼돈 [kʌsʰɯrʌmdon]
河東	이웉[iut̚]	이야기[iyagi]	마실간다 [maɕilganda]	얼마[ʌlma]	거스럼돈 [kʌsʰɯrʌmdon]
民樂	엽집[yʌp̚tsip̚]	얘기[yɛgi]	마실도리 [maɕildori]	얼마[ʌlma]	잔돈[tsandon]
臥龍	엽집[yʌp̚tsip̚]/ 이웉[iut̚]	한담[handam]	마실간다 [maɕilganda]	얼마[ʌlma]	잔돈[tsandon]
江南	이웉[iut̚]	예기[yegi]	마실간다 [maɕilganda]	얼마[ʌlma]	잔돈[tsandon]
海南	이웉[iut̚]/ 엽집[yʌp̚tsip̚]	얘기[yɛgi]	마을도리 [mauɯldori]	얼마[ʌlma]/ 얼매[ʌlmɛ]	잔돈[tsandon]
新安	이웉[iut̚]/ 엽집[yʌp̚tsip̚]	이야기[iyagi]	마실간다 [maɕilganda]	얼마[ʌlma]	잔돈[tsandon]
三岔口	이웉[iut̚]	이야기[iyagi]	마실도리 [maɕildori]	얼마[ʌlma]	잔돈[tsandon]
永豐	이웉[iut̚]	얘기[yɛgi]	저녁도리 [tsʌɲyʌk̚tori]	얼마[ʌlma]	부스럭똔 [pusʰɯrʌk̚ṫon]
和平	이웉[iut̚]	얘기[yɛgi]	마실댕긴다 [maɕildɛŋginda]	얼마[ʌlma]	잔돈[tsandon]

雞林	엽찝[yʌp̚tʼsip̚]	얘기[yɛgi]	마을도리 [maɯldori]	얼매[ʌlmɛ]	잔돈[tsandon]
明德	아래운찝 [arɛut̚tʼsip̚]	이야기[iyagi]	마실간다 [maɕilganda]	얼마[ʌlma]	잔돈[tsandon]
星火	이운[iut̚]	얘기[yɛgi]	마실간다 [maɕilganda]	얼마[ʌlma]	잔돈[tsandon]
湯旺	이운[iut̚]	이야기[iyagi]	마슬간다 [mas^{h}ɯlganda]	얼마[ʌlma]	잔돈[tsandon]
東明	엽찝[yʌp̚tʼsip̚]	얘기[yɛgi]	마실간다 [maɕilganda]	얼마[ʌlma]/ 얼매[ʌlmɛ]	각쩐[kak̚tʼsʌn]
年豐	이운[iut̚]	얘기[yɛgi]	마실간다 [maɕilganda]	얼마[ʌlma]	잔돈[tsandon]
杏樹	이운[iut̚]/ 엽찝[yʌp̚tʼsip̚]	이야기[iyagi]/ 얘기[yɛgi]	마을도리 [maɯldori]	얼마[ʌlma]	잔돈[tsandon]
吉興	엽찝[yʌp̚tʼsip̚]	얘기[yɛgi]	마실간다 [maɕilganda]	얼메[ʌlme]	잔돈[tsandon]
主星	이운[iut̚]	예기[yegi]	마실간다 [maɕilganda]	얼마[ʌlma]	잔돈[tsandon]
成富	이운[iut̚]	이야기[iyagi]	마시도리 [maɕidori]	얼마[ʌlma]	부스럼똔 [pus^{h}ɯrʌmtʼon]
興和	엽찝[yʌp̚tʼsip̚]	얘기[yɛgi]	마실간다 [maɕilganda]	얼마[ʌlma]	잔돈[tsandon]

	덤	대장간	풀무	바퀴	마지기
迎蘭	-	대장깐 [tɛdzaŋkʼan]	풍구[p^{h}uŋgu]	바꾸[pakʼu]	-
漁池	덤[tʌm]	야장깐 [yadzaŋkʼan]	풀무[p^{h}ulmu]/ 풍구[p^{h}uŋgu]	바꾸[pakʼu]	-
河東	덤[tʌm]	대장깐 [tɛdzaŋkʼan]	풍구[p^{h}uŋgu]	바퀴[pak^{h}wi]	-
民樂	-	대장깐 [tɛdzaŋkʼan]	풍구[p^{h}uŋgu]	바꾸[pakʼu]	마지기 [madzigi]
臥龍	텁[t^{h}ʌp̚]	예장깐 [yedzaŋkʼan]	풍기[p^{h}uŋgi]	바키[pak^{h}i]	-
江南	-	예장깐 [yedzaŋkʼan]	풍기[p^{h}uŋgi]	바끼[pakʼi]	-
海南	-	야장깐 [yadzaŋkʼan]/ 예장깐 [yedzaŋkʼan]	풍구[p^{h}uŋgu]	바키[pak^{h}i]	-

新安	-	예장깐 [yedzaŋk̓an]/ 야장깐 [yadzaŋk̓an]	풍구[p^{h}uŋgu]	바퀴[pak^{h}wi]	-
三岔口	-	예장깐 [yedzaŋk̓an]	풍기[p^{h}uŋgi]	바키[pak^{h}i]	-
永豐	-	예장깐 [yedzaŋk̓an]	풍기[p^{h}uŋgi]	바키[pak^{h}i]	-
和平	개평한다 [kɛp^{h}yʌŋhanda]	대장깐 [tɛdzaŋk̓an]	풍구[p^{h}uŋgu]	바퀴[pak^{h}wi]	-
雞林	-	철공소 [ts^{h}ʌlgoŋs^{h}o]/ 얘장깐 [yɛdzaŋk̓an]	풍기[p^{h}uŋgi]	바키[pak^{h}i]	-
明德	여남주다 [yʌnamdzuda]	예장깐 [yedzaŋk̓an]	풍기[p^{h}uŋgi]	굴루바키 [kullubak^{h}i]	-
星火	-	대장깐 [tɛdzaŋk̓an]	풍구[p^{h}uŋgu]	수레바퀴 [s^{h}urebak^{h}wi]	마지[madzi]
湯旺	-	대장깐 [tɛdzaŋk̓an]	풍구[p^{h}uŋgu]	바뀌[pak̓wi]	마지기 [madzigi]
東明	서비스 [s^{h}ʌbis^{h}ɯ]	야장깐 [yadzaŋk̓an]	풍구[p^{h}uŋgu]	바키[pak^{h}i]	-
年豐	-	대장깐 [tɛdzaŋk̓an]	풍구[p^{h}uŋgu]	바퀴[pak^{h}wi]	-
杏樹	더준다 [tʌdzunda]	얘장깐 [yɛdzaŋk̓an]	풍구[p^{h}uŋgu]	술귀바키 [s^{h}ulgwibak^{h}i]	-
吉興	-	예장깐 [yedzaŋk̓an]	풍구[p^{h}uŋgu]	바키[pak^{h}i]	-
主星	-	대장깐 [tɛdzaŋk̓an]	풍노[p^{h}uŋno]	바꾸[pak̓u]	-
成富	거저가지다 [kʌdzʌgadzida]	야장깐 [yadzaŋk̓an]	풍구[p^{h}uŋgu]	바퀴[pak^{h}wi]	-
興和	더부러준다 [tʌburʌdzunda]	대장깐 [tɛdzaŋk̓an]	풍로[p^{h}uŋro]/ 풍구[p^{h}uŋgu]	바키[pak^{h}i]	-

	뼘	자루1	하나	둘	셋
迎蘭	뽐[ṗom]	자루[tsaru]	한나[hanna]	둘[tul]	서이[s^{h}ʌi]
漁池	뽐[ṗom]	자루[tsaru]	하나[hana]	둘[tul]	서이[s^{h}ʌi]
河東	뼘[ṗyʌm]	자루[tsaru]	하나[hana]	둘[tul]	셀[s^{h}et]
民樂	뼘[ṗyʌm]	자루[tsaru]/	한나[hanna]	둘[tul]	서이[s^{h}ʌi]

		가락[karak̚]			
臥龍	뽐[ṗom]	개[kɛ]	하나[hana]	둘[tul]	서이[sʰʌi]
江南	뽐[ṗom]	-	한나[hanna]	둘[tul]	서이[sʰʌi]
海南	뽐[ṗom]	삽[sʰap̚]/ 가락[karak̚]	하나[hana]	둘[tul]	셑[sʰet̚]
新安	뽐[ṗom]	가락[karak̚]	한나[hanna]	둘[tul]	서이[sʰʌi]
三岔口	뽐[ṗom]	자루[tsaru]	한나[hanna]	둘[tul]	셑[sʰet̚]
永豐	뽐[ṗom]	자루[tsaru]	하나[hana]	둘[tul]	서이[sʰʌi]
和平	뽐[ṗom]	자루[tsaru]	한나[hanna]	둘[tul]	서이[sʰʌi]
雞林	뽐[ṗom]	자루[tsaru]	한나[hanna]	둘[tul]	서이[sʰʌi]
明德	뽐[ṗom]	자루[tsaru]	한나[hanna]	둘[tul]	서[sʰʌ]
星火	뽐[ṗom]	자루[tsaru]	하나[hana]	두리[turi]	서이[sʰʌi]
湯旺	뽐[ṗom]	자루[tsaru]	한나[hanna]	둘[tul]	서이[sʰʌi]
東明	뽐[ṗom]	자루[tsaru]	하나[hana]	둘[tul]	셑[sʰet̚]
年豐	뽐[ṗom]	자루[tsaru]	하나[hana]	둘[tul]	서이[sʰʌi]
杏樹	뽐[ṗom]	자루[tsaru]	한나[hanna]	둘[tul]	서이[sʰʌi]
吉興	뽐[ṗom]	자루[tsaru]	한나[hanna]	둘[tul]	서이[sʰʌi]
主星	뽐[ṗom]	자루[tsaru]	한나[hanna]/ 하나[hana]	둘[tul]	서이[sʰʌi]
成富	뽐[ṗom]	가락[karak̚]	하나[hana]	둘[tul]	셑[sʰet̚]
興和	뼘[ṗyʌm]	자루[tsaru]	한나[hanna]	둘[tul]	서이[sʰʌi]
	넷	**다섯**	**여섯**	**일곱**	**여덟**
迎蘭	너이[nʌi]	다쓰[taṡɯ]	여쓰[yʌṡɯ]	일굽[ilgup̚]	여덜[yʌdʌl]
漁池	너이[nʌi]	다섣[tasʰʌt̚]	여섣[yʌsʰʌt̚]	일곱[ilgop̚]	여들[yʌdɯl]
河東	넫[net̚]	다섣[tasʰʌt̚]	여섣[yʌsʰʌt̚]	일굽[ilgup̚]	여덥[yʌtʌp̚]
民樂	너이[nʌi]	다섣[tasʰʌt̚]	여섣[yʌsʰʌt̚]	일곱[ilgop̚]	여덜[yʌdʌl]
臥龍	너이[nʌi]	다슫[tasʰɯt̚]	여슫[yʌsʰɯt̚]	일굽[ilgup̚]	야들[yadɯl]
江南	너이[nʌi]	다슫[tasʰɯt̚]	여슫[yʌsʰɯt̚]	일곱[ilgop̚]	야들[yadɯl]
海南	넫[net̚]	다섣[tasʰʌt̚]	여섣[yʌsʰʌt̚]	일굽[ilgup̚]	야들[yadɯl]
新安	너이[nʌi]	다슫[tasʰɯt̚]	여슫[yʌsʰɯt̚]	일굽[ilgup̚]	야들[yadɯl]
三岔口	넫[net̚]	다섣[tasʰʌt̚]	여섣[yʌsʰʌt̚]	일굽[ilgup̚]	야들[yadɯl]
永豐	너이[nʌi]	다스[tasʰɯ]	여섣[yʌsʰʌt̚]	일곱[ilgop̚]	야들[yadɯl]
和平	너이[nʌi]	다섣[tasʰʌt̚]	여섣[yʌsʰʌt̚]	일곱[ilgop̚]	야덥[yadʌp̚]
雞林	너이[nʌi]	다스[tasʰɯ]	여스[yʌsʰɯ]	일구[ilgu]	야들[yadɯl]

明德	너[nʌ]	다슨[tasʰɯt̚]	엳쓰[yʌt̚s'ɯ]	일곱[ilgop̚]	야덥[yadʌp̚]
星火	너이[nʌi]	다스[tasʰɯ]	여섣[yʌsʰʌt̚]	일구[ilgu]	야들[yadɯl]
湯旺	너이[nʌi]	다쓰[tas'ɯ]	여쓰[yʌs'ɯ]	일굽[ilgup̚]	여덜[yʌdʌl]
東明	넫[net̚]	다섣[tasʰʌt̚]	여섣[yʌsʰʌt̚]	일곱[ilgop̚]	여덜[yʌdʌl]
年豐	너이[nʌi]	다서[tasʰʌ]	여서[yʌsʰʌ]	일굽[ilgup̚]	여덜[yʌdʌl]
杏樹	너이[nʌi]	다스[tasʰɯ]	여스[yʌsʰɯ]	일곱[ilgop̚]	야덥[yadʌp̚]
吉興	너이[nʌi]	다스[tasʰɯ]	여스[yʌsʰɯ]	이곱[igop̚]	야들[yadɯl]
主星	너이[nʌi]	다서[tasʰʌ]	여써[yʌs'ʌ]	일곱[ilgop̚]	여덜[yʌdʌl]
成富	넫[net̚]	다쓰[tas'ɯ]	여쓰[yʌs'ɯ]	일구[ilgu]	야들[yadɯl]
興和	너이[nʌi]	다서[tasʰʌ]	여서[yʌsʰʌ]	일고[ilgo]	야덜[yadʌl]
	아홉	**열**	**세다**	**스물**	**서른**
迎蘭	아훕[ahup̚]	열[yʌl]	시할린다 [ɕihaʎʎinda]	수물[sʰumul]	서른[sʰʌrɯn]
漁池	아홉[ahop̚]	열[yʌl]	헤아린다 [hearinda]	수물[sʰumul]	서른[sʰʌrɯn]
河東	아홉[ahop̚]	열[yʌl]	세다[sʰeda]	수물[sʰumul]	서른[sʰʌrɯn]
民樂	아홉[ahop̚]	열[yʌl]	히라리다 [hirarida]	수물[sʰumul]	서른[sʰʌrɯn]
臥龍	아후[ahu]	열[yʌl]	헨다[henda]	수물[sʰumul]	서른[sʰʌrɯn]
江南	아홉[ahop̚]	열[yʌl]	헤다[heda]	수물[sʰumul]	서른[sʰʌrɯn]
海南	아후[ahu]	열[yʌl]	센다[sʰenda]/ 헨다[henda]	수물[sʰumul]	서른[sʰʌrɯn]
新安	아후[ahu]	열[yʌl]	헨다[henda]	순물[sʰunmul]	서른[sʰʌrɯn]
三岔口	아훕[ahup̚]	열[yʌl]	헨다[henda]	스물[sʰɯmul]	서른[sʰʌrɯn]
永豐	아홉[ahop̚]	열[yʌl]	헤다[heda]	수믈[sʰumɯl]	서른[sʰʌrɯn]
和平	아홉[ahop̚]	열[yʌl]	헤다[heda]	수물[sʰumul]	서른[sʰʌrɯn]
雞林	아후[ahu]	열[yʌl]	헨다[henda]	수물[sʰumul]	서른[sʰʌrɯn]
明德	아훕[ahup̚]	열[yʌl]	헤다[heda]	수무[sʰumu]	서른[sʰʌrɯn]
星火	아홉[ahop̚]	열[yʌl]	세다[sʰeda]	수물[sʰumul]	서른[sʰʌrɯn]
湯旺	아홉[ahop̚]	열[yʌl]	헤아린다 [hearinda]	수물[sʰumul]	서른[sʰʌrɯn]
東明	아홉[ahop̚]	열[yʌl]	헤다[heda]	수물[sʰumul]	서른[sʰʌrɯn]
年豐	아홉[ahop̚]	열[yʌl]	헤다[heda]	수물[sʰumul]/ 이십[iɕip̚]	서른[sʰʌrɯn]/ 삼십[sʰamɕip̚]
杏樹	아홉[ahop̚]	열[yʌl]	헤다[heda]	수물[sʰumul]	서른[sʰʌrɯn]

吉興	아홉[ahop̚]	열[yʌl]	헨다[henda]	수물[s^{h}umul]	서른[s^{h}ʌrɯn]
主星	아홉[ahop̚]	열[yʌl]	헤알리다 [heaʎʎida]	스물[s^{h}ɯmul]	서른[s^{h}ʌrɯn]
成富	아후[ahu]	열[yʌl]	헨다[henda]	수물[s^{h}umul]	서른[s^{h}ʌrɯn]
興和	아호[aho]	열[yʌl]	헤아리다 [hearida]	수믈[s^{h}umɯl]	서른[s^{h}ʌrɯn]
	마흔	**쉰**	**예순**	**일흔**	**여든**
迎蘭	마흔[mahɯn]	쉰[ʃwin]	예쉰[yeʃwin]	이른[irɯn]	여든[yʌdɯn]
漁池	마흔[mahɯn]	쉰[ʃwin]	예쉰[yeʃwin]	이른[irɯn]	여든[yʌdɯn]
河東	마흔[mahɯn]	쉰[ʃwin]	예순[yes^{h}un]	이른[irɯn]	여든[yʌdɯn]
民樂	마흔[mahɯn]	오십[oɕip̚]	육십[yuk̚ɕip̚]	칠십[ts^{h}ilɕip̚]	팔십[p^{h}alɕip̚]
臥龍	마흔[mahɯn]	쉰[ʃwin]	예쉰[yeʃwin]	이른[irɯn]	여든[yʌdɯn]
江南	마한[mahan]	쉰[ʃwin]	육십[yuk̚ɕip̚]	칠십[ts^{h}ilɕip̚]	팔십[p^{h}alɕip̚]
海南	마흔[mahɯn]	쉰[ʃwin]	예쉰[yeʃwin]	이른[irɯn]	야든[yadɯn]
新安	마흔[mahɯn]	쉰[ʃwin]	예순[yes^{h}un]	이른[irɯn]	야든[yadɯn]
三岔口	마흔[mahɯn]	오십[oɕip̚]	예쉰[yeʃwin]	이른[irɯn]	야든[yadɯn]
永豐	마흔[mahɯn]	쉰[ʃwin]	예쉰[yeʃwin]	이른[irɯn]	야든[yadɯn]
和平	마흔[mahɯn]	쉰[ʃwin]	예순[yes^{h}un]	일흔[ilhɯn]	여든[yʌdɯn]
雞林	마흔[mahɯn]	쉰[ʃwin]	예쉰[yeʃwin]	이른[irɯn]	야든[yadɯn]
明德	마흔[mahɯn]	쉰[ʃwin]	웨쉰[weʃwin]	니른[nirɯn]	야든[yadɯn]
星火	마흔[mahɯn]	쉰[ʃwin]	예쉰[yeʃwin]	이른[irɯn]	야든[yadɯn]
湯旺	마흔[mahɯn]	쉰[ʃwin]	예쉰[yeʃwin]	이른[irɯn]	여든[yʌdɯn]
東明	마흔[mahɯn]	오십[oɕip̚]/ 쉰[ʃwin]	예순[yes^{h}un]	칠십[ts^{h}ilɕip̚]/ 일흔[ilhɯn]	팔십[p^{h}alɕip̚]/ 여든[yʌdɯn]
年豐	마흔[mahɯn] /사십[s^{h}aɕip̚]	쉰[ʃwin]/ 오십[oɕip̚]	육씹[yuk̚ɕ̇ip̚]	칠십[ts^{h}ilɕip̚]	팔십[p^{h}alɕip̚]
杏樹	마흔[mahɯn]	쉰[ʃwin]	육씹[yuk̚ɕ̇ip̚]/ 예순[yes^{h}un]	칠십[ts^{h}ilɕip̚]/ 일흔[ilhɯn]	팔십[p^{h}alɕip̚]/ 야든[yadɯn]
吉興	마흔[mahɯn]	쉰[ʃwin]	예순[yes^{h}un]	이른[irɯn]	야든[yadɯn]
主星	마흔[mahɯn]	오십[oɕip̚]	육씹[yuk̚ɕ̇ip̚]	칠십[ts^{h}ilɕip̚]	팔십[p^{h}alɕip̚]
成富	마흔[mahɯn]	쉬인[ʃwin]	예쉰[yeʃwin]	이른[irɯn]	야든[yadɯn]
興和	사십[s^{h}aɕip̚]	오십[oɕip̚]	육씹[yuk̚ɕ̇ip̚]	칠십[ts^{h}ilɕip̚]	팔십[p^{h}alɕip̚]
	아흔	**예순 셋**	**일흔 아홉**	**하루**	**이틀**
迎蘭	아흔[ahɯn]	육십서이	칠십아홉 [ts^{h}ilɕip̚ahup̚]	하루[haru]	이틀[it^{h}ɯl]

漁池	아흔[ahɯn]	육십서이 [yuk̚ɕip̚sʰʌi]	칠십아호 [tsʰilɕip̚aho]	하루[haru]	이틀[itʰɯl]
河東	아흔[ahɯn]	예순 서이 [yesʰun sʰʌi]	이른 아홉 [irɯn ahop̚]	하루[haru]	이틀[itʰɯl]
民樂	구십[kuɕip̚]	육십서이 [yuk̚ɕip̚sʰʌi]	칠십아홉 [tsʰilɕip̚ahop̚]	하루[haru]	이틀[itʰɯl]
臥龍	아흔[ahɯn]	예순서이 [yesʰunsʰʌi]	이른아후 [irɯnahu]	한날[hannal]/ 하루[haru]	두날[tunal]/ 이틀[itʰɯl]
江南	구십[kuɕip̚]	육십서이 [yuk̚ɕip̚sʰʌi]	칠십아호 [tsʰilɕip̚aho]	하루[haru]	이할[ihal]
海南	아흔[ahɯn]	육십서이 [yuk̚ɕip̚sʰʌi]	칠십아후 [tsʰilɕip̚ahu]	하루[haru]	이틀[itʰɯl]
新安	아흔[ahɯn]	육십서이 [yuk̚ɕip̚sʰʌi]	칠십아후 [tsʰilɕip̚ahu]	하루[haru]	이틀[itʰɯl]
三岔口	아흔[ahɯn]	육십서이 [yuk̚ɕip̚sʰʌi]	이른아홉 [irɯnahup̚]	하루[haru]	이틀[itʰɯl]
永豐	아흔[ahɯn]	육십서이 [yuk̚ɕip̚sʰʌi]	이른아홉 [irɯnahop̚]	하루[haru]	이틀[itʰɯl]
和平	아흔[ahɯn]	예순 서 [yesʰun sʰʌ]	일흔 아홉 [ilhɯn ahop̚]	하루[haru]	이틀[itʰɯl]
雞林	아흔[ahɯn]	예쉰서[v]	이른아후 [irɯnahu]	하루[haru]	이틀[itʰɯl]
明德	아흔[ahɯn]	외신 서이 [weɕin sʰʌi]	니른 아후 [nirɯn ahu]	하루[haru]	이틀[itʰɯl]
星火	아흔[ahɯn]	예쉰서 [yeʃwinsʰʌ]	이른아홉 [irɯnahop̚]	하루[haru]	이틀[itʰɯl]
湯旺	아흔[ahɯn]	예쉰 서이 [yeʃwin sʰʌi]	이른 아홉 [irɯn ahop̚]	하루[haru]	이틀[itʰɯl]
東明	구십[kuɕip̚]/ 아흔[ahɯn]	육십서이 [yuk̚ɕip̚sʰʌi]/ 예순서이 [yesʰunsʰʌi]	칠십아홉 [tsʰilɕip̚ ahop̚]/ 일흔 아홉 [ilhɯn ahop̚]	하루[haru]	이틀[itʰɯl]
年豐	구십[kuɕip̚]	육십서이 [yuk̚ɕip̚sʰʌi]	칠십아홉 [tsʰilɕip̚ahop̚]	하루[haru]	이틀[itʰɯl]
杏樹	구십[kuɕip̚]/ 아흔[ahɯn]	육십서이 [yuk̚ɕip̚sʰʌi]/ 예순 서이 [yesʰun sʰʌi]	이른 아홉 [irɯn ahop̚]	하루[haru]	이틀[itʰɯl]
吉興	아흔[ahɯn]	예쉰서이 [yeʃwinsʰʌi]	이른아홉 [irɯnahop̚]	하루[haru]	이틀[itʰɯl]

主星	구십[kuɕip̚]	육십서이 [yuk̚ɕip̚sʰʌi]	칠십아홉 [tsʰilɕ'ip̚ahop̚]	하루[haru]	이틀[itʰɯl]
成富	아흔[ahɯn]	예슨서이 [yesʰɯnsʰʌi]	이른아후 [irɯnahu]	하루[haru]	이틀[itʰɯl]
興和	구십[kuɕip̚]	육십서이 [yuk̚ɕip̚sʰʌi]	칠십아호 [tsʰilɕip̚aho]	하루[haru]	이틀[itʰɯl]

	사흘	나흘	닷새	엿새	이레
迎蘭	사흘[sʰahɯl]	나흘[nahɯl]	닫쌔[tat̚s'ɛ]	엳쌔[yʌt̚s'ɛ]	이레[ire]
漁池	사흘[sʰahɯl]	나흘[nahɯl]	닫쌔[tat̚s'ɛ]	엳쌔[yʌt̚s'ɛ]	이레[ire]
河東	사흘[sʰahɯl]	나흘[nahɯl]	닫쌔[tat̚s'ɛ]	엳쌔[yʌt̚s'ɛ]	이레[ire]
民樂	사을[sʰaɯl]	나을[naɯl]	닷새[tat̚s'ɛ]	엿쌔[yʌt̚s'ɛ]	이레[ire]
臥龍	세날[sʰenal]/ 사흘[sʰahɯl]	네날[nenal]/ 나흘[nahɯl]	다선날 [tasʰʌt̚nal]/ 닫쌔[tat̚s'ɛ]	여선날 [yʌsʰʌt̚nal]/ 엳쌔[yʌt̚s'ɛ]	일굽날 [ilgup̚nal]/ 이레[ire]
江南	사할[sʰahal]	나할[nahal]	닫쌔[tat̚s'ɛ]	엳쌔[yʌt̚s'ɛ]	이레[ire]
海南	사흘[sʰahɯl]	나흘[nahɯl]	닫쌔[tat̚s'ɛ]	엳쌔[yʌt̚s'ɛ]	이레[ire]
新安	삼일[sʰamil]	나흘[nahɯl]	닫쌔[tat̚s'ɛ]	엳쌔[yʌt̚s'ɛ]	이레[ire]
三岔口	사흘[sʰahɯl]	나흘[nahɯl]	닫쌔[tat̚s'ɛ]	엳쌔[yʌt̚s'ɛ]	이레[ire]
永豐	사흘[sʰahɯl]	나흘[nahɯl]	닫쌔[tat̚s'ɛ]	엳쌔[yʌt̚s'ɛ]	이레[ire]
和平	사흘[sʰahɯl]	나흘[nahɯl]	닫쌔[tat̚s'ɛ]	엳쌔[yʌt̚s'ɛ]	이레[ire]
雞林	사흘[sʰahɯl]	나흘[nahɯl]	닫쌔[tat̚s'ɛ]	엳쌔[yʌt̚s'ɛ]	이레[ire]
明德	사흘[sʰahɯl]	나흘[nahɯl]	닫새[tat̚sɛ]	엳새[yʌt̚sɛ]	이레[ire]
星火	사흘[sʰahɯl]	나흘[nahɯl]	닫쌔[tat̚s'ɛ]	엳쌔[yʌt̚s'ɛ]	이레[ire]
湯旺	사흘[sʰahɯl]	나흘[nahɯl]	닫쌔[tat̚s'ɛ]	엳쌔[yʌt̚s'ɛ]	이레[ire]
東明	사흘[sʰahɯl]	나흘[nahɯl]	닫쌔[tat̚s'ɛ]	엳쌔[yʌt̚s'ɛ]	이레[ire]
年豐	사흘[sʰahɯl]	나흘[nahɯl]	닫쌔[tat̚s'ɛ]	엳쌔[yʌt̚s'ɛ]	이레[ire]
杏樹	사흘[sʰahɯl]	나흘[nahɯl]	닫쌔[tat̚s'ɛ]	엳쌔[yʌt̚s'ɛ]	이레[ire]
吉興	사흘[sʰahɯl]	나흘[nahɯl]	닫쌔[tat̚s'ɛ]	엳쌔[yʌt̚s'ɛ]	이레[ire]
主星	사흘[sʰahɯl]	나흘[nahɯl]	닷새[tat̚sɛ]	엿새[yʌt̚sɛ]	이레[ire]
成富	사흘[sʰahɯl]	나흘[nahɯl]	닫쌔[tat̚s'ɛ]	엳쌔[yʌt̚s'ɛ]	이레[ire]
興和	사흘[sʰahɯl]	나을[naɯl]	닷새[tat̚sɛ]	엿새[yʌt̚sɛ]	이레[ire]

	여드레	아흐레	열흘	누구	자기
迎蘭	야드레[yadɯre]	아흐레[ahɯre]	여를[yʌrɯl]	누구[nugu]	자기[tsagi]
漁池	야드레[yadɯre]	아흐레[ahɯre]	열[yʌl]	누구[nugu]	자기[tsagi]
河東	여드레[yʌdɯre]	아흐레[ahɯre]	여흘[yʌhɯl]	누구[nugu]	나[na]

民樂	여드레[yʌdɯre]	아흐레[ahɯre]	여름[yʌrɯl]	누구[nugu]	자기[tsagi]
臥龍	야들날 [yʌdɯlnal]/ 여드레[yʌdɯre]	아흡날 [ahup̚nal]/ 아흐레[ahɯre]	여름[yʌrɯl]	누구[nugu]	자기[tsagi]
江南	야드레[yadɯre]	아흐레[ahɯre]	여름[yʌrɯl]	누구[nugu]	내[nɛ]
海南	야드레[yadɯre]	아흐레[ahɯre]	여른[yʌrɯn]	누구[nugu]	자기[tsagi]
新安	야드레[yadɯre]	아으레[aɯre]	여름[yʌrɯl]	누기[nugi]	내[nɛ]
三岔口	야드레[yadɯre]	아흐레[ahɯre]	여름[yʌrɯl]	누구[nugu]	내[nɛ]
永豐	야드레[yadɯre]	아흐레[ahɯre]	여름[yʌrɯl]	누기[nugi]	자기[tsagi]
和平	여드레[yʌdɯre]	아흐레[ahɯre]	여름[yʌrɯl]	누구[nugu]	자기[tsagi]
雞林	야드레[yadɯre]	아흐레[ahɯre]	여름[yʌrɯl]	누기[nugi]	자기[tsagi]
明德	야드레[yadɯre]	아흐레[ahɯre]	여름[yʌrɯl]	누구[nugu]	자기[tsagi]
星火	야드레[yadɯre]	아흐레[ahɯre]	여름[yʌrɯl]	누구[nugu]	자기[tsagi]
湯旺	여드래[yʌdɯrɛ]	아흐레[ahɯre]	여름[yʌrɯl]	누구[nugu]	자기[tsagi]
東明	여드래[yʌdɯrɛ]	아흐레[ahɯre]	여름[yʌrɯl]	누구[nugu]	자기[tsagi]
年豐	여드레[yʌdɯre]	아흐레[ahɯre]	열흘[yʌlhɯl]	누구[nugu]/ 뇌집[nwedzip̚]	자기[tsagi]/ 제[tse]
杏樹	야드레[yadɯre]	아흐레[ahɯre]	여름[yʌrɯl]	누구[nugu]	자기[tsagi]
吉興	야드레[yadɯre]	아으레[aɯre]	여름[yʌrɯl]	누기[nugi]	내[nɛ]
主星	여드레[yʌdɯre]	아흐레[ahɯre]	여름[yʌrɯl]	누구[nugu]/ 누고[nugo]	재비절루 [tsɛbidzʌllu]/ 저끼리[tsʌk'iri] /내[nɛ] /지절로 [tsidzʌllo]
成富	야드레[yadɯre]	아흐레[ahɯre]	여름[yʌrɯl]	누구[nugu]	자기[tsagi]
興和	야드레[yadɯre]	아흐레[ahɯre]	여름[yʌrɯl]	누구[nugu]	재비[tsɛbi]/ 지[tsi]

	나	저	너	너희	굵다
迎蘭	내[nɛ]	내[nɛ]	너[nʌ]	너네[nʌne]	굴따[kul'ta]
漁池	나[na]	나[na]	너[nʌ]	너희들 [nʌhidɯl]	굴따[kul'ta]
河東	나[na]	저[tsʌ]	너[nʌ]	너희들 [nʌhidɯl]	굴따[kul'ta]
民樂	내[nɛ]/나[na]	저는[tsʌnɯn]	니[ni]/ 당신[taŋɕin]	너거[nʌgʌ]	굴따[kul'ta]
臥龍	내[nɛ]	내[nɛ]	너[nʌ]	너네[nʌne]	국따[kuk'ta]

江南	내[nɛ]	저[tsʌ]	니[ni]	너거[nʌgʌ]	굴따[kul'ta]
海南	내[nɛ]	저[tsʌ]	니[ni]	너네[nʌne]	국따[kuk'ta]
新安	내[nɛ]	제[tse]	너[nʌ]	너들[nʌdɯl]	국따[kuk'ta]
三岔口	나[na]	나[na]	니[ni]	너네[nʌne]	실하다 [ɕilhada]/ 국따[kuk'ta]
永豐	나[na]	내[nɛ]	너[nʌ]	너네[nʌne]	시라다[ɕirada] /국따[kuk'ta]
和平	제[tse]	나[na]	너[nʌ]	너네[nʌne]	국따[kuk'ta]
雞林	내[nɛ]	내[nɛ]	너[nʌ]	너네[nʌne]	시라다[ɕirada]
明德	제[tse]	내[nɛ]	너[nʌ]	너네[nʌne]	실하다 [ɕilhada]/ 국따[kuk'ta]
星火	나[na]	저[tsʌ]	당신[taŋɕin]/ 너[nʌ]	당신들 [taŋɕindɯl]/ 너들[nʌdɯl]	국다[kuk'ta]
湯旺	나[na]	저[tsʌ]	니[ni]	너네[nʌne]	굴따[kul'ta]
東明	내[nɛ]	내[nɛ]	니[ni]	너네[nʌne]	실하다 [ɕilhada]/ 굴따[kul'ta]
年豐	내[nɛ]/나[na]	저녁[tsʌɲyʌk']	너[nʌ]	당신네 [taŋɕinne]/ 너네[nʌne]	굴따[kul'ta]
杏樹	내[nɛ]	내[nɛ]	니[ni]	너네[nʌne]	실하다 [ɕilhada]/ 국따[kuk'ta]
吉興	내[nɛ]	제[tse]	너[nʌ]	너네[nʌne]	시라다[ɕirada]
主星	내[nɛ]	지 [tsi]	너[nʌ]/니[ni]	너거[nʌgʌ]	굴따[kul'ta]
成富	내[nɛ]	나[na]	니[ni]	너네[nʌne]	시라다[ɕirada]
興和	나[na]	저[tsʌ]	너[nʌ]	너희들 [nʌhidɯl]	굴따[kul'ta]
	뾰족하다	**짧다**	**작다**	**넓다**	**넓히다**
迎蘭	뽀쪽카다 [p'ots'okk^{h}ada]	짭따[ts'ap'ta]	쪼매하다 [ts'omɛhada]	넙따[nʌp'ta]	널피다 [nʌlp^{h}ida]
漁池	뾰죽카다 [p'yodzuk'k^{h}ada]	짤따[ts'al'ta]	작따[tsak'ta]	널따[nʌl'ta]	널쿤다 [nʌlk^{h}unda]
河東	뾰족카다 [p'yodzok'k^{h}ada]	짤따[ts'al'ta]	작따[tsak'ta]	널따[nʌl'ta]	널쿠다 [nʌlk^{h}uda]

民樂	빼주가다 [ṗɛdzugada]	짤따[ts̓al̓ta]	작따[tsak̓ta]	널따[nʌl̓ta]	널핀다 [nʌlpʰinda]
臥龍	뽀죽카다 [ṗodzuk̓kʰada]	짜루다 [ts̓aruda]	작따[tsak̓ta]	넙따[nʌp̓ta]	널핀다 [nʌlpʰinda]
江南	뽀죽카다 [ṗodzuk̓kʰada]	짜르다 [ts̓arɯda]	적따[tsʌk̓ta]	넙따[nʌp̓ta]	널가다 [nʌlgada]
海南	뾰죽카다 [ṗyodzuk̓kʰada]	짭따[ts̓ap̓ta]	작따[tsak̓ta]	넙따[nʌp̓ta]	널피다 [nʌlpʰida]
新安	뾰죽카다 [ṗyodzuk̓kʰada]	짭따[ts̓ap̓ta]/ 짜루따[ts̓arut̓a]	작따[tsak̓ta]	넙따[nʌp̓ta]	널핀다 [nʌlpʰinda]
三岔口	뾰죽카다 [ṗyodzuk̓kʰada]	짜르다 [ts̓arɯda]	작따[tsak̓ta]	넙따[nʌp̓ta]	널핀다 [nʌlpʰinda]
永豐	뾰주카다 [ṗyodzukʰada]	짜르다 [ts̓arɯda]	작따[tsak̓ta]	너르다[nʌrɯda]	널크다 [nʌlkʰɯda]
和平	뾰족하다 [ṗyodzok̓hada]	짭따[ts̓ap̓ta]	작따[tsak̓ta]	넙따[nʌp̓ta]	넙피다 [nʌp̓pʰida]
雞林	뽀주카다 [ṗodzukʰada]	자르다 [tsarɯda]	작따[tsak̓ta]	너르다[nʌrɯda]	늘구다 [nɯlguda]
明德	뽀죽하다 [ṗodzuk̓hada]	짭따[ts̓ap̓ta]	작따[tsak̓ta]	너르다[nʌrɯda] /넙따[nʌp̓ta]	널피다 [nʌlpʰida]
星火	뾰족카다 [ṗyodzok̓kʰada]	자르다 [tsarɯda]	작따[tsak̓ta]	넙따[nʌp̓ta]	늘구다 [nɯlguda]
湯旺	뾰족카다 [ṗyodzok̓kʰada]	짭따[ts̓ap̓ta]	작따[tsak̓ta]	넙따[nʌp̓ta]	널피다 [nʌlpʰida]
東明	뽀족하다 [ṗodzok̓hada]	짜르다 [ts̓arɯda]	작따[tsak̓ta]	넙따[nʌp̓ta]	널피다 [nʌlpʰida]
年豐	빼조가다 [ṗɛdzogada]/ 뾰조가다 [ṗyodzogada]	짤따[ts̓al̓ta]	작따[tsak̓ta]	널따[nʌl̓ta]	널핀다 [nʌlpʰinda]
杏樹	뽀죽하다 [ṗodzuk̓hada]	짜르다 [ts̓arɯda]	작따[tsak̓ta]	너르다[nʌrɯda]	널피다 [nʌlpʰida]
吉興	뽀죽카다 [ṗodzuk̓kʰada]	자르다 [tsarɯda]	작따[tsak̓ta]	너르다[nʌrɯda]	늘구다 [nɯlguda]
主星	빼쪼가다 [ṗɛts̓ogada]	짤따[ts̓al̓ta]	작따[tsak̓ta]/ 쪼매나다 [ts̓omɛnada]	널따[nʌl̓ta]	널쿠다 [nʌlkʰuda]
成富	뾰족하다 [ṗyodzok̓hada] /뽀죽하다	짭따[ts̓ap̓ta]	작따[tsak̓ta]	넙따[nʌp̓ta]	널피다 [nʌlpʰida]

	[p̍yozuk̍hada]				
興和	빼주가다 [p̍ɛdzugada]	짭따[ts̍ap̍ta]	작따[tsak̍ta]	넙따[nʌp̍ta]	널피다 [nʌlpʰida]

	많다	가볍다	쉽다	어렵다	얇다
迎蘭	만타[mantʰa]	해깝따 [hɛk̍ap̍ta]	-	-	얃따[yat̍ta]
漁池	만타[mantʰa]	가볍따 [kabyʌp̍ta]	간딴하다 [kant̍anhada]	어렵따 [ʌryʌp̍ta]	얃따[yat̍ta]
河東	만타[mantʰa]	가볍따 [kabyʌp̍ta]	간딴하다 [kant̍anhada]	어렵따 [ʌryʌp̍ta]	얃따[yat̍ta]
民樂	만타[mantʰa]	해깝다 [hɛk̍apda]	간딴하다 [kant̍anhada]/ 숩따[sʰup̍ta]	힘들다 [himdɯlda]/ 어렵따[ʌryʌp̍ta]	얃따[yat̍ta]
臥龍	만타[mantʰa]	해깝따 [hɛk̍ap̍ta]	헐타[hʌltʰa]	바쁘다 [pap̍ɯda]	얃따[yat̍ta]
江南	만타[mantʰa]	가볍따 [kabyʌp̍ta]	간딴하다 [kant̍anhada]	힘든다 [himdɯnda]	얃따[yat̍ta]
海南	만타[mantʰa]	가볍따 [kabyʌp̍ta]	간단하다 [kandanhada]/ 쉽따[ʃwip̍ta]	골란하다 [kollanhada]/ 바쁘다[pap̍ɯda] /어렵따 [ʌryʌp̍ta]	얃따[yat̍ta]
新安	만타[mantʰa]	해깝따 [hɛk̍ap̍ta]	간딴하다 [kant̍anhada]	골란하다 [kollanhada]/ 바쁘다[pap̍ɯda]	얃따[yat̍ta]
三岔口	만타[mantʰa]	해깝따 [hɛk̍ap̍ta]/ 가겹따 [kagyʌp̍ta]	헐하다 [hʌlhada]/ 쉽따[ʃwip̍ta]	바쁘다 [pap̍ɯda]	얃따[yat̍ta]
永豐	만타[mantʰa]	하깝따 [hak̍ap̍ta]	헐타[hʌltʰa]	어렵따 [ʌryʌp̍ta]	얃따[yat̍ta]
和平	만타[mantʰa]	가볍따 [kabyʌp̍ta]	헐하다 [hʌlhada]/ 쉽따[ʃwip̍ta]	바쁘다 [pap̍ɯda]	얃따[yat̍ta]
雞林	만타[mantʰa]	해깝따 [hɛk̍ap̍ta]	숩따[sʰup̍ta]	어렵따 [ʌryʌp̍ta]	얃따[yat̍ta]
明德	만타[mantʰa]	하깝따[hak̍ap̍ta] /가볍따 [kabyʌp̍ta]	헐타[hʌltʰa]/ 쉽따[ʃwip̍ta]	바쁘다 [pap̍ɯda]	얃따[yat̍ta]
星火	만타[mantʰa]	해깝따	-	바쁘다	얃따[yat̍ta]

		[hɛk̍ap̍ta]		[pap̍ɯda]	
湯旺	만타[mantʰa]	가볍따 [kabyʌp̍ta]	쉽따[ʃwip̍ta]	어렵다 [ʌryʌp̄da]	얕따[yat̍ta]
東明	만타[mantʰa]	헤깝따 [hek̍ap̍ta]	헐타[hʌltʰa]	바쁘다 [pap̍ɯda]	얕따[yat̍ta]
年豐	만타[mantʰa]	가볍따 [kabyʌp̍ta]	간딴하다 [kant̍anhada]/ 쉽따[ʃwip̍ta]/ 헐하다[hʌlhada]	어렵다 [ʌryʌp̄da]/ 바쁘다 [pap̍ɯda]	얕따[yat̍ta]/ 엳따[yʌt̍ta]
杏樹	만타[mantʰa]	헤깝따 [hek̍ap̍ta]	간단하다 [kandanhada]/ 수월하다 [sʰuwʌlhada]/ 헐타[hʌltʰa]	바쁘다 [pap̍ɯda]/ 힘들다 [himdɯlda]	얕따[yat̍ta]
吉興	만타[mantʰa]	게겁따 [kegʌp̍ta]	헐타[hʌltʰa]	힘들다 [himdɯlda]	얕따[yat̍ta]
主星	만타[mantʰa]	가볍다 [kabyʌp̄da]	간단하다 [kandanhada]/ 수월하다 [sʰuwʌlhada]/ 헐하다[hʌlhada]	힘들다 [himdɯlda]/ 어렵따[ʌryʌp̍ta]	얕따[yat̍ta]
成富	만타[mantʰa]	가볍다 [kabyʌp̄da]	간단하다 [kandanhada]/ 쉽다[ʃwip̄da]	바쁘다 [pap̍ɯda]/ 어렵다[ʌryʌp̄da]	얕따[yat̍ta]/ 낟따[nat̍ta]
興和	만타[mantʰa]	가볍다 [kabyʌp̄da]	간단하다 [kandanhada]/ 헐하다[hʌlhada]	복짜파다 [pok̍t̍sapʰada]/ 어렵다[ʌryʌp̄da]	얕따[yat̍ta]/ 낟따[nat̍ta]

	맑다	붉다	춥다	차다	시원하다
迎蘭	말따[malt̍a]	북따[puk̍ta]	칩따[tsʰip̍ta]	찹따[tsʰap̍ta]	시원하다 [ɕiwʌnhada]
漁池	말따[malt̍a]	불따[pult̍a]	춥따[tsʰup̍ta]	찹따[tsʰap̍ta]	씨원하다 [ɕ̍iwʌnhada]
河東	말따[malt̍a]	북따[puk̍ta]	춥따[tsʰup̍ta]	차다[tsʰada]	씨원하다 [ɕ̍iwʌnhada]
民樂	말따[malt̍a]	벌거타 [pʌlgʌtʰa]/ 빨가타[p̍algatʰa]	춥따[tsʰup̍ta]	차다[tsʰada]	시원하다 [ɕiwʌnhada]
臥龍	막따[mak̍ta]	북따[puk̍ta]/ 빨까타 [p̍alk̍atʰa]	춥따[tsʰup̍ta]	차다[tsʰada]	씨원하다 [ɕ̍iwʌnhada]
江南	말따[malt̍a]	발가타	춥따[tsʰup̍ta]	차다[tsʰada]	차다[tsʰada]/

		[palgatʰa]			씨원하다 [ɕ̓iwʌnhada]
海南	막따[mak̚'ta]	북따[puk̚'ta]	춥따[tsʰup̚'ta]	차다[tsʰada]	씨원하다 [ɕ̓iwʌnhada]
新安	말따[mal'ta]	벌거타 [pʌlgʌtʰa]	춥따[tsʰup̚'ta]	차다[tsʰada]	씨원하다 [ɕ̓iwʌnhada]
三岔口	막따[mak̚'ta]	빨까타 [p̓alk̓atʰa]	춥따[tsʰup̚'ta]	차다[tsʰada]	씨원하다 [ɕ̓iwʌnhada]
永豐	막따[mak̚'ta]	북따[puk̚'ta]	칩따[tsʰip̚'ta]	차다[tsʰada]	시원하다 [ɕiwʌnhada]
和平	막따[mak̚'ta]	북따[puk̚'ta]	춥따[tsʰup̚'ta]	차갑따 [tsʰagap̚'ta]	서늘하다 [sʰʌnɯlhada]/ 시원하다 [ɕiwʌnhada]
雞林	막따[mak̚'ta]	북따[puk̚'ta]	칩따[tsʰip̚'ta]	차다[tsʰada]	쒸워나다 [ɕ̓wiwʌnada]
明德	막따[mak̚'ta]	북따[puk̚'ta]	췹따[tsʰwip̚'ta]/ 춥따[tsʰup̚'ta]	차다[tsʰada]	시원하다 [ɕiwʌnhada]
星火	막따[mak̚'ta]	북따[puk̚'ta]	춥따[tsʰup̚'ta]	차다[tsʰada]	시원하다 [ɕiwʌnhada]
湯旺	말따[mal'ta]	불따[pul'ta]	춥따[tsʰup̚'ta]	찹따[tsʰap̚'ta]	시원하다 [ɕiwʌnhada]
東明	막따[mak̚'ta]	북따[puk̚'ta]	칩따[tsʰip̚'ta]/ 춥따[tsʰup̚'ta]	찹따[tsʰap̚'ta]	선선하다 [sʰʌnsʰʌnhada]
年豐	말따[mal'ta]	빨가타 [p̓algatʰa]	춥따[tsʰup̚'ta]	찹따[tsʰap̚'ta]	시원하다 [ɕiwʌnhada]/ 선선하다 [sʰʌnsʰʌnhada]
杏樹	막따[mak̚'ta]	북따[puk̚'ta]	춥따[tsʰup̚'ta]	차다[tsʰada]	선선하다 [sʰʌnsʰʌnhada] /시원하다 [ɕiwʌnhada]
吉興	막따[mak̚'ta]	벌걷타 [pʌlgʌt̚tʰa]	칩따[tsʰip̚'ta]	차갑따 [tsʰagap̚'ta]	선선하다 [sʰʌnsʰʌnhada] /시원하다 [ɕiwʌnhada]
主星	말따[mal'ta]	벌거타 [pʌlgʌtʰa]	춥따[tsʰup̚'ta]	찹따[tsʰap̚'ta]	시원하다 [ɕiwʌnhada]
成富	막따[mak̚'ta]	북따[puk̚'ta]	춥다[tsʰup̚da]	차다[tsʰada]	선선하다 [sʰʌnsʰʌnhada]

興和	말따[mal̚ta]	불그스리하다 [pulgɯsʰɯrihada]	춥다[tsʰup̚da]	차다[tsʰada]	시원하다 [ɕiwʌnhada]
	가렵다	**맵다**	**짜다**	**아니다**	**[값]싸다**
迎蘭	건지럽따 [kʌndzirʌp̚ta]	맵따[mɛp̚ta]	짜다[t̕sada]	아니다[aɲida]	눅따[nuk̚ta]
漁池	가렵따 [karyʌp̚ta]	맵따[mɛp̚ta]	짜다[t̕sada]	아니다[aɲida]	눅따[nuk̚ta]
河東	가렵따 [karyʌp̚ta]	맵따[mɛp̚ta]	짜다[t̕sada]	아니다[aɲida]	싸다[s̕ada]/ 눅따[nuk̚ta]
民樂	가렵따 [karyʌp̚ta]	맵따[mɛp̚ta]/ 매바[mɛba]	짭따[t̕sap̚ta]	아니다[aɲida]	훨타[hwʌltʰa]
臥龍	가랍따 [karap̚ta]	맵따[mɛp̚ta]	짜다[t̕sada]	아니다[aɲida]	눅따[nuk̚ta]
江南	가렵따 [karyʌp̚ta]	맵따[mɛp̚ta]/ 몹따[mop̚ta]	짜다[t̕sada]	아이다[aida]	눅따[nuk̚ta]
海南	가렵따 [karyʌp̚ta]	맵따[mɛp̚ta]	짜다[t̕sada]	아니다[aɲida]	싸다[s̕ada]
新安	간지럽따 [kandzirʌp̚ta]	맵따[mɛp̚ta]	짜갑따 [t̕sagap̚ta]	아이다[aida]	싸다[s̕ada]
三岔口	가렵따 [karyʌp̚ta]	맵따[mɛp̚ta]	짭따[t̕sap̚ta]/ 짜다[t̕sada]	아니다[aɲida]	눅따[nuk̚ta]
永豐	가릅따 [karɯp̚ta]	맵따[mɛp̚ta]	짜다[t̕sada]	아니다[aɲida]	눅따[nuk̚ta]
和平	가랍따 [karap̚ta]	맵따[mɛp̚ta]	짜갑다 [t̕sagap̚da]	아니다[aɲida]	눅따[nuk̚ta]
雞林	가렵따 [karyʌp̚ta]	맵따[mɛp̚ta]	짜갑다 [t̕sagap̚da]	아이다[aida]	눅따[nuk̚ta]
明德	가렵따 [karyʌp̚ta]	맵따[mɛp̚ta]	짜다[t̕sada]	아니다[aɲida]	눅따[nuk̚ta]
星火	가렵따 [karyʌp̚ta]	맵따[mɛp̚ta]	짭다[t̕sap̚da]	아니다[aɲida]	눅따[nuk̚ta]
湯旺	건지럽따 [kʌndzirʌp̚ta]	맵따[mɛp̚ta]	짭다[t̕sap̚da]	아니다[aɲida]	눅따[nuk̚ta]
東明	가렵다 [karyʌp̚da]	맵따[mɛp̚ta]	짭따[t̕sap̚ta]	아이다[aida]	눅따[nuk̚ta]
年豐	가럽따 [karʌp̚ta]	맵따[mɛp̚ta]	짭다[t̕sap̚da]	아이다[aida]	눅따[nuk̚ta]
杏樹	가랍따 [karap̚ta]	맵따[mɛp̚ta]	짜다[t̕sada]/ 짭따[t̕sap̚ta]	아니다[aɲida]	눅따[nuk̚ta]/ 싸다[s̕ada]

吉興	가랍따 [karap̓t̓a]	맵따[mɛp̓t̓a]	짭따[t̓sap̓t̓a]	아니다[aɲida]	눅따[nuk̓t̓a]/ 싸다[s̓ada]
主星	간지럽따 [kandzirʌp̓t̓a]/ 건지럽따 [kʌndzirʌp̓t̓a]	맵따[mɛp̓t̓a]	짭따[t̓sap̓t̓a]	아이다[aida]	눅다[nuk̄da]/ 헐하다 [hʌlhada]
成富	가랍다 [karap̄da]/ 가렵다 [karyʌp̄da]	맵따[mɛp̓t̓a]	짜갑다 [t̓sagap̄da]	아니다[aɲida]	눅다[nuk̄da]
興和	개럽따 [kɛrʌp̓t̓a]	맵따[mɛp̓t̓a]	짜다[t̓sada]	아니다[aɲida]	헐타[hʌltʰa]
	가깝다	**먹다**	**먹이다**	**먹히다**	**굽다**
迎蘭	가찹따 [katsʰap̓t̓a]	먹다[mʌk̄da]	메기다 [megida]	메키다 [mekʰida]	굽따[kup̓t̓a]
漁池	가깝따 [kak̓ap̓t̓a]	먹따[mʌk̓t̓a]	메기다 [megida]	머키다 [mʌkʰida]	굽따[kup̓t̓a]
河東	가깝따 [kak̓ap̓t̓a]	먹따[mʌk̓t̓a]	머기다 [mʌgida]	머키다 [mʌkʰida]	굽따[kup̓t̓a]
民樂	가찹따 [katsʰap̓t̓a]	먹다[mʌk̄da]	미기다[migida]	머킨다 [mʌkʰinda]	굽따[kup̓t̓a]
臥龍	가찹따 [katsʰap̓t̓a]	먹따[mʌk̓t̓a]	메긴다 [meginda]	머켜따 [mʌkʰyʌt̓t̓a]	굽따[kup̓t̓a]
江南	가찹따 [katsʰap̓t̓a]	먹따[mʌk̓t̓a]	메기다 [megida]	머키다 [mʌkʰida]	급는다 [kɯp̄nɯnda]
海南	가깝다 [kak̓ap̄da]/ 가찹따 [katsʰap̓t̓a]	먹따[mʌk̓t̓a]	머기다 [mʌgida]	머키다 [mʌkʰida]	굽따[kup̓t̓a]
新安	가깝따 [kak̓ap̓t̓a]	먹따[mʌk̓t̓a]	메기다 [megida]	머키우다 [mʌkʰiuda]	꿉따[k̓up̓t̓a]
三岔口	가찹따 [katsʰap̓t̓a]	먹따[mʌk̓t̓a]	메게주다 [megedzuda]	머키다 [mʌkʰida]	굽따[kup̓t̓a]
永豐	가찹따 [katsʰap̓t̓a]	먹따[mʌk̓t̓a]	메기다 [megida]	먹키다 [mʌk̄kʰida]	굽따[kup̓t̓a]
和平	가깝따 [kak̓ap̓t̓a]	먹따[mʌk̓t̓a]	머기다 [mʌgida]	먹키다 [mʌk̄kʰida]	굽따[kup̓t̓a]
雞林	가찹따 [katsʰap̓t̓a]	먹따[mʌk̓t̓a]	메기다 [megida]	멕키다 [mek̄kʰida]	굽따[kup̓t̓a]
明德	가찹따	먹따[mʌk̓t̓a]	머기다	먹키다	굽따[kup̓t̓a]

	[katsʰap̓t̓a]		[mʌgida]	[mʌk̓kʰida]	
星火	가깝따 [kak̓ap̓t̓a]	먹따[mʌk̓t̓a]	메기다 [megida]	먹키다 [mʌk̓kʰida]	굽따[kup̓t̓a]
湯旺	가깝따 [kak̓ap̓t̓a]	먹따[mʌk̓t̓a]	미기다 [migida]	먹키다 [mʌk̓kʰida]	굽따[kup̓t̓a]
東明	가깝따 [kak̓ap̓t̓a]	먹따[mʌk̓t̓a]	메기다 [megida]	메키다 [mekʰida]	꿉따[k̓up̓t̓a]
年豐	가깝다 [kak̓ap̓da]	먹다[mʌk̓da]	미기다[migida]/ 메기다[megida]	먹키다 [mʌk̓kʰida]	굽따[kup̓t̓a]
杏樹	가찹따 [katsʰap̓t̓a]	먹따[mʌk̓t̓a]	미기다 [migida]	먹키다 [mʌk̓kʰida]	굽따[kup̓t̓a]/ 구버[kubʌ]
吉興	가찹따 [katsʰap̓t̓a]	먹따[mʌk̓t̓a]	메기다 [megida]	먹키다 [mʌk̓kʰida]	굽따[kup̓t̓a]
主星	가찹따 [katsʰap̓t̓a]/ 가깝따 [kak̓ap̓t̓a]	먹다[mʌk̓da]	미기다[migida]	미키다 [mikʰida]/ 머키다 [mʌkʰida]	꿉다[k̓up̓da]
成富	가깝다 [kak̓ap̓da]	먹따[mʌk̓t̓a]	메기다 [megida]	먹키다 [mʌk̓kʰida]	굽따[kup̓t̓a]
興和	가찹따 [katsʰap̓t̓a]	먹다[mʌk̓da]	미기다[migida]	믹킨다 [mik̓kʰinda]	굽따[kup̓t̓a]
	끓다	**마시다**	**붓다**	**꾸다**	**훔치다**
迎蘭	끌타[k̓ɯltʰa]	먹다[mʌk̓da]	붇따[put̓t̓a]	꾸다[k̓uda]	훔치다 [humtsʰida]
漁池	끄리다 [k̓ɯrida]	마시다 [maɕida]	붇따[put̓t̓a]	꾸다[k̓uda]	훔치다 [humtsʰida]
河東	끄리다 [k̓ɯrida]	마시다 [maɕida]	붇따[put̓t̓a]	꿔다[k̓wʌda]	훔치다 [humtsʰida]
民樂	끌른다 [k̓ɯllɯnda]	마시다 [maɕida]	분는다 [punnɯnda]	꾸다[k̓uda]	훔치다 [humtsʰida]
臥龍	끌다[k̓ɯlda]	마시다 [maɕida]	분는다 [punnɯnda]	꾼다[k̓unda]	도독찔하다 [todok̓ts̓ilhada]
江南	끌린다 [k̓ɯʎʎinda]	마시다 [maɕida]	분는다 [punnɯnda]	꾸다[k̓uda]	도독질하다 [todok̓tsilhada]
海南	끄리다 [k̓ɯrida]	마이다[maida]	붇따[put̓t̓a]	꾸다[k̓uda]	도독찔하다 [todok̓ts̓ilhada] /훔치다 [humtsʰida]
新安	끌다[k̓ɯlda]	마시다	붇따[put̓t̓a]	꾸다[k̓uda]	도독질하다

		[maɕida]			[todoƙtsilhada]
三岔口	끄린다 [ƙɯrinda]	마시다 [maɕida]	분는다 [punnɯnda]	꾼다[ƙunda]	도독찔하다 [todoƙtśilhada]
永豐	끌타[ƙɯltʰa]	마시다 [maɕida]	붇따[puƭta]	꾸다[ƙuda]	훔치다 [humtsʰida]
和平	끌타[ƙɯltʰa]	마시다 [maɕida]	붇따[puƭta]	꾸다[ƙuda]	도독질하다 [todoƙtsilhada]
雞林	끌타[ƙɯltʰa]	마이다[maida]	붇따[puƭta]	꾸다[ƙuda]	페다[pʰeda]
明德	끌타[ƙɯltʰa]	마이다[maida]	붇따[puƭta]	꾸다[ƙuda]	도독찔하다 [todoƙtśilhada] /훔치다 [humtsʰida]
星火	끌타[ƙɯltʰa]	마시다 [maɕida]	붇따[puƭta]	꾸다[ƙuda]	훔치다 [humtsʰida]
湯旺	끌타[ƙɯltʰa]	마시다 [maɕida]	붇따[puƭta]	꾸다[ƙuda]	훔치다 [humtsʰida]
東明	끌타[ƙɯltʰa]	마시다 [maɕida]	붇따[puƭta]	꾸다[ƙuda]	훔치다 [humtsʰida] /도덕질하다 [todʌƙtsilhada]
年豐	끌타[ƙɯltʰa]	마시다 [maɕida]	분다[punda]	꾼다[ƙunda]	훔치다 [humtsʰida]/ 도둑질하다 [toduƙtsilhada]
杏樹	끌타[ƙɯltʰa]	마시다 [maɕida]	붇따[puƭta]	꾸다[ƙuda]	도덕찔하다 [todʌƙtśilhada] /훔치다 [humtsʰida]
吉興	끌타[ƙɯltʰa]	마이다[maida]	붇따[puƭta]	꾸다[ƙuda]	훔치다 [humtsʰida]
主星	끌는다 [ƙɯlnɯnda]	마신다 [maɕinda]	분는다 [punnɯnda]/ 쏜는다 [śonnɯnda]	꾸다[ƙuda]	훔치다 [humtsʰida]
成富	끌타 [ƙɯltʰa]	마시다 [maɕida]	붇따[puƭta]	꾸다[ƙuda]	도둑찔하다 [toduƙtśilhada]
興和	끌는다 [ƙɯlnɯnda]	마시다 [maɕida]	따른다 [ƭarɯnda]	꾸다[ƙuda]	훔치다 [humtsʰida]
	씻다	**숨기다**	**줍다**	**잃어버리다**	**잊어버리다**
迎蘭	씩따[ɕiƙta]	숨쿠다	줃따[tsuƭta]	이저버리다	이저먹다

		[s^{h}umk^{h}uda]		[idzʌbʌrida]	[idzʌmʌk̚da]
漁池	씬따[ɕ̓it̚t̓a]/ 빤다[p̓anda]	감추다 [kamts^{h}uda]	줃따[tsut̚t̓a]	익러버리다 [ik̚rʌbʌrida]	이저버리다 [idzʌbʌrida]
河東	씬따[ɕ̓it̚t̓a]	숨쿠다 [s^{h}umk^{h}uda]	줃따[tsut̚t̓a]	히러버리다 [hirʌbʌrida]/ 이러버리다 [irʌbʌrida]	이저버리다 [idzʌbʌrida]
民樂	씬는다 [ɕ̓innɯnda]	숨쿠다 [s^{h}umk^{h}uda]	쭈선따 [t̓sus^{h}ʌt̚t̓a]	이러먹따 [irʌmʌk̚t̓a]	까먹따 [k̓amʌk̚t̓a]
臥龍	신는다 [ɕinnɯnda]	꼼치다 [k̓omts^{h}ida]	준는다 [tsunnɯnda]	이저머걷다 [idzʌmʌgʌt̚da]	이저머걷다 [idzʌmʌgʌt̚da]
江南	신는다 [ɕinnɯnda]	감춘다 [kamts^{h}unda]	준는다 [tsunnɯnda]	익거머걷따 [ik̚gʌmʌgʌt̚t̓a]	생각이 안 난다[s^{h}ɛŋgak̚i annanda]
海南	빨다[p̓alda]	숨기다 [s^{h}umgida]/ 꼼치다 [k̓omts^{h}ida]	줃따[tsut̚t̓a]	이러버리다 [irʌbʌrida]	까머거따 [k̓amʌgʌt̓a]/ 이저버리다 [idzʌbʌrida]
新安	싣따[ɕit̚t̓a]	깜추다 [k̓amts^{h}uda]	줃따[tsut̚t̓a]	이러뻐리다 [irʌp̓ʌrida]	이저뻐리다 [idzʌp̓ʌrida]
三岔口	신는다 [ɕinnɯnda]	꼼치다 [k̓omts^{h}ida]	준는다 [tsunnɯnda]	이저머거다 [idzʌmʌgʌda]	이저버리다 [idzʌbʌrida]
永豐	싣따[ɕit̚t̓a]	감추다 [kamts^{h}uda]	줃따[tsut̚t̓a]	이저버리다 [idzʌbʌrida]	이저버리다 [idzʌbʌrida]
和平	싣따[ɕit̚t̓a]	감추다 [kamts^{h}uda]	줃따[tsut̚t̓a]	이저버리다 [idzʌbʌrida]	읻따[it̚t̓a]
雞林	싣따[ɕit̚t̓a]	숨키다 [s^{h}umk^{h}ida]	줃따[tsut̚t̓a]	이저머걷따 [idzʌmʌgʌt̚t̓a]	이저머걷다 [idzʌmʌgʌt̚da]
明德	씬따[ɕ̓it̚t̓a]	꼼치다 [k̓omts^{h}ida]	줃따[tsut̚t̓a]	이러버리다 [irʌbʌrida]	이저버리다 [idzʌbʌrida]
星火	싣따[ɕit̚t̓a]	감추다 [kamts^{h}uda]	-	이저버리다 [idzʌbʌrida]	이저버리다 [idzʌbʌrida]
湯旺	씬따[ɕ̓it̚t̓a]	감추다 [kamts^{h}uda]	-	이러버리다 [irʌbʌrida]	이저버리다 [idzʌbʌrida]
東明	씬따[ɕ̓it̚t̓a]	깜치다 [k̓amts^{h}ida]	줃따[tsut̚t̓a]	이러먹따 [irʌmʌk̚t̓a]	이저먹따 [idzʌmʌk̚t̓a]
年豐	씬따[ɕ̓it̚t̓a]	감추다 [kamts^{h}uda]/ 꼼추다 [k̓omts^{h}uda]	줃따[tsut̚t̓a]	이러버리다 [irʌbʌrida]/ 이저먹다 [idzʌmʌk̚da]	이저버리다 [idzʌbʌrida]

杏樹	씐따[ɕ̓it̚t̓a]	꼼추다 [k̓omtsʰuda]	준따[tsut̚t̓a]	이저먹다 [idzʌmʌk̓̚da]	이저먹다 [idzʌmʌk̓̚da]
吉興	싣따[ɕit̚t̓a]	꼼치다 [k̓omtsʰida]	준따[tsut̚t̓a]	이저버리다 [idzʌbʌrida]	이저버리다 [idzʌbʌrida]
主星	씬는다 [ɕ̓innɯnda]	감춘다 [kamtsʰunda]/ 숨쿤다 [sʰumkʰunda]	준는다 [tsunnɯnda]	이러버렫따 [irʌbʌryʌt̚t̓a]	이저묵따 [idzʌmuk̚t̓a]
成富	싣따[ɕit̚t̓a]	깜친다 [k̓amtsʰinda]	준따[tsut̚t̓a]	이저버리다 [idzʌbʌrida]	이저버리다 [idzʌbʌrida]
興和	씐따[ɕ̓it̚t̓a]	숨기다 [sʰumgida]/ 감추다 [kamtsʰuda]	줍는다 [tsup̚nɯnda]	이저버리다 [idzʌbʌrida]	이저버리다 [idzʌbʌrida]
	뒤지다	**뒤집다**	**맡기다**	**찧다**	**매달다**
迎蘭	뒤적거리다 [twidzʌk̚gʌrida]	뒤번지다 [twibʌndzida]	맏끼다 [mat̚k̓ida]	찓따[ts̓it̚t̓a]	메달다 [medalda]
漁池	뒤저기다 [twidzʌgida]	뒤지다 [twidzida]	마끼다 [mak̓ida]	찓따[ts̓it̚t̓a]	다라매다 [taramɛda]
河東	뒤지다 [twidzida]	뒤집따 [twidzip̚ta]	맏끼다 [mat̚k̓ida]	찓따[ts̓it̚t̓a]	걸다[kʌlda]
民樂	둘치다 [tultsʰida]	디비다[tibida]	맫끼다 [mɛt̚k̓ida]	찐는다 [ts̓innɯnda]	다라매다 [taramɛda]
臥龍	뒤지비다 [twidzibida]	뒤집따 [twidzip̚ta]	매끼다 [mɛk̓ida]	찐는다 [ts̓innɯnda]	걸다[kʌlda]
江南	뒤지비다 [twidzibida]	뒤빈다 [twibinda]	매끼다 [mɛk̓ida]	찐는다 [ts̓innɯnda]	걸다[kʌlda]
海南	뒤지다 [twidzida]	뒤집따 [twidzip̚ta]	맏끼다[mat̚k̓ida] /매끼다[mɛk̓ida]	찓따[ts̓it̚t̓a]	걸다[kʌlda]
新安	뒤지다 [twidzida]	뒤대비다 [twidɛbida]	마끼다 [mak̓ida]	찌타[ts̓itʰa]	다라매다 [taramɛda]
三岔口	뒤집따 [twidzip̚ta]	번진다 [pʌndzinda]/ 뒤집따 [twidzip̚ta]	맏낀다 [mat̚k̓inda]	찐는다 [ts̓innɯnda]	건다[kʌnda]
永豐	뒤집따 [twidzip̚ta]	뒤비다 [twibida]	매끼다 [mɛk̓ida]	찓따[ts̓it̚t̓a]	다라메다 [tarameda]
和平	들추다 [tɯltsʰuda]	번지다 [pʌndzida]	맏끼다 [mat̚k̓ida]	찓따[ts̓it̚t̓a]	다라매다 [taramɛda]
雞林	뒤번지다	뒤번지다	매끼다	지쫃따	다라메다

	[twibʌndzida]	[twibʌndzida]	[mɛk̓ida]	[tsit̓sot̚t̓a]	[tarameda]
明德	들추다 [tɯltsʰuda]	번지다 [pʌndzida]	맏끼다 [mat̚k̓ida]	찓따[t̓sit̚t̓a]	다라매다 [taramɛda]
星火	뒤번지다 [twibʌndzida]	뒤[twi]	맏끼다 [mat̚k̓ida]	찓타[t̓sit̚tʰa]	걸다[kʌlda]
湯旺	뒤집다 [twidzip̚da]	뒤비다 [twibida]	마끼다 [mak̓ida]	찓따[t̓sit̚t̓a]	다라메다 [tarameda]
東明	들추다 [tɯltsʰuda]	번지다 [pʌndzida]	맏끼다 [mat̚k̓ida]	찓따[t̓sit̚t̓a]	다라매다 [taramɛda]
年豐	뒤지다 [twidzida]	뒤집다 [twidzip̚da]	맏기다 [mat̚gida]	찐는다 [t̓sinnɯnda]	다라매다 [taramɛda]
杏樹	들추다 [tɯltsʰuda]	번지다 [pʌndzida]	매끼다 [mɛk̓ida]	찓따[t̓sit̚t̓a]	매달다 [mɛdalda]
吉興	두집따 [tudzip̚t̓a]	두집따 [tudzip̚t̓a]	메끼다 [mek̓ida]	찓따[t̓sit̚t̓a]	다라메다 [tarameda]
主星	디벤다 [tibenda]	디빈다 [tibinda]	맫긴다 [mɛt̚ginda]	찐는다 [t̓sinnɯnda]	다라맨다 [taramɛnda]
成富	뒤집다 [twidzip̚da]	뒤집다 [twidzip̚da]	맏기다 [mat̚gida]	찓다[t̓sit̚da]	걸다[kʌlda]
興和	뒤지다 [twidzida]	디비다[tibida]	맫기다 [mɛt̚gida]	찐는다 [t̓sinnɯnda]	다라매다 [taramɛda]
	얼리다	**마르다**	**마르다1**	**마르다2**	**버리다**
迎蘭	얼구다 [ʌlguda]	마르다 [marɯda]	여위다 [yʌwida]	마르다 [marɯda]	버리다 [pʌrida]
漁池	얼구다 [ʌlguda]	마르다 [marɯda]	예벧따 [yebet̚t̓a]	마르다 [marɯda]	던지다 [tʌndzida]
河東	얼쿠다[ʌlkʰuda] /얼리다[ʌʎʎida]	마르다 [marɯda]	여위다[yʌwida]/ 말랃따[mallat̚t̓a]	마르다 [marɯda]	던지다 [tʌndzida]
民樂	얼구다 [ʌlguda]	마르다 [marɯda]	여비다[yʌbida]	맫낀다 [mɛt̚k̓inda]	버리다 [pʌrida]
臥龍	얼군다 [ʌlgunda]	마른다 [marɯnda]	여벧따[yʌbet̚t̓a]/ 말랃따[mallat̚t̓a]	마르다 [marɯda]	던진다 [tʌndzinda]
江南	얼군다 [ʌlgunda]	마르다 [marɯda]	예빈다 [yebinda]	마르다 [marɯda]	버리다[pʌrida]/ 내삔다[nɛp̓inda]
海南	얼구다 [ʌlguda]	마르다 [marɯda]	말랃따 [mallat̚t̓a]	마르다 [marɯda]	던지다 [tʌndzida]/ 버리다[pʌrida]
新安	얼구다 [ʌlguda]	마르다 [marɯda]	여위다[yʌwida]/ 예벧따[yebet̚t̓a]	마르다 [marɯda]	던지다[tʌndzida] /버리다[pʌrida]

三岔口	얼군다 [ʌlgunda]	말른다 [mallɯnda]	예벧따 [yebet̓ta]	마른다 [marɯnda]	버린다 [pʌrinda]
永豐	얼구다 [ʌlguda]	마르다 [marɯda]	여비다[yʌbida]	마르다 [marɯda]	데지다 [tedzida]
和平	얼구다 [ʌlguda]	마르다 [marɯda]	마르다 [marɯda]	마르다 [marɯda]	버리다 [pʌrida]
雞林	얼구다 [ʌlguda]	마르다 [marɯda]	여비다[yʌbida]	마르다 [marɯda]	좨뿌리다 [tswep̓urida]
明德	얼구다 [ʌlguda]	마르다 [marɯda]	얘비다[yɛbida]	마르다 [marɯda]	제뿌리다 [tsep̓urida]
星火	얼구다 [ʌlguda]	마르다 [marɯda]	여비다[yʌbida]	마르다 [marɯda]	버리다 [pʌrida]
湯旺	얼구다 [ʌlguda]	마르다 [marɯda]	예비다[yebida]	모르다 [morɯda]	버리다 [pʌrida]
東明	얼구다 [ʌlguda]	마르다 [marɯda]	얘비다[yɛbida]	마르다 [marɯda]	좨뻐리다 [tswep̓ʌrida]
年豐	얼구다 [ʌlguda]	마르다 [marɯda]	여비다[yʌbida]	마르다 [marɯda]	버리다[pʌrida] /내빈다 [nɛbinda]
杏樹	얼구다 [ʌlguda]	마르다 [marɯda]	야카다 [yak^{h}ada]	마르다 [marɯda]	대지다[tɛdzida] /제뿌리다 [tsep̓urida]
吉興	얼구다 [ʌlguda]	마르다 [marɯda]	약카다 [yak̓k^{h}ada]	마르다 [marɯda]	버리다 [pʌrida]
主星	얼군다 [ʌlgunda]	마른다 [marɯnda]	삐쩍[p̓its̓ʌk̓]/ 말랄따 [mallat̓ta]	맫끼다 [mɛt̓kida]	던지다[tʌndzida] /내뻐리다 [nɛp̓ʌrida]
成富	얼구다 [ʌlguda]	마르다 [marɯda]	여비다[yʌbida]	마기다 [magida]	제뿌리다 [tsep̓urida]
興和	얼쿤다 [ʌlk^{h}unda]	말르다 [maʎʎɯda]	말르다 [maʎʎɯda]	마기다 [magida]	버리다 [pʌrida]

	묶다	**묶이다**	**만들다**	**부수다**	**자르다**
迎蘭	묵따[muk̓ta]	묵키다 [muk̓k^{h}ida]	만든다 [mandɯnda]	뿌수다 [p̓us^{h}uda]	자르다 [tsarɯda]
漁池	묵따[muk̓ta]	무끼다 [muk̓ida]	만들다 [mandɯlda]	뿌수다 [p̓us^{h}uda]	짜르다 [ts̓arɯda]
河東	묵따[muk̓ta]	묵끼다 [muk̓k̓ida]	만들다 [mandɯlda]	부수다 [pus^{h}uda]	자르다 [tsarɯda]
民樂	묵따[muk̓ta]	묵끼다	만들다	뿌수다	썰다[s̓ʌlda]/

		[muƙƙida]	[mandɯlda]	[p̍usʰuda]	짜르다 [ts̍arɯda]
臥龍	묵는다 [muƙnɯnda]	무끼윋따 [muƙiwʌťta]	맨든다 [mɛndɯnda]	부신다 [puɕinda]	벤다[penda]
江南	무꾸다 [muƙuda]	무꾸맏따 [muƙumaťta]	맨든다 [mɛndɯnda]	부시다[puɕida]	빈다[pinda]
海南	묵따[muƙta]	무끼왇따 [muƙiwaťta]	만들다 [mandɯlda]	부시다[puɕida]	베다[peda]
新安	묵따[muƙta]	무끼다 [muƙida]	만들다 [mandɯlda]	부스리다 [pusʰɯrida]	비다[pida]
三岔口	무꾼다 [muƙunda]	무끼왇따 [muƙiwaťta]	만든다 [mandɯnda]	부신다 [puɕinda]/ 깬다[ƙɛnda]	벤다[penda]
永豐	묵따[muƙta]	묵끼다 [muƙƙida]	맨들다 [mɛndɯlda]	부시다[puɕida]	베다[peda]
和平	묵따[muƙta]	무끼다 [muƙida]	만들다 [mandɯlda]	깨다[ƙɛda]	자르다 [tsarɯda]
雞林	도예매다 [toyemɛda]	묵끼다 [muƙƙida]	맨들다 [mɛndɯlda]	부시다[puɕida]	끈타[ƙɯntʰa]
明德	묵따[muƙta]	묵끼우다 [muƙƙiuda]	만들다 [mandɯlda]	깨다[ƙɛda]	짜르다 [ts̍arɯda]
星火	묵따[muƙta]	묵끼우다 [muƙƙiuda]	만들다 [mandɯlda]	깨다[ƙɛda]	끈타[ƙɯntʰa]
湯旺	묵따[muƙta]	묵끼다 [muƙƙida]	만들다 [mandɯlda]	부시다[puɕida]	자르다 [tsarɯda]
東明	묵따[muƙta]	묵끼다 [muƙƙida]	만들다 [mandɯlda]	깨다[ƙɛda]	짜르다 [ts̍arɯda]
年豐	묵따[muƙta]	무껟다 [muƙeťda]	만들다 [mandɯlda]	부수다 [pusʰuda]	자르다 [tsarɯda]
杏樹	묵따[muƙta]	묵끼다 [muƙƙida]	만들다 [mandɯlda]	마수다 [masʰuda]	짜르다 [ts̍arɯda]
吉興	묵따[muƙta]	묵끼다 [muƙƙida]	만들다 [mandɯlda]	마스다 [masʰɯda]	끈타[ƙɯntʰa]
主星	무꾸다 [muƙuda]	무끼다 [muƙida]	만들다 [mandɯlda]	부수왇따 [pusʰuwaťta]	짜르다 [ts̍arɯda]
成富	매다[mɛda]	묵끼우다 [muƙƙiuda]	만들다 [mandɯlda]	깨다[ƙɛda]	썰다[s̍ʌlda]
興和	동지다 [toŋdzida]	무끼다 [muƙida]	만든다 [mandɯnda]	부수다 [pusʰuda]	자르다 [tsarɯda]

	메우다	가져오다	메다	뜨다	띄우다
迎蘭	미꾸다 [mi'kuda]	가져오다 [kadzyʌoda]	메다[meda]	뜨다['tɯda]	띠우다['tiuda]
漁池	깨우다['kɛuda]	가져오다 [kadzyʌoda]	메다[meda]	뜨다['tɯda]	띠우다['tiuda]
河東	메우다 [meuda]	가져오다 [kadzyʌoda]	메다[meda]	뜨다['tɯda]	띠우다['tiuda]
民樂	메꾸다 [me'kuda]	가져오다 [kadzyʌoda]	메다[meda]	뜨다['tɯda]/ 떤다['tʌnda]	띠우다['tiuda]
臥龍	메꾼다 [me'kunda]	가져오다 [kadzyʌoda]	멘다[menda]	뜬다['tɯnda]	띠운다 ['tiunda]
江南	메꾼다 [me'kunda]	가져오다 [kadzyʌoda]	멘다[menda]	뜬다['tɯnda]	띠우다['tiuda]
海南	메우다 [meuda]	가져오다 [kadzyʌoda]	메다[meda]	뜨다['tɯda]	띠우다['tiuda]
新安	메우다 [meuda]	가져오다 [kadzyʌoda]	메다[meda]	뜨다['tɯda]	띠우다['tiuda]
三岔口	메꾼다 [me'kunda]	가져오다 [kadzyʌoda]	멘다[menda]	뜬다['tɯnda]	띠운다['tiunda]
永豐	메꾸다 [me'kuda]	가져오다 [kadzyʌoda]	메다[meda]	뜨다['tɯda]	띠우다['tiuda]
和平	메꾸다 [me'kuda]	가지오다 [kadzioda]	메다[meda]	뜨다['tɯda]	띠우다['tiuda]
雞林	미꾸다 [mi'kuda]	가져오다 [kadzyʌoda]	메다[meda]	뜨다['tɯda]	띠우다['tiuda]
明德	메우다 [meuda]	가지오다 [kadzioda]	메다[meda]	뜨다['tɯda]	띠우다['tiuda]
星火	메우다 [meuda]	가져오다 [kadzyʌoda]	메다[meda]	뜨다['tɯda]	띠우다['tiuda]
湯旺	메우다 [meuda]	가져오다 [kadzyʌoda]	메다[meda]	뜨다['tɯda]	띠우다['tiuda]
東明	메우다 [meuda]	가져오다 [kadzyʌoda]	메다[meda]	뜨다['tɯda]	띠우다['tiuda]
年豐	메우라[meura] /메꾼다 [me'kunda]	가져오다 [kadzyʌoda]/ 개오다[kɛoda]	미다[mida]	뜨다['tɯda]	띠우다['tiuda]
杏樹	미꾸다 [mi'kuda]	가져오다 [kadzyʌoda]	메다[meda]	뜨다['tɯda]	띠우다['tiuda]
吉興	메꾸다	가져오다	질머지다	뜨다['tɯda]	띠우다['tiuda]

	[mek'uda]	[kadzyʌoda]	[tsilmʌdzida]		
主星	막다[mak'da]/ 미꾸다 [mik'uda]	가져오다 [kadzyʌoda]/ 가오다[kaoda]	미다지 [midadzi]	뜨다[t'ɯda]	띠우다[t'iuda]
成富	메꾸다 [mek'uda]	가져오다 [kadzyʌoda]	메다[meda]	뜨다[t'ɯda]	띠우다[t'iuda]
興和	메우다 [meuda]	가져오다 [kadzyʌoda]	메다[meda]	뜨다[t'ɯda]	띠운다 [t'iunda]

	켜다	**올려다보다**	**들여다보다**	**놀라다**	**놀래다**
迎蘭	키다[kʰida]	올려본다 [oʎʎyʌbonda]	딜따보다 [tilt'aboda]	놀라다 [nollada]	놀래키다 [nollɛkʰida]
漁池	키다[kʰida]	올려보다 [oʎʎyʌboda]	딜다보다 [tildaboda]	놀랠따 [nollɛt't'a]	놀래키다 [nollɛkʰida]
河東	켜다[kʰyʌda]	올려보다 [oʎʎyʌboda]/ 치다보다 [tsʰidaboda]	드려다보다 [tɯryʌdaboda]	놀랄따 [nollat't'a]	놀래오다 [nollɛoda]
民樂	켜다[kʰyʌda]	쳐다보다 [tsʰyʌdaboda]	들바다보다 [tɯlbadaboda]	놀라다 [nollada]	놀리다 [noʎʎida]
臥龍	키다[kʰida]	올래다본다 [ollɛdabonda]	드러다본다 [tɯrʌdabonda]	놀랄따 [nollat't'a]	놀리다 [noʎʎida]
江南	케다[kʰeda]	오레본다 [orebonda]	드레바다본다 [tɯrebadabonda]	놀랄따 [nollat't'a]	놀라운다 [nollaunda]
海南	켜다[kʰyʌda]	올려다보다 [oʎʎyʌdaboda]	드레다보다 [tɯredaboda]	놀라다 [nollada]	놀리다 [noʎʎida]
新安	키다[kʰida]	올려보다 [oʎʎyʌboda]	드레보다 [tɯreboda]	놀라다 [nollada]	놀래우다 [nollɛuda]
三岔口	켄다[kʰenda]	올려다본다 [oʎʎyʌdabonda]	띠레다본다 [t'iredabonda]	놀란다 [nollanda]	놀래운다 [nollɛunda]
永豐	케다[kʰeda]	올레보다 [olleboda]	디레다보다 [tiredaboda]	놀라다 [nollada]	놀래우다 [nollɛuda]
和平	켜다[kʰyʌda]	올려보다 [oʎʎyʌboda]	디레다보다 [tiredaboda]	놀라다 [nollada]	놀래우다 [nollɛuda]
雞林	케다[kʰeda]	올레보다 [olleboda]	디레보다 [tireboda]	놀라다 [nollada]	놀래우다 [nollɛuda]
明德	켜다[kʰyʌda]	올래보다 [ollɛboda]	디레다보다 [tiredaboda]	놀라다 [nollada]	놀리우다 [noʎʎiuda]
星火	켜다[kʰyʌda]	우루보다 [uruboda]	드리다보다 [tɯridaboda]	놀라다 [nollada]	놀리우다 [noʎʎiuda]

湯旺	켜다[kʰyʌda]	우로보다 [uroboda]	드리보다 [tɯriboda]	놀래다 [nollɛda]	놀래키다 [nollɛkʰida]
東明	케다[kʰeda]	우로보다 [uroboda]	드려다보다 [tɯryʌdaboda]	놀라다 [nollada]	놀래키다 [nollɛkʰida]
年豐	케다[kʰeda]	처다보다 [tsʰʌdaboda]	처다보다 [tsʰʌdaboda]/ 들따보다 [tɯlt̓aboda]	놀래다 [nollɛda]	놀래키다 [nollɛkʰida]
杏樹	켜다[kʰyʌda]	올리다보다 [oʎʎidaboda]	디레다보다 [tiredaboda]	놀라다 [nollada]	놀래우다 [nollɛuda]
吉興	케다[kʰeda]	올레다보다 [olledaboda]	데레다보다 [teredaboda]	놀라다 [nollada]	놀리다 [noʎʎida]
主星	키다[kʰida]	치다보다 [tsʰidaboda]/ 쳐다보다 [tsʰyʌdaboda]	체다보다 [tsʰedaboda]/ 처다보다 [tsʰʌdaboda]	놀래다 [nollɛda]	놀래게하다 [nollɛgehada]
成富	키다[kʰida]	처다보다 [tsʰʌdaboda]	디레다보다 [tiredaboda]	놀라다 [nollada]	놀리우다 [noʎʎiuda]
興和	켜다[kʰyʌda]	처다보다 [tsʰʌdaboda]	드려다보다 [tɯryʌdaboda]	놀래다 [nollɛda]	놀래키우다 [nollɛkʰiuda]

	가르치다	가리키다	못하다	벗다	벗기다
迎蘭	가르키다 [karɯkʰida]	가르키다 [karɯkʰida]	모른다 [morɯnda]	벋따[pʌt̓ta]	베끼다 [pek̓ida]
漁池	가르치다 [karɯtsʰida]	가르키다 [karɯkʰida]	모탄다 [motʰanda]	번는다 [pʌnnɯnda]	베끼다 [pek̓ida]
河東	가르치다 [karɯtsʰida]	가리키다 [karikʰida]	모타다 [motʰada]	벋따[pʌt̓ta]	벋끼다 [pʌt̓k̓ida]
民樂	가리키다 [karikʰida]	가리키다 [karikʰida]	모타다 [motʰada]	뻔는다 [p̓ʌnnɯnda]	뻳게주다 [p̓et̓k̓edzuda]
臥龍	가르킨다 [karɯkʰinda]	가르킨다 [karɯkʰinda]	모탄다 [motʰanda]	번는다 [pʌnnɯnda]	베껴주다 [pek̓yʌdzuda]
江南	배와준다 [pɛwadzunda] /가르치다 [karɯtsʰida]	가리킨다 [karɯkʰinda]	모탄다 [motʰanda]	뻗따[p̓ʌt̓ta]	베께준다 [pek̓edzunda]
海南	가르키다 [karɯkʰida]/ 배와주다 [pɛwadzuda]	가르키다 [karɯkʰida]	모탄다 [motʰanda]	벋따[pʌt̓ta]	베끼다 [pek̓ida]
新安	가르치다	가르키다	모른다	뻗따[p̓ʌt̓ta]	빼게주다

	[karɯtsʰida]	[karɯkʰida]	[morɯnda]		[ṗegedzuda]
三岔口	가르친다 [karɯtsʰinda]	가리킨다 [karɯkʰinda]	모른다 [morɯnda]	번는다 [pʌnnɯnda]	베께준다 [peḱedzunda]
永豐	가르치다 [karɯtsʰida]	가르치다 [karɯtsʰida]	모르다 [morɯda]	뻗따[ṗʌťta]	벼끼다 [pyʌḱida]
和平	가르키다 [karɯkʰida]	가르키다 [karɯkʰida]	몯타다 [moťtʰada]	벋따[pʌťta]	벋끼다 [pʌťḱida]
雞林	가르치다 [karɯtsʰida]	가르키다 [karɯkʰida]	모르다 [morɯda]	뻗따[ṗʌťta]	뻬끼다 [ṗeḱida]
明德	가르키다 [karɯkʰida]	가르키다 [karɯkʰida]	몯탄다 [moťtʰanda]	벋따[pʌťta]	뻗끼다 [ṗʌťḱida]
星火	가르치다 [karɯtsʰida]	가르치다 [karɯtsʰida]	모르다 [morɯda]	뻗따[ṗʌťta]	뻗끼다 [ṗʌťḱida]
湯旺	가르키다 [karɯkʰida]	가르키다 [karɯkʰida]	모른다 [morɯnda]	벋따[pʌťta]	벋끼다 [pʌťḱida]
東明	가르키다 [karɯkʰida]	가르키다 [karɯkʰida]	몯타다 [moťtʰada]	벋따[pʌťta]	베껴주다 [peḱyʌdzuda]
年豐	가르키다 [karɯkʰida]	가르키다 [karɯkʰida]	모탄다 [motʰanda]	번는다 [pʌnnɯnda]	벋기다 [pʌťgida]
杏樹	가르키다 [karɯkʰida]	가르키다 [karɯkʰida]	몯타다 [moťtʰada]	뻗따[ṗʌťta]	뻗끼다 [ṗʌťḱida]
吉興	가르키다 [karɯkʰida]	가르키다 [karɯkʰida]	모르다 [morɯda]	뻗따[ṗʌťta]	베끼다 [peḱida]
主星	가르키다 [karɯkʰida]	가르키다 [karɯkʰida]	모단다	벋다[pʌťda]	삐낀다 [ṗiḱinda]
成富	배와준다 [pɛwadzunda] /가르치다 [karɯtsʰida]	가르키다 [karɯkʰida]	모타다 [motʰada]	벋다[pʌťda]	벋기다 [pʌťgida]
興和	가르킨다 [karɯkʰinda]	가리키다 [karikʰida]	모타다 [motʰada]	번는다 [pʌnnɯnda]	버낀다 [pʌḱinda]
	신다	**신기다**	**冰箱**	**手电筒**	**电视**
迎蘭	신따[ɕinťa]	신기다[ɕingida]	삥쌰[ṗiŋśyaŋ]	땐퉁[ťɛntʰuŋ]/ 땐빵[ťɛnṗaŋ]	땐스[ťɛnsʰɯ]
漁池	신따[ɕinťa]	신껴주다 [ɕinḱyʌdzuda]	삥샹[ṗiŋsʰyaŋ]	뗀빵[ťenṗaŋ]	뗀쓰[ťenśɯ]
河東	신따[ɕinťa]	신키다 [ɕinkʰida]	냉장꼬 [nɛŋdzaŋḱo]/ 삥샹[ṗiŋsʰyaŋ]	손전기 [sʰondzʌngi]	텔레비[tʰellebi]

民樂	신는다 [ɕinnɯnda]	신기다[ɕingida]	삥샹[p̓iŋsʰyaŋ]	땐빵[t̓ɛnp̓aŋ]	땐스[t̓ɛnsʰɯ]
臥龍	신는다 [ɕinnɯnda]	신켜준다 [ɕinkʰyʌdzunda]	삥샹[p̓iŋs̓yaŋ]	덴치[tentsʰi]	뗀쓰[tens̓ɯ]
江南	신는다 [ɕinnɯnda]	신게준다 [ɕingedzunda]	삥샹[p̓iŋsʰyaŋ]	덴찌[tents̓i]	테레비[tʰerebi]
海南	신따[ɕint̓a]	신게주다 [ɕingedzuda]	냉장꼬 [nɛŋdzaŋk̓o]/ 삥샹[p̓iŋsʰyaŋ]	덴찌[tents̓i]	텔레비 [tʰellebi]/ 덴쓰[tens̓ɯ]
新安	신따[ɕint̓a]	신케주다 [ɕinkʰedzuda]	냉장꼬 [nɛŋdzaŋk̓o]	덴찌[tents̓i]	텔레비[tʰellebi]
三岔口	신는다 [ɕinnɯnda]	신껴준다 [ɕink̓yʌdzunda]	냉장고 [nɛŋdzaŋgo]	덴찌[tents̓i]	뗀쓰[tens̓ɯ]
永豐	신따[ɕint̓a]	신기다 [ɕingida]	삥샹[p̓iŋs̓yaŋ]	땐빵[t̓ɛnp̓aŋ]	땐스[t̓ɛnsʰɯ]
和平	신따[ɕint̓a]	신끼다 [ɕink̓ida]	삥샹[p̓iŋs̓yaŋ]	덴찌[tents̓i]	뗀쓰[tens̓ɯ]
鷄林	신따[ɕint̓a]	신기다 [ɕingida]	삥샹[p̓iŋs̓yaŋ]	덴찌[tents̓i]	텔레비[tʰellebi]
明德	신따[ɕint̓a]	신키다 [ɕinkʰida]	삥샹[p̓iŋs̓yaŋ]	땐빵[t̓ɛnp̓aŋ]	뗀쓰[tens̓ɯ]
星火	신따[ɕint̓a]	신기다 [ɕingida]	삥샹[p̓iŋs̓yaŋ]	덴찌[tents̓i]	텔레비[tʰellebi]
湯旺	신따[ɕint̓a]	신끼다 [ɕink̓ida]	삥샹[p̓iŋs̓yaŋ]	땐빵[t̓ɛnp̓aŋ]	땐스[t̓ɛnsʰɯ]
東明	신따[ɕint̓a]	신키다 [ɕinkʰida]	삥샹[p̓iŋs̓yaŋ]	덴찌[tents̓i]	뗀쓰[tens̓ɯ]
年豐	신따[ɕint̓a]	신키다 [ɕinkʰida]	삥샹[p̓iŋsʰyaŋ]	땐빵[t̓ɛnp̓aŋ]/ 뗀찌[t̓ents̓i]	땐스[t̓ɛnsʰɯ]
杏樹	신따[ɕint̓a]	신키다 [ɕinkʰida]	삥샹[p̓iŋs̓yaŋ]	덴찌[tents̓i]	뗀쓰[tens̓ɯ]
吉興	신따[ɕint̓a]	신끼다 [ɕink̓ida]	냉장고 [nɛŋdzaŋgo]	덴찌[tents̓i]	티비[tʰibi]
主星	신따[ɕint̓a]	신끼다 [ɕink̓ida]	삥샹[p̓iŋsʰyaŋ] /냉장고 [nɛŋdzaŋgo]	땐방[t̓ɛnbaŋ]	땐스[t̓ɛnsʰɯ]/ 텔레비[tʰellebi]
成富	신따[ɕint̓a]	신키다 [ɕinkʰida]	삥상[p̓iŋsʰaŋ]	땐방[t̓ɛnbaŋ]	땐쓰[t̓ɛns̓ɯ]
興和	신따[ɕint̓a]	신기다[ɕingida]	삥샹[p̓iŋsʰyaŋ]	손전지	땐스[t̓ɛnsʰɯ]

				[sʰondzʌndzi]	
	拖拉机	**电风扇**	**洗衣机**	**烤箱**	**天线**
迎蘭	뒤라지 [tʰwʌradzi]	선풍기 [sʰʌnpʰuŋgi]	씨이지[ɕ̇iidzi]	-	탠쌘[tʰɛns̓ɛn]
漁池	뜨라또 [t̓ɯrat̓o]	선풍기 [sʰʌnpʰuŋgi]	세탁끼 [sʰetʰak̓k̓i]	-	천선 [tsʰʌnsʰʌn]
河東	뜨라또르 [t̓ɯrat̓orɯ]	선풍기 [sʰʌnpʰuŋgi]	세탁끼 [sʰetʰak̓k̓i]	-	천선[tsʰʌnsʰʌn] /안테나 [antʰena]
民樂	뜨락또르 [t̓ɯrak̓t̓orɯ]	선풍기 [sʰʌnpʰuŋgi]	씨이지[ɕ̇iidzi]	-	천선 [tsʰʌnsʰʌn]
臥龍	뜨라또르 [t̓ɯrat̓orɯ]	선풍기 [sʰʌnpʰuŋgi]	씨이찌[ɕ̇iits̓i]	-	안테나 [antʰena]
江南	뜨라또르 [t̓ɯrat̓orɯ]	선풍기 [sʰʌnpʰuŋgi]	씨이찌[ɕ̇iits̓i]	-	-
海南	뜨라또르 [t̓ɯrat̓orɯ]	선풍기 [sʰʌnpʰuŋgi]	세탁끼 [sʰetʰak̓k̓i]	-	텐센[tʰensʰen]
新安	콤파이 [kʰompʰʌi]	선풍구 [sʰʌnpʰuŋgu]	씨이찌[ɕ̇iits̓i]	-	신호넬 [ɕinhonel]
三岔口	뜨라또 [t̓ɯrat̓o]	선풍기 [sʰʌnpʰuŋgi]/ 풍산[pʰuŋsʰan]	씨이찌[ɕ̇iits̓i]	-	텐셴 [tʰensʰyen]
永豐	뒤라지 [tʰwʌradzi]	선풍기 [sʰʌnpʰuŋgi]	씨이지[ɕ̇iidzi]	-	천선 [tsʰʌnsʰʌn]
和平	예터[yetʰʌ]	땐펑산 [t̓ɛnpʰʌŋsʰan]	씨이지[ɕ̇iidzi]	-	안테나 [antʰena]
雞林	뒤라지 [tʰwʌradzi]	선풍기 [sʰʌnpʰuŋgi]	세탁기 [sʰetʰak̓ki]	코썅[kʰos̓yaŋ]	천선 [tsʰʌnsʰʌn]
明德	레트[retʰɯ]		씨이지[ɕ̇iidzi]	코썅[kʰos̓yaŋ]	천선 [tsʰʌnsʰʌn]
星火	뜨락또르 [t̓ɯrak̓t̓orɯ]	땐펑산 [t̓ɛnpʰʌŋsʰan]	씨이지[ɕ̇iidzi]	-	천선 [tsʰʌnsʰʌn]
湯旺	뒤라지 [tʰwʌradzi]	땐펑산 [t̓ɛnpʰʌŋsʰan]	씨이지[ɕ̇iidzi]	-	탠쌘[tʰɛns̓ɛn]
東明	써푸[s̓ʌpʰu]/ 떠락로[t̓erak̓ro]	땐펑산 [t̓ɛnpʰʌŋsʰan]	씨이지[ɕ̇iidzi]	코썅[kʰos̓yaŋ]	천선 [tsʰʌnsʰʌn]
年豐	뜨락또르 [t̓ɯrak̓t̓orɯ]	선풍기 [sʰʌnpʰuŋgi]	세탁기 [sʰetʰak̓ki]	-	탠쌘[tʰɛns̓yɛn]
杏樹	뒤라지	땐펑산	씨이지[ɕ̇iidzi]	-	탠쌘[tʰɛns̓ɛn]

	[tʰwʌradzi]	[t̓ɛnpʰʌŋsʰan]			
吉興	뜨락또 [t̓ɯrak̓to]	선풍기 [sʰʌnpʰuŋgi]	세탁기 [sʰetʰak̓ki]	-	탠쌘[tʰɛns̓ɛn]
主星	소푸퉈라지 [sʰopʰutʰwʌradzi]	선풍기 [sʰʌnpʰuŋgi]/ 땐펑샹 [t̓ɛnpʰʌŋsʰyaŋ]	씨이지[s̓iidzi]	코샹[kʰosʰyaŋ]	탠쌘[tʰɛns̓yɛn]
成富	퉈라지 [tʰwʌradzi]	땐펑산 [t̓ɛnpʰʌŋsʰan]	씨이지[s̓iidzi]	-	탠쌘[tʰɛns̓ɛn]
興和	뜨락또르 [t̓ɯrak̓torɯ]	선풍기 [sʰʌnpʰuŋgi]	세탁기 [sʰetʰak̓ki]	-	탠쌘[tʰɛns̓yɛn]
	电饭锅	**电炒锅**	**空调**	**微波炉**	**串儿**
迎蘭	땐판궈 [t̓ɛnpʰangwʌ]	땐초궈 [t̓ɛntsʰogwʌ]	쿵툐[kʰuŋtʰyo]	웨이붜루 [weibwʌru]	촬[tsʰwal]
漁池	전기밥솥 [tsʌngibap̓sʰot̓]	뗀초궈이 [t̓entsʰogwʌi]	-	-	양꼬치 [yaŋk̓otsʰi]/ 꼬치[k̓otsʰi]
河東	전기밥솥 [tsʌngibap̓sʰot̓]	뗀초궈이 [t̓entsʰogwʌi]	에어콘[eʌkʰon]	-	꼬치[k̓otsʰi]
民樂	땐판꿔 [t̓ɛnpʰank̓wʌ]	땐초궈 [t̓ɛntsʰogwʌ]	쿵툐[kʰuŋtʰyo]	워이보루 [wʌiboru]	촬[tsʰwal]
臥龍	전기밥가매 [tsʌngibap̓gamɛ]	전기초채궈[tsʌngitsʰotsʰɛgwʌ]	콩툐[kʰoŋtʰyo]	-	양로촬 [yaŋrotsʰwal]
江南	밥솔[pap̓sʰol]	뗀초궈 [t̓entsʰogwʌ]	-	-	양꼬치 [yaŋk̓otsʰi]
海南	전기밥가마 [tsʌngibap̓gama]	초차이궈 [tsʰotsʰaigwʌ]	-	-	촬[tsʰwal]
新安	밥솔[pap̓sʰol]	초채궈 [tsʰotsʰɛgwʌ]	-	-	촬[tsʰwal]
三岔口	밥가마 [pap̓gama]	초채궈 [tsʰotsʰɛgwʌ]	-	-	촬[tsʰwal]
永豐	땐판궈 [t̓ɛnpʰangwʌ]	땐초궈 [t̓ɛntsʰogwʌ]	쿵툐[kʰuŋtʰyo]	웨이붜루 [weibwʌru]	촬[tsʰwal]
和平	뗀판보 [t̓enpʰanbo]	땐초궈 [t̓ɛntsʰogwʌ]	쿵툐[kʰuŋtʰyo]	웨이붜루 [weibwʌru]	촬[tsʰwal]
雞林	전기밥가매 [tsʌngibap̓gamɛ]	땐초궈 [t̓ɛntsʰogwʌ]	쿵툐[kʰuŋtʰyo]	웨이붜루 [weibwʌru]	촬[tsʰwal]
明德	전기밥가마 [tsʌngibap̓gama]	땐초궈 [t̓ɛntsʰogwʌ]	쿵툐[kʰuŋtʰyo]	웨이붜루 [weibwʌru]	양여유췔 [yaŋyʌyutsʰwel]

星火	전기솥 [tsʌngis^{h}ot̚]	-	쿵토[k^{h}uŋt^{h}yo]	렌즈[rendzɯ]	촬[ts^{h}wal]
湯旺	땐판궈 ['tɛnp^{h}angwʌ]	초궈[ts^{h}ogwʌ]	쿵토[k^{h}uŋt^{h}yo]	웨이붜루 [weibwʌru]	촬[ts^{h}wal]
東明	땐판궈 ['tɛnp^{h}angwʌ]	땐초궈 ['tɛnts^{h}ogwʌ]	쿵토[k^{h}uŋt^{h}yo]	웨이붜루 [weibwʌru]	촬[ts^{h}wal]
年豐	밥솥[pap̚s^{h}ot̚]	땐초궈 ['tɛnts^{h}ogwʌ]	쿵토[k^{h}uŋt^{h}yo] /에어콘[eʌk^{h}on]	웨이붜루 [weibwʌru]	쵈[ts^{h}wɛl]/ 촬[ts^{h}wal]
杏樹	전기밥가마 [tsʌngibap̚gama]	땐초궈 ['tɛnts^{h}ogwʌ]	쿵토[k^{h}uŋt^{h}yo]	웨이붜루 [weibwʌru]	촬[ts^{h}wal]
吉興	전기밥가마 [tsʌngibap̚gama]	땐초궈 ['tɛnts^{h}ogwʌ]	에어컨[eʌk^{h}ʌn]	전자레인지 [tsʌndzareindzi]	촬[ts^{h}wal]
主星	땐판궈 ['tɛnp^{h}angwʌ]	땐초궈 ['tɛnts^{h}ogwʌ]	쿵토[k^{h}uŋt^{h}yo]	웨이붜루 [weibwʌru]	촬[ts^{h}wal]
成富	탠팡궈 [t^{h}ɛnp^{h}aŋgwʌ]	탠초궈 [t^{h}ɛnts^{h}ogwʌ]	펑또[p^{h}ʌŋ'tyo]	-	양루쵈 [yaŋruts^{h}wɛl]
興和	전기밥솥 [tsʌngibap̚s^{h}ot̚]	-	-	-	쵈[ts^{h}wɛl]
	插秧机	手机	锅炉	大棚	萝卜
迎蘭	차양지 [ts^{h}ayaŋdzi]	써우지['sʌudzi]	꿔루['kwʌru]	놘펑 [nwanp^{h}ʌŋ]	무꾸[mu'ku]
漁池	차양지 [ts^{h}ayaŋdzi]	핸드폰 [hɛndɯp^{h}on]	-	따펑['tap^{h}ʌŋ]	무[mu]
河東	차양지 [ts^{h}ayaŋdzi]/ 이양기[iyaŋgi]	써우지['sʌudzi]	-	따펑['tap^{h}ʌŋ]	무우[muu]
民樂	차양지 [ts^{h}ayaŋdzi]	써우지['sʌudzi]	보일라[poilla]	따펑['tap^{h}ʌŋ]	무꾸[mu'ku]
臥龍	모내기기계 [monɛgigig[y]e]	써우지['sʌudzi]	-	따펑['tap^{h}ʌŋ]	무끼[mu'ki]
江南	이양기[iyaŋgi]	전화[tsʌnhwa]	-	따펑['tap^{h}ʌŋ]	노배[nobɛ]
海南	이양기[iyaŋgi]	써우지['sʌudzi]	-	따펑['tap^{h}ʌŋ]	무끼[mu'ki]/ 노배[nobɛ]
新安	이양기[iyaŋgi]	핸드폰 [hɛndɯp^{h}on]/ 써우지['sʌudzi]	-	온실[onɕil]/ 따펑['tap^{h}ʌŋ]	무우[muu]/ 노베[nobe]
三岔口	차양지 [ts^{h}ayaŋdzi]	써우지['sʌudzi]	-	온실[onɕil]	무우[muu]/ 노배[nobɛ]
永豐	차양지	써우지['sʌudzi]	꿔루['kwʌru]	따펑['tap^{h}ʌŋ]	뤄버[rwʌbʌ]

	[tsʰayaŋdzi]				
和平	차양지 [tsʰayaŋdzi]	써우지[s̓ʌudzi]	꿔루[k̓wʌru]	따펑[t̓apʰʌŋ]	무우[muu]
雞林	차양기 [tsʰayaŋgi]	써우지[s̓ʌudzi]	꿔루[k̓wʌru]	놘펑 [nwanpʰʌŋ]	무끼[muk̓i]
明德	차양기 [tsʰayaŋgi]	써우지[s̓ʌudzi]	꿔루[k̓wʌru]	따펑[t̓apʰʌŋ]	무끼[muk̓i]
星火	차양지 [tsʰayaŋdzi]	써우지[s̓ʌudzi]	꿔루[k̓wʌru]	하우스[hausʰɯ]	무우[muu]
湯旺	차양지 [tsʰayaŋdzi]	써우지[s̓ʌudzi]	꿔루[k̓wʌru]	놘펑 [nwanpʰʌŋ]	뤄버[rwʌbʌ]
東明	차양기 [tsʰayaŋgi]	써우지[s̓ʌudzi]	꿔루[k̓wʌru]	쒈료펑 [s̓wʌʎʎyopʰʌŋ]	무우[muu]
年豐	차양기 [tsʰayaŋgi]	써우지[s̓ʌudzi]	꿔루[k̓wʌru]	따펑[t̓apʰʌŋ]	무꾸[muk̓u]
杏樹	차양지 [tsʰayaŋdzi]	써우지[s̓ʌudzi]	꿔루[k̓wʌru]	따펑[t̓apʰʌŋ]	뤄버[rwʌbʌ]
吉興	차양지 [tsʰayaŋdzi]	휴대폰 [hyudɛpʰon]	꿔루[k̓wʌru]	따펑[t̓apʰʌŋ]	노배[nobɛ]
主星	차양지 [tsʰayaŋdzi]	핸드폰 [hɛndɯpʰon]/ 써우지[s̓ʌudzi]	-	하우스[hausʰɯ]	무시[muɕi]
成富	차양기 [tsʰayaŋgi]	써우지[s̓ʌudzi]	꿔루[k̓wʌru]	쒀료펑 [s̓wʌryopʰʌŋ]	무우[muu]
興和	모내는 기계 [monɛnɯn gig[y]e]	핸드폰 [hɛndɯpʰon]	꿔루[k̓wʌru]	하우스[hausʰɯ]	무우[muu]
	棒槌	**上班**	**下班**	**贫困户**	**职业高中**
迎蘭	빨래방치 [p̓allɛbaŋtsʰi]	쌍발[s̓aŋbal]	쌰발[s̓yabal]	핀퀀후 [pʰinkʰwʌnhu]	직업학교 [tsik̓ʌp̄hak̓gyo]
漁池	빨래방치 [p̓allɛbaŋtsʰi]	출근[tsʰulgɯn] /쌍발[s̓aŋbal]	퇴근[tʰwegɯn] /쌰발[s̓yabal]	빈곤호 [pingonho]	-
河東	방망이 [paŋmaŋi]	쌍발[s̓aŋbal]	쌰발[s̓yabal]	골란호 [kollanho]	-
民樂	방멩이 [paŋmeŋi]	쌍발[s̓aŋbal]/ 출근[tsʰulgɯn]	쌰발[s̓yabal]/ 퇴근[tʰwegɯn]	핀퀀후 [pʰinkʰwʌnhu]	쯔꼬[ts̓ɯk̓o]
臥龍	빨래방치 [p̓allɛbaŋtsʰi]	쌍발[s̓aŋbal]	쌰발[s̓yabal]	오보호[oboho]	-
江南	빨래방치	출근[tsʰulgɯn]	쌰발[s̓yabal]	빈곤호	-

	[p̓allɛbaŋtsʰi]			[pingonho]	
海南	빨래방치 [p̓allɛbaŋtsʰi]	쌍발[s̓aŋbal]	쌰발[s̓yabal]	오보호[oboho]	-
新安	빨래방치 [p̓allɛbaŋtsʰi]	출근[tsʰulgɯn] /쌍발[s̓aŋbal]	쌰발[s̓yabal]	쿤난후 [kʰunnanhu]	-
三岔口	빨래방치 [p̓allɛbaŋtsʰi]	쌍발[s̓aŋbal]	쌰발[s̓yabal]	쿤난후 [kʰunnanhu]	-
永豐	빨래방치 [p̓allɛbaŋtsʰi]	쌍발[s̓aŋbal]	쌰발[s̓yabal]	핀퀀후 [pʰinkʰwʌnhu]	쯔꼬[t̓s̓ɯk̚o]
和平	빨래방치 [p̓allɛbaŋtsʰi]	쌍발[s̓aŋbal]	쌰발[s̓yabal]	곤난호 [konnanho]	기술학교 [kisʰulhak̚gyo]
雞林	빨래방치 [p̓allɛbaŋtsʰi]	쌍발[s̓aŋbal]	쌰발[s̓yabal]	핀퀀후 [pʰinkʰwʌnhu]	전업학교 [tsʌnʌp̚hak̚gyo]
明德	방치[paŋtsʰi]	쌍발[s̓aŋbal]	쌰발[s̓yabal]	빈곤호 [pingonho]	직업고중 [tsigʌp̚godzuŋ]
星火	빨래방치 [p̓allɛbaŋtsʰi]	쌍발[s̓aŋbal]	쌰발[s̓yabal]	빈곤호 [pingonho]	직업학교 [tsik̚ʌp̚hak̚gyo]
湯旺	빨래방맹이 [p̓allɛbaŋmɛŋi]	출근[tsʰulgɯn]	퇴근[tʰwegɯn]	곤난호 [konnanho]	직업학교 [tsik̚ʌp̚hak̚gyo]
東明	빨래방치 [p̓allɛbaŋtsʰi]	쌍발[s̓aŋbal]	쌰발[s̓yabal]	곤란호 [konranho]	직업학교 [tsik̚ʌp̚hak̚gyo]
年豐	빨래방메이 [p̓allɛbaŋmei]	쌍발[s̓aŋbal]	쌰발[s̓yabal]	곤난호 [konnanho]	직업고중 [tsigʌp̚godzuŋ]
杏樹	빨래방치 [p̓allɛbaŋtsʰi]	쌍발[s̓aŋbal]	쌰발[s̓yabal]	빈곤호 [pingonho]	직업학교 [tsik̚ʌp̚hak̚gyo]
吉興	빨래방치 [p̓allɛbaŋtsʰi]	쌍발[s̓aŋbal]	퇴근[tʰwegɯn]	핀퀀후 [pʰinkʰwʌnhu]	쯔꼬[t̓s̓ɯk̚o]
主星	빨래방메이 [p̓allɛbaŋmei]	쌍발[s̓aŋbal]/ 출근[tsʰulgɯn]	쌰발[s̓yabal]/ 퇴근[tʰwegɯn]	핀쿤후 [pʰinkʰunhu]	쯔꼬[t̓s̓ɯk̚o]
成富	방매[paŋmɛ]/ 빨래방치 [p̓allɛbaŋtsʰi]	쌍발[s̓aŋbal]	쌰발[s̓yabal]	핀쿤후 [pʰinkʰunhu]	찌쑤쉐쑈 [t̓s̓is̓usʰweɕ̓yo]
興和	빨래망치 [p̓allɛmaŋtsʰi]	쌍발[s̓aŋbal]/ 출근[tsʰulgɯn]	쌰발[s̓yabal]	곤난호 [konnanho]	-
	计划生育	**电脑**	**迪斯科**	**机器人**	**啤酒**
迎蘭	찌화썽위 [t̓s̓ihwas̓ʌŋwi]	땐노[t̓ɛnno]	디스커 [tisʰɯkʰʌ]	기계사람 [kig[y]esʰaram]	피쥬[pʰidzyu]
漁池	사나제한 [sʰanadzehan]	컴퓨터 [kʰʌmpʰyutʰʌ]	-	로봇[robot̚]	피주[pʰidzu]]

河東	사나정책 [sʰanadzʌŋtsʰɛk̚]	비찌번뗀노 [bits̓ibʌnt̓enno]	-	로볻[robot̚]	피주[pʰidzu]/ 맥주[mɛk̚dzu]
民樂	찌화썽위 [ts̓ihwas̓ʌŋwi]	-	-	찌치런 [ts̓itsʰirʌn]	피쥬[pʰidzyu]
臥龍	게획생육[keh wek̚sʰɛŋyuk̚]	뗀노[t̓enno]	-	로보트 [robotʰɯ]	피주[pʰidzu]
江南	게획생육[keh wek̚sʰɛŋyuk̚]	뗀노[t̓enno]	-	-	피쥬[pʰidzyu]
海南	게획생육[keh wek̚sʰɛŋyuk̚]	컴퓨터 [kʰʌmpʰyutʰʌ]	-	-	피주[pʰidzu]
新安	게획생육[keh wek̚sʰɛŋyuk̚]	뗀노[t̓enno]	-	로보트 [robotʰɯ]	맥주[mɛk̚dzu] /피쥬[pʰidzyu]
三岔口	게획생육[keh wek̚sʰɛŋyuk̚]	뗀노[t̓enno]	-	-	피쥬[pʰidzyu]
永豐	찌화썽위 [ts̓ihwas̓ʌŋwi]	땐노[t̓ɛnno]	디스커 [tisʰɯkʰʌ]	찌치런 [ts̓itsʰirʌn]	피쥬[pʰidzyu]
和平	계획생육[k[y] ehwek̚sʰɛŋyuk̚]	땐노[t̓ɛnno]	-	찌치런 [ts̓itsʰirʌn]	피쥬[pʰidzyu]
雞林	찌화썽위 [ts̓ihwas̓ʌŋwi]	땐노[t̓ɛnno]	디스커 [tisʰɯkʰʌ]	노보트 [nobotʰɯ]	피쥬[pʰidzyu]
明德	계획생육[k[y] ehwek̚sʰɛŋyuk̚]	땐노[t̓ɛnno]	-	기계사람 [kig[y]esʰaram]	피쥬[pʰidzyu]
星火	게획생육[keh wek̚sʰɛŋyuk̚]	땐노[t̓ɛnno]	디스커 [tisʰɯkʰʌ]	로보트 [robotʰɯ]	피쥬[pʰidzyu]
湯旺	독씬정책[tok̚s̓ indzʌŋtsʰɛk̚]	컴퓨터 [kʰʌmpʰyutʰʌ]	디스커 [tisʰɯkʰʌ]	기계사람 [kig[y]esʰaram]	맥주[mɛk̚dzu]
東明	게획생육[keh wek̚sʰɛŋyuk̚]	뗀노[t̓enno]	-	찌치런 [ts̓itsʰirʌn]	피쥬[pʰidzyu]
年豐	찌화썽위 [ts̓ihwas̓ʌŋwi]	컴퓨터 [kʰʌmpʰyutʰʌ] /땐노[t̓ɛnno]	-	기계사람 [kig[y]esʰaram]	맥주[mɛk̚dzu]
杏樹	찌화썽위 [ts̓ihwas̓ʌŋwi]	땐노[t̓ɛnno]	-	기계사람 [kig[y]esʰaram]	맥주[mɛk̚dzu] /피쥬[pʰidzyu]
吉興	찌화썽위 [ts̓ihwas̓ʌŋwi]	땐노[t̓ɛnno]	디스커 [tisʰɯkʰʌ]	기계사람 [kig[y]esʰaram]	피쥬[pʰidzyu]
主星	찌화썽위 [ts̓ihwas̓ʌŋwi]	땐노[t̓ɛnno]	-	지치런 [tsitsʰirʌn]	피쥬[pʰidzyu] /맥주[mɛk̚dzu]
成富	사나제한 [sʰanadzehan]	땐노[t̓ɛnno]	디스코 [tisʰɯkʰo]	지치런 [tsitsʰirʌn]	피쥬[pʰidzyu]

興和	독씬정책[tok̚ɕ̇indzʌŋtsʰɛk̚]	-	-	로봇[robot̚?]	피주[pʰidzu]
	旋风	报销	俱乐部	能量	因特网
迎蘭	돌개바람 [tolgɛbaram]	뽀쇼[ṗosʰyo]	구락부 [kurak̚bu]	에네르기 [enerɯgi]	-
漁池	돌개바람 [tolgɛbaram]	뽀쇼[ṗosʰyo]	-	-	-
河東	돌개바람 [tolgɛbaram]/ 휘오리바람 [hwioribaram]	뽀쇼[ṗosʰyo]	-	-	-
民樂	돌개바람 [tolgɛbaram]	뽀쇼[ṗosʰyo]	-	-	-
臥龍	돌개바람 [tolgɛbaram]	뽀쇼[ṗosʰyo]	-	-	-
江南	돌개바람 [tolgɛbaram]	뽀쇼[ṗosʰyo]	-	-	-
海南	돌개바람 [tolgɛbaram]	뽀쇼[ṗosʰyo]	-	-	-
新安	회오리바람 [hweoribaram]	뽀쇼[ṗosʰyo]	-	-	-
三岔口	돌개바람 [tolgɛbaram]	뽀쇼[ṗosʰyo]	-	-	-
永豐	돌개바람 [tolgɛbaram]	뽀쇼[ṗosʰyo]	구락부 [kurak̚bu]	에네르기 [enerɯgi]	-
和平	돌개바람 [tolgɛbaram]	뽀쇼[ṗosʰyo]	구락부 [kurak̚bu]	에네르기 [enerɯgi]	-
雞林	돌개바람 [tolgɛbaram]	뽀쇼[ṗosʰyo]	구락부 [kurak̚bu]	-	-
明德	돌개바람 [tolgɛbaram]	뽀쇼[ṗosʰyo]	구락뿌 [kurak̚ṗu]	에너지[enʌdzi]	-
星火	돌개바람 [tolgɛbaram]	뽀쇼[ṗosʰyo]	구락부 [kurak̚bu]	에네르기 [enerɯgi]	-
湯旺	돌개바람 [tolgɛbaram]	뽀쇼[ṗosʰyo]	구락부 [kurak̚bu]	에네르기 [enerɯgi]	-
東明	돌개바람 [tolgɛbaram]	뽀쇼[ṗosʰyo]	구락부 [kurak̚bu]	에네르기 [enerɯgi]	-
年豐	돌개바람 [tolgɛbaram]	뽀쇼[ṗosʰyo]	-	-	-

杏樹	돌개바람 [tolgɛbaram]	뽀쇼[ṗosʰyo]	구락부 [kurak̚bu]	에네르기 [enerɯgi]	-
吉興	돌개바람 [tolgɛbaram]	뽀쇼[ṗosʰyo]	구락부 [kurak̚bu]	에너지[enʌdzi]	-
主星	돌개바람 [tolgɛbaram]	뽀쇼[ṗosʰyo]	-	-	-
成富	돌개바람 [tolgɛbaram]	뽀쑈[ṗoṡyo]	구락뿌 [kurak̚ṗu]	에네르기 [enerɯgi]	-
興和	돌개바람 [tolgɛbaram]	뽀쇼[ṗosʰyo]	-	-	-
	公交车	**衬衫**	**收音机**	**毕业**	**工资**
迎蘭	뻐스[ṗʌsʰɯ]	적쌈[tsʌk̚ṡam]	라지오[radzio]	피럽[pʰirʌp̚]	공자[koŋdza]
漁池	뻐스[ṗʌsʰɯ]	와이샤쯔 [waisʰyatṡɯ]	라디오[radio]	피럽[pʰirʌp̚]	월급[wʌlgɯp̚]
河東	뻐스[ṗʌsʰɯ]	적삼[tsʌk̚sʰam] /와이샤쯔 [waisʰyatṡɯ]	라지오[radzio]	조럽[tsorʌp̚]/ 피럽[pʰirʌp̚]	월급[wʌlgɯp̚]
民樂	뻐스[ṗʌsʰɯ]	적쌈[tsʌk̚ṡam]	라지오[radzio]	조럽[tsorʌp̚]	월급[wʌlgɯp̚]
臥龍	뻐스[ṗʌsʰɯ]	적쌈[tsʌk̚ṡam]	라디오[radio]/ 록음기[rok̚ɯmgi]	조럽[tsorʌp̚]	월급[wʌlgɯp̚]
江南	뻐스[ṗʌsʰɯ]	샤쯔[sʰyatṡɯ]	녹음기 [nok̚ɯmgi]	조럽[tsorʌp̚]	월급[wʌlgɯp̚]
海南	뻐스[ṗʌsʰɯ]	적쌈[tsʌk̚ṡam]	녹음기 [nok̚ɯmgi]	피럽[pʰirʌp̚]	월급[wʌlgɯp̚]
新安	뻐스[ṗʌsʰɯ]	와이샤츠 [waisʰyatsʰɯ]	라디오[radio]/ 록음기[rok̚ɯmgi]	피럽[pʰirʌp̚]	월급[wʌlgɯp̚]
三岔口	뻐스[ṗʌsʰɯ]	외이샤쯔 [weisʰyatṡɯ]/ 적삼[tsʌk̚sʰam]	라지오[radzio]	피럽[pʰirʌp̚]	월급[wʌlgɯp̚]
永豐	뻐스[ṗʌsʰɯ]	적쌈[tsʌk̚ṡam]	라지오[radzio]	피럽[pʰirʌp̚]	월급[wʌlgɯp̚]
和平	뻐스[ṗʌsʰɯ]	적삼[tsʌk̚sʰam]	반도체 [pandotsʰe]	피럽[pʰirʌp̚]/ 조럽[tsorʌp̚]	월급[wʌlgɯp̚]
雞林	뻐스[ṗʌsʰɯ]	적쌈[tsʌk̚ṡam]	라지오[radzio]	피럽[pʰirʌp̚]	월급[wʌlgɯp̚]
明德	뻐스[ṗʌsʰɯ]	와이사쯔 [waisʰatṡɯ]	라지오[radzio]	피럽[pʰirʌp̚]	공자[koŋdza]
星火	뻐스[ṗʌsʰɯ]	와이사쯔 [waisʰatṡɯ]	라지오[radzio]	피럽[pʰirʌp̚]	월급[wʌlgɯp̚]
湯旺	뻐스[ṗʌsʰɯ]	적쌈[tsʌk̚ṡam]	라지오[radzio]	피럽[pʰirʌp̚]	월급[wʌlgɯp̚]

東明	뻐스[ṗʌsʰɯ]	한소대 [hansʰodɛ]	라지오[radzio]	피럽[pʰirʌp̄]	월급[wʌlgɯp̄]
年豐	뻐스[ṗʌsʰɯ]	적쌈[tsʌk̓s̓am]	라지오[radzio]	조럽[tsorʌp̄]	월급[wʌlgɯp̄]
杏樹	뻐스[ṗʌsʰɯ]	와이사쯔 [waisʰats̓ɯ]	라죠[radzyo] [라디오[radio]]	피럽[pʰirʌp̄]	공자[koŋdza]
吉興	뻐스[ṗʌsʰɯ]	와이샤쯔 [waisʰyats̓ɯ]	라지오[radzio]	조럽[tsorʌp̄]	공자[koŋdza]
主星	뻐스[ṗʌsʰɯ]/ 따커[t̓a kʰʌ]	적쌈[tsʌk̓s̓am]	나지오[nadzio]	피럽[pʰirʌp̄]/ 조럽[tsorʌp̄]	공신[koŋɕin]
成富	뻐스[ṗʌsʰɯ]	적삼[tsʌk̓sʰam]	라지오[radzio]	피럽[pʰirʌp̄]	월급[wʌlgɯp̄]
興和	뻐스[ṗʌsʰɯ]	적쌈[tsʌk̓s̓am]	라지오[radzio]	피럽[pʰirʌp̄]/ 조럽[tsorʌp̄]	월급[wʌlgɯp̄]
	录像	**洗发精**	**拖鞋**	**승천**	**비지깨**
迎蘭	루썅[rus̓yaŋ]	샴프 [sʰyampʰɯ]	딸따리[t̓alt̓ari]	-	성냥 [sʰʌŋɲyaŋ]
漁池	록쌍[rok̓s̓aŋ]	씨바찡 [ɕ̓ibats̓iŋ]	타라세이 [tʰarasʰyei]/ 끌신[k̓ɯlɕin]	거스름돈 [kʌsʰɯrɯmton]	성냥 [sʰʌŋɲyaŋ]
河東	비디오 촬영 [pidio tsʰwalyʌŋ]	샴푸 [sʰyampʰu]	튀세[tʰwʌɕye]	거스름돈 [kʌsʰɯrɯmton]	성냥 [sʰʌŋɲyaŋ]
民樂	루썅[rus̓yaŋ]	씨fa수이 [ɕ̓ifasʰui]	튀세[tʰwʌɕye]	남은돈 [namɯndon]	-
臥龍	로썅[ros̓yaŋ]	씨파찡 [ɕ̓ipʰats̓iŋ]	튀세이 [tʰwʌɕyei]	거스름돈 [kʌsʰɯrɯmton]	비지깨 [pidzik̓ɛ]
江南	루썅[rus̓yaŋ]	씨파찡 [ɕ̓ipʰats̓iŋ]	끄지제신 [k̓ɯdzidzeɕin]	승천 [sʰɯŋtsʰʌn]	성냥 [sʰʌŋɲyaŋ]
海南	루썅[rus̓yaŋ]	샴푸 [sʰyampʰu]	끌께신 [k̓ɯlk̓eɕin]	잔돈[tsandon]	비지깨 [pidzik̓ɛ]
新安	록쌍[rok̓s̓aŋ]	씨바찡 [ɕ̓ibats̓iŋ]	튀세이 [tʰwʌɕyei]	잔돈[tsandon]	성냥[sʰʌŋɲyaŋ]
三岔口	써썅[s̓ʌs̓yaŋ]	씨파찡 [ɕ̓ipʰats̓iŋ]	타라세이 [tʰarasʰyei]/ 튀쎄이[tʰwʌs̓ei]	승천 [sʰɯŋtsʰʌn]	비지깨 [pidzik̓ɛ]
永豐	써썅[s̓ʌs̓yaŋ]	씨파찡 [ɕ̓ipʰats̓iŋ]	끄스게 [k̓ɯsʰɯge]	거스름돈 [kʌsʰɯrɯmton]	비지깨 [pidzik̓ɛ]
和平	써썅[s̓ʌs̓yaŋ]	샴푸 [sʰyampʰu]	튀세[tʰwʌɕye]	나머지돈 [namʌdziton]	비지깨 [pidzik̓ɛ]
雞林	써썅[s̓ʌs̓yaŋ]	씨파찡 [ɕ̓ipʰats̓iŋ]	끄깨신 [k̓ɯk̓ɛɕin]	나머지돈 [namʌdziton]	비시깨[piɕik̓ɛ]

明德	써샹[ṡʌṡyaŋ]	씨파찡 [ɕipʰatṡiŋ]	끌개신 [k̓ɯlgɛɕin]	잔돈[tsandon]	비지깨 [pidzik̓ɛ]
星火	써샹[ṡʌṡyaŋ]	씨파찡 [ɕipʰatṡiŋ]	퉈세[tʰwʌɕye]	거스름돈 [kʌsʰɯrɯmton]	비시깨[piɕik̓ɛ]
湯旺	록상[rok̓sʰaŋ]	샴프 [sʰyampʰɯ]	퉈세[tʰwʌɕye]	거스름돈 [kʌsʰɯrɯmton]	성냥 [sʰʌŋɲyaŋ]
東明	촬영 [tsʰwalyʌŋ]	씨파찡 [ɕipʰatṡiŋ]	퉈세[tʰwʌɕye]	거시럼똔 [kʌɕirʌmt̓on]	비지깨 [pidzik̓ɛ]
年豐	루샹[ruṡyaŋ]	샘푸[sʰɛmpʰu]	딸딸이[t̓alt̓ali]	거스름돈 [kʌsʰɯrɯmton]	-
杏樹	루샹[ruṡyaŋ]	씨파찡 [ɕipʰatṡiŋ]	끌개신 [k̓ɯlgɛɕin]	승천 [sʰɯŋtsʰʌn]	비지깨 [pidzik̓ɛ]
吉興	록상[rok̓sʰaŋ]	삼프[sʰampʰɯ]	끄께신 [k̓ɯk̓eɕin]	나머지돈 [namʌdzidon]	비시께[piɕik̓e]
主星	루샹[ruṡyaŋ]	씨파징 [ɕipʰadziŋ]	딸딸이[t̓alt̓ali]	거스름돈 [kʌsʰɯrɯmton]	-
成富	루샹[ruṡyaŋ]	씨빠징 [ɕip̓adziŋ]	끌깨신 [k̓ɯlk̓ɛɕin]	나머지돈 [namʌdzidon]	성냥[sʰʌŋɲyaŋ]/ 비지깨[pidzik̓ɛ]
興和	-	씨파찡 [ɕipʰatṡiŋ]	끌개[k̓ɯlgɛ]	거스름돈 [kʌsʰɯrɯmton]	-

	거르만	가마치	안해	내굴	고뿌
迎蘭	건쭈마이 [kʌtt̓s̓umai]	까마치 [k̓amatsʰi]	노친[notsʰin]/ 부인[puin]	굴래[kullɛ]	고뿌[kop̓u]
漁池	봉창[poŋtsʰaŋ]/ 주머니 [tsumʌɲi]	누렁지[nurʌŋdzi] /까마치 [k̓amatsʰi]	여보[yʌbo]	연기[yʌngi]	고뿌[kop̓u]
河東	주머니 [tsumʌɲi]	바꽈이 [pak̓wai]	마누라 [manura]	내굴[nɛgul]	꼬부[k̓obu]/ 컵[kʰʌp̚]
民樂	-	-	집사람 [tsip̚sʰaram]	연기[yʌngi]	꼬뿌[k̓op̓u]
臥龍	거르망 [kʌrɯmaŋ]	까마치 [k̓amatsʰi]	집사람 [tsip̚sʰaram]	연기[yʌngi]	고뿌[kop̓u]
江南	거르망 [kʌrɯmaŋ]	가마치 [kamatsʰi]	노친[notsʰin]	내굴[nɛgul]	고뿌[kop̓u]
海南	거르망 [kʌrɯmaŋ]	까마치 [k̓amatsʰi]	노치[notsʰi]/ 마누라[manura]	연기[yʌngi]	고뿌[kop̓u]
新安	거르마 [kʌrɯma]	까마치 [k̓amatsʰi]	마누라[manura] /아내[anɛ]	내굴[nɛgul]	고뿌[kop̓u]
三岔口	거르망	까마치	노친[notsʰin]	내굴[nɛgul]	고뿌[kop̓u]

	[kʌrɯmaŋ]	[k̓amatsʰi]			
永豐	거르마 [kʌrɯma]	까마치 [k̓amatsʰi]	여보[yʌbo]	내굴[nɛgul]	고뿌[kop̓u]
和平	거러마이 [kʌrʌmai]	가마치 [kamatsʰi]/ 누렁지 [nurʌŋdzi]	마누라 [manura]	내굴[nɛgul]	고뿌[kop̓u]
雞林	거르마 [kʌrɯma]	까마치 [k̓amatsʰi]	안까이[ank̓ai]	내굴[nɛgul]	고뿌[kop̓u]
明德	거러마이 [kʌrʌmai]	까마치 [k̓amatsʰi]	안까이[ank̓ai]	-	고뿌[kop̓u]
星火	거르마이 [kʌrɯmai]	가마치 [kamatsʰi]	여보[yʌbo]	내굴[nɛgul]	고뿌[kop̓u]
湯旺	갠쭈머이 [kɛ̄tt̓s̓umʌi]	누룽지 [nuruŋdzi]	집싸람 [tsip̚s̓aram]	내굴[nɛgul]	고뿌[kop̓u]
東明	거르마이 [kʌrɯmai]	까마치 [k̓amatsʰi]	안까이[ank̓ai]	내굴[nɛgul]/ 거스럼냄새 [kʌsʰɯrʌmnɛmsʰɛ]	고뿌[kop̓u]
年豐	-	-	집싸람 [tsip̚s̓aram]/ 아내[anɛ]	연기[yʌngi]	고뿌[kop̓u]
杏樹	거르마이 [kʌrɯmai]	까마치 [k̓amatsʰi]	아내[anɛ]/안 싸람[ans̓aram]	내굴[nɛgul]	물컵[kʰʌp̚]
吉興	거르마이 [kʌrɯmai]	까마치 [k̓amatsʰi]	안까이[ank̓ai]	내굴[nɛgul]	고뿌[kop̓u]
主星	-	-	여자[yʌdza]	연기[yʌngi]	고뿌[kop̓u]
成富	거르마이 [kʌrɯmai]	까마치 [k̓amatsʰi]	처[tsʰʌ]	내굴[nɛgul]	고뿌[kop̓u]
興和	-	-	집싸람 [tsip̚s̓aram]	연기[yʌngi]	꼬뿌[k̓op̓u]
	밴또/밥곽	**딸라**	**카텐**		
迎蘭	뻰또[p̓ent̓o]	딸라[t̓alla]	포장[pʰodzaŋ]		
漁池	벤또[pent̓o]	딸라[t̓alla]	문뽀[munp̓o]		
河東	뻰또[p̓ent̓o]	딸라[t̓alla]	문뽀[munp̓o]		
民樂	뻰또[p̓ent̓o]	딸라[t̓alla]	포장[pʰodzaŋ]		
臥龍	벤또[pent̓o]	딸라[t̓alla]	문뽀[munp̓o]		
江南	벤또[pent̓o]	딸라[t̓alla]	포장[pʰodzaŋ]		
海南	벤또[pent̓o]	딸라[t̓alla]	문뽀[munp̓o]		

新安	벤또[pent̓o]	딸라[t̓alla]	창문뽀 [tsʰaŋmunp̓o]		
三岔口	벤또[pent̓o]	딸라[t̓alla]	문뽀[munp̓o]		
永豐	벤또[pent̓o]	미국돈 [miguk̓don]	문뽀[munp̓o]		
和平	벤도[pendo]	딸라[t̓alla]	문뽀[munp̓o]		
雞林	벤또[pent̓o]	메이왠[meiwɛn]	문뽀[munp̓o]		
明德	벤또[pent̓o]	딸라[t̓alla]	문뽀[munp̓o]		
星火	뻰또[p̓ent̓o]	딸라[t̓alla]	문뽀[munp̓o]		
湯旺	뻰또[p̓ent̓o]	메이왠[meiwɛn]	포장[pʰodzaŋ]		
東明	뻰또[p̓ent̓o]	딸라[t̓alla]	황렌문뽀 [tsʰwaŋrenmunp̓o]		
年豐	벤또[pent̓o]	딸라[t̓alla]	문포장 [munpʰodzaŋ]		
杏樹	벤또[pent̓o]	딸라[t̓alla]	문뽀[munp̓o]		
吉興	벤또[pent̓o]	메이왠[meiwɛn]	문뽀[munp̓o]		
主星	뻰또[p̓ent̓o]	메이왠 [meiwɛn]	문포장 [munpʰodzaŋ]		
成富	벤또[pent̓o]	메이왠[meiwɛn] /딸라[t̓alla]	문뽀[munp̓o]		
興和	벤또[pent̓o]	딸라[t̓alla]	카텐[kʰatʰen]		

김청룡(金青龍)

중국 흑룡강성 영안시(寧安市) 출신
중국 중앙민족대학교 조선어문과 졸업
중국 중앙민족대학교 조선어문과 문학석사
한국 서울대학교 국어국문학과 문학석사
한국 경희대학교 국어국문학과 문학박사
현재 중국 중앙민족대학교 중국소수민족언어문학대학 부교수

중국 흑룡강성 조선어방언의 언어지리

초판 1쇄 인쇄 2022년 8월 12일
초판 1쇄 발행 2022년 8월 26일

지은이 김청룡(金青龍)
펴낸이 이대현
편집 이태곤 권분옥 임애정 강윤경
디자인 안혜진 최선주 이경진 | **마케팅** 박태훈
펴낸곳 도서출판 역락 | **등록** 1999년 4월 19일 제303-2002-000014호
주소 서울시 서초구 동광로46길 6-6 문창빌딩 2층(우06589)
전화 02-3409-2060(편집부), 2058(영업부) | **팩스** 02-3409-2059
전자우편 youkrack@hanmail.net | **홈페이지** www.youkrackbooks.com

ISBN 979-11-6742-394-8 93710

字數 225,642字

정가는 뒤표지에 있습니다.
파본은 교환해 드립니다.